中国职业技术教育学会轨道交通专业委员会推荐教学用书

城市轨道交通职业教育系列教材 —— 城市轨道交通控制

CHENGSHI GUIDAO JIAOTONG ZHIYE JIAOYU XILIE JIAOCAI
CHENGSHI GUIDAO JIAOTONG KONGZHI

城市轨道交通
专用通信设备维护（第二版）

主　编 ○ 徐文燕　孙　颖　曹　冰
副主编 ○ 卢冬霞　邵玉华　张　玮　孙　鑫
主　审 ○ 孟祥轶

西南交通大学出版社
·成　都·

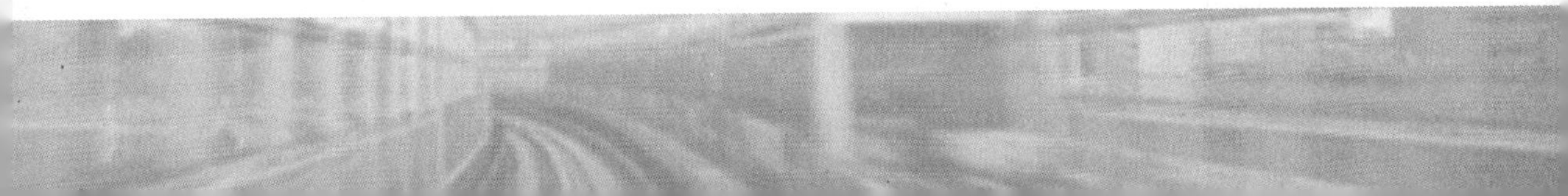

内容提要

本书是根据高等职业教育的要求，结合高职院校学生的特点和多年来高职教育的实践经验编写而成的。全书介绍了电话子系统、有线传输子系统、无线子系统、广播系统、时钟子系统、闭路电视监控子系统、乘客信息子系统、通信电源子系统等城市轨道交通通信主要系统和通信光电缆。

本书在编写上力求通俗易懂，注意讲述物理概念和直观的图形分析，强调应用。

为了便于读者理解和复习，每章后面均附有小结和思考题以供学习时参考。

本书可作为全国职业院校城市轨道交通相关专业的教材，也可作为城市轨道交通相关技术人员的培训教材。

图书在版编目（CIP）数据

城市轨道交通专用通信设备维护 / 徐文燕，孙颖，曹冰主编. —2 版. —成都：西南交通大学出版社，2018.2（2023.12 重印）

城市轨道交通职业教育系列教材. 城市轨道交通控制

ISBN 978-7-5643-6082-5

Ⅰ. ①城… Ⅱ. ①徐… ②孙… ③曹… Ⅲ. ①城市铁路－通信设备－维修－高等职业教育－教材 Ⅳ. ①U239.5

中国版本图书馆 CIP 数据核字（2018）第 034330 号

城市轨道交通职业教育系列教材——城市轨道交通控制

城市轨道交通专用通信设备维护

（第二版）

主编　徐文燕　孙　颖　曹　冰

责任编辑	黄庆斌
封面设计	何东琳设计工作室
出版发行	西南交通大学出版社 （四川省成都市金牛区二环路北一段 111 号 西南交通大学创新大厦 21 楼）
发行部电话	028-87600564　87600533
邮政编码	610031
网　　址	http: //www.xnjdcbs.com
印　　刷	四川煤田地质制图印务有限责任公司
成品尺寸	185 mm × 260 mm
印　　张	17.75
字　　数	443 千
版　　次	2018 年 2 月第 2 版
印　　次	2023 年 12 月第 10 次
书　　号	ISBN 978-7-5643-6082-5
定　　价	43.00 元

课件咨询电话：028-87600533

图书如有印装质量问题　本社负责退换

前　言

近年来，随着社会经济的发展，全国城市轨道交通运营行业呈井喷式发展。行业的发展使得对相关人员的需求大增，因此全国职业院校面临着大量的城市轨道交通专业人员的培养和培训的任务。而目前对于各高职院校，此类有针对性的教材较少，现有教材大多偏重于理论，深度和广度都与相关岗位的培训需求不相符合。《城市轨道交通专用通信设备维护》一书就是在这种背景之下编写而成的。

在编写过程中，作者突破了以往教科书的编写模式，根据高职高专院校的特点，注重培养学生独立分析问题、解决问题和设计创新的能力以及实践能力。内容上注重理论与实际操作相结合，力求重点突出，深入浅出，通俗易懂。在内容选取上注重基础性、先进性、实用性、系统性和方向性，努力反映现代城市轨道交通专用通信技术的最新发展。在文字表达上力求条理清楚、循序渐进。每个系统都是从最基本的设备组成、系统功能和系统维护几个方面来讲述，突出职业教育及培训的特点。为了便于读者理解和复习，每章后面均附有小结和思考题。

本书参考学时数为 90～120，选用本书作为教材可根据课程设置的具体情况、专业特点和教学要求的侧重点不同进行适当的取舍讲授，灵活掌握。

本书自成系统，便于自学，可作为高职院校城市轨道交通通信系统维护与其他相近专业的高职生的教材，也可供从事相关方面工作的广大科技工作者阅读和参考。

本书第 1 章由武汉铁路职业技术学院卢冬霞编写；第 2 章由吉林铁道职业技术学院邵玉华编写；第 3 章由辽宁铁道职业技术学院孙颖编写；第 4、6 章由郑州铁路职业技术学院曹冰编写；第 5、7 章由西安铁路职业技术学院张玮编写；第 8 章由西安铁路职业技术学院孙鑫编写；第 9 章由武汉铁路职业技术学院徐文燕编写。

全书由武汉铁路职业技术学院徐文燕负责统稿，由武汉铁路局武汉通信段孟祥轶主审。

由于编者水平有限，加之时间紧迫，书中难免存在不妥之处，敬请各位读者批评指正。

编　者

2011 年 2 月

目　录

第一章　电话子系统

第一节　电话系统基础知识

电话系统是由电话交换网络完成语音的传输和交换的。电话交换网络中电话交换机的任务是在主叫用户与被叫用户之间建立起通话电路。地铁电话系统中使用的是数字程控电话交换机，数字程控电话交换机以时分复用的方式工作，其交换的是经脉冲编码调制（PCM）后的数字信号。本节将对语音信号的数字化、多路时分复用、30/32 路 PCM 帧结构、数字信号交换基本原理、电话自动接续过程中的信令方式及话务量等知识进行介绍。

一、语音信号数字化

语音信号是模拟信号，频率在 300 Hz ~ 3.4 kHz。要将语音信号在数字传输系统中进行传递，就必须使模拟的语音信号数字化。语音信号的数字化是进行数字化交换和传输的基础。

语音信号数字化方法有很多，用得最多的是脉冲编码调制（PCM）。在脉冲编码调制（PCM）传输系统中，发送端模拟语音信号经声/电转换成模拟电信号，按抽样定理对模拟电信号进行取样，取样之后进行幅度量化，最后进行二进制编码。经过抽样、量化和编码三个模数变换（A/D）过程后，变成一连串二进制 PCM 数字脉冲信号，经线路传输，到接收端后再经过模数反变换（D/A），把二进制 PCM 数字脉冲信号还原成模拟信号，再由低通滤波器恢复出原始的模拟语音信号，就完成了语音信号的数字化传输。如图 1.1 所示。

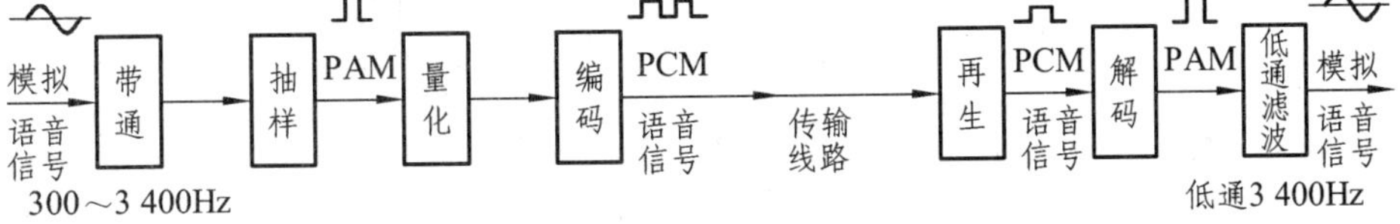

图 1.1　脉冲编码调制传输系统

脉冲编码调制相对应的波形如图 1.2 所示。

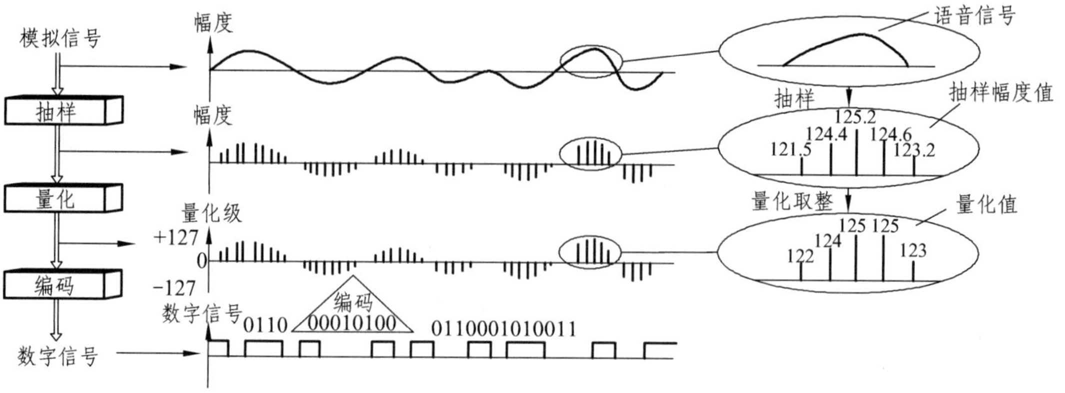

图 1.2　脉冲编码调制过程示意图

（一）抽　样

“抽样”就是指在时间轴上等距离地在各取样点取出原始模拟信号的幅度值。由抽样定理可知，当模拟信号的最高频率为 f_{max} 时，只要抽样脉冲的频率 $f_s \geqslant 2f_{max}$，取样后的信号中就包含有原模拟信号的全部信息。在接收端只需经过一个低通滤波器就能够还原成原模拟信号。这一过程称为脉冲幅度调制（PAM）。取样后的信号称为脉冲幅度调制信号。

从低通滤波器输出的语音信号的最高频率为 3.4 kHz，按抽样定理一般取 8 kHz 作为抽样频率，在接收端就能恢复为原来的信号，也就是每隔 1/8 000 s（125 μs）对语音信号抽样一次。话音信号在时间上是连续的，经过抽样后将变为时间上离散的信号，话音信号的抽样如图 1.3 所示。

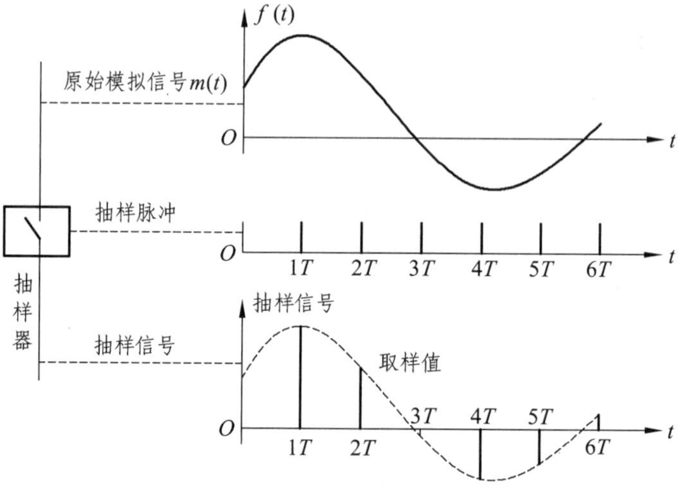

图 1.3　话音信号的抽样

（二）量　化

抽样后得到的脉冲幅度调制（PAM）信号，其幅度仍为连续值，为了将这个连续值离散化就要对它进行量化。所谓“量化”是把一个无限多取值的信号用有限个数字来表示。

典型的量化过程是将 PAM 信号可能取值的范围划分成若干级，每个 PAM 信号按“四舍五入”的原则就近取某级的值。这种近似的表示法，使接收端的信号在恢复时会产生一些失真，所造成的影响类似于混入的噪声，因此把由于量化而产生的噪声称为“量化噪声”，量化噪声的大小完全取决于所表示的值与准确值之间的差别，可以通过缩小量化级间隔来减小量化误差，但由此带来的问题是语音编码的位数会增加。

（三）编　码

编码是将量化后的脉冲值转换成 n 位二进制码组。二进制码的位数 n 与量化等级 L 的关系满足 $n=\log_2 L$。图 1.2 中的量化等级为 128，采用 7 位二进制编码表示，再使用 1 个比特作为符号位，所以一个数字用 8 位码来表示。在经过编码后的信号，就已经是 PCM 信号了。

（四）解码和重建

解码是编码的反变换，在接收端将收到的 PCM 码组还原为 PAM 信号，这个过程又称为数模变换（D/A 变换）。在 PCM 解码中，首先是将输入串行的 PCM 码变成并行的 PCM 码，然后变成 PAM 码，最后经过低通滤波器平滑就恢复为与发送端一样的 PAM 信号，如图 1.4 所示。

图 1.4　解码示意图

二、时分多路复用

多路复用是指将多路信号在同一传输线上进行互不干扰的传输，它是提高传输线利用率、降低成本的有效途径。目前多路复用的方法有多种，如频分复用（FDM）、时分复用（TDM）、空分复用（SDM）、波分复用（WDM）和码分复用（CDM）等。频分复用方法多用于模拟通信，而时分复用方法多用于数字通信。

（一）时分多路复用简介

对一路信号进行时间抽样时，两个样值点之间的时间都是空闲的，完全可以在这段空闲时间内插入其他路的信号样值。图 1.5 所示为在第 1 路信号两个样值点之间插入第 2～n 路信号的样值。

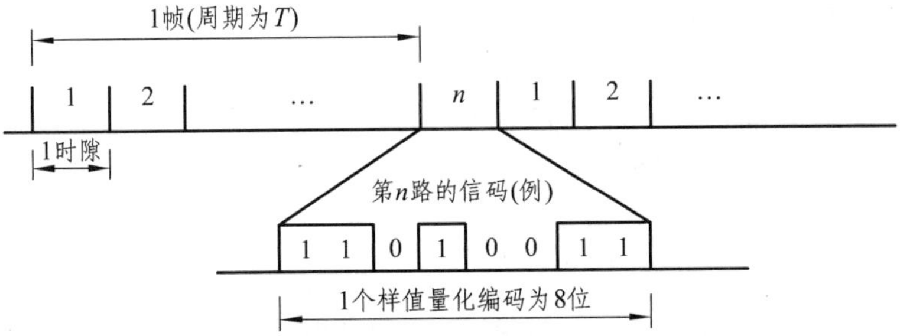

图 1.5　时分多路复用示意图

时分多路复用正是利用各路信号在信道上占有不同时间间隔来把各路信号分开。具体来说，把时间分成均匀的时间间隔，将每一路信号的传输时间分配在不同的时间间隔内，以达到各路信号按时间互相分开，共享同一传输线的目的。

图 1.5 中，每路所占有的时间间隙称为“路时隙”，简称“时隙”，用 TS 表示。

如果复用路数为 n，并且将每路语音信号的一个抽样值经量化编码后生成 8 位码。第 1 路信号的 8 位码占用第 1 个时隙，第 2 路信号的 8 位码占用时隙 2，由此类推，第 n 路信号的 8 位码占用时隙 n。这样依次传送，待把第 n 路传输完后，再进行第二轮传送。每传一轮的总时间称为 1 帧。只要每一帧的时间符合取样定理的要求，通话就能实现。

如前所述，对语音信号的取样频率 $f_s = 8\,\text{kHz}$，其抽样周期 $T_s = 1/8\,000\,\text{s} = 125\,\mu\text{s}$，则一帧的时间为 125 μs。对 30/32 路 PCM 系统而言，一帧有 32 个时隙，要将一帧时间 125 μs 分成 32 个时隙，则一个时隙所占用的时间为 125 μs/32 = 3.9 μs。

时分多路复用的电路结构如图 1.6 所示。各路语音信号经低通滤波器 LP_1 将频带限制在 3.4 kHz 以内，然后送到抽样的电子开关 S_1。S_1 受抽样脉冲的控制，依次接通各输入线，将语音信号取样成 PAM 信号，循环一周的周期等于抽样周期 T_s，这样就达到了对每一路信号每隔 T_s 间隔取样一次的目的。若是 30/32 路 PCM 系统 $n = 32$，对每一路信号每隔 125 μs 抽样一次，电子开关 S_1 的动作频率为 3.9 μs。

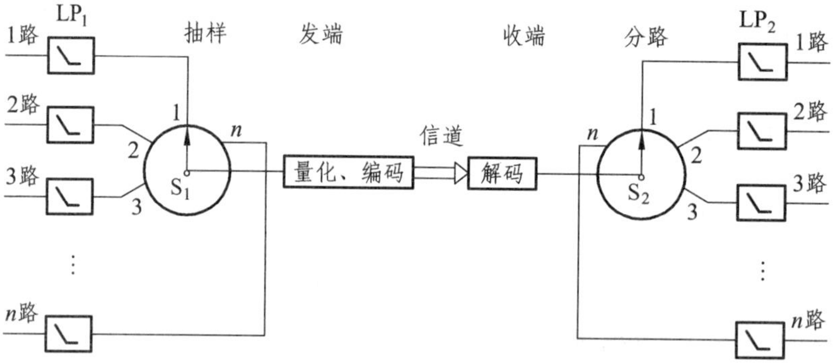

图 1.6　时分多路复用电路结构图

由图 1.6 可知，S_1 不仅起到抽样作用，同时还起到复用合路的作用，因此它也被称为“合路门”。各路的抽样信号按时间错开，送到公用编码器，进行量化编码，然后将数码送到信道。

在收端，将各路数码进行统一解码，使它还原为 PAM 信号，然后由分路开关 S_2 依次接通各路，在各分路中经过低通滤波器 LP_2 把 PAM 信号恢复为语音信号。收端的分路开关尚起到时分复用的分路作用，所以也被称为“分路门”。

应注意的是，S_2 与 S_1 的起始位置和脉冲频率必须一致，否则会造成错收。也就是说，收发双方必须在时间上保持严格的同步。

（二）30/32 路 PCM 时分复用系统

30/32 路 PCM 系统的结构如图 1.7 所示。话路容量为 30 路，同步码及告警码占 1 路，标志信号占 1 路，共 32 路（或称 32 个信道）。

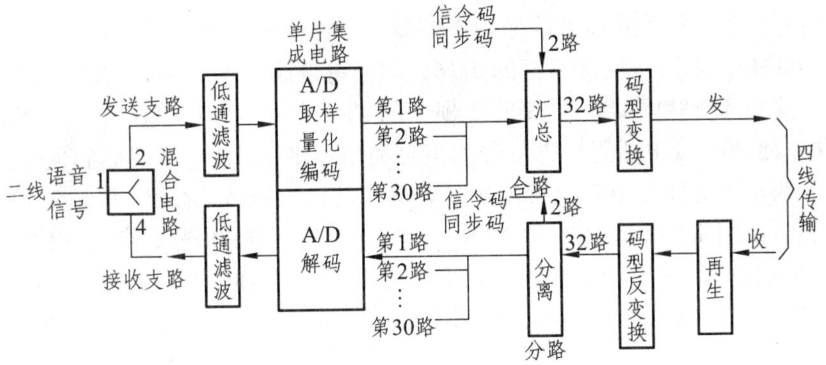

图 1.7　30/32 路 PCM 系统框图

（1）发送支路。

每一话路的语音模拟信号经 2/4 线变换用的混合电路 1-2 端送入发送支路，由低通滤波器限制语音信号频带的上限为 3.4 kHz，再由模数（A/D）变换电路完成抽样、量化和编码，编成单极性 8 位的 PCM 信号；然后在汇总电路把各话路的数字语音信号、同步码（或告警码）和标志信号码插入到不同时隙，即按不同时隙进行时分合路，组成 PCM 信号群；最后由码型变换电路将其变换成适宜于传输的码型送往线路传输。

（2）接收支路。

在接收端，首先将接收到的 PCM 信号群的双极性码进行整形再生；然后，经过码型反变换电路恢复成原始编码的码型；经分离电路将各话路的语音信号、同步码（或告警码）和标志信号码进行分路；分离出来的各话路信号经各自的数模（D/A）变换电路完成解码功能，使之恢复成 PAM 信号；最后经过低通滤波器恢复为每一话路的语音模拟信号。

（三）30/32 路 PCM 系统帧结构

所谓“帧结构”就是在一帧（或取样周期）时间内的时间分配关系，它包括了时隙、码位、同步与标志信号的分配关系。30/32 路 PCM 系统的帧结构如图 1.8 所示。图中的最上部 F_0，F_1，…表示帧顺序，由 $F_0 \sim F_{15}$ 共 16 个帧组成了一个复帧；每一帧有 32 个时隙；每一时隙有 8 位码组。$TS_1 \sim TS_{15}$ 和 $TS_{17} \sim TS_{31}$ 共 30 个时隙为“话路时隙”，用于传送 30 个话路的语音信号，一个时隙传输一路语音信号。TS_1 为第 1 路语音信号的时隙，传输第 1 路语音信号；TS_{17} 为第 16 路语音信号的时隙，传输第 16 路语音信号；TS_{31} 为第 30 路语音信号的时隙，传输第 30 路语音信号；TS_0 为“帧同步时隙”，用于收发端同步；TS_{16} 为“标志信号时隙”，用来传送复帧同步码和各个话路的标志信号（中继话路的占用空闲信号等，从而使两个交换机能够相互配合，自动完成电话接续任务）。帧同步时隙 TS_0，每隔 1 帧传送 1 次帧同步码，帧同步码中的第 1 位留作国际通信用的备用比特，后面 7 位码是帧定位码组，规定为“0011011”，传送帧同步码的帧，定义为“偶数帧”。“奇数帧” TS_0 的第 1 位也留作国际通信用的备用比特；第 2 位码固定为“1”，以便接收端能区分是奇数帧；第 3 位码为帧失步告警码，用于向对端局告警，同步时该位码为“0”，表示对端局至本局同步情况正常，反之，当对端局至本局的同步情况失常时，即置该位码为“1”，通知对方已失步无法工作；第 4-8 位码可作其他信号用，在未用前暂固定为“1”。TS_{16} 作为话路的标志信号时隙，用来传送各个话路的标志信号。由于电话的标志信号频率较低，每隔 2 ms 传输一次，即电话的标志信号的抽样频率是 500 Hz，是语音抽样频率的 1/16，因而将连续发生的 16 个帧作为 1 个复帧，30 个话路的标志信号及复帧同步信号用 F_0 复帧中的 TS_{16} 来表示即可。第 $F_1 \sim F_{15}$ 帧的 TS_{16} 用来表示话路的标志信号，由于话路标志信号的信息类型不多，因此每一路标志信号采用 4 位码，以 a、b、c、d 表示，这样一个时隙可传送两个话路的标志信号，在 $F_1 \sim F_{15}$ 这 15 帧内可传送 30 路标志信号，如图 1.8 所示。F_0 帧的 TS_{16} 用来传送复帧同步信号，其前 4 位码为复帧同步码“0000”，第 6 位为复帧失步告警码，同步时为“0”，失步时为“1”，余下的码位备用，在未用前暂固定为“1”。要注意的是标志信号 a、b、c、d 不能全为“0”，否则就会与复帧同步码混淆。

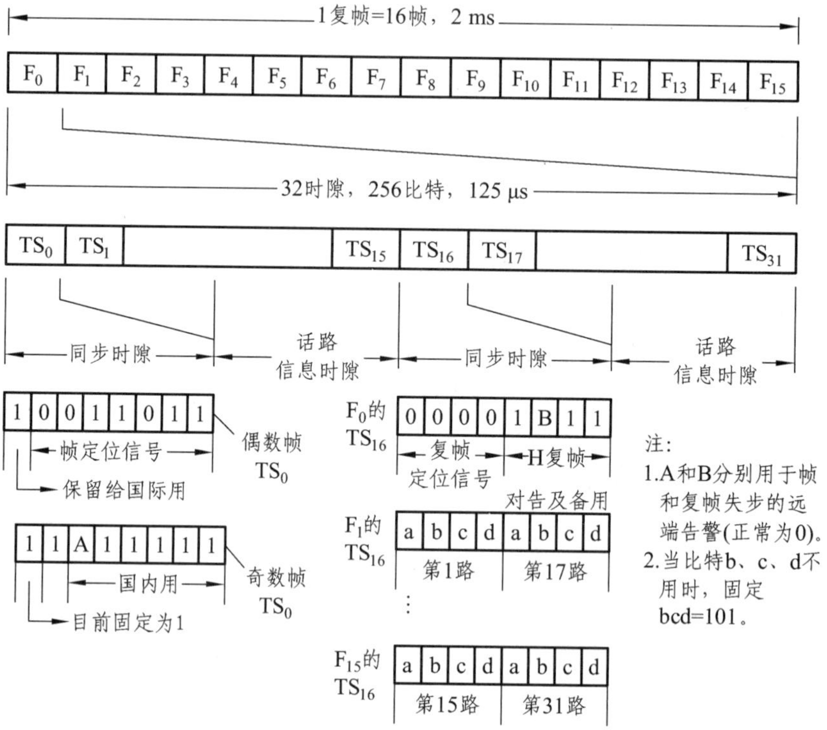

图 1.8　30/32 路 PCM 系统的帧结构

由帧结构可以方便地求出 30/32 路 PCM 系统的码流速率，1 帧有 32 个时隙，每个时隙传送 8 bit，1 帧共传送 32×8 bit = 256 bit，1 帧时间长度为 125 μs，传送码流速率为 256 bit/125 μs = 2.048 Mbit/s，即 30/32PCM 系统的码流速率为 2.048 Mbit/s。对 30 个话路的某一路来说，每秒取样 8 000 次，每次传 8 bit，其码流速率为 $8 \times 8\,000$ bit = 65 kbit/s，即每路数据传输的码率为 64 kbit/s。1 个复帧有 16 帧，时间长度为 16×125 μs = 2 ms。

（四）PCM 的一次群和高次群

在时分制数字通信系统中，高次群系统也可以由若干个低次群的数字信号通过数字复接设备汇总而成。北美和日本采用以 1 544 kbit/s（24 路 PCM）为基群速率的数字速率系列；欧洲和俄罗斯采用以 2 048 kbit/s（30/32 路 PCM）为基群的数字速率系列。我国也采用以

2 048 kbit/s 为基群的数字速率系列。数字速率系列见表 1.1 所示。

表 1.1　PCM 数字复接速率

	一次群(基群)	二次群	三次群	四次群
北美	24 路 1.544 Mb/s	96 路(24×4) 6.312 Mb/s	672 路(96×7) 44.736 Mb/s	4032 路(672×6) 274.176 Mb/s
日本	24 路 1.544 Mb/s	96 路(24×4) 6.312 Mb/s	480 路(96×5) 32.064 Mb/s	1440 路(480×3) 97.728 Mb/s
欧洲	30 路 2.048 Mb/s	120 路(30×4) 8.448 Mb/s	480 路(120×4) 34.368 Mb/s	1920 路(480×4) 139.264 Mb/s

三、数字信号交换基本原理

电话交换系统的任务就是在各条用户线间、用户线与中继线间或中继线间与中继线间建立起语音信号的临时通道（临时接续），而这一工作是由交换网络来完成的。在现在的电话交换系统中，交换网络可分为时分交换网络和空分交换网络两类。时分交换网络的主要设备是时分接线器，空分交换网络的主要设备则是空分接线器。

（一）时分接线器（T 接线器）

时分接线器的功能是完成一条 PCM 复用线上各时隙间信息的交换，它主要由话音存储器和控制存储器组成，如图 1.9 所示。

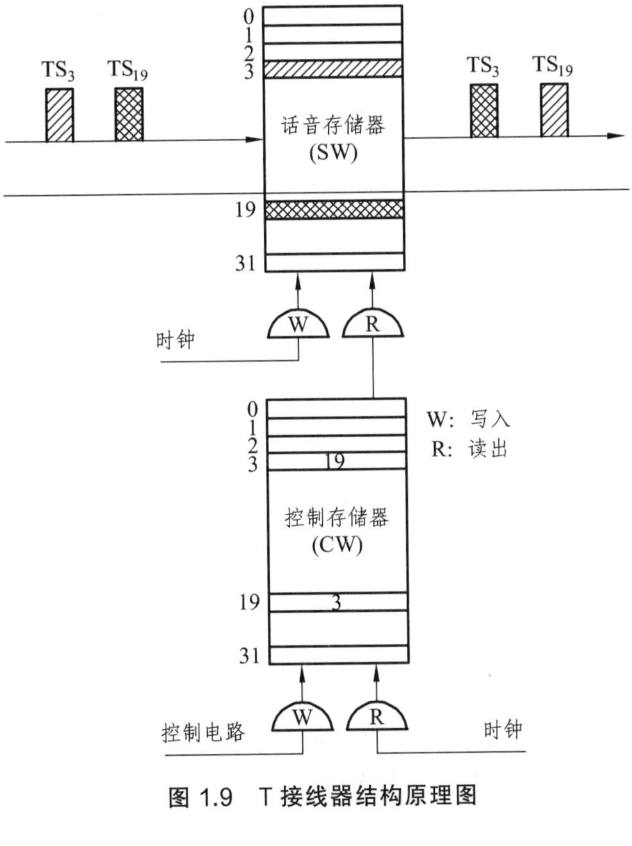

图 1.9　T 接线器结构原理图

话音存储器（SM）是用来暂时存储话音脉码信息的，故又称“缓冲存储器”。

（二）空分接线器（S 接线器）

空分接线器，就其结构而言，它与空分交换网络中的空分接线器是相同的。其作用是完成不同 PCM 复用线上同时隙间的信码交换。空分接线器的结构如图 1.10 所示。

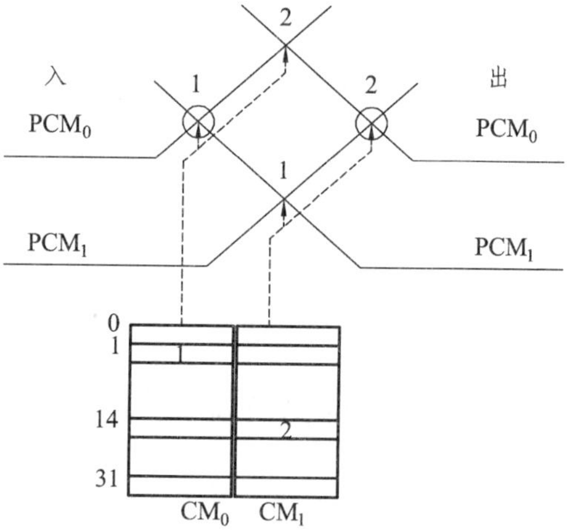

图 1.10　S 接线器结构示意图

（三）TST 和 STS 数字交换网络

程控交换机的交换网络是由单级 T 接线器或 T 接线器和 S 接线器多级组合组成的，其中 TST 和 STS 网络是最基本的两种组合形式，尤其是 TST 网络，由于成本低、路由选择简单，从 20 世纪 80 年代开始就被广泛采用。

图 1.11 所示为 TST 网络，信号由左边 S 接线器进入，按时隙输出。各路时分接线器输出的信号经 T 接线器的交换，输出送入 S 接线器，在 S 接线器中按时隙输出，完成交换。

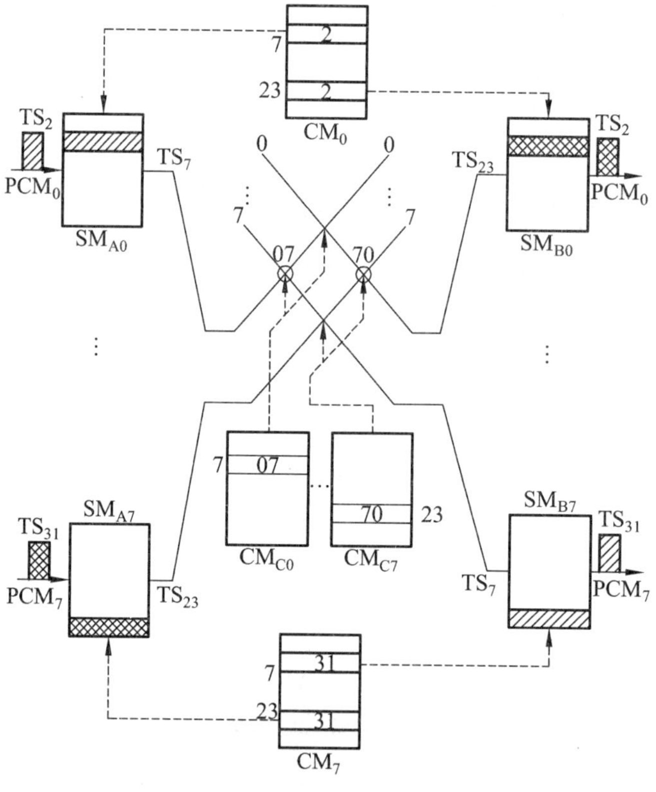

图 1.11　TST 网络结构图

图 1.12 所示为 STS 网络，信号由左边 T 接线器进入，按不同的路数输出。经 T 接线器交换后输出的信号经 S 接线器按不同的时隙输出，输出信号送入 T 接线器，在 T 接线器中按

不同目的输出，完成交换。

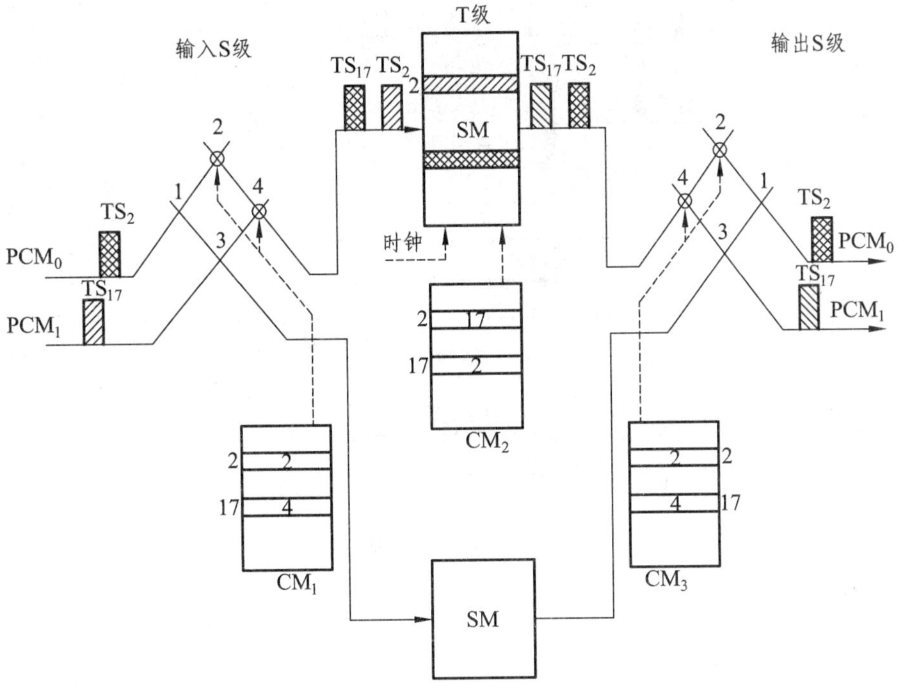

图 1.12　STS 网络结构图

四、信令方式

在电话自动接续过程中，为使用户双方能顺利接通电路，必须有一套完整的信号系统，这些信号在电话通信网中传递，起着指挥、联络、协调各部分的作用，以确保通信网作为一个整体有条不紊地运转，因此也可把这些控制信号称为信令。

信号系统，又称信令方式，用以描述各种状态和相关的地址信息，它是通信网中各个交换局在完成各种呼叫接续时所遵循的一种通信语言格式。在通用电话网或专用网内，各交换机所使用的信令（包括信令内容、含义、格式和传输方式等）必须协调一致、密切配合，因此信令方式必须标准化。

（一）信令的基本概念

信令是各交换局在完成呼叫接续中的一种通用语言。譬如一个用户要求呼叫，他必须先摘机，于是由用户话机向交换局送出摘机信令；交换机识别出用户后，向用户送出拨号音信令；然后用户将被叫用户号码告诉交换局，这就是拨号信令；交换局经过处理之后叫出被叫用户，要向被叫用户振铃，即送出振铃信令等。这些都属于交换局和用户之间的信令。在两个或两个以上交换局之间完成呼叫接续任务时，除上述交换机和用户间的信令外，还要求各交换局间相互传递各种信令。例如，主叫用户号码、被叫用户号码及其他有关接续的信息。图 1.13 所示为电话交换网络中建立呼叫过程所需要的基本信令。

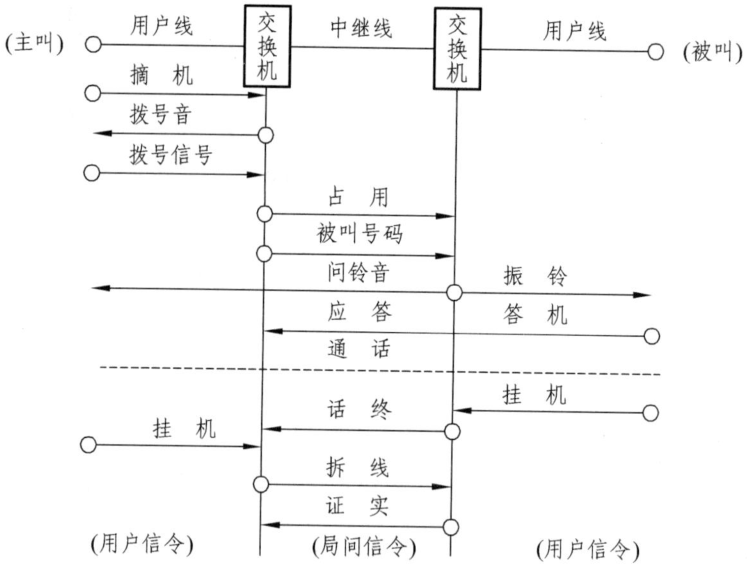

图 1.13　呼叫过程的基本信令

（二）信令的分类

1. 按信令使用的场合分

按信令使用的场合可分为用户信令和局间信令。用户信令是指用户话机和交换局之间传递的信令，在用户线上传递。局间信令是指交换局间传送的信令，在中继线上传递，用来控制呼叫的自动接续和拆线。

2. 按传递信令的信道类型分

按传递信令的信道类型可分为模拟信令和数字信令。模拟信令是指将信令按模拟方式传送，适用于模拟通路；数字信令是指按数字方式编码的信令，适合在数字信道上传送。

3. 按信令传送的方向分

按信令传送的方向可分为前向信令和后向信令。前向信令又称正向信令，是主叫端向被叫端传递的信令；后向信令又称反向信令，是沿相反方向传递的信令，即被叫端向主叫端传递的信令。

4. 局间信令按传递方式分

局间信令按传递方式可分为随路信令和公共信道信令。随路信令是将呼叫接续中所需的各种信令（如占用、应答、拆线、拨号等）在中继电路上进行传送的信令，即用传送语音的通路来传送信令。当有呼叫到来时，先在选好的空闲话路中传送信令，接续建立之后，再在该话路上传送用户数据信息。信令和用户数据信息不可同时传送。公共信道信令是将语音与信令分离开来，在一条专用数据链路上传送信令。即公共信道信令利用交换局间的一条中继线集中传送多条（几百条或更多）话路信令。当有呼叫到来时，先在专用的信令链路上传送信令，接续建立之后，再在选好的空闲话路中传送语音。

5. 局间随路信令按接收设备不同分

局间随路信令按接收设备不同可分为线路信令和记发器信令。在线路信令设备间传送的信令称为线路信令；记发器信令由记发器进行接收和发送。线路信令和记发器信令的传送方式和内容不相同。

（三）SS7 信令

7 号信令系统是数字型公共信道信令系统，又称信令系统 7（Signaling System7SS7），是适合于通信网最新发展的信令系统。SS7 应用于包交换网络，这种网络大多数情况下使用专用的链路、节点和设备。

1. SS7 信令方式

SS7 信令方式是一种国际性的、标准化的通用公共信道信令系统，适用于综合数字网；能满足通信网中传送呼叫控制、遥控、维护管理信号和传送处理机之间的事务处理信息的要求；提供了可靠的差错控制手段，使信息按正确的顺序传送而不致丢失或重复，以保证接收到的消息无差错；能满足多种通信业务的要求，如电话网、智能网和综合数字网等。公共信道信令在实现上进行了功能分级，每一级实现特定的功能。与计算机网络的协议之间有一定的对应关系，为多种类型的网络互连提供了可能性。

（1）SS7 所提供信令容量的基本要素：

① 在电话用户之间建立和终止呼叫。

② 访问中枢系统，获得和完成电话呼叫直接或间接相关的用户信息。

③ 访问中枢系统，获得用户计费信息。

④ 访问中枢系统，解释免费号码、收费号码以及其他高级网络功能。

⑤ 支持移动网络功能，例如无线漫游和认证。

⑥ 支持本地号码可移植性，使用户在不改变电话号码的情况下选择不同的电话公司。

⑦ 提供高级电话服务功能，例如呼叫转移、呼叫方名称与号码识别以及三方呼叫。

（2）SS7 信令方式的优点：

① 信令容量大，便于增加各种新的业务信令、网络管理和维护管理等信令。

② 信令传送速度快，呼叫接续时间大大缩短。

③ 经济合理，一条公共信道信令数据链路可传送多条话路的业务信令，设备成本可显著降低，同时随着话路接续时间的缩短，提高了话路的利用率。

④ 信令与语音分开传送，给信令的变动带来很大灵活性。

⑤ 传送非话业务能力强，能提供网络集中服务信令（如网络管理、网络维护、集中计费等信令），有利于网络集中管理和维护。

⑥ 提供了与其他数据网互联的可能性。

（3）对 SS7 信令方式的要求：

① 可靠性高。一条公共信道信令链路为很多话路服务，所以必须采用差错控制技术，并配置备用信令链路。

② 有话路导通核对功能。信令链路传送的正确，并不表示话路能正确传送语音。如导通

核对失败，应更换话路或路由，重新进行接续。

2. SS7 信令功能

（1）基本功能结构。

SS7 信令基本功能结构如图 1.14 所示。

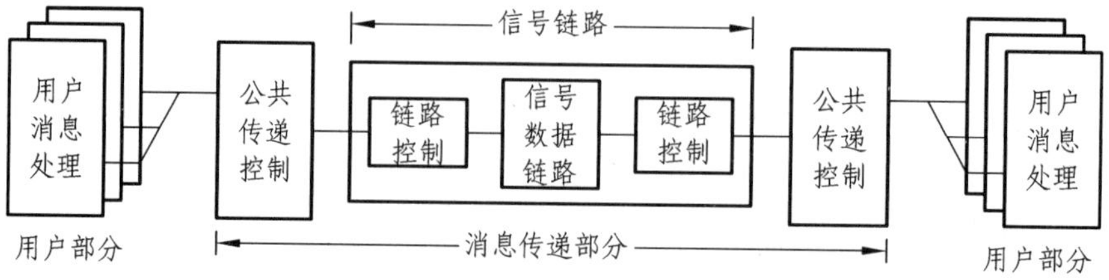

图 1.14　SS7 信令基本功能框图

（2）分级功能结构。

SS7 信令系统的分级功能结构如图 1.15 所示。

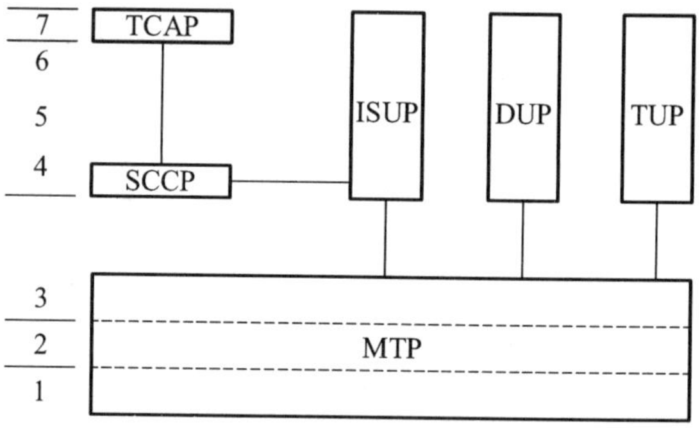

图 1.15　SS7 信令分级功能结构

（3）各部分主要功能。

① MTP（Message Transfer Part）

在 SS7 信令功能结构模型中，MTP 即信令传送部分，处于底层。MTP 由三个功能级组成，即信令数据链路、信令链路功能和信令网功能。相当于 OSI 协议七层结构中的物理层、数据链路层、网络层。

② SCCP(Signal Connection Control Part)。

SCCP 即信令连接控制部分，用于加强 MTP 功能，它与 MTP 一起提供相当于 OSI 的第三层功能。MTP 只能提供无连接的消息传递功能，而 SCCP 则加强了这个功能，它能提供定向连接和无连接网络业务。

③ TUP、DUP 和 ISUP。

TUP（Telephone User Part）是 SS7 信令方式的第四级功能的电话用户部分。它支持电话业务，控制电话网的接续和运行。

DUP（Data User Part）是数据用户部分，采用 CCITTX.61 建议。

ISUP（综合业务数字网用户部分）是 ISDN 用户部分。它在 ISDN 环境中提供话音和非话交换所需的功能。

自从开发了 ISUP 以后，TUP 的所有功能均可由 ISUP 提供。此外，ISUP 还指出非话呼叫、ISDN 业务和智能网业务所要求的附加功能。

④ TCAP。

TC（事务处理能力）指的是网络中分散的一系列应用在互相通信时所采用的一组协议和功能。这是目前很多电话网提供智能业务和信令网的运行、管理和维护等功能的基础。

五、话务量

话务量是指一定数量的电话用户，在某一段时间内所进行的电话交换量，反映了电话交换机的繁忙程度，是掌握话务流向和正确配置相应电话机械设备的重要依据。电话的繁忙与否，首先要看用户在一定时间内的呼叫次数（C），其次要看每次呼叫中的电路占用时间（T）。话务量 $Y = C \times T$，单位为“小时呼”。如果 1 个用户在 1 小时内呼叫了 3 次，每次电话平均占用 2 分钟，则该用户的话务量为 $3 \times 2 \div 60 = 0.1$（小时呼）。每个电话用户的平均话务量称为每线话务量；电话局在最繁忙的一小时内所承担的话务量，称为忙时话务量。话务量的调查以及交换设备机键的计算，常以忙时话务量为依据。

第二节　公务电话子系统

一、公务电话子系统简介

公务电话子系统是为地铁工作人员提供内部及外部公务通信而设立的。公务电话子系统采用了数字程控电话设备与市内公告电话网相连，实现了地铁内部对外通话。区间自动电话同时纳入公务电话系统与专用调度电话系统，为地铁区间作业人员提供电话通信。

（一）系统功能

公务电话子系统主要功能如下：

1. 电话交换功能

城市轨道交通内部用户之间的呼叫交换。

2. 非话业务功能

非话业务包括电路数据业务/传真业务等，并能识别非话业务。

3. 计费功能

对各种业务进行计费。

4. 程控新业务

为用户提供多种程控新业务服务，如多方会议、三方通话、呼叫转移、呼叫等待、缩位拨号、预先录音通话等。

5. 编　号

根据用户的需要，可将公务电话内部用户的电话号码进行统一的编排，城市轨道交通前期的编号大多为 4 位，但随着程控网络的不断扩大，4 位号码不能满足电话容量的发展，现在程控电话网的编号已经由 4 位升级到 5 位，甚至 6 位。

6. 与市话网的连接

城市轨道交通公务电话网是一个独立的电话网，为了与外部进行通话，公务电话网需与市话网络相连。

7. 特种功能

114 查号，程控电话设立 114 电话自动查号台，该自动查号台采用计算机查号，负责地铁内部各单位的电话查阅工作；112 故障台，即为提高通话质量、快速处理用户申告，设立 112 故障申告台。同时，根据运营的需要，还设立 119 火警台、120 急救台和 110 报警台等。

（二）系统设备

数字程控交换机是公务电话子系统的核心，其主要任务是实现用户之间通话的接续。数字程控交换机在硬件上采用全模块化结构，软件上采用高级语言，具有多种为数据交换和连接而设计的系统软件，功能强大。

1. 数字程控交换机结构

数字程控交换机由话路设备和程控设备两大部分组成。话路设备主要包括各种接口电路（如用户线接口和中继线接口电路等）和交换（或接续）网络；程控设备主要包括中央处理器（CPU）、存储器和输入/输出设备。数字程控交换机的结构如图 1.16 所示。

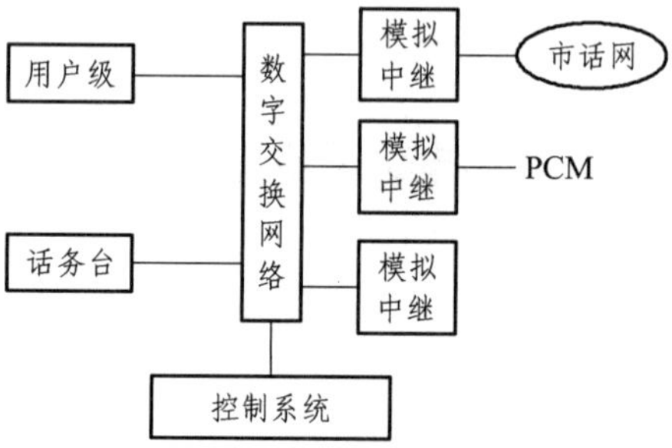

图 1.16　数字程控交换机结构

2. 交换网络

根据用户的呼叫要求，通过控制部分的接续命令，建立主叫与被叫用户间的连接通路。目前大多采用由电子开关阵列构成的空分交换网络和由存储器等电路构成的时分接续网络。

3. 用户电路

实现各种用户线与交换之间的连接，通常又称为用户线接口电路。根据交换机制式和应用环境的不同，用户电路也有多种类型。对于数字程控交换机来说，目前主要有与模拟话机连接的模拟用户线电路，以及与数字话机、数据终端（或终端适配器）连接的数字用户线电路。

4. 出入中继器

出入中继器是中继线与交换网间的接口电路，用于交换机中继线的连接。

数字中继接口电路是实现数字中继线与数字交换网络之间的接口，它通过 PCM 相关时隙传送中继信号，完成如帧同步、时钟恢复、码型交换、信令插入与提取等任务，解决信号传送、同步与信令配合方面的连接问题。

5. 控制设备

控制设备是程控交换机的核心，其主要任务是根据外部用户与内部维护，管理的要求，执行存储程序和各种命令，以控制相应硬件实现交换及管理功能。

程控交换机控制设备的主体是微处理器，目前程控交换系统的分散控制程度日趋提高，已广泛采用部分或完全分布式控制方式。

（三）系统网络

为满足地铁系统对内和对外语音通信的需求，提高信息沟通、运营管理和维修组织的效率，公务电话子系统采用专网建设。程控电话交换网络采用环形网络结构，如图 1.17 所示。

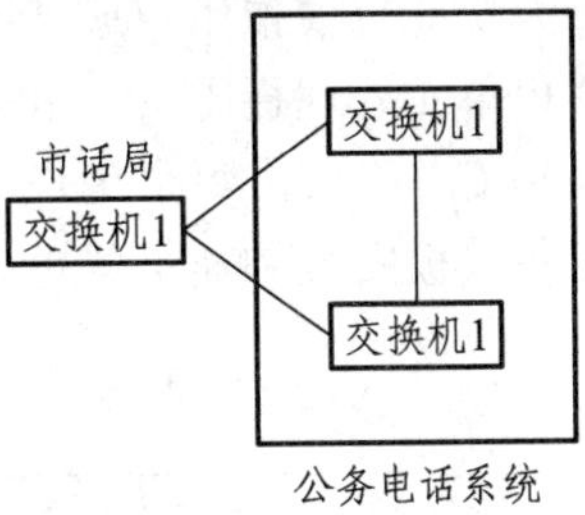

图 1.17　环形电话网络

由图 1.17 可知，公务电话是由三台用户程控交换机通过传输系统以环形网络构成的。其优点是当任意两台交换机间线路中断时，通过迂回传输线保持通话，以保证网络的可靠性，并且采用同一厂家设备组成同类网使终端之间的联结采用相同方式。

地铁系统中各车站通过传输系统节点来实现话路集中分配，两台交换机间使用 2M 数字中继；本网和市话局采用全自动呼出呼入方式，本网出局直接进入电话局程控交换机，出局由电话机程控交换机选组直接接出。

二、ZXJ10 数字程控交换系统

深圳城轨交通地铁一号线一期工程的数字程控交换系统主要由 ZXJ10 的 PSM 外围交换模块单模组网构成。

（一）系统结构

1. 外围交换模块（PSM）

PSM 是 ZXJ10 中基本的独立模块，其主要功能是：完成本交换模块（PSM）内部的用户之间的呼叫处理和话路交换；将本交换模块（PSM）内部的用户和其他外围交换模块的用户之间的呼叫的消息和话路接到 SNM 中心交换网络模块上。以 8K 网为例，其结构如图 1.18 所示。

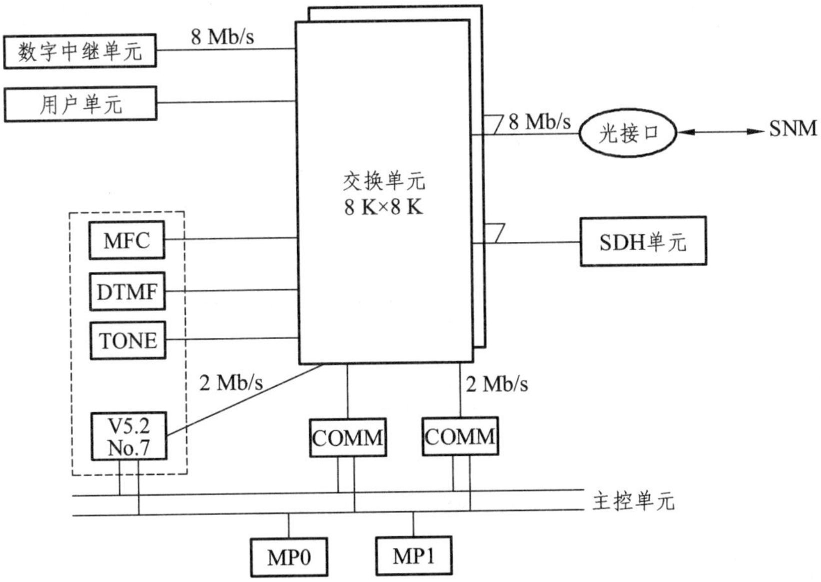

图 1.18　PSM 结构示意图

2. 用户单元

用户单元是交换机与用户之间的接口单元，主要分布在 PSM，RSM 和 RLM 中。其总容量为 960 户模拟用户或 480 个数字用户，主要由模拟用户板（ASLC）、数字用户板（DSLC）、用户单元处理板（SP）和跨层处理接口电路板（SPI）、多任务测试板（MTT）和用户层背板（BSLC）组成。每个用户单元占用两个机框，DSLC 和 ASLC 可以混插，BSLC 是为用户单元各单板安装和连接的母板。用户单元结构如图 1.19 所示。

10	2	3	4	5	6	7	8	9	10	11	12	13	14	15	16	17	18	19	20	21	22	23	24	25	26	27
POWA		SLC1	SLC2	SLC3	SLC4	SLC5	SLC6	SLC7	SLC8	SLC9	SLC10	SLC11	SLC12	SLC13	SLC14	SLC15	SLC16	SLC17	SLC18	SLC19	SLC20	MTT	MTT	SPI	SPI	POWA
POWA		SLC1	SLC2	SLC3	SLC4	SLC5	SLC6	SLC7	SLC8	SLC9	SLC10	SLC11	SLC12	SLC13	SLC14	SLC15	SLC16	SLC17	SLC18	SLC19	SLC20	MTT	MTT	SP	SP	POWA

图 1.19　用户单元配置示意图

（1）模拟用户板（ASLC）。

① ASLC 用户电路功能。

ASLC 用户电路具备的基本功能有：馈电、过压保护、振铃、监视、编译码、二/四线混合转换和测试功能。

除上述基本功能外，ASLC 还具有极性反转、16K 脉冲馈送、增益可调等功能，适用于远距离传输。ASLC 采用高集成度的 IC，每板可容 24 路模拟用户。

② ASLC 用户电路结构。

ASLC 用户电路结构如图 1.20 所示。

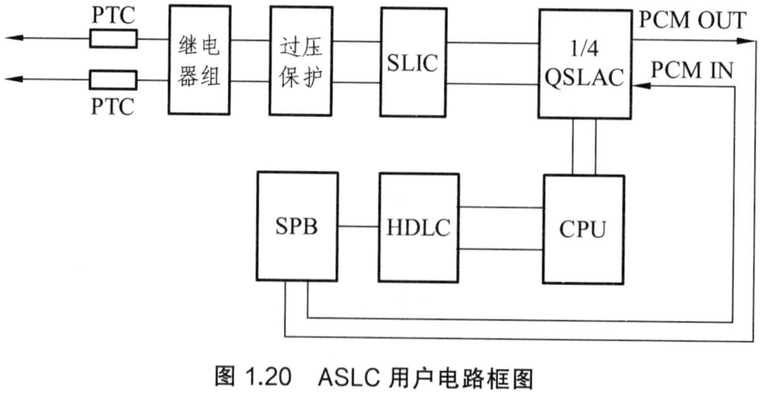

图 1.20　ASLC 用户电路框图

（2）数字用户板（DSLC）。

ISDN 用户主要有两种类型：一种是基本速率用户（BRI），另一类是基群速率用户（PRI），通常将它们称为 2B + D（144 kbps）和 30B + D（2 Mb/s）。这里所说的数字用户板（DSLC）是 2B + D 用户接口电路，2B 指代两个传输通道，D 指代一个数据通道。

① DSLC 主要功能。

DSLC 具备的主要功能有：提供 2B + D 接口，完成 ISDN 物理层 U 接口的功能、完成 D 信道分离链路层处理，由 SP 实现 B 信道时隙分配、实现与模拟用户板（ASLC）的混插和为无工作电源的 NTI 终端提供远端馈电。

② DSLC 电路结构。

DSLC 电路结构如图 1.21 所示。

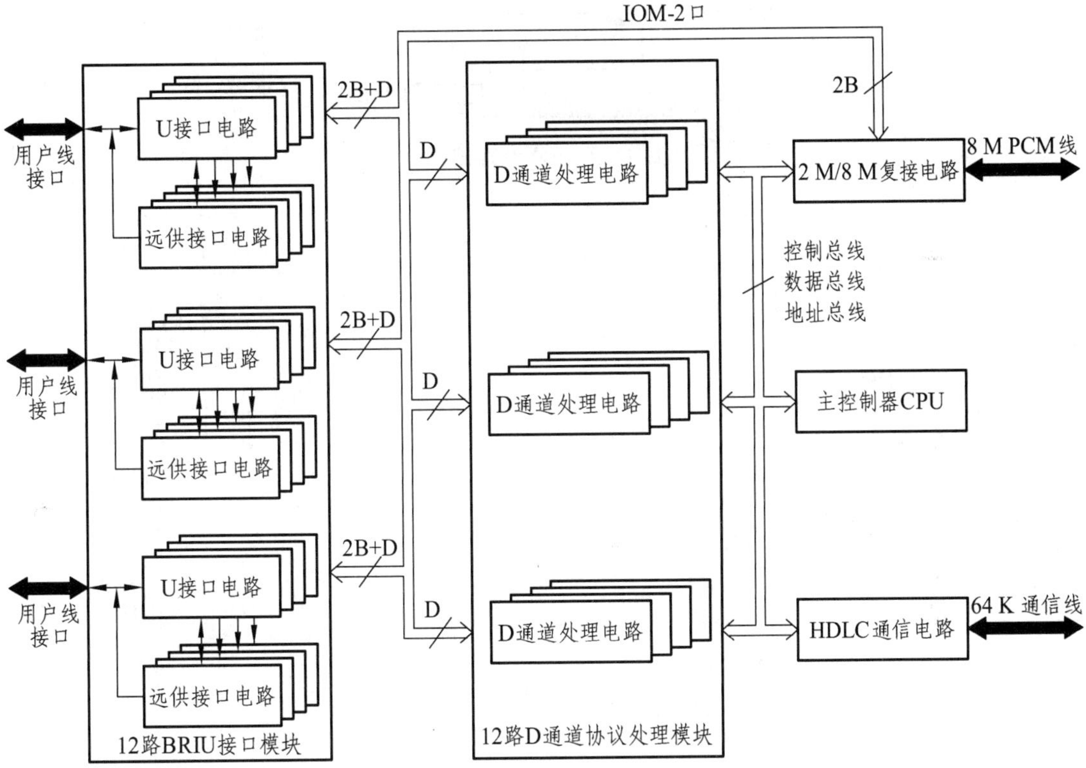

图 1.21　DSLC 电路结构

DSLC 每板有 12 个 U 接口电路，12 个 D 通道控制器，可容纳 12 个（2B + D）用户。每一个用户单元全部装 2B + D 用户的容量为 480 个。

（3）用户单元处理机板（SP）。

① SP 主要功能。

SP 具备的主要功能有：实现用户线信令的集中和转发，提供两条双向 8Mb/s HW 供话路使用，提供测试通路和资源板信号通路，需要时实现用户单元内的话路接续，可提供手动切换、软件切换、故障切换、复位切换。

② SP 电路结构。

SP 电路结构如图 1.22 所示。

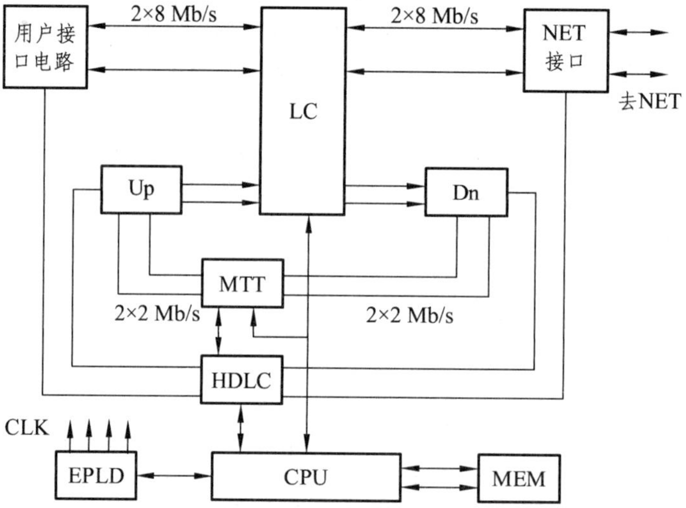

图 1.22　SP 电路结构

（4）多任务测试板（MTT）。

MTT 具备的主要功能有：外线电气参数测试、内线和用户话机功能。

MTT 电路结构如图 1.23 所示。

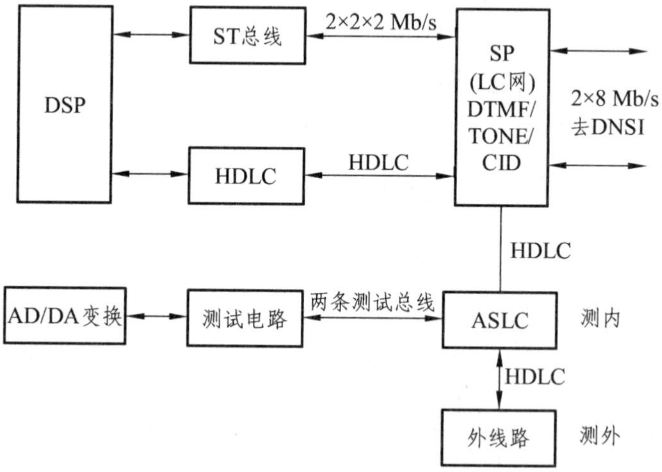

图 1.23　MTT 电路结构

3. 数字中继单元

数字中继是数字程控交换局与局之间或数字程控交换机与数字传输设备之间的接口设施。数字中继单元主要由数字中继板（DTI）和中继层背板（BDT）组成，BDT 是 DTI 和 ASIG 安装连接的母板，结构前视图如图 1.24 所示。

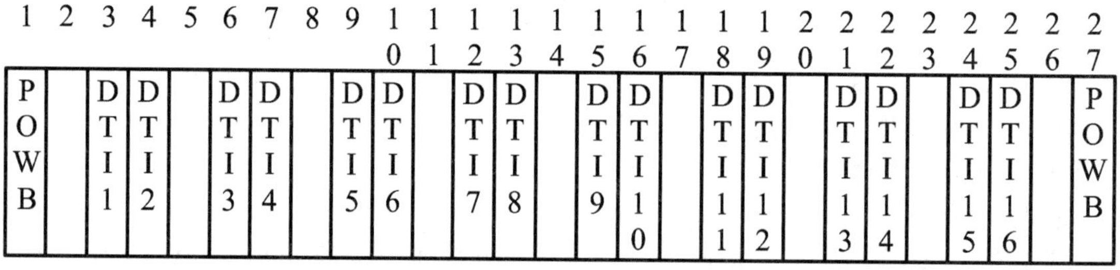

图 1.24　数字中继单元结构

数字中继板（DTI）主要功能有：码型变换、帧同步时钟提取、帧同步和复帧同步、信令插入和提取、检测告警等功能。数字中继板（DTI）电路结构如图 1.25 所示。

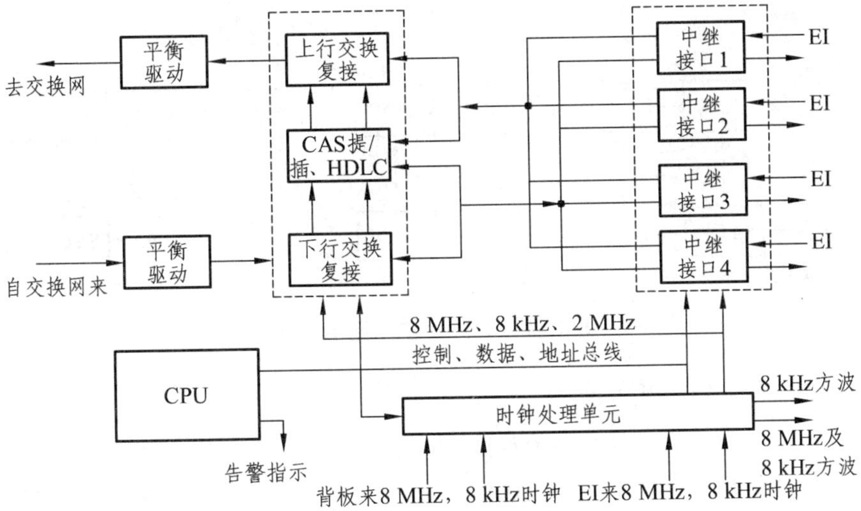

图 1.25　DTI 电路结构

4. 模拟信令单元

模拟信令单元由模拟信令板（ASIG）和中继层背板（BDT）组成，与数字中继单元共用一个机框。每层框可安装 16 个 DTI 或 ASIG。BDT 与 ASIG 单元数量的配比将根据系统容量及要求具体确定。每块 DTI 提供 120 个话路，同样每块 ASIG 也提供 120 路，两者引脚相同，故可任意混插。

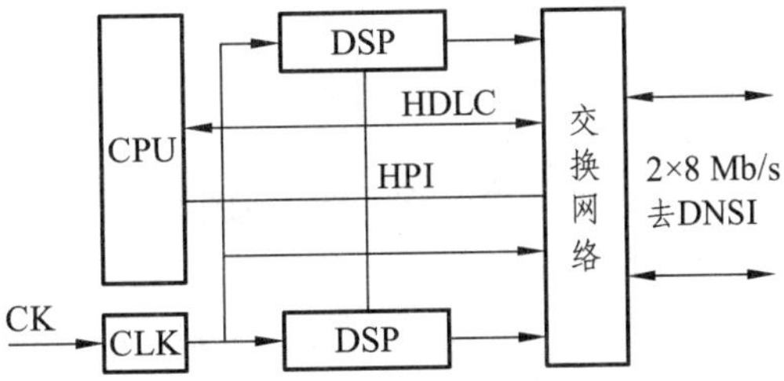

HPI：主处理机接口总线

图 1.26　ASIG 电路结构

ASIG 的主要功能有：240 路 DTMF 信号的接收和发送、240 路 MFC 多路互控信号的接收和发送、会议电话和录音等功能。ASIG 电路结构如图 1.26 所示。

5. 主控单元

ZXJ10 的主控单元对所有交换机功能单元、单板进行监控，在各个处理机之间建立消息链路，为软件提供运行平台，满足各种业务需要。ZXJ10 的主控单元由一对主备模块处理机（MP）、共享内存板（SMEM）、通讯板（COMM）、控制层背板（BCTL）、监控板（MON）和环境监控板（PEPD）（或 PMON）组成。BCTL 为各单板提供总线连接并为各单板提供支撑，COMM、MON 和 PEPD（PMON）板可以混插。主控单元占用一个机框。

6. 时钟同步单元

数字程控交换机的时钟同步是实现通信网同步的关键。ZXJ10 的时钟同步系统由基准时钟板（CKI）、同步振荡时钟板（SYCK）及时钟驱动板（CKDR）构成，为整个系统提供统一的时钟，又同时能对高一级的外时钟同步跟踪。在物理上时钟同步单元与数字交换网单元共享一个机框，BNET 为其提供支撑及板间连接。时钟同步单元基本形式如图 1.27 所示。

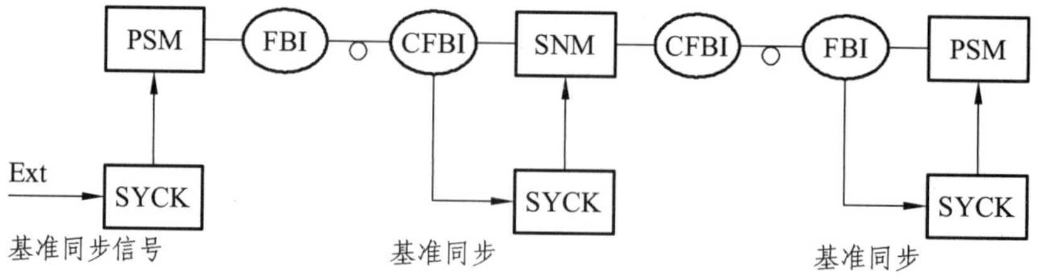

图 1.27 时钟同步单元示意图

7. 数字交换单元（简称 T 网）

数字交换单元主要分布在外围交换模块（PSM）中，是一个单 T 结构时分无阻塞交换网络，容量为 8K×8K 时隙，PCM 总线速度为 8Mb/s，采用双入单出热主备用工作方式。T 网的接续控制由 MP 经 COMM 通过 256 kb/s 超信道 HDLC 链路进行控制。接续消息由 MP 发至 COMM，COMM 将之转发给主备用交换网，以保证主备用交换网的接续完全相同。

数字交换单元的主要功能有：完成模块内部用户的话路接续交换、中心局交换网模块互联，实现模块间话路接续、与外部单元建立消息交换信道和支持 $n \times 64$ kb/s 动态时隙变换。

（二）网管系统

ZXJ10 后台维护管理系统包括管理和维护交换机运行所需的数据、统计话务量、系统测量、系统告警等，是降低运营成本，提高通信服务质量的重要手段和方法。为使整个后台管理维护系统形成一个规范统一、可靠、高效的网络体系，有效协调 ZXJ10 前台各 MP 模块、后台服务器、后台维护终端的通讯过程，并考虑到后台维护管理系统通信网络的开放性，ZXJ10 后台维护管理网络采用了基于 TCP/IP 协议的客户端服务器结构。

1. 维护管理系统网络结构

完整的 ZXJ10 后台维护管理系统的网络结构如图 1.28 所示。

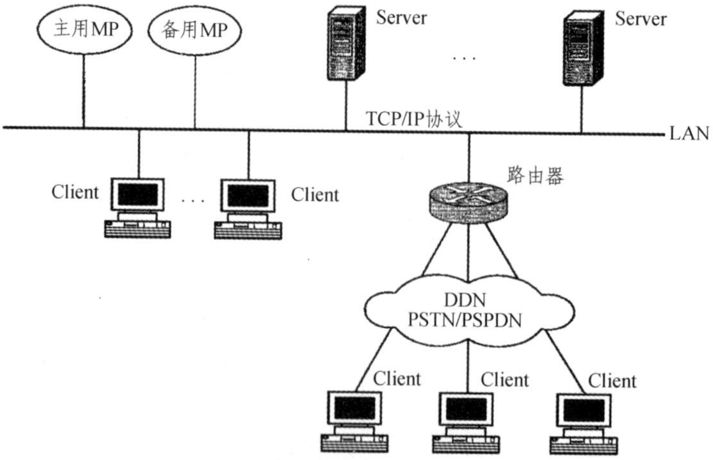

图 1.28 维护管理系统的网络结构

网络中包含三种节点：前台主备用 MP、后台服务器、后台维护终端。在处于同一以太网内的任意两种节点之间，按每个消息长度为 1 KB 发送计算，单向发送速度至少在 200 kb/s 以上，双向发送速度均在 150 kb/s 以上，完全满足业务的传输需要。

任何一个模块的 MP 可单独组成该维护管理网络，网络内有在同一以太网内的近端终端，也有通过路由接入的远程终端。MP 采用 TCP/IP 进行通信。网络具有的特点如下：

（1）可允许两节点之间的消息传递无需经转发台的转发而直接处理，TCP/IP 协议直接建立在这两个节点之间，大大提高了系统的可靠度。

（2）利用 windows 2000 灵活、强大的网络管理性能，有效地管理后台的服务器与各个维护终端。

（3）前台 MP 节点采用标准的 TCP/IP 协议，具备了很友好的开放性。

（4）MP 发生主备用倒换，链路完全不需变化，只要将新的主备用状态通知 MP。

（5）充分利用 TCP/IP 友好的互联性，更加灵活、方便地组成各种远程维护网络。

2. 远程操作维护管理系统的组网方式

ZXJ10 程控交换机的远程操作维护管理网络情况复杂多样，归纳起来主要有三类：远程维护网、集中维护网和 VPN 方式的集中维护网。深圳地铁一号线一期工程采用集中维护网的组网方式。

由数个终端组成的一个局域网，通过网关与数个交换局本地网连接。其中任何一个终端经过配置，都可以同时维护一个或数个交换局，如图 1.29 所示。

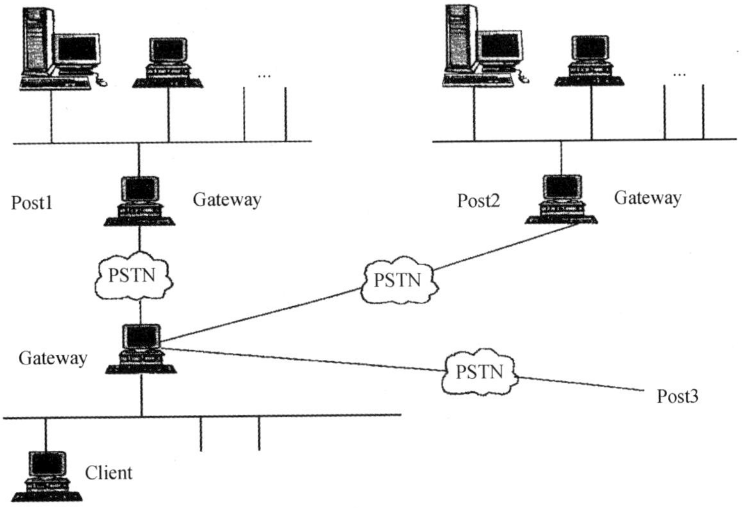

图 1.29　集中维护网

3. 话务统计功能

ZXJ10 话务统计功能用于对 ZXJ10 数字程控交换机的各种业务量进行统计、分析，网络状态监视，各类接续的呼叫次数统计，公用设备工作情况统计，处理机占用率统计，并可按目的码、中继、No.7 链路、No.7 局向、No.7 电路群、用户交换机、用户模块、用户单元、主被叫号码等进行分类统计。

该功能采用标准的客户/服务器方式实现，功能强大，设置灵活，在完成国标 YDN065-1997 所要求功能的基础上，根据用户的合理建议扩展了部分功能，使用户能更准确、详细、方便地了解交换机的运行情况。

4. 告警功能

数字程控交换机投入运行后，必须集中监控它的整个运行状况，以便对交换机实时维护和修复。这一功能是由告警系统来实现。

（1）ZXJ10 告警系统主要功能。

① 交换机前台告警系统主要功能：及时地反映机架的运行状态，监测机架上各板位的状态（如发现问题及叫地上报给后台告警系统），处理环境监控板等发送的信息并将结果向后台告警系统转发，完成后台界面人机命令的执行及结果返回。

② 服务器端告警系统的主要功能：存储历史告警、存储通知信息、存储屏蔽信息，存储调试信息、存储环境信息、存储配置信息，保证与交换机前台和后台客户端的同步，处理来自客户端的各种设置命令和控制告警盘。

③ 客户端告警系统的主要功能：实时显示最新告警信息，立刻打印最新告警信息、查询和打印当前告警内容、查询和打印历史告警内容、查询和打印通知信息，设定和解除告警屏蔽，环境告警条件设定，人机命令的操作和运行结果的显示。

（2）系统结构。

告警系统的结构如图 1.30 所示。

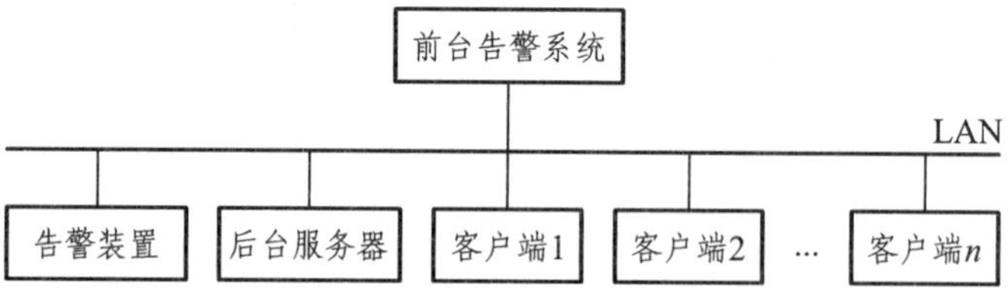

图 1.30　告警系统的结构

（三）计费系统

ZXJ10 计费系统是针对交换机的通话记录，对话单数据进行存储、传送、分拣、结算、汇总，直至输出各类费用报表，从而向用户收取费用，向营业和管理部门提供丰富查询和报表的综合信息管理系统。

1. 计费系统框架结构

计费系统框架结构如图 1.31 所示。由图可知，服务器收集了原始话单，按照不同要求分发这些话单，以便立即计费、计费观察和结算汇总。

2. 计费系统性能指标

ZXJ10 计费系统性能指标见表 1.2。

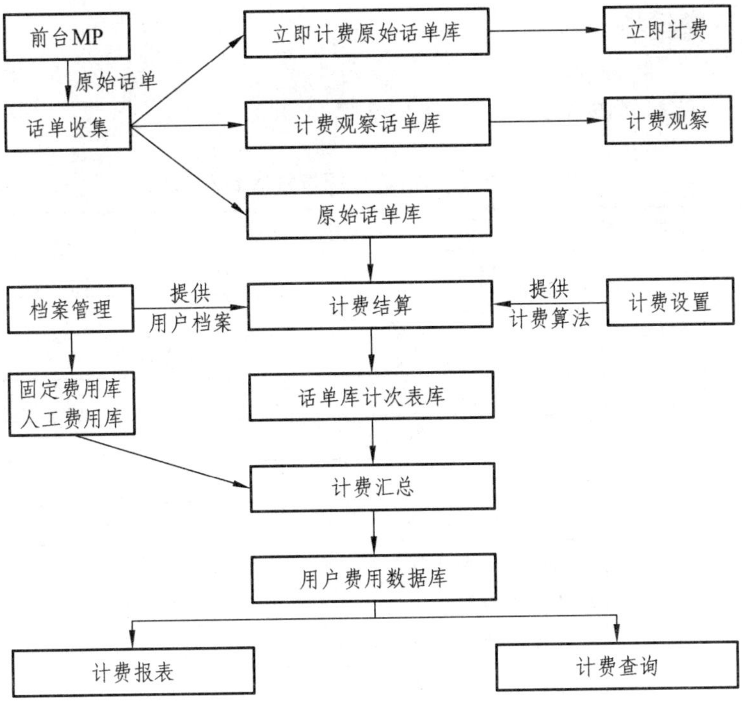

图 1.31　计费系统框架结构

表 1.2　ZXJ10 计费系统性能指标

性　能	指　　标
适应性	ZXJ10 计费格式，ZXJ10V4.X 计费格式及 S1240 等
结算速度	10 000 张话单/分钟
算法设置	共可设置 256 种不同算法，每张话单可有四种算法
分组设置	最多分组 256 组
折价日期类型	按费率、时长等不同 10 种折价日期类型
折价日期表	最多 512 个(节假日和按星期折价分别有 256 个)
费率变更点	每天最多 4 个
长途区号字冠	最长 16 位
主叫号码	最长 40 位
被叫号码	最长 40 位(区号加被叫号码合一)
长途区号表	最多 5 000 个长途区号，可随意增删改
费类项	最多 99 个大项，每个大项 12 个子项，共 1 188 个费项
M/N 制式	任意 M/N 制式，如：3/1，1/1 等，包括 N 秒免费
N 秒免费	对不同局向，不同分组，不同费子项实行不同 N 秒免费
费率设置	最多 256 组
出局/出网字冠	最多设置 256 个出局/出网字冠
结算步骤	一步
准确率	计费准确率≥99.96%
话单接收能力	话单接收能力≥1 000 K/每小时(超出时不丢失)
话单处理能力	话单处理能力≥1 000 万张/每月

三、系统日常维护

公务电话子系统检修内容及周期见表1.3。

表1.3　公务电话子系统检修内容及周期

序号	设备名称	类别	工作项目及内容	周期
1	ZXJ10 数字程控交换机	日常保养	检查各模块单板工作状态灯的运行情况	每日
			检查维护终端告警信息情况	
			检查机柜背板上的连接线脱落、连接线整齐情况	
			检查电源(输出灯亮)并记录电压值	
			检查主备用间倒换情况	
		二级保养	同日常保养内容	每季
			检查机柜地线连接牢固情况	
			检查设备各类连线标识清晰准确情况	
			清洁机柜内壁和机架，禁止触及单板	
			检查配线架上的跳线和布线情况	
			清洁配线架内外部	
			检查机柜间各单板的连接情况	
			检查与外设终端连接线情况	
			更新配线资料	
		小修	同二级保养内容	每年
			检查并修复、更换设备已损配线、控制电缆及接插件	
			检查并修复、更换设备已损外壳、减震装置及紧固件	
			检查并更换已损配件及配线	
		中修	同小修保养内容	每5年
			彻底清洁各模块、单板	
			测试各模块功能	
			更换老化单板	
2	维护终端 (112、129服务器)	日常保养	检查维护终端外观情况	每日
			清洁维护终端表面	
			检查维护终端通信情况	
			检查维护终端软件告警信息情况	
			检查维护终端各模块数据的显示情况	
			检查112话务台数据和功能情况	
		二级保养	同日常保养内容	每季
			检查维护终端鼠标、键盘按键情况	
			检查维护终端显示器情况	
			检查维护终端各连线情况	
			维护终端数据备份	

续表 1.3

序号	设备名称	类别	工作项目及内容	周期
3	MDF	日常保养	清洁机柜表面	每日
			检查跳线情况	
			检查防雷端子情况	
			更新配线资料	
		二级保养	同日常保养内容	每季
			检查机柜和机柜底座	
			更换已损跳线、端子排	
			检查机柜与地线的连接情况	
4	电源	二级保养	检查温、湿度报警情况	每季
			检查电源线与设备的连接情况	
			检查直流分配柜的连接情况	
			检查直流配电屏的连接情况	
			检查模块内机柜间连接情况	
		中修	同二级保养内容	每 3 年
			检查电源线上标记情况	
			检查机柜和机柜底座情况	

四、系统典型故障分析及处理

（一）所有 PP 单元不能正常启动

1. 故障现象

所有的 PP 单元处于非工作状态。

2. 故障分析定位

① MP 电源是否已经打开。
② MP 是否已经正常运行，主用灯是否开始有规则地闪烁。
③ 对应的网层的电源是否打开。
④ T 网是否已经处于正常的运行状态（运行灯以一秒间歇规则地闪烁）。
⑤ MPPP 板是否插上并且已经可靠接触。
⑥ MPPP 板是否处于正常的运行状态，并规则闪烁。
⑦ T 网和 MPPP 板之间的 HW 连线是否插上并且保证接触良好。
⑧ MP 级的 DSNI 板是否损坏或者是否插上，并且保证接触良好。

3. 故障处理

根据故障的定位做相应的处理。

4. 注意事项

先应分析定位故障，接触单板或部件时必须带防静电手环。

（二）SP 单元起不来，后台告警中出现该板的“通信中断告警”

1. 故障现象

SP 单元不能正常启动，后台告警中出现该板的“通信中断告警”。

2. 故障分析定位

① 检查机架的电源是否打开，该 SP 上的运行灯是否亮。

如果电源已经打开，但 SP 的运行灯没有亮，则一般可认为板损坏，请更换备件。

如果电源已经打开，并且 SP 的运行灯没有正常点亮，而是快闪，请进行下一步的检查。

② 检查板子是否插好，接触是否可靠，可以拔插复位 SP 单板来检查。

③ 以上都不是，则可能有以下几种情况：

可能情况一：该单板已损坏。可以通过更换备用的同类型的板的方法来确认是否该板损坏。

可能情况二：该 SP 单元连接 T 网的 HW 线与数据库的配置不同。请在数据配置的物理配置中检查该单元或子单元是否正确配置。

可能情况三：该 SP 单元连接 T 网的 HW 线没有连上，或者连接松动，可以检查一下相应的 SP 单元到 DSNI 板的 HW 连线，具体的操作参照安装手册的硬件安装部分。

可能情况四：前台数据表 R UNIT 或 R-SUNIT 没有该单元或子单元的数据记录存在。可用探针查看前台数据表 R UNIT 或 R-SUNIT，确认该单元或子单元的数据记录是否存在。

可能情况五：该 SP 单元所对应的 DSNI 板损坏，或跳线设置不对。

可能情况六：该 SP 单元的 BOOT 芯片程序不对，或者所需装载的程序版本不对，可以通过重新更换新的芯片程序或者重新装载程序来解决，具体方法可以参照维护手册中的关于版本装载的部分。

3. 故障处理

更换损坏的单板或修改相应的配置数据。

4. 注意事项

修改数据时注意对原始数据加以备份。

（三）用户单元处理器 SP 板周期复位

1. 故障现象

用户单元处理器 SP 板周期复位。

2. 故障分析定位

① 更换 SP 板，确定单板是否正常。
② 使用版本管理查该单元版本是否与版本设置一致。若不一致，使用单元指定装载，重新装载一致即可。

3. 故障处理

更换 SP 板或重新装载版本。

（四）SPI 板不能正常启动

1. 故障现象

SPI 板不能正常启动。

2. 故障分析定位

① 检查 SPI 板所在层的电源开关是否打开，如果没有请打开。
② 复位 SPI 板，检查是否由于接触不好造成故障。
③ 更换 SPI 板，如果恢复正常，说明原来的 SPI 板损坏。
④ 检查硬件数据配置中 SPI 板是否正确配置。

3. 故障处理

打开电源、更换单板或更改数据配置。

4. 注意事项

更改数据时，注意备份原始数据。

（五）ASLC 板不能正常启动

1. 故障现象

ASLC 板不能正常启动。

2. 故障分析定位

① 检查此单元的 SP 或 SPI 是否运行正常，如果没有起来，请参考相关条目处理。
② 拔插复位 ASLC 单板，看是否接触不好。
③ 用运行正常的单板替换，如果能起来，说明原来的单板出现故障。
④ 检查硬件配置，看槽位是否已配置了 ASLC 板。
⑤ 检查后背板上的用户电缆是否插错。可以将用户电缆插头拔下检查，看运行是否正常。
⑥ 如果此单元中只有此槽位的 ASLC 不能正常启动，在单板更换后仍未排除故障，则有可能是后背板损坏，该槽位故障。

3. 故障处理

根据故障定位做相应地处理。

4. 注意事项

更改数据时，注意备份原始数据。

（六）DSLC 用户板不能正常运行

1. 故障现象

DSLC 用户板不能正常运行。

2. 故障分析定位

① 检查此层电源是否已经开启。
② 复位 DSLC 用户板，检查是否接触不好。
③ 更换 DSLC 用户板，如果恢复正常，说明原来的 DSLC 用户板损坏。
④ 检查此单元处理器 SP 运行状态，如果 SP 没有正常运行，参考相关文档处理。
⑤ 检查硬件数据配置是否配置为数字用户板。若单板每隔 4 ~ 5 s 重启，可能为此槽位未配成数字用户板。
⑥ 查看 DSLC 用户板芯片程序是否与实际相符，如果不符，请重新记录。

3. 故障处理

更换单板或更改数据配置。

4. 注意事项

注意原始数据的备份。

（七）ASIG 板运行正常，但 DSPl 或 DSP2 灯不亮

1. 故障现象

ASIG 板运行正常，但 DSPl 或 DSP2 灯不亮。

2. 故障分析定位

① 拔插复位 ASIG 板，检查是否接触不好。
② 检查 ASIG 板上的 EPROM 是否插紧且没有错位。
③ 检查 ASIG 板上 DSPl、DSP2 的运行程序，程序含义如下：
TONE.BIN：音单元、会议电路。
CMD.BIN：DTMF，MFC。
CIDB.HEX：主叫号码显示。
如果与后台所配数据不一致，请重配数据，并传送数据至前台。当数据和板上实际物理配置不符时，虽然 ASIG 板可正常运行，但对应的 DSP 均工作不正常。

④ 对于 860B9906AGIG/1 板（板面标签）子单元配置成会议电路时，该子单元灯不亮。

3. 故障处理

根据故障的定位进行相应的处理。

4. 注意事项

注意原始数据和运行程序的备份。

（八）DTMF 收号错误

1. 故障现象

DTMF 收号错误。

2. 故障分析定位

① DTMF 收号单元是否工作正常。
② 使用 112 测试工具，测试话机 DTMF 发号是否正常，否则请更换话机。
③ 使用脉冲方式拨打电话，观察话路中是否有噪音。
④ 使用诊断测试工具，测试收号器是否有异常。如有异常，请更换 DTMF 板，更换 DTMF 的 HW 线，更换 DTMF 槽位再试。

3. 故障处理

根据故障的定位做相应的处理。

第三节　专用电话子系统

一、专用电话子系统简介

（一）系统基本组成

专用电话子系统包括调度电话、站内电话、站间和轨旁电话。

1. 调度电话

（1）系统基本组成。
地铁系统的调度电话子系统由调度总机、调度台和调度分机组成，如图 1.32 所示。
（2）系统设备功能。
① 调度总机。
调度总机是调度电话的核心，由具有交换功能的交换机组成，设置在控制中心，为调度人员提供专用的通信服务。城市轨道交通中一般设置行车调度、电力调度、环控调度、维修调度、公安调度等调度。调度总机还配有录音设备。

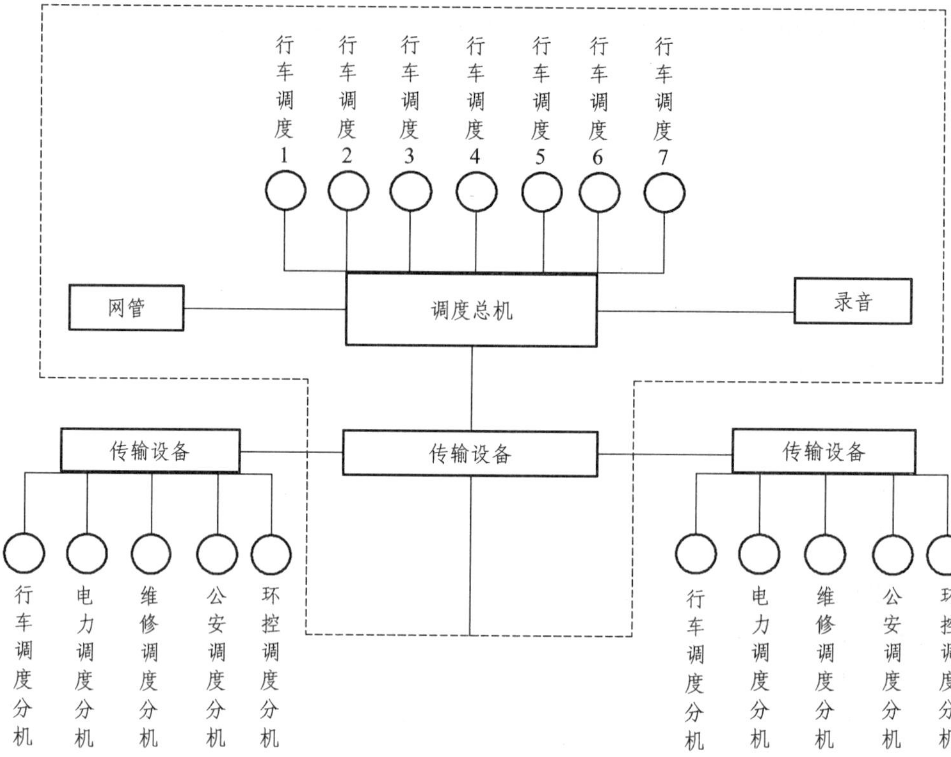

图 1.32　调度电话子系统

在硬件上，调度总机和程控交换机相同，只是功能上有比较大的区别：程控交换机是为广大公众服务的，用户之间是平等的，而调度总机的服务对象是一个有严格上下级关系的群体；调度台在调度系统中处于核心地位，调度总机是为调度台服务的，而程控交换机的话务台只是完成来话转接；调度台在紧急情况下要求快速接通 i 调度总机的操作应简单，如一键通等，而程控交换机需要一方一方地拨号呼出。

调度总机选叫某一分机时，选叫信号同时通过传输线送往各个分机，但只有相应被选的分机才能接选总机的选叫信号而振铃。分机振铃后，拿起话柄按下送话按钮便可对总机讲话。此时，总机若处在受话状态可直接听到分机的应答。总机呼叫分机时分机振铃三次无应答则自动断线，在分机上留有来电信息，分机呼叫主机时自动接通。

② 调度台。

调度台配置在控制中心，有传统的按键式调度台和基于 PC 屏幕的软调度台。

按键式调度台。有的调度台提供互相独立的双手柄，可由两个调度员共享一个调度台进行调度。调度台可单键完成单呼、固定组呼全呼功能，并有会议功能，能对分机进行任意编组呼叫。调度台配置有液晶显示屏，用以显示时间、引导操作提示、来话信息、通话信息等。调度台一般有热线键、拨号键和功能键。热线键的一个热键对应一个用户、一组用户或全部用户，可以实现“一键通”；拨号键与传统的电话号盘一样，可在热线键损坏时拨出电话号码或拨出外线电话；功能键有通话保持、重拨、免提、翻页等。按键式调度台，如图 1.33 所示。

基于 PC 屏幕的软调度台。在 PC 中加入调度台应用软件，外接扬声器和电话手柄等。软调度台改进软件和增加摄像头可以组成多媒体调度台，提供可视调度电话。基于 PC 屏幕的软调度台，如图 1.34 所示。

图 1.33　按键式调度台

图 1.34　基于 PC 屏幕的软调度台

③ 调度分机。

调度分机配置在车辆段和各车站，通常采用普通话机或数字话机。调度总机与分机点对点连接，分机接到中心调度员时铃响，这时业务员拿起话机手柄，按下送话按钮即可与调度员通话；分机呼叫总机，摘机后无需按键即可直接接通总机，分机设有单工通话按钮和紧急呼叫键。

2. 站内电话

① 站内电话作用。

站内电话可提供车站内部人员的直接通话和本站值班员与相邻车站或大区间值班员的双向热线通话；同时也能使乘客或车站工作人员在紧急情况下使用紧急电话。

② 站内电话的连接方式。

在车站内部配置有相对独立的电话交换系统。站内电话可以用普通拨号方式建立连接，各分机与车站值班台采用热线通话方式，分机间的通话由车站值班室转接，热线方式比较常用。还有延时热线方式，分机摘机后等待 5 s 不拨号即呼叫车站值班室；若摘机后 5 s 内拨了其他号码则与其他分机通话。

③ 站内电话的组成。

站内电话由车站电话交换机、车站值班台和电话分机组成。车站电话交换机通常采用小型程控交换机来实现，与公务电话交换机相连；车站值班台，设在车站控制室，供值班人员使用，一般用数字电话实现。电话分机，站内用户用普通电话机连接，一般一个车站有几十门分机。

3. 站间和轨旁电话

① 站间电话。

站间电话是供相邻车站值班员之间联系的直通电话，行车电话机的双方任何一方摘机就可与对方通话；站间行车电话的通话范围局限于两个车站值班员之间，不允许越站通话。站间电话如图 1.35 所示。

② 轨旁电话。

轨旁电话是为系统运营和维护及应急需要，安装在隧道里的电话。它是列车司机和维修人员在紧急情况下及时联系车站及相关部门的一种手段。轨旁电话由轨旁电缆连接站内交换机，具有抗冲击性和防潮等特性。在 150 ~ 200 m 安装一部电话，3 ~ 4 部轨旁电话并接使用同一号码，并且用多部电话交叉配置的方式来增加可靠性。轨旁电话如图1.36所示。

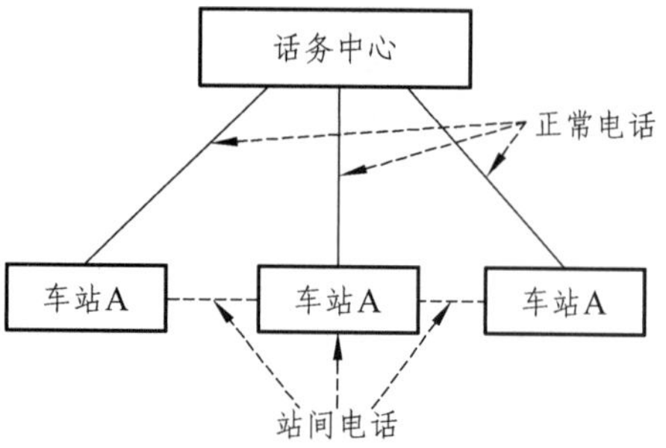

图 1.35　站间电话

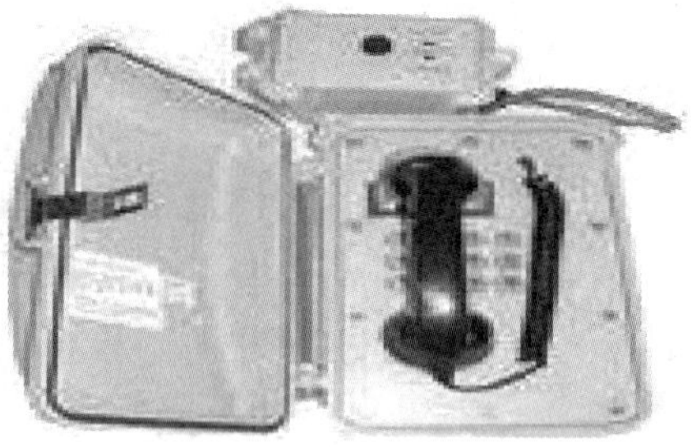

图 1.36　轨旁电话

（二）系统基本功能

1. 调度电话基本功能

（1）OCC 各系统中心调度员与各站相应系统分机及 OCC 各调度之间直接通话，各分机间不允许通话，必需的分机间通话需要由调度台转接。

（2）调度员可呼叫和应答某个被调用户，也可以呼叫和应答多个被调用户。

（3）调度员可通过紧急呼叫方式急呼被调用户，并可启动广播系统，寻找被调用户。

（4）多台调度机可以互联以组成无级或多级的自动数字调度网。

（5）调度台配会议电话终端，可召集电话会议，参加会议方由调度台设置，调度台指定会议成员发言，会议成员可提出发言请求。

（6）调度台设定告警等级及报警方式、清除告警。

（7）调度机公共部分冗余设备，设备能自动监测，故障时自动切换。

（8）调度台配有录音接口，可以接录音设备，记录调度员与分机、调度员之间通话。

2. 站内电话功能

站内电话可提供车站内部人员的直接通话和本站值班员与相邻车站或大区间值班员的双向热线通话；同时也能使乘客或车站工作人员在紧急情况下使用紧急电话。

二、数字调度电话系统

（一）系统结构

数字调度电话系统按调度电话业务性质可分为列车调度电话、货运调度电话、电力调度电话、客运调度电话、站场有线电话和站间有线电话等。

1. 列车调度电话

列车调度电话包括列车有线调度电话和列车无线调度电话。

（1）列车有线调度电话。

列车调度电话是供列车调度员与其管辖内的各站、段值班员之间进行行车指挥使用的专用电话。

现在地铁通信传输系统实现了完全数字化，专用调度电话利用数字信道把沿线各站的各种专用通信业务综合起来，提供全面的数据、语音等服务。简化了专用通信系统的结构，改善了专用通信系统的话音质量，提高了数字信道的利用率，从根本上解决了沿线小站的通信问题。从而形成以自控为主的、智能化的、全程全网的网络化综合调度指挥平台。

（2）列车无线调度电话。

列车无线调度电话是重要的行车通信设备，在保证列车正点运行、降低机车能耗、提高通信能力、通告险情、防止事故、救援抢险等各方面都具有重要的作用。列车无线调度电话系统负责列车的位置和运行方向，其工作成员包括行车调度员、车站值班员、助理值班员、机车司机、运转车长等。工作成员之间通过无线电话进行通信。

2. 货运调度电话

货运调度电话是供货运调度员与其管辖的货运员之间通话的专用电话。

3. 电力调度电话

电力调度是供在电力牵引区段的电力调度员与其管辖的牵引变电所、供电段及分区亭等工作人员之间通话的专用电话。为了保证在电力牵引区段不间断供电的需要，设有连接有关电业部门的直通电话。为了使列车调度员与电力调度员取得密切联系，列车调度台与电力调度台设在同一调度所内。

4. 客运调度电话

客运调度电话是供客运调度员与其管辖的客运站、车务段值班员之间通话的专用电话。其设备、功能与列车调度电话类同。

5. 站场有线电话

站场有线电话供铁路站场进行各种作业指挥和业务联系用的专用通信，是铁路通信的重要组成部分。站场有线电话对改善客运服务质量、提高运输效率、缩短车辆周转时间、保证行车安全都具有重要的意义。

数字调度电话系统按站场有线电话系统构成可以分为共线电话、集中电话和自动电话三种。

共线电话即同一系统的用户电话机共享一对回线的电话，可用做主任扳道员与扳道员相互联系的扳道电话，也可用作给水所与水泵房相互联系的给水电话。共线电话设备有磁石电话机、音响电话机（以晶体管代替手摇磁石发电机）、音声呼叫电话机（直接发话呼出对方），以及用拨号盘或按键呼出的共线自动电话机。

集中电话是将站场专用电话组合在一起的综合通信设备。集中电话一般用作站内调度员和值班员电话。站内值班员需使用列车调度电话、站间行车电话、扳道电话等多台电话机和站场扩音装置等。为了使用方便，将各种电话和扩音装置的电路放在一个机箱内，就成为整体式电话集中机，其中各种电路分别有指示灯。如果将上述各种电路板放在一个主机柜内，并同车站值班员专用的、装有按键、指示灯和送受话装置的控制盒相连接，就成为分离式电话集中机。电话集中机带有放大器、传声器、扬声器以及送受话器。电话集中机由磁石分盘、共电总机分盘、共电分机分盘、选号电话分盘、组呼分盘等插入式分盘任意组合，从而构成不同的容量，结构灵活，通用性强。它可以集体呼出一部分规定的分机，但是不允许作为交换机使用。

自动电话即用专用自动电话交换机，在车站内与运输作业有关的人员处装设自动电话分机，供他们相互联系使用。这种电话不接至地区电话网和长途电话网，因而在自动电话交换机中不设出入中继器。为了维护方便，这种站内专用的自动电话交换机一般都装在铁路通信站内，与地区通信设备放在一起。

6. 站间有线电话

站间有线电话又称闭塞电话，是供相邻的车站值班员联系办理行车业务的专用电话。在自动和半自动闭塞区段，一般接入车站电话集中机。

站间有线电话设备大部分采用磁石电话机。站间有线电话回线上不允许连接其他设备和电话，以保证迅速、准确地联系和行车安全，可用作在区间被迫停车的列车车长或在区间工作的工务、电务、电力等工作人员与车站值班员或有关领导进行紧急防护和业务联系的专用电话。在长途电缆区段，区间电话由 2 ~ 4 对电缆芯线构成（电气化铁路区段加设一对芯线），每隔 1.5 km 左右设一部电话机，采用自动式电话机装在沿线通话柱的防尘、防湿及加锁的固定金属箱内，并以两端车站为终端。能选接到列车调度、电务、养路及各站电话等回线或车站的电话集中机中进行联系。

（二）系统功能

数字调度电话系统主要实现地铁系统各种调度电话，如行车调度电话、货运调度电话、电力调度电话、公务电话，站场各种电话业务，站间通信和区间通话业务，以及无线列调、站场广播等业务的接入。其主要功能如下：

1. 数字时分交换

MDS3400 采用先进的数字时分交换技术，具备 4096 × 4096 全数字交换网络。

2. 数字环自愈及模拟通道备份

在总体结构的设计中，采用了环状的数字通道。通过软件的精确算法，系统保证数字环任何一处断裂都不会对各系统间的信令通信、数字调度电话业务、数字专用电话业务以及数字站间通信有任何影响。

在一般情况下，系统通信使用下行 E1 通道，系统实时监测 2M 口的通信状态。当检测到数字环下行 E1 通道的某处断开时，立刻切换至上行 E1 通道方向进行通信，从而保证数字环的任何一处断开都不会影响系统的正常通信，切换时间为毫秒级。

在数字环有多处断裂的情况下，系统还可以自动切换到备用电缆通道，保证系统重要通信能正常进行。

3. 断电直通

当某一个系统（车站 FAS）的供电出现故障或需要断电维修时，该系统所接的上下行两个 2M 口收发将直接接通，以保证整个数字环的完整性，从而使通信不因某一个单点设备的故障而中断。

4. 远程调度台

在数字调度电话系统组网时，铁路局内的调度台，尤其是电专、车务、工务等调度台并没有位于铁路局调度中心内，可能会被安放在远离调度中心的某一个车站附近。这些调度台可以通过 2B + D 接口接入到就近的车站系统主机，其功能、性能与位于路局内或调度中心内的完全相同。

5. 系统级联

MDS3400 调度指挥系统的容量对于绝大多数车站的站场通信是完全足够的，而对于一些大的站场（例如编组场），可以采用多个系统级联的方式来完成大容量需求的站场通信。被级联的系统在业务、功能以及对其维护管理上均不受任何影响。

6. 兼容现有调度系统功能

MDS3400 系统可兼容现有数字调度系统功能及原有的模拟调度系统功能，同时系统还提供各种模拟接口，可以直接接入模拟调度总机、模拟调度分机、模拟调度回线等模拟设备。

7. 紧急电话

某电话被设置为紧急电话（优先用户）呼叫调度台或车站值班台时，调度台和车站值班台不需应答话路已被接通，紧急电话和调度台或车站值班台即可直接通话。

8. 紧急呼叫

当调度台（车站值班台）发起紧急呼叫时，调度员（车站值班员）先按紧急呼叫键再按相应的按键即可提高此次呼叫的级别。此时，对于级别低的呼叫即可实现强插、强拆。

9. 集中管理远程维护

MDS3400 系统在枢纽侧可以设一个网管终端，通过以太网接入系统主机，可实现对全网 MDS 网元的集中管理与远程维护，网管子系统功能强大，涵盖了性能管理、故障管理、配置管理、安全管理及计费管理五大功能，具体的描述详见网管子系统简介。

10. 热备份功能

MDS3400 系统的关键接口部件如主控制器、交换网、会议资源、音源、扩展、驱动等都提供 1 + 1 热备份的功能，数字板和其他用户板提供可选 1 + 1 热备份功能。

11. 回波抑制与自动增益控制

MDS3400 系统采用了先进的 DSP（数字信号处理）技术，有效地解决了 2/4 线转换所带来的回音以及免提通话中的扬声器对麦克风的回声，从而实现了调度电话、专用电话的全双工通信。同时，也为了增加系统对各种线路的自适应能力，MDS3400 系统还利用 DSP 技术实现了对语音的自动增益控制（AGC），避免了因线路造成声音大小不均衡的情况。

12. 录音功能

MDS3400 系统可提供录音接口，接入多通道数字录音仪。佳讯公司自主研发的多通道（可达 64 个通道）数字录音仪采用硬盘存储（40G 硬盘可存储 3 700 多个小时的语音资料）、声控启动方式，而且多通道数字录音仪支持本地放音和远程放音两种方式。用户根据用户密码可进入到录音系统中，根据用户权限对语音资料进行播放、检索、转储等。

13. 会议功能

MDS3400 系统中设置了丰富的多方会议电路（最多 1920 方），这些电路可供调度员、值班员组织多方会议。

14. DXC 功能

MDS3400 系统内部支持 DXC1/0 功能，即支持 64K 数字交叉连接功能。系统支持各种复杂连接的调度业务、专用业务、各种复杂的数字共线业务以及点对点、点对多点、广播型的半固定接续等。

15. 多种防护功能

MDS3400 系统的各种接口都有二级防雷防强电保护功能，以更好地适应雷雨地区和铁路电气化区段的设备安全运用。机箱机柜的工艺、电路板的布线等都经过了精心设计，使系统具备了较强的防电磁干扰能力，同时极大地降低了系统对外的电磁辐射。

16. 无人站实现方式

在有些铁路线中会存在无人站（如青藏线），无人站有时无人值守，有时有调度员值守。MDS3400 系统可实现车站站台在有人值守与无人值守时的切换，并在无人值守时向呼叫用户送提示音，告知对方此站是无人值守站。

17. 时钟同步方式

MDS3400 系统的时钟系统既可以独立地自由运行，也可以与外 BITS 时钟同步。

三、MDS3400 型数字调度电话系统

（一）MDS3400 型数字调度电话系统组成

MDS3400 型数字调度电话系统由系统主机、各种调度终端、维护管理系统、集中录音系统等部分组成。

1. 系统主机

系统主机提供数字中继、模拟中继、模拟用户、数字用户（2B + D）、2/4 线音频、磁石、以太网和 RS485 等接口。通过这些接口与电话公网、普通话机、磁石话机、2B + D 键控终端、2B + D 触摸屏调度台、集中数字录音仪、维护管理系统等相连。系统主机结构示意图如图 1.37 所示。

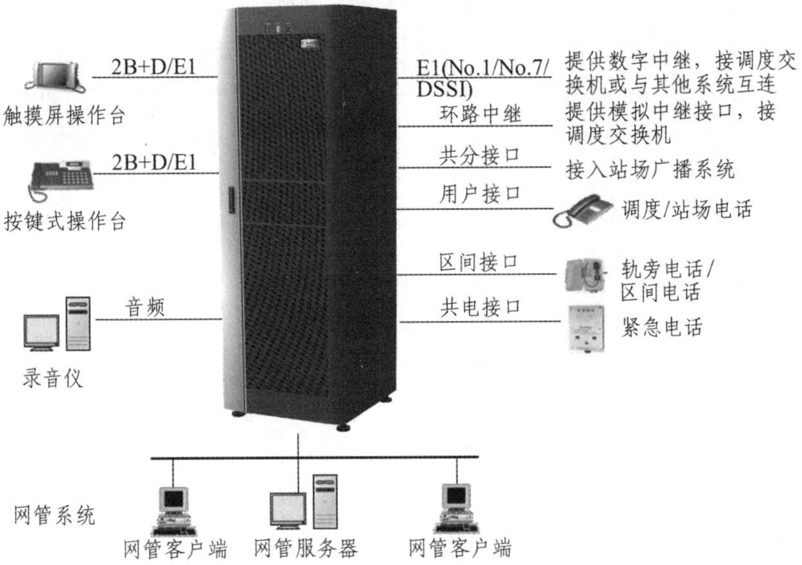

图 1.37　系统主机结构示意图

MDS3400 采用标准 19 英寸*机柜（2000 mm×600 mm×600 mm），为插箱插板式结构。单个 MDS3400 模块分为主控层和扩展层两种插箱，系统主机机柜图如图 1.38 所示。

系统主机插箱图如图 1.39 所示。

图 1.38　系统主机机柜图

图 1.39　系统主机插箱图

MDS3400 系统主机包括：机柜、控制层、扩展层、直流配电单元、交流配电单元、风扇框、配线单元等组成。系统主机结构如图 1.40 所示。

* 1 英寸 = 25.4 mm。

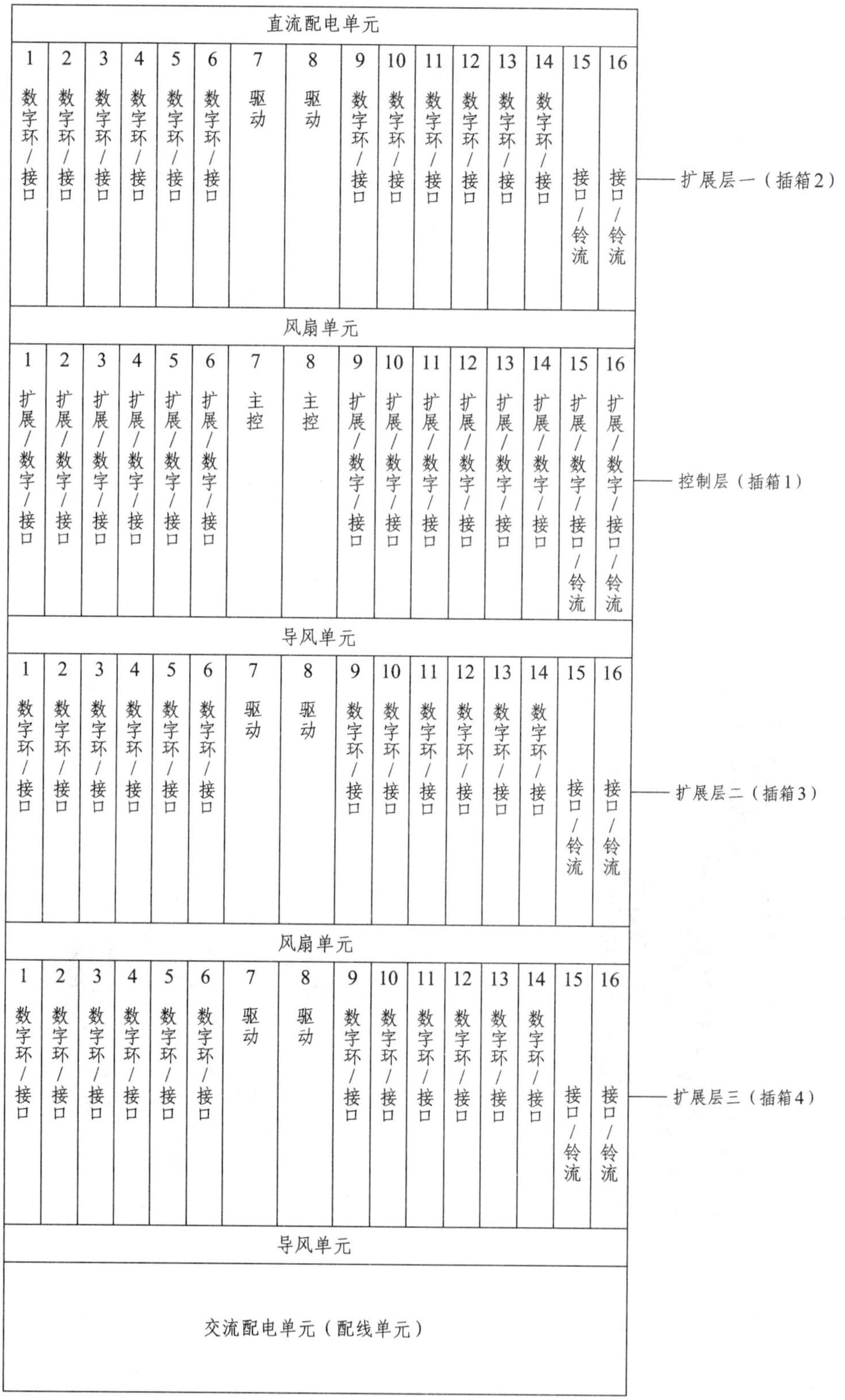

图 1.40　系统主机结构图

机柜采用通用 19 英寸机柜，高度为 2 米，2 米机柜最多放置 4 个插框。机柜底部可放配线单元和交流配电单元。

控制层共有 16 个槽位，其中 2 个槽位为 1＋1 主备用的主控板，其余 14 个槽位可以插任意接口板，其中带扩展层时需要插扩展板，15、16 接口板槽位可插铃流板。14 个接口板槽位都可以插各种接口板。控制层结构如图 1.41 所示。

1	2	3	4	5	6	7	8	9	10	11	12	13	14	15	16
扩展/数字/接口	扩展/数字/接口	扩展/数字/接口	扩展/数字/接口	扩展/数字/接口	扩展/数字/接口	主控	主控	扩展/数字/接口	扩展/数字/接口	扩展/数字/接口	扩展/数字/接口	扩展/数字/接口	扩展/数字/接口	扩展/数字/接口/铃流	扩展/数字/接口/铃流

图 1.41　控制层结构图

扩展层共有 16 个槽位，其中 2 个槽位为 1＋1 主备用的驱动板，其余 14 个槽位可以插任意接口板，15、16 接口板槽位还可插铃流板。14 个接口板槽位都可以插各种低速接口板，除铃流板槽位外，其他接口板槽位可插数字环板。扩展层不可插入资源板、数字中继板等单板。扩展层结构如图 1.42 所示。

1	2	3	4	5	6	7	8	9	10	11	12	13	14	15	16
数字环/接口	数字环/接口	数字环/接口	数字环/接口	数字环/接口	数字环/接口	驱动	驱动	数字环/接口	数字环/接口	数字环/接口	数字环/接口	数字环/接口	数字环/接口	接口/铃流	接口/铃流

图 1.42　扩展层结构图

直流配电单元面板如图 1.43 所示。机柜的顶部设有直流配电单元，高度为 3U。直流配电单元支持二路独立的直流 48 V 输入，2 路 48 V 输入经二极管并联成 1 路 48 V，之后通过空开再到每个插框。每个插框由一个空开控制。

在直流配电单元面板示意图中，#1、#2 两个指示灯分别代表二路 48 V 电源的工作指示灯。#1、#2 两个空开为二路 48 V 输入开关，R1、R2、R3、R4 四个空开分别是四个插箱的供电开关，F1、F2 两个空开为两个风扇单元开关。

通信系统常用－48 V 供电，但有些场合客户要求必须使用交流 220 V 供电。MDS3400 在机柜的底部保留高度为 3U 的区域，可以放置一个交流 220 V 转直流 48 V 的配电设备，该配电设备先把交流转成直流后再接到直流配电单元。

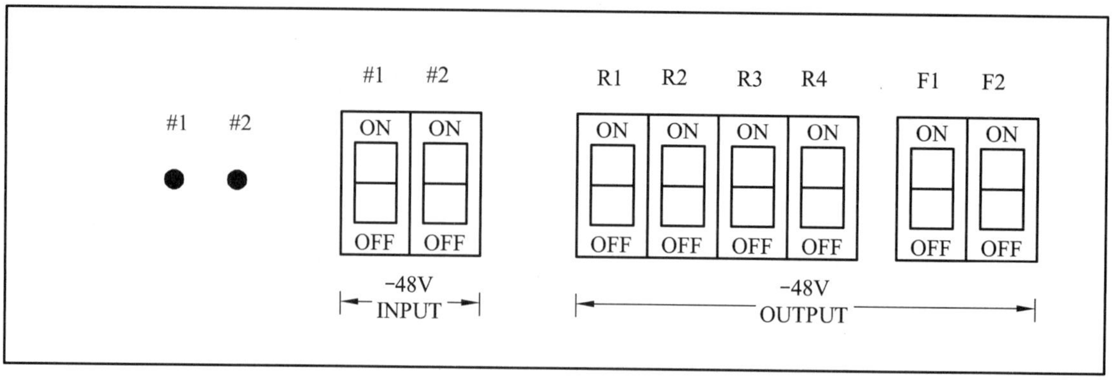

图 1.43　直流配电单元面板示意图

2. MDS3400 板卡

系统提供丰富的板卡，支持接口类型，可以满足不同组网环境及接入要求。提供 E1 接口、ISDN BRI 接口、FXS 接口、FXO 接口、E/M 接口、10/100M 以太网口等。

3. MDS3400 调度台

调度台采用全新造型设计和结构设计，其外形线条流畅，美观大方，结构稳固简捷；拥有标准 BRI、E1、10/100Base-T 接口，带给用户更灵活远程调度指挥模式；调度台均支持双接口热备份，任两个接口均可做 1 + 1 冗余热备份；其丰富而强大的调度功能带来更加简便快捷的用户体验；采用 DSP 技术以及 AGC 自动增益控制，有效地解决了 2/4 线转换回音、啸叫等问题，为用户带来更清晰优质的语音质量。

（1）触摸屏操作台。

一体化触摸屏操作台结构如图 1.44 所示，其操作台界面如图 1.45 所示。一体化触摸屏操作台采用一体化结构设计，体积小、连线少、采用图形化的操作界面，功能扩展更为灵活；嵌入式操作系统带来长期安全稳定的运行，更适合良好的调度环境。

图 1.44　一体化触摸屏操作台结构

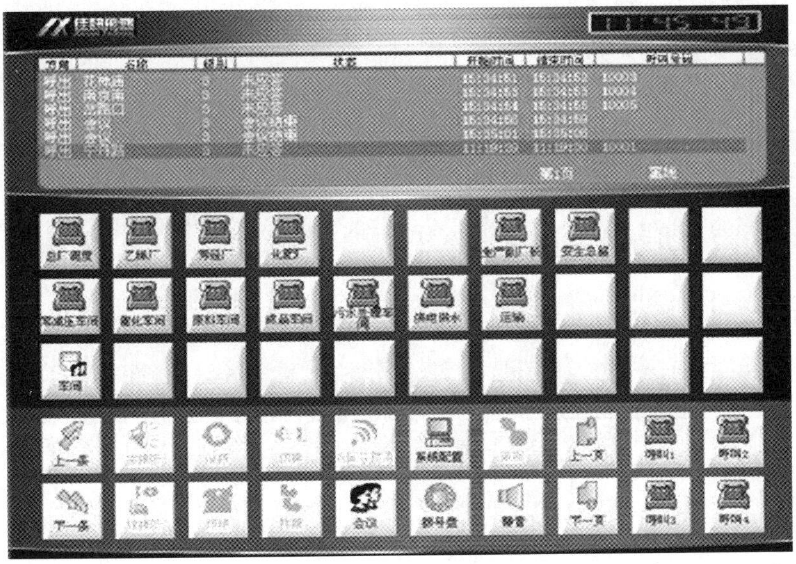

图 1.45　一体化触摸屏操作台界面

（2）键控式操作台。

键控式操作台如图 1.46 所示。它采用可拼接积木式多模块结构，基本单元用户键为 40 键，每个扩展单元用户键为 64 键，热键数量可扩充至 272 键，基本单元可作为 ISDN 数字话机使用。键控式操作台包括基本单元、扩展单元、对称单元三个部分。

基本单元由拨号键区、呼叫键区、功能键区、液晶显示屏、按键指示灯、手柄和麦克等部分构成。用户键区通过维护台可设置为各种单呼、会议、组呼、转接等功能键。数字键区可用于设置系统时间和系统出局拨号使用。液晶显示屏用于显示系统时间、系统菜单设置和各种操作状态，系统时间可以从维护台取得，也可以通过液晶菜单进行设置。麦克和耳麦用于主通道通话，手柄用于辅通道通话，主辅通道可以通过切换键进行切换。功能键包括液晶菜单操作、音量调节、录放音控制、主辅通道切换、会议、参会、监听、保持、转接、麦克控制等按键。

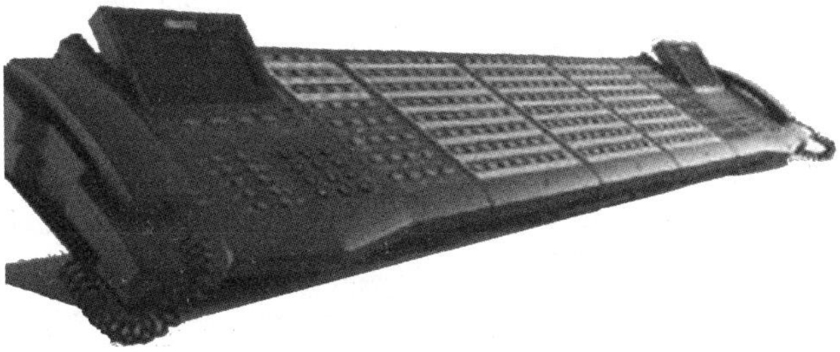

图 1.46　键控式操作台

（二）MDS3400 型数字调度电话系统日常维护

1. 系统硬件设备的日常维护

（1）系统主机的日常维护（见表 1.4）。

表 1.4　系统主机的日常维护

维护项目	操作指导	参考标准
检查主控板的状态	检查主控板主备、运行、告警指示灯	两个都为主或两个都为备用则为故障；运行灯闪正常；告警灯应灭
检查各单板的状态	检查各单板的主备、运行、通信、告警指示灯	主用单板主备灯应亮；运行灯闪正常；通信灯状态应亮；告警灯应灭

（2）调度终端的日常维护（见表 1.5）。

表 1.5　调度终端的日常维护

维护项目	操作指导	注意事项
设备表面清洁	包括主机、触摸屏、键盘、鼠标、耳机等	制定严格的操作规程，避免误动开关或接触电源
调度台呼叫测试	呼叫用户	能正常通话

（3）电源系统的日常维护（见表 1.6）。

表 1.6　电源系统的日常维护

维护项目	操作指导	参考指标
电源线连接	仔细检查各电源线连接	连接安全、可靠；电源线无老化，连接点无腐蚀
地线连接	检查各地线、局方地线排连接是否安全、可靠	各连接处安全、可靠，连接处无腐蚀；地线无老化；地线排无腐蚀，防腐蚀处理得当
地阻测试记录	用地阻仪测量地阻并记录	联合接地≤1 Ω

2. 软件系统的日常维护

MDS3400 型数字调度电话系统的网管系统日常维护见表 1.7。

表 1.7　网管系统的日常维护

维护项目	操作指导	参考标准
显示网管系统运行状态	检查网管系统与设备的连接状态	应显示连接正常
告警记录查询	检查网管系统告警窗口显示的告警信息	告警状态指示正常，应无多余告警
操作记录查询	可在网管系统操作记录窗口根据条件对所有的操作记录进行浏览查看	查询结果并与实际情况相符，并能打印

3. 系统的日常保养

MDS3400 型数字调度电话系统的日常保养见表 1.8。

表 1.8　系统的日常保养

保养项目	参考标准	
机柜风扇检查	风扇单元运转良好，无异常声音，如叶片接触到箱体	
机柜清洁检查	机柜表面清洁、机框内部灰尘不得过多等。平常应关闭机柜的前后门	
设备表面清洁	包括机架、维护桌面等	制定严格的操作规程，避免误动开关或接触电源
计算机病毒检查	使用正版有效杀毒软件，确保计算机无病毒感染	计算机杀毒软件定期升级
机房环境	操作指导	参考标准
环境状况	查看机房环境告警，包括供电系统、火警、烟尘等	应该一切正常，无外部告警产生
	查看机房的防盗网、门、窗等设施是否完好	防盗网、门、窗等设施应该完好无损坏
温度状况	观测机房内温度计指示	可在短期正常运行机房的环境温度在 +5 °C ~ +40 °C 为正常，可在长期正常运行的温度范围为 +15 °C ~ +30 °C，否则为不正常
湿度状况	观测机房内湿度计指示	可以在短期正常运行的机房湿度在 20% ~ 85%为正常，可在长期正常运行的温度范围为 30% ~ 65%，否则为不正常
防尘状况	观察机房内设备外壳、设备内部、地板、桌面	所有项目都应干净整洁无明显尘土附着，此时防尘状况好，其中一项不合格时为防尘状况差

（三）MDS3400 型数字调度电话系统软件配置

MDS3400 型数字调度电话系统软件配置见实训指导书。

（四）MDS3400 型数字调度电话系统典型故障处理

1. 值班台的故障处理

（1）故障现象。

某车站值班员反映值班台不能用了。

（2）分析故障与处理方法。

① 如果有馈电则说明后台供电没有问题；如果没有则说明后台供电有问题或接线盒有问题，或者前台与接线盒插头有问题。

② 如果前台通信灯闪烁正常，则说明前台与后台通信正常，不是硬件或硬件连接问题；如果通信灯闪烁不正常（通信灯灭或闪烁速度较快），则说明是 2B + D 线（前台与后台的通信线路）有问题或数据有问题。

③ 如果前两条都正常，则按某一单呼按键试验，如果有回铃音但不能呼叫出用户，则说明数据正常，很有可能是外线或对端用户的问题，做相应处理；如果无回铃音或按键按下去绿灯很快就灭了，则是数据问题，应检查数据是否正确。

2. 供电板的故障处理

（1）故障现象。

某车站值班员反映供电板不能使用。

（2）分析故障与处理方法。

如果话机没有馈电，则说明是供电板电路有问题，也可能是外线连接或话机本身有问题。如果有馈电，则说明此用户板、外线连接没有问题；能听到忙音或没有声音，则是用户数据问题，或是主控板的音源问题。

3. 选号的故障处理

（1）故障现象 1。

某车站值班员反映用模拟调度按键不能与调度通话。

（2）分析故障与处理方法 1。

如果此按键没有常亮，则说明是数据问题，需要检查数据；如果此按键常亮，则很有可能是此路选号有问题，可以先将此路跳到其他路试验一下，以判断是否为选号板故障。

（3）故障现象 2。

调度工区反映调度台用模拟呼叫不到某车站。

（4）分析故障与处理方法 2。

在外线端能听到呼叫信号，则说明数据没有问题，应到车站机房，听外线端是否能听到调度侧发来的呼叫信号，如果能，则很有可能是此路选号有问题，可将此路外线接到正常的一路上试验或者用替换法判断是选号板故障还是线路问题。

4. 磁石插板的故障处理

（1）故障现象。

某车站值班员反映值班台不能使用。

（2）分析故障与处理方法。

由于此板接口特性为收发铃流，只要收发端能测出铃流，即可正常通信，否则应为数据问题或者硬件问题，待磁石插板更换即可。

5. 车站调度台无法呼出

（1）故障现象。

某车站值班台呼叫其他用户，呼叫不通。

（2）分析故障与处理方法。

① 车站值班台可以呼叫本地用户：

交换机或值班台数据配置错误，需要重新检查并修改数据。

② 车站值班台所有用户都无法呼出：

- 前台电源指示灯不亮，则电源有问题，需要重新加电或更换设备。
- 接线不良，需要重新接线。
- 该车站有值班台通信告警，则调度台通信有问题，需要做如下操作：

网管发命令，重启该单板。本地重新上电。检查前后台接线。硬件故障，建议更换硬件。

6. 模调单呼变多呼

（1）故障现象。

在进行 YD 类模调单呼时，有一些分机号码，在拨打其中一个分机号码时，会有多个分机同时振铃，形成了组呼和全呼的现象。

（2）分析故障与处理方法。

该问题并不是交换机本身存在的问题，而是使用者对模调配置认识错误而导致的误解。在模调配置的过程中，对于 YD 类的模调，1 ~ 42 的号码为分机号，43 ~ 49 的号码为组呼号，50 号为全呼号。若使用者将 43 ~ 50 的号码也认为是分机号的话，会出现上述的错误理解。

7. 分系统车站上连接的网管无法对本车站设备进行维护

（1）故障现象。

主系统上已经连有一个可以对整个设备进行维护的网管，现在其中一个分系统车站上连接一个网管，用来对这个分系统进行维护，但该网管登录不上去，无法管理。

（2）分析故障与处理方法。

若要在分系统上接一个网管来对该分系统进行维护，必须要在主系统的网管中，将该分系统的设备属性配置成为“不管理”状态，然后分系统的网管才可登录上去以进行维护。

8. 分系统脱管，电话可以打通

（1）故障现象。

MDS3400 型数字调度电话系统设备中，某一分系统脱管，网管无法对其进行配置和管理，但可以呼叫到该分系统中的用户。

（2）分析故障与处理方法。

用 4096 长度的数据包 ping 该分系统浮动 IP，看是否可以 ping 通，及有无丢包，如能 ping 通，说明交换机底层连接没有问题，而是网管连接上的问题，此时应重启网管服务。若不能 ping 通，则交换机底层连接有问题，可以尝试远程复位分系统。

9. 数字环上站间呼叫时通时不通

（1）故障现象。

站间呼叫时有时能呼通，有时呼不通；呼叫调度业务也是时通时不通。

（2）分析故障与处理方法。

检查数据，除半固定接续、网管通道用到的时隙外，其余时隙是否在中继线配置中都配置上了，并在中继群中都将这些中继线添加上了（这里说的时隙是主控侧交换网的时隙）。如：网管通道占用了 1、2、3、4Ts，半固定接续用到 5、6Ts，那么除 0、16Ts 外，其余时隙应该全部配置为中继线，如果没有配置全，会出现有时呼叫不通的现象。

10. 呼叫某车站听忙音

（1）故障现象。

呼叫某车站值班台时，听忙音，而不是回铃音。

（2）分析故障与处理方法。

有可能是该车站的音源出现问题，如果遇到呼叫某车站时听忙音，或听空号音等不正确的声音，考虑是该车站主控板上的音源有问题。一般系统默认的是远端送回铃音，即被叫侧送的回铃音，如果回铃音不正确，则考虑是被叫侧的主控板音源有问题，可以通过切换主控板试验，用另一块主控板是否可以。

11. 电话或调度台拨“114”时听不到任何声音

（1）故障现象。

电话或调度台拨“114”查询自身号码时，没有任何声音。

（2）分析故障与处理方法。

语音文件没有下载到主控板，需要通过 ftp 工具来将语音文件下载到主控板。

12. 键控台重启

（1）故障现象。

U 口板接 48 键控台，在用 0.5 线径电缆接接线盒电源线时，前台距离后台不足 300 m，在不通话时，台子显示正常，只要一发起呼叫，48 键操作台就重启。

（2）分析故障与处理方法。

测量不发起呼叫时电压为 − 52 V，一发起呼叫就变为 − 33 V，而系统中给前台供电由 U 口板产生输出，这样当外接设备功率大时，U 口板就提供不了所需的功率，这样就导致前台一呼叫就不断重启，因此，解决此问题要么更改设备电路，要么从电源设备直接放一路 − 48 V 直流电，解决前台一发起呼叫就重启问题。

13. 无法呼叫互通厂家交换机的用户

（1）故障现象。

MDS3400 型数字调度电话系统与其他厂家交换机互通时，FH98-G 系统的用户拨打其他厂家交换机的用户拨不通，而对方用户拨打 FH98-G 系统的用户可以拨通。

（2）分析故障与处理方法。

① 检查数据：如路由配置中的发送号码。

② 若消息已通，能振铃但不能通话，就跟踪信令：看建立通话后，对方是否回 CONNECT ACK 消息，若没有，需要协商修改软件。

14. 单板单双机配置冲突

（1）故障现象。

主系统上配置两块模拟用户板，网管上将这两块模拟用户板配置成为单机，但网管上报这两块模拟用户板单双机配置冲突。

（2）分析故障与处理方法。

硬件检查：背板上单、双机配置管脚跳线没有跳上（单机不跳，双机跳），配置是正确。

数据检查：网管上单板配置正确。

跟踪板卡消息：板卡上报单双机标志为双机。

再次查背板跳线：发现背板的双机配置管脚碰到了一起。

将管脚掰开，并重启单板，问题解决。

15. 数字环会议功能异常

（1）故障现象。

数字环主系统无法与分系统开会。

（2）分析故障与处理方法。

检查是否配置 DSP 会议资源：数字环主系统和分系统都需要在网管上配置相应的 DSP 会议资源，即将主控板的 DSP 类型设置为会议类型。

检查是否配置调度台按键：设置完会议资源，还需要在网管上设置调度台的会议按键，并将所有会议成员号码添加到会议按键中。

16. 模调无法呼叫选号

（1）故障现象。

模调呼叫选号时没有反应，选号呼叫模调正常，音质也正常。

（2）分析故障与处理方法。

与好的车站互换单板和号码，硬件没有问题；更换 DB37 电缆，线缆没有问题；互换调度分配器分出的线路，调度分配器没有问题；二线音频不通过调度分配器，直连模调，设备没有问题；检查地线，发现机柜的地线没有与背板地线连接，机箱地线未接；连好地线，问题解决。

17. 分系统跟踪不上主系统

（1）故障现象。

数字环分系统车站跟踪不上主系统车站。

（2）分析故障与处理方法。

经检查发现，主系统的数字环板插在扩展层中，此种情况下，时钟会被反向，因此分系统就跟踪不上了。需要将主系统的数字环板的逻辑重新升级一下，将时钟的逻辑再反向一下就可以了。

18. 切换主控板后，DCU 板管辖的车站脱管

（1）故障现象。

当主系统的主用主控板切换到备用主控板时，DCU 板管辖的车站脱管。

（2）分析故障与处理方法。

经检查发现，备用主控板板上没有以太网小插板，当此主控板做主用时，网管到 DCU 板之间的通道被切断，因此 DCU 网管通道连接的车站全部脱管。

19. 数字环邻站之间通话没有声音

（1）故障现象。

数字环邻站之间呼叫，被叫可以振铃，但应答后互相听不到对方声音。

（2）分析故障与处理方法。

调换车站的上下行 E1 线，问题解决。

说明：数字环邻站间呼叫时，出现能振铃，但应答无声的情况，原因一般有两个：终端的手柄或麦克坏；上下行 E1 接反了。

20. 扬声器没有声音

（1）故障现象。

在通话过程中，大屏幕操作台的扬声器中听不到对方声音。

（2）分析故障与处理方法。

大屏幕操作台的“附加业务”参数设置中，取消耳机功能，使用扬声器便可解决问题。

说明：

① 如果使用耳机，将“喇叭”的钩去掉并将“左耳麦/左手柄”钩上。

② 如果使用外置扬声器，将“喇叭”钩上并将“左耳麦/左手柄”的钩去掉。

小 结

电话子系统内容主要涉及三个方面。第一节讲述了电话子系统的基础知识，即语音信号数字化、时分多路复用原理、数字信号交换基本原理、SS7 信令、话务量；第二节讲述了公务电话子系统，即公务电话子系统的系统功能、系统设备和系统网络，另外以轨道交通中常用的一种公务电话子系统 ZXJ10 数字程控交换系统为例，讲述了公务电话子系统的系统结构、系统功能、系统日常维护、系统故障检修；第三节讲述了专用电话子系统，即专用电话子系统的系统组成、功能和特点，另外还讲述了数字调度电话系统的组成和功能，最后以城轨交通中常用的佳讯飞鸿 MDS3400 型数字调度电话系统为例，讲述了专用电话子系统的组成、日常维护和常见故障处理。

思考题

1. 公务电话子系统，在城轨交通中有何作用？
2. 公务电话子系统的主要设备有哪些？
3. 公务电话子系统的网络结构是怎样的？
4. ZXJ10 数字程控交换系统的结构是怎样的？
5. ZXJ10 数字程控交换系统的接口有哪些？
6. ZXJ10 数字程控交换系统日常该如何维护？
7. 专用电话子系统包括哪些电话？各有哪些作用？
8. 数字调度电话系统的组成和功能各是什么？
9. MDS3400 调度电话系统由哪些主要设备组成？
10. MDS3400 调度电话系统日常维护要注意哪些？
11. MDS3400 调度电话系统出现故障该如何处理？

第二章 有线传输子系统

有线传输子系统是通信传输系统中各站点与中心及站与站之间的信息传输、不同线路的信息交换的通道。因为它担负着城市轨道交通通信系统信息传输的重任，所以在城市轨道交通中的地位非常重要。

第一节 光纤通信系统简介

一、光纤通信系统组成

光纤通信系统属有线通信系统，其传输的介质是光纤。目前实用的光纤通信系统采用强度调制/直接检测（IM/DD）方式。IM 是指在发送端用电信号去改变光波的强度；DD 是指在接收端用光电检测器直接把被调制的光波变为原始的电信号。IM/DD 光纤通信系统如图 2.1 所示。

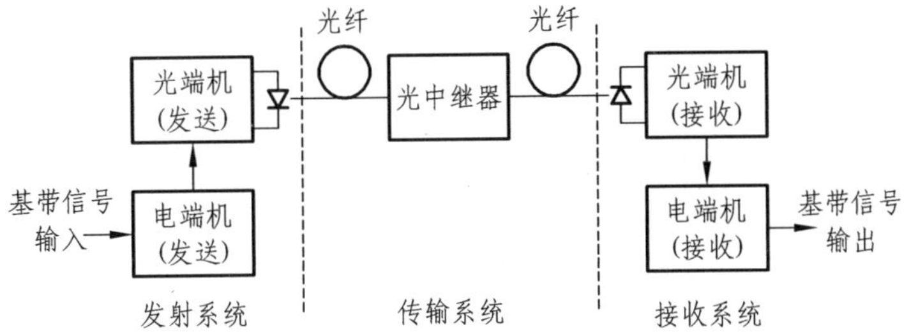

图 2.1 光纤通信系统的基本组成

1. 发射系统

发射系统的主要任务是把电信号转变成为光信号，即电光转换。由电端机发出的电信号，输入到光端机，该电信号通过驱动电路对光源进行调制，产生带有信息的光信号，并耦合到光纤（光缆）进行传输。电端机的作用是对来自信息源的信号进行处理，例如 A/D 变换、多路复用等。

2. 传输系统

传输系统主要由光纤（光缆）和光中继器组成。光纤的主要功能是传输光信号，完成信号的传送任务。实用的传输线路，往往采用由多条光纤构成的光缆。光信号在光纤中传输一段距离后，其幅度将会被衰减，波形也产生失真。为了使光信号能够长距离传送，每隔一段距离就设置光中继器。光中继器的主要作用：① 对光信号进行放大，补偿光信号的衰减；② 对失真的信号波形进行整形。

3. 接收系统

接收系统的主要任务是将接收到的光信号还原为电信号，送到接收端电端机，即光电转换。光电转换是由光电检测器来完成。在光纤通信系统中，还使用了若干无源器件（将在后面进行讨论）。

二、光纤通信特点

1. 传输频带宽，通信容量大

携带信息所用的载波频率的不同是光纤通信与电通信的本质区别。目前光纤通信使用的光载波频率的典型值约为 100 THz（$1\ \text{THz} = 10^{12}\ \text{Hz}$），而微波载体的频率为 1 ~ 10 GHz（$1\ \text{GHz} = 10^{9}\ \text{Hz}$），光纤通信的信息容量为微波通信的 $10^4 \sim 10^5$ 倍。通常，传送一路标准电话所需的频率宽度为 4 kHz，而一路电视所占的宽度为 6 MHz。单模光纤的可用带宽高达 20 THz。原则上，一对光纤可传送 10 亿路电话或 10 万路电视，容量之大非微波通信所及。

2. 传输损耗低，中继距离长

用同轴电缆时，中继距离只有几公里，微波通信的最长中继距离也只约 50 km。由于光纤损耗低，目前光纤通信系统中两中继站之间的最远距离已超过 300 km。如采用光放大器，则可不需再生中继，便可直通上万公里。

3. 抗干扰能力强，保密性好

在光纤中传输的是光波，外界强电磁干扰源的频率比它低得多，当然不可能对其干扰；何况石英光纤材料是绝缘介质，故雷电、工业火花、电弧、核辐射等都不会对它产生感应电磁干扰。此外，信号以光的形式被束缚在光纤芯子中进行传递、交换，不会外泄，具有良好的保密性能。

4. 直径细，重量轻

直径约 0.1 mm 的光纤细如发丝，套塑后外径也小于 1 mm。光纤材料的密度小，成缆后重量远比电缆轻。现在的 18 管同轴电缆重量约为 11 kg/m，而 18 芯的光缆只有 0.15 kg/m。

5. 材料资源丰富，节约有色金属

光纤的主体成分是 SiO_2，它在地球上的储藏量也视为取之不尽。而通信电缆由铜制造，铜在地球上蕴藏量十分有限，这类资源严重紧缺的有色金属价格很贵。从经济角度看，光纤占据很大优势。

三、传输系统功能

传输系统是城市轨道交通系统所需的话音、音频、数据和图像等信息的综合业务网络。

系统承载的业务可分为两大类：一类是基于时分复用的电路交换承载业务 TDM；另一类是基于统计复用的分组交换承载业务。TDM 所承载的信息包括：语音信息、低速数据、电话中继等；基于统计复用的分组交换承载业务包括视频及中/高速分组数据信息。目前适用于城轨的传输技术主要有以 TDM 为基础的 SDH、OTN 技术；以统计复用为基础的 ATM 技术；基于 IP 的 MPLS、VPS 技术，以及在以上基础上衍生出的 MSTP、RPR 等技术。

1. 基于 SDH 的 MSTP 技术

MSTP 技术源于 SDH，经过近几年的不断发展已经囊括了 PDH、SDH、ATM、RGR 以太网等技术于一体。它可通过多业务汇聚方式实现业务的综合传送，通过自身对多类型业务的适配性实现业务的技术和处理，非常适应多业务和多种技术相融合的应用场合。它具有以下主要功能：

（1）具有 TDM 业务、ATM 业务或以太网业务的接入功能。

（2）具有 TDM 业务、ATM 业务或以太网业务的传送功能，包括点到点的透明传送功能。

（3）具有 ATM 业务或以太网业务的带宽统计复用功能。

（4）具有 ATM 业务或以太网业务映射到 SDH 虚容器的指配功能。

MSTP 技术发展到当前，其主要技术特征是引入了中间的智能适配层，采用 GFP 高速封装协议、支持虚级联和链路容量自动调整机制。因此可支持多点到多点的连接，具有可扩展性；支持用户隔离和带宽共享；支持以太网业务；支持公平接入以及业务层环网保护。MSTP 技术包含的主要技术有虚级联技术、LCAS 技术、适配技术、内嵌 RPR 及内嵌 MPLS 等。

2. OTN 技术

OTN 传输网络作为一种专用网络设备，集成了多种用户接口，包括模拟语音接口、广播接口、局域网接口以及图像接口，对低速数据可实现点对点、点对多点及总线方式连接，对语音信息可实现点对点传输，能在传输网络中实现高质量的宽带广播信息的传输。

OTN 传输网络在城市轨道交通通信领域已得到了广泛应用，但也存在一些不足。如与其他体系的传输网络组网时互联能力较差，传输制式特殊，设备国产化程度低，完全依靠进口。

3. ATM 技术

ATM 是一个在有统一结构网络上提供一种通用、面向连接的转移模式，由统一的网络设备和转移模式实现网络的综合化和高速化。

ATM 的分组称为信元，ATM 是基于信元复用和交换的技术。它采用异步时分复用和快速分组交换技术。当任何一种形式的信息输入到 ATM 网络时，即被拆分成信元那样的格式，当获得信元时隙后，随即可以插入信息发送出去。信息输入位置一般没有周期性，不是按固定位置的时隙或按批次周期性地传递。这样大量的各种信息流汇集成一个高速信息流，并为多路化的各个信息确定传输路径，简单高速地送往目的地。

ATM 可以直接（或通过适配层）处理面向连接的业务，也可以通过适配层处理无连接型的业务，易于与 LAN 或专用网络互通。

4. RPR 技术

弹性分组数据环 RPR 技术，有效地利用环网带宽，实现了报文在目的节点被接收并从环路剥离。RPR 的带宽效率高，具有先进的保护机制，与标准的 IP、MPLS、以太网和基于电路的网络可完全互连，易于维护和管理。其系统具有环网的带宽公平共享和优先级抢占功能，同一优先级的流量可以公平共享环路带宽，支持环路带宽，自动调整，当有新的流量产生时，各流量动态调整发出速率，达到公平共享带宽的目的。

RPR 具有以下功能：

（1）支持空间复用技术和统计复用，在网络正常运营的情况下，带宽利用率最大。

（2）基于 MAC 地址高速交换。

（3）RPR 帧头内嵌 MPLS 标签，支持 MPLS 交换。

（4）内嵌控制协议提供信令交换，实现拓扑自动识别，网络时钟同步等。

（5）多等级、可靠的 CoS 分类服务。

（6）基于源路由的保护功能。

（7）带宽管理和拥塞控制机制。

（8）具有带宽数据接口，支持传统语音传送、实时视频信号传送。

四、传输技术选择

传输系统只提供传输的通道，它根据轨道交通的业务要求、功能定位等来选择传输制式或配置相关的接口，以满足所承载的业务需求。同时，根据业务的不同需要，在一条线路上同时构建多个传输系统也是一种可行的方案，如在部分线路中，图像传输采用固定带宽 ATM 技术，而语音及信息传输采用 SDH。随着技术的发展及成本的下降，轨道交通传输系统将进行制式调整和整合，并逐步过渡到新一代 SDH 标准，即基于 SDH 的 MSTP 技术。但从全球通信技术的发展趋势来看，未来的城市轨道交通通信网从业务节点设备到传输网络的全 IP 化，是城市轨道交通通信的发展方向。

第二节 通信用光器件

通信用光器件可以分为有源器件和无源器件两种类型。有源器件包括光源、光电检测器和光放大器，这些器件是光发射机、光接收机和光中继器的关键器件。无源器件主要有连接器、耦合器、波分复用器、调制器、光开关和隔离器等，这些器件对光纤通信系统的构成、功能扩展和性能提高都是不可缺少的。

一、光 源

光源是光发射机的关键器件，其功能是把电信号转换为光信号。目前光纤通信系统广泛使用的光源主要有半导体激光二极管（LD）和发光二极管（LED）。

（一）基础知识

1. 能级与能带

（1）原子能级。

由物理学知识可知，物质是由原子构成，原子又是由原子核及围绕原子核旋转的电子构成的，这些电子只能在某些一定的、不连续的轨道上围绕原子核运动。电子沿不同轨道运行时就会具有不同的能量，这些不同的离散的能量值称为原子的能级，如图 2.2 所示。

（2）半导体的能带。

由于半导体材料为单晶体，其内部原子是紧密地按一定规律排列在一起的，并且各原子最外层的轨道又互相重叠，从而使它们的能级重叠成能带，如图 2.3 所示。

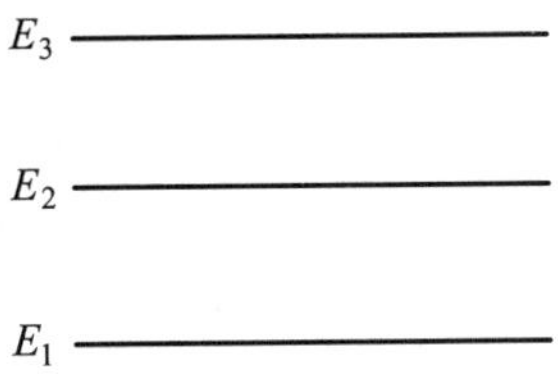

图 2.2　原子的能级

图 2.3　半导体能带分布图

满带——能级最低的能带，被电子占满，满带中的电子很稳定，电子数一般不受外界激励的影响，也不影响半导体器件的外部特性。

导带——半导体内部自由运动的电子所填充的能带，在绝对零度时导带基本上是空的，只有在一定温度下，由于热激发、光的照射或掺杂等原因，导带中才会出现电子。

价带——价电子所填充的能带，它可能被占满，也可能被占据一部分。

禁带——导带底与价带顶之间不允许电子填充的这段能带宽度，用 Eg 表示。

（3）半导体的 P N 结。

没有任何外来杂质和晶格缺陷的理想半导体，称为本征半导体。若向本征半导体材料中掺入提供电子的杂质，则形成 N 型半导体。N 型半导体材料中电子浓度高，空穴浓度很低，属于电子导电型。向本征半导体材料中掺入提供空穴的杂质，则形成 P 型半导体。P 型半导体材料中空穴浓度高，电子浓度很低，属于空穴导电型。对于单独的 N 型或 P 型材料，仍是电中性。当 N、P 两种半导体材料结合后，由于它们存在浓度差，必然出现电子、空穴从浓度高向浓度低的地方扩散现象，即 N 型材料中的电子向 P 型材料扩散，P 型材料中的空穴向 N 型材料中扩散。

当 P 区中的空穴扩散到 N 区后，在 P 区就留下带负电的离子；当 N 区中的电子扩散到 P 区后，在 N 区就留下带正电的离子。其结果是在两种材料结合的 P 侧出现一个负电荷区，N 侧出现一个正电荷区，即空间电荷区。由于空间电荷区的存在，出现了一个 N 区指向 P 区的电场，称为内建电场。在内建电场的作用下，P 区中的电子向 N 区漂移；N 区中的空穴向 P 区漂移。这种漂移运动与扩散运动相反，当达到动态平衡时，就形成了稳定的内建电场，这时的空间电荷区内没有自由移动的带电粒子，不导电，称为 PN 结。

2. 光与物质的相互作用

光的一个基本性质就是它既具有波动性，又具有粒子性。一方面，光是电磁波，有确定的波长和频率，具有波动性；另一方面，光是由大量光子构成的光子流，每个光子都有一定的能量 E，具有粒子性。

光可以被物质吸收，物质也可以发光。光的吸收和发射与物质内部能量状态的变化有关。光和物质的相互作用存在着三种不同的基本过程。即自发辐射、受激辐射和受激吸收。

（1）自发辐射。

处于高能级的电子不稳定，在没有外界条件影响下，自发地从高能级 E_2 跃迁到低能级 E_1，同时，多余的能量会以发光的形式释放出来，这个过程就称为自发辐射。半导体发光二极管是按照这种原理工作的。

自发辐射的特点：发光过程是自发的，辐射出的光子频率、相位及方向都是随机的，输出的光是非相干光，光谱范围较宽。

辐射出的光子能量等于发生跃迁的两个能级差，即

$$hf = E_2 - E_1$$

（2）受激辐射。

处于高能级的电子，在外来光子的激励下。从高能级 E_2 跃迁到低能级 E_1，同时释放出一个与外来光子全同的光子，这个过程称为受激辐射。半导体激光器就是按照这种原理工作的。

受激辐射的特点：发光过程不是自发的，而是受外来光激发引起的。辐射出的光子是与外来光子同频、同相、同偏振方向、同传播方向的全同光子，可实现光放大，输出的光是相干光，光谱范围较窄。

（3）受激吸收。

在外来光子的激励下，低能级 E_1 上的电子吸收外来光子的能量跃迁到高能级 E_2 上，这个过程称为受激吸收。半导体光电检测器是按照这种原理工作的。

受激吸收的特点：不是自发的，必须在外来光子的激励下才会产生。外来光子的能量等于电子跃迁的能级差，即 $hf = E_2 - E_1$。

3. 粒子数反转分布状态

根据物理学知识可知，在热平衡状态下，高能级上的电子数总是比低能级上的电子数少，称这种电子数的分布状态为粒子数正常分布状态。

在同一物质中，光和物质相互作用的三个过程是同时存在的。为了使物质发光，就必须使其内部的自发辐射或受激辐射的概率大于受激吸收的概率，这就要求高能级上的电子数多于低能级上电子数，这种现象称为粒子数反转分布状态。

（二）半导体激光器（LD）

半导体激光器是向半导体 PN 结注入电流，实现粒子数反转分布，产生受激辐射，再利用谐振腔的正反馈，实现光放大而产生激光振荡。

1. 半导体激光器的构成与工作原理

构成一个半导体激光器应具有的先决条件为：工作物质、激励源和光学谐振腔。

工作物质是能够发光的介质，激励源是保证工作物质形成粒子数反转分布形态的能源，光学谐振腔是一个谐振系统，提供正反馈和选择频率的功能。最简单的光学谐振腔就是在工

作物质两端适当的位置，放置两个互相平行的反射镜 M_1 和 M_2。其中一个能全反射，反射系数等于 1；另一个为部分反射，反射系数小于 1，产生的激光由此射出，如图 2.4 所示。

工作物质在激励源的激发下，实现粒子数反转分布，由于高能级上的粒子不稳定，会自发跃迁到低能级上，并放出一个光子，即产生自发辐射，自发辐射的光子方向任意。这些自发辐射光在运动过程中，又会激发高能级上的粒子，从而引起受激辐射，放出与激发光子全同的光子，使光得到放大，当达到一定强度后，就从部分反射镜透射出来，形成一束笔直的激光。

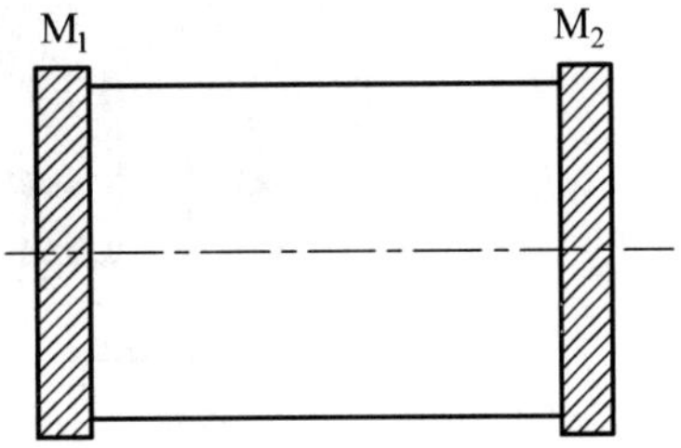

图 2.4　光学谐振腔

2. 半导体激光器的特性

（1）半导体激光器的 *P-I* 特性。

半导体激光器的 *P-I* 特性曲线如图 2.5 所示。它表明了半导体激光器输出光功率随注入电流变化的关系。当注入电流小于某一值时，半导体激光器输出荧光，功率很小，且随电流增加缓慢；当注入电流达到某一值时，半导体激光器开始振荡，光功率将急剧增加，输出激光，这个使半导体激光器发生振荡的电流值称为阈值电流，用 I 表示。为了使光纤通信系统稳定可靠地工作，希望阈值电流越小越好。

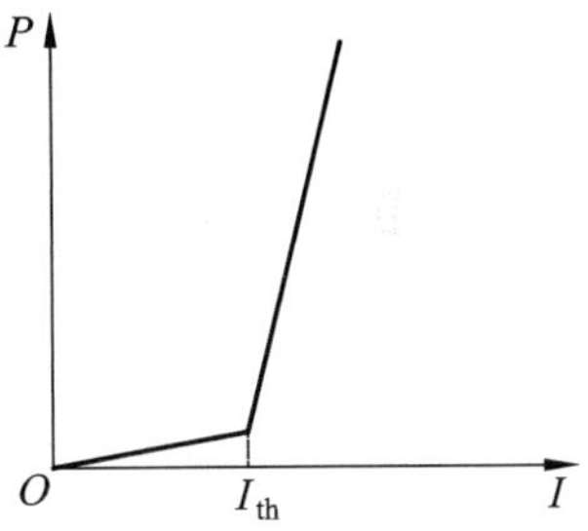

图 2.5　半导体激光器的 *P-I* 特性

（2）光谱特性。

所谓光谱特性是指半导体激光器输出的光功率随波长的变化情况，一般用光谱宽度来表示。半导体激光器的光谱宽度，还随着注入电流而变化。当 $I<I_{th}$ 时，发出的是荧光，光谱很宽；当 $I>I_{th}$ 后，发出的是激光，光谱变窄，谱线中心强度急剧增加。

（3）调制特性。

在对半导体激光器进行直接调制时，LD 具有非常大的带宽，一般在几百兆赫兹到几十吉赫兹，通常用于高速的光纤通信系统中。

（4）温度特性。

LD 的阈值电流和输出光功率随温度变化的特性称为温度特性。温度对 LD 的影响很大，为了使光纤通信系统稳定、可靠地工作，一般都要采用自动温度控制电路来稳定 LD 的阈值电流和输出光功率。

另外，半导体激光器的阈值电流与使用时间有关。随着使用时间的增加，阈值电流会逐渐加大，当上升到开始启动时的阈值电流的 15 倍时，就认为半导体激光器寿命终止。目前国产半导体激光器的寿命可达 1×10^5 h 以上。

（三）发光二极管（LED）

1. 发光二极管的结构

按照器件输出光方式不同，发光二极管可分为面发光型和边发光型两种。面发光二极管

输出的光束方向垂直于有源区；边发光二极管输出的光束方向平行于有源区。发光二极管结构如图 2.6 所示

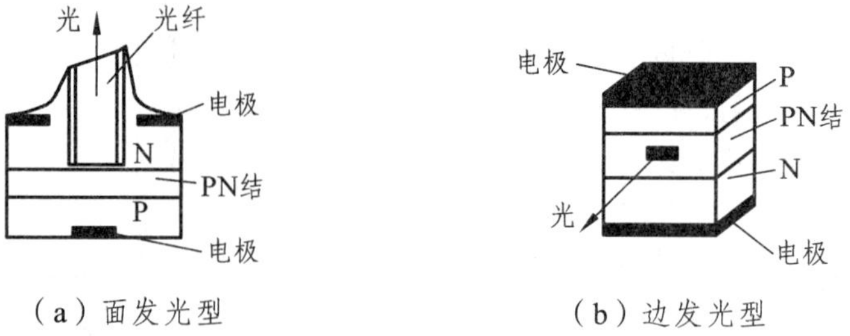

图 2.6　发光二极管的结构

面发光二极管是在电极部分开孔，光通过透明窗口自孔中射出，发光面大小与多模光纤芯径差不多，一般为 35 ~ 75 μm，为了提高与光纤的耦合效率，大多采用透镜。

边发光二极管发光的方向性比面发光二极管好，与光纤的耦合效率比面发光二极管高，发光亮度也高，但由于它的发光面积小，所以输出的光功率只比面发光二极管稍高一些。

为了增大入射光纤的光能量，发光二极管必须做成高亮度的光源。因此，发光二极管的驱动电流要比激光器的高。

2. 发光二极管的特性

（1）*P-I* 特性。

由于 LED 是无阈值器件，加上电流后，即有光输出；随着注入电流的增加，输出光功率近似呈线性增加，其 *P-I* 曲线如图 2.7 所示。因此，在进行调制时，其动态范围大，信号失真小，最适于模拟通信。

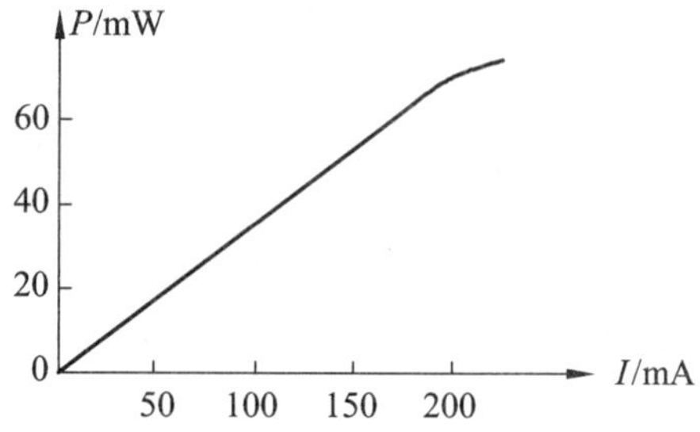

图 2.7　发光二极管的 *P-I* 曲线

（2）光谱特性。

由于 LED 属于自发辐射发光，因此，其谱线宽度要比 LD 宽得多。谱线宽度对系统性能有很大影响，谱宽越大，与波长相关的色散就越大，系统所能传输的信号速率也就越低。

（3）调制特性。

一般 LED 的调制带宽约为 100 MHz 以下，通常用于低速的光纤通信系统中。

（4）温度特性。

温度对 LED 工作状态影响比对 LD 的影响小得多，LED 温度特性很好，一般不需要加温控电路。

二、光电检测器

光电检测器是光纤通信系统的另一个核心器件，主要完成光信号到电信号的转换功能，具有灵敏度高、响应速度快、噪声小、功耗低、可靠性高等优点。目前，能较好地满足这些

要求的是由半导体材料做成的光电检测器。在实际应用中，光电检测器有两种类型：一种是PIN光电二极管；另一种是APD雪崩光电二极管。PIN光电二极管主要应用于短距离、小容量的光纤通信系统中；APD主要应用于长距离、大容量的光纤通信系统中。

（一）光电检测器工作原理

光电二极管PD由半导体PN结组成，利用光电效应原理完成光电转换。当有光照射到PN结L时，若光子能量（hf）大于或等于半导体禁带宽度（Eg），则占据低能级（价带）中的电子吸收光子能量，从而跃迁到较高能级（导带），在导带中出现电子，在价带中出现空穴，这种现象称为半导体的光电效应。这些光生电子空穴对，称为光生载流子。

如果这些光生载流子是在PN结耗尽区内产生，则它们在内建电场的作用下，电子向N区漂移，空穴向P区漂移，于是P区有过剩的空穴，N区有过剩的电子积累，即在PN结两边产生光生电动势，如果把外电路接通，就会有光生电流流过。在耗尽区内，由于有内建电场的作用，响应速度快。若这些光生载流子是在耗尽区外产生，则它们没有内建电场的加速作用，运动速度慢，响应速度低；而且容易被复合，使光电转换效率差。

为了提高光电转换效率和响应速度，要加宽耗尽区，采取的措施如下，一是外加负偏压，即P接负，N接正；二是改变半导体的掺杂浓度。这就导致了PIN光电二极管和雪崩光电二极管的出现。

（二）PIN光电二极管

PIN光电二极管是在光电二极管的基础上改进而成的，其结构如图2.8所示。它是在P型材料和N型材料之间加一层掺杂很轻的N型材料或不掺杂的本征材料，称为I区。由于I区的存在，使耗尽区的宽度增加，几乎占领整个PN结的宽度。同时，为了减小PN结两端的接触电阻，以便与外电路连接，P区和N区均做成重掺杂。

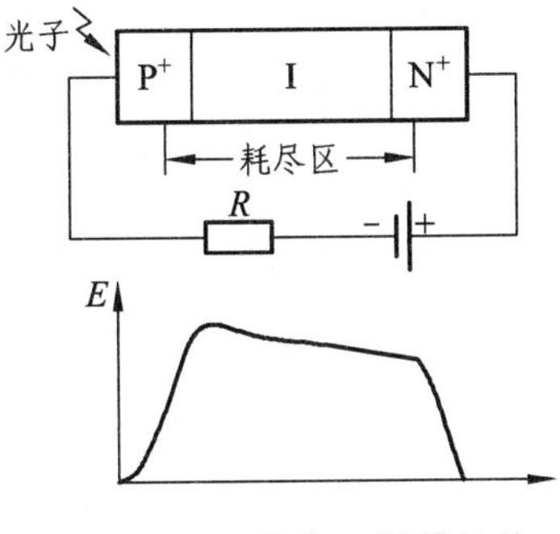

图2.8　PIN光电二极管结构

当光照射到PIN光电二极管的光敏面上时，会在整个耗尽区及其附近产生受激吸收现象，从而产生电子-空穴对。其中在耗尽区内产生的电子-空穴对，在外加负偏压和内建场的共同作用下，加速运动，当外电路闭合，就会有电流流过。响应速度快，转换效率高。而在耗尽区外产生的电子-空穴对，因掺杂很重，会很快复合掉，到耗尽区边缘的粒子数很少，因而其作用可忽略不计。

在光电二极管中，为了获得较高的量子效率，希望耗尽区宽，光生载流子的运动时间会加长，响应速度慢，因此又希望耗尽区窄。也就是说，要合理选择耗尽区宽度。

（三）APD 雪崩光电二极管

如果能使电信号进入放大器之前，先在光电二极管内部进行放大，则可克服 PIN 光电二极管长距离传输衰减大的缺点。这就引出另一种光电二极管，即 APD 雪崩光电二极管，这种光电二极管是应用光生载流子在其耗尽区内的碰撞电离效应而获得光生电流的雪崩倍增。

1. APD 雪崩光电二极管的结构

常用的 APD 雪崩光电二极管结构如图 2.9 所示。由于实现电流放大作用需要很高的电场，因此只能高场区（见图 2.9）发生雪崩倍增效应。

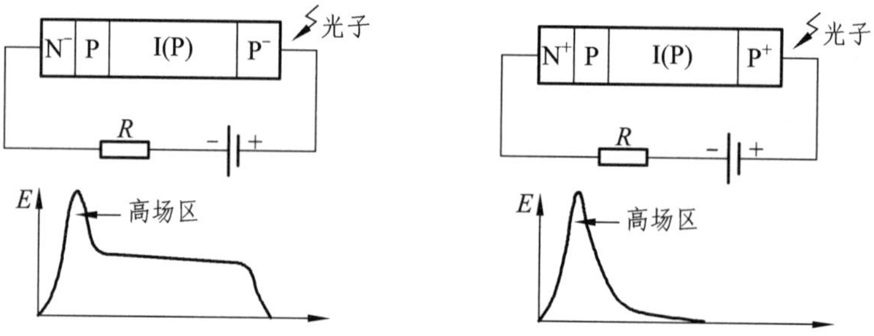

（a）拉通型 APD　　（b）保护环型 APD

图 2.9　APD 雪崩光电二极管的结构

拉通型 APD 容易发生极间现象，从而使器件损坏；由于保护环型 APD 在极间边缘设置了保护环，因此不会发生击穿现象。

由图 2.9 可知，APD 雪崩光电二极管仍然是一个 PN 结的结构形式，只不过其中 P 型材料是由三部分构成，即重掺杂的 P＋区、轻掺杂的 I 区和普通掺杂的 P 区。

2. 雪崩倍增原理

当光照射到 APD 雪崩光电二极管的光敏面上时，由于受激吸收作用产生电子-空穴对，这些光生载流子在很强的反向电场作用下被加速，从而获得足够的能量，它们在高场区中高速运动，与晶体的原子相碰撞，使晶体中的原子电离而释放出新的电子-空穴对，这个过程称为碰撞电离。新产生的电子-空穴对在高场区中再次被加速，又可以碰撞其他的原子，产生新的电子-空穴对。如此反复碰撞电离的结果，使载流子数迅速增加，光生电流急剧倍增放大，从而产生雪崩现象。APD 雪崩光电二极管广泛应用于中、长距离的光纤通信系统中。

三、无源器件

无源器件是除光源器件、光检波器件之外不需要电源的光通路部件，它是构成光纤通信系统的基本而且还是必不可少的组件。

无源器件大致可分为连接用的部件和功能性部件两大类。连接用的部件有各种光连接器，它们不仅可以做光纤和光纤的连接，而且可用于部件（设备）和光纤或部件（设备）的连接。功能性部件有光分路耦合器、光衰减器、光开关和光隔离器等。

光纤通信系统对无源器件的要求是：插入损耗小，使用方便，规格标准，可靠性高，不易受反复操作、温度变化和冲击力的影响，体积小，质量轻。

（一）光纤连接器

光纤连接器俗称活接头，主要用于实现系统中设备与设备、设备与仪表、设备与光纤及光纤与光纤的非永久性固定连接，是光纤通信系统中不可缺少的无源器件。正是由于光纤连接器的使用，使得光通道间的可拆式连接成为可能，从而为光纤提供了测试入口，方便了光纤通信系统的调制与维护，又为网络管理提供媒介，使光纤通信系统的转接调度更加灵活。

（二）光衰减器

光衰减器是用来稳定地、准确地减小信号光功率的无源器件。它是功率调节不可缺少的器件，主要用于调整中继段的线路衰减，测量光系统的灵敏度及校正光功率计等。

光衰减器分为固定衰减器和可变衰减器两种。

1. 固定衰减器

固定衰减器，其造成的功率衰减值是固定不变的，一般用于调节传输线路中某一区间的损耗。具体规格为 3、6、10、20、30、40 dB 标准衰减量。

2. 可变衰减器

可变衰减器，它所造成的功率衰减值可在一定范围内调节。可变衰减器又可分为连续可变和分挡可变两种。前者的衰减范围可达 60 dB 以上。通常将两种可变衰减器组合起来使用。

使用光衰减器时，要保持环境清洁干燥，不用时要盖好保护帽，连接器应轻上轻下，严谨碰撞。

（三）光分路耦合器

光分路耦合器是分路和耦合光信号的器件。它的功能是把一个输入的光信号分配给多个输出（分路），或把多个输入的光信号组合成一个输出（耦合）。在光纤通信系统或光纤测试中，经常要遇到需要从光纤的主传输信道中取出一部分光信号，作为监控、控制等使用，也有时需要把两个不同方向来的光信号合起来送入一根光纤中传输，这些都需要光分路耦合器来完成。光分路耦合器的使用量仅次于连接器，光分路耦合器一般与波长无关，与波长相关的光分路耦合器被称为波分复用器/解复用器或合波/分波器。

（四）光隔离器

光隔离器保证光波只能正向传输，避免线路中由于各种因素而产生的反射光再次进入激光器而影响激光器的工作稳定性。

（五）光环形器

光环形器与光隔离器基本相同，只是光隔离器一般为两端口器件，而光环形器为多端口器件。光环形器为双向通信中的重要器件，它可以完成正反向传输光的分离任务，光环形器在光通信的单纤双向通信、上/下话路、合波/分波及色散补偿等领域有广泛的应用。

（六）波长转换器

波长转换器是使信号从一个波长转换到另一个波长的器件。常见的类型有光电型波长转换器和全光型波长转换器。

1. 光电型波长转换器

接收机通过光电检测器首先将波长为λ_1的输入光信号转换为电信号，经过放大器的放大以后，对激光器进行调制，输出所需的波长为λ_2的光信号，即完成了光波长转换。

2. 全光型波长转换器

波长为λ_1的光信号与需要转换为波长为λ_2的连续光信号同时送入半导体光放大器，放大器对入射光功率存在增益饱和特性，结果使得输入光信号所携带的信息转换到λ_2上，通过滤波器取出λ_2光信号，即可实现从λ_1到λ_2的全光波长转换。

（七）光开关

光开关是能够控制传输通路中光信号通断或进行光路切换作用的器件。可实现在全光层的路由选择、波长选择、光交叉连接，以及自愈保护等功能。光开关的性能一般主要用开关速度、阵列大小、损耗、可靠性及可扩展性来考察。

（八）光滤波器

在光纤通信系统中，只允许一定波长的光信号通过的器件称为光滤波器。光滤波器有干涉滤波器和吸收滤波器两种结构。

（九）光纤光栅

光纤光栅是近几年发展最为迅速的一种光纤无源器件，它是利用光纤中的光敏性制成的。光敏性是指当外界入射的紫外光照射到纤芯中掺锗的光纤时，光纤的折射率将随光强而发生永久性改变。人们利用这种效应可在几厘米之内写入折射率分布光栅，称为光纤光栅。

第三节　SDH 传输网

一、SDH 基本概念与特点

SDH 全称是同步数字体系，SDH 规范了数字信号的帧结构、复用方式、传输速率等级、接口码型等特性，提供了一个国际支持框架，在此基础上发展并建成了一种灵活、可靠、便于管理的世界电信传输网。它是由一些叫作网络单元的设备组成，并在光纤上高速进行同步信息传输、复用和交叉的网络。这种传输网易于扩展，适于新电信业务的开展，并且使不同厂家生产的设备互通成为可能。

1. SDH 基本概念

SDH 是由一些基本网络单元（NE）组成，在光纤上可以进行同步信息传输、复用、分/插和交叉连接的传送网络。它具有全世界统一的网络节点接口（NNI），从而简化了信号的互通以及信号的传输、复用、交叉连接和交换过程；有一套标准化的信息结构等级，称为同步传送模块 STM-N（N= 1，4，16，64，…）；帧结构为页面式，具有丰富的用于维护管理的比特，所有网络单元都有统一的标准光接口；还有一套特殊灵活的复用结构和指针调整技术，准同步数字体系、同步数字体系和 B-ISDN 等信号都能进入其帧结构，因而有着广泛的适应性，还大量采用软件进行网络配置和控制，使得新功能和特性的增加比较方便，适用于将来的不断发展。

SDH 的基本网络单元有终端复用设备（TM）、分/插复用设备（ADM）、再生中继设备（REG）和同步数字交叉连接设备（SDXC）等。下面以 STM-1 等级为例来说明各网络单元的主要功能。

终端复用设备的主要任务是将低速支路电信号和 155 Mbit/s 电信号纳入 STM-1 帧结构，并经过电光转换为 STM-1 光线路信号，其逆过程正好相反。其功能如图 2.10 所示。

同步数字交叉连接设备具有多个准同步数字体系或同步数字体系信号端口，可对任意信号端口间进行 VC 级的可控连接和再连接。其功能如图 2.11 所示。

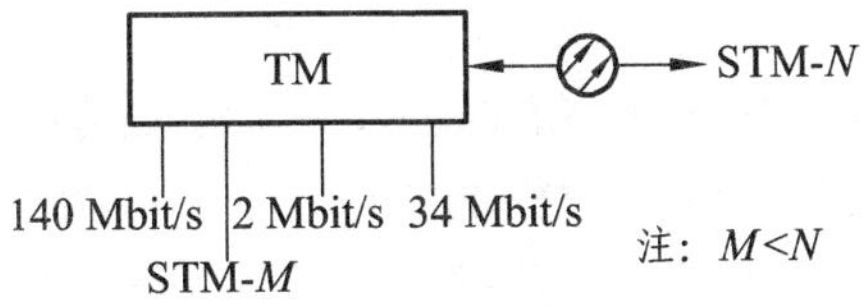

图 2.10　终端复用设备功能

图 2.11　数字交叉连接设备功能

分/插复用设备将同步复用和数字交叉连接功能综合于一体，具有灵活分/插任意支路信号的能力，在网络设计上有很大灵活性。其功能如图 2.12 所示。

再生中继设备的主要任务是将接收到的幅度衰减、波形失真的信号进行再生整形和放大，还原出与原发端一模一样的信号。其功能如图 2.13 所示。

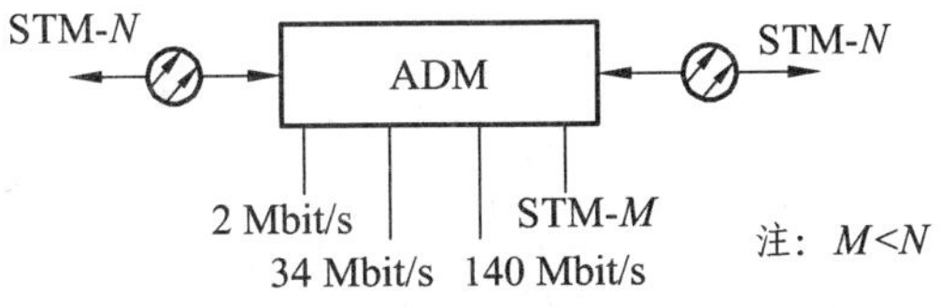

图 2.12　分/插复用设备功能

图 2.13　再生中继设备功能

2. SDH 特点

（1）把北美、日本和欧洲、中国 PDH 的 1.5 Mbit/s 和 2 Mbit/s 两种数字传输体制融合在统一的标准之中，即在 STM-1 等级上得到统一，第一次真正实现了数字传输体制上的世界性标准。

（2）采用同步复用方式和灵活的复用映像结构，使低阶信号和高阶信号的复用/解复用一次到位，大大简化了设备的处理过程。

（3）能与现有的 PDH 网实现完全兼容，同时还可以容纳各种新的数字业务信号。

（4）具有全世界统一的网络节点接口，并对各网络单元的光接口提出了严格的规范要求，从而使得任何网络单元在光路上得以互联互通，实现了横向兼容性。

（5）帧结构中安排了丰富的开销比特，使网络的运行、管理、维护与指配能力大大加强，促进了先进的网络管理系统和智能化设备的发展。

（6）采用先进的分/插复用设备（ADM）、数字交叉连接设备（DXC）等传输设备，使组网能力和网络自愈能力大大增强，同时也降低了网络的维护管理费用。

归纳起来，SDH 最为核心的特点是同步复用、强大的网络管理能力和统一的光接口及复用标准。

二、速率与帧结构

（一）速率等级

建立一个统一网络节点接口（NNI）是实现 SDH 传输网的关键，同步数字系列的网络节点接口的基本特征是具有国际标准化的接口速率和信号帧结构。

（二）SDH 速率

SDH 传输网所传输的信号是由不同等级的同步传送模块（STM-N）信号组成的，其中 N 为正整数。最基本的同步传送模块是 STM-1，其信号速率为 155.520 Mbit/s，相应的光接口线路信号只是 STM-1 信号经扰码后的电光转换的结果，因而线路速率不变。更高等级的 STM-*N* 模块是将 *N* 个 STM-1 以字节间插同步复用获得，因此 STM-*N* 信号的速率为 155.520 Mbit/s 的 *N* 倍。目前，国际标准化 *N* 的取值为 $N=1$，4，16，64。因而，同步数字系列信号在网络节点接口处的速率得以确定，其规定见表 2.1。

表 2.1　SDH 信号的标准速率

SDH 等级	速率/kbit · s^{-1}
STM-1	155 520
STM-4	622 080
STM-16	2 488 320
STM-64	9 953 280

（三）SDH 帧结构

SDH 传输网应实现的一个关键功能是对 STM-*N* 信号进行同步的数字复用、交叉连接和交换，因而要求帧结构必须能适应所有这些功能。SDA 帧结构如图 2.14 所示。它是以字节为基础的（每个字节含 8 bit），由纵向 9 行字节和横向 270 × N 列组成，N 为传送模块的等级（N = 1，4，16，64，…）。信号传输的原则是由左到右、由上而下一个字节一个字节（一个 bit 一个 bit）地顺序排成串行码流依次传输。传输一帧的时间为 125 μs，每秒共传 8 000 帧，因此对 STM-1 而言，传输速率共为 8000 × 9 × 270 × 8 = 155.520 Mbit/s。

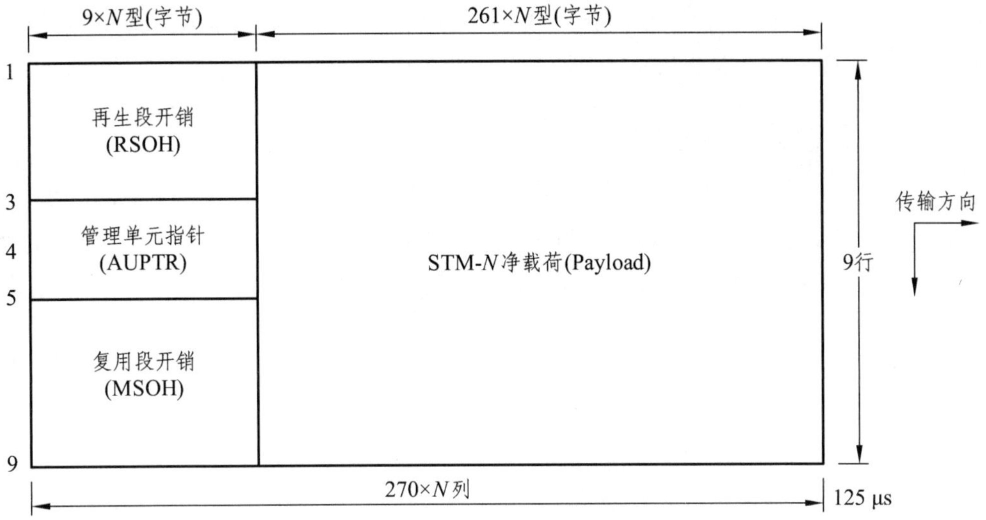

图 2.14　SDH 帧结构

STM-N 帧结构的每个字节及每个字节中的每个比特是根据它在帧中的位置来加以区分的，而每个字的速率均为 64 kbit/s，这正好等于数字化的话音信号传输速率，从而为灵活上下电路和支持各种业务打下了基础。SDH 帧结构分 3 个主要区域，即信息净负荷、管理单元指针（AU-PTR）和段开销（SOH）三个区。

1. STM-N 信息净负荷区

信息净负荷区是帧结构中存放各种信息业务容量的地方。在 STM-N 帧结构中，信息净负荷区位于纵向第 1 ~ 9 行、横向第（9 × N + 1）~ 第（270 × N）列，共 9 × 261 × N = 2349 × N 个字节。N 个 STM-1 信号通过字节间插复用成 STM-N 信号时，仅仅是将 STM-1 信号的列按字节间插复用，行数恒定为 9 行。

2. 管理单元指针（AU-PTR）区

管理单元指针主要是用来指示信息净负荷的第 1 个字节在 STM-N 帧中的准确位置，以便在接收端正确地分解。在 STM-N 帧结构中，管理单元指针（AU-PTR）位于纵向第 4 行、横向第 1 ~ 9 × N 列，共 9 × N 个字节。

采用指针调整技术是 SDH 复用方法的重要特点。利用指针调整技术有三个好处：可以解决网路节点间的时钟偏差，因而在 SDH 系统接口处，就能从码流中正确地分离出信息净负荷；还有利于实现从 SDH 的各等级传送模块中直接取出（或接入）低速支路信号（即上、下电路灵活方便），便于向更高速率（超过 Gbit/s 级）同步复用扩展；利用软件实现 SDH 的网络功能，可以有效、快捷、方便地满足传送网运行时所需要的各种灵活性，从而使得建设具有高性能的传输网络成为可能。

3. 段开销（SOH）区

段开销（SOH）是指在 STM-*N* 帧结构中保证信息净负荷正常灵活地传送所必须供网络运行管理和维护的附加字节。它的主要作用是提供帧同步和网络运行、管理和维护使用的字节。在 STM-*N* 帧结构中，SOH 位于纵向第 1 ~ 3 行、横向第 1 ~ 9 × *N* 列和纵向第 5 ~ 9 行、横向第 1 ~ 9 × *N* 列，共 8 × 9 × *N* = 72 × *N* 个字节。

三、SDH 复用

映射和同步复用是 SDH 最有特色的内容之一，它使数字复用转变为灵活的软件配置。

一个完整的 SDH 同步复用和映像（映像是指将支路信号适配装入 VC 的过程）结构及各类复用单元之间的关系，ITU- T 在 G. 709 建议中做出了规范，但 ITU- T 规范的是最一般也是最完整的复用与映像结构，它适应于各国的各种不同情况。各个国家和地区则根据自己的实际情况对之进行简化，制定出符合本国国情的复用与映射结构。为简单起见，这里只介绍我国制定的复用与映射结构。

我国于 1994 年制定了自己的复用与映射结构，后又根据 ITU- T 新建议进行了修改，如图 2.15 所示。

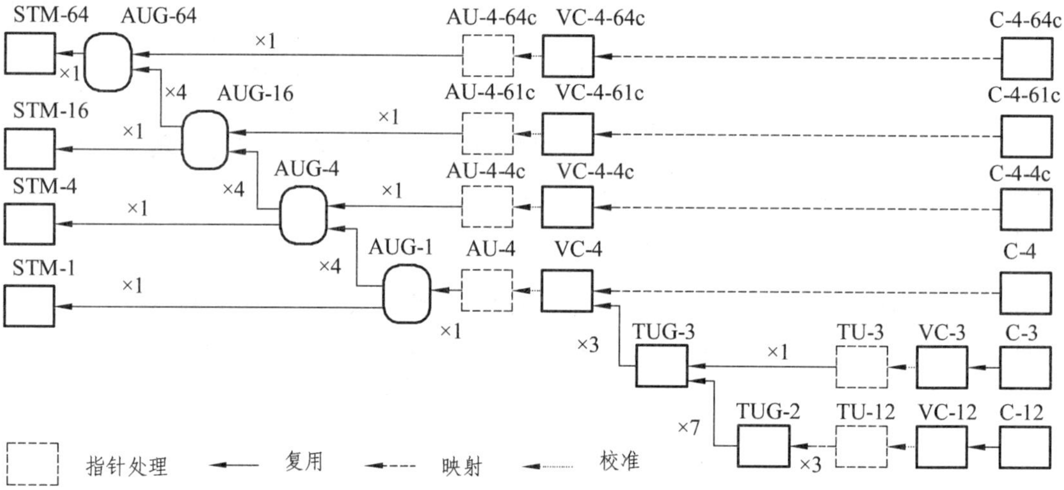

图 2.15　我国制定的复用与映射结构

由图 2.15 可以看出，我国制定的复用与映射结构是由一些基本复用单元组成的，中间经过几个复用步骤的复用结构。各种业务信号复用进 STM-*N* 帧的过程都要经历映射、定位和复用三个步骤。首先，各种速率等级的业务数据流进入相应的容器（C），完成适配功能（主要是码速调整），再进入虚容器（VC），加入通道开销（POH）。VC 在 SDH 传输网中传输时可以作为一个独立的实体在通道端取出或插入，以便进行同步复用和交叉连接处理。VC 数码流按图中规定的线路进入管理单元（AU）或支路单元（TU）。在 AU 和 TU 中要进行速率调整，因此低一级数码流在高一级数码流中的起始点是浮动的。为准确确定起始点的位置，AU 和 TU 设置了指针（PTR），指针的位置是固定的，从而可以在相应的帧内进行灵活而动态的定位。最后在 *N* 个 AUG 的基础上，再附加段开销 SOH，便形成了 STM-*N* 的帧结构。图中的定位校准是利用指针调整技术来取代传统的缓存器校正方法，消除了 PDH 中僵硬的大量硬件配置。

四、SDH 常见网元

SDH 传输网是由不同类型的网元通过光缆线路连接组成的，通过不同的网元来完成 SDH 的传送功能。这些功能包括：上下业务、交叉连接业务、网络故障自愈等。SDH 传输网中常见网元有终端复用器（TM）、分叉复用器（ADM）、再生中继器（REG）和数字交叉连接设备（DXC）。

1. 终端复用器（TM）

TM 主要用于网络的终端结点上。其作用是将支路端口的低速信号复用到线路端口的高速信号 STM-*N* 中，或从 STM-*N* 的信号中分出低速支路信号。它的线路端口输入/输出多路低速信号。在将低速支路信号复用进线路信号的 STM-*N* 帧时，支路信号在线路信号 STM-*N* 中的位置可任意指定。TM 组网方式如图 2.16 所示。

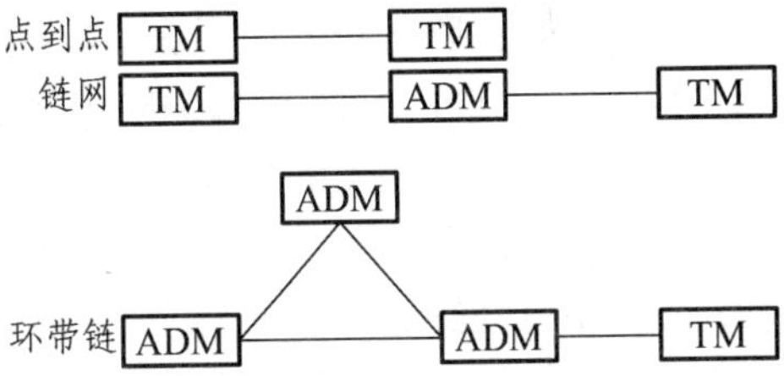

图 2.16　TM 组网方式

2. 分插复用器（ADM）

ADM 用于 SDH 传输网的转接点处，是 SDH 传输网上使用最多、最重要的一种网元。ADM 有两个线路端口和一个支路端口。两个线路端口各接一侧的光缆（每侧收/发共两根光纤），为了描述方便，将其分为西向、东向两个线路端口。

ADM 是 SDH 最重要的一种网元，通过它可等效成其他网元，即能完成其他网元的功能。ADM 的作用是将低速支路信号交叉复用到线路上去，或从线路端口收到的线路信号中拆分出低速支路信号，还可将东/西线路侧的 STM-*N* 信号进行交叉连接。

3. 再生中继器（REG）

REG 是用于脉冲再生整形的电再生中继器，主要通过光/电变换、电信号抽样、判决、再生整形、电光变换等处理，以达到不积累线路噪声、保证传送信号波形完好的目的。REG 只处理 STM-*N* 帧中的 RSOH，并且不具备交叉连接功能。因为 ADM 和 TM 都要完成将低速支路信号复用到 STM-*N* 帧中，所以不仅要处理 RSOH，而且还要处理 MSOH。另外 ADM 和 TM 都具有交叉连接功能。

4. 数字交叉连接设备（DXC）

DXC 主要完成 STM-*N* 信号的交叉连接。它实际上相当于一个交叉矩阵，完成各个信号间的交叉连接。DXC 可将输入的 M 路 STM-*N* 信号交叉连接到输出的 *N* 路的 STM-*N* 信号上。

DXC 的核心是交叉矩阵，功能强大的 DXC 能够实现高速信号在交叉矩阵内的低级别交叉。

总之，SDH 传输网已经成为我国数字传输网的主体，同时随着 DWDM 技术的不断成熟，SDH 传输网的建设也上了一个新的台阶，在网络中也开始引入一些新的网元设备，比如 OADM（光分插复用器）和 OXC（光交叉连接设备），它们可以进一步增加传输网的灵活性和自愈力。

第四节　维护管理系统

一、维护管理系统的意义

光纤通信系统具有集中维护管理功能，设置在控制中心的网络管理系统，可以集中管理传输环网的运行，实现网络管理的各种功能。传输系统通过本地管理接口和维护管理终端可方便地对节点、板卡以及传输信道进行配置和管理，监视每个传输节点主要模块和用户模块的工作状态，当系统出现任何故障时，可提供声光告警和维护管理数据输出功能。

集中维护管理软件主要管理功能应包括：

① 配置管理：包括添加/删除节点、板卡业务，修改业务带宽或数量，显示网络类型、拓扑结构，显示节点类型和数量，端口数量信息，显示网络的所有业务的运行状态、系统总带宽、已占用带宽信息。管理的范围可由网络本身到每个用户模块的每个端口。

② 故障管理：可以对网络进行实时监测，一旦发生故障可以将故障信息显示在屏幕上并记录下来。故障管理包括告警信息收集显示、故障定位、故障统计和故障诊断。

③ 数据库管理：数据库用于储存用户的各种信息，这些信息包括环网的数量、节点的代号、节点中已安装的网络模块和用户模块的配置情况，各环网和节点中的连接设置，警告和故障的报警信息，历史数据等。

④ 日志管理：记录网络中发生的所有事件并显示在屏幕上，包括配置的生成、改变和删除，业务的生成、改变和删除，系统告警，板卡状态等，可显示的内容包括：时间、事件、种类、来源、事件简单描述等。另外，可以连接其他输出设备（如打印机），并将事件记录打印出来。

二、网络管理系统简介

OTN 管理系统中的 OMS 是功能强大的网络管理系统，目前在城市轨道交通通信领域广泛使用。下面介绍 OTN 管理系统的维护管理终端 OMS。

（一）OMS 的功能

OMS 的功能包括：

（1）数据库管理。

（2）配置网络组件。

（3）记录。
（4）网络监视。
（5）脚本管理。

（二）OMS 的启动与关闭

1. 登　录

（1）点击桌面上的 OMS 图标，将弹出登录窗口。
（2）在下拉菜单中选择管理或监视。
（3）输入密码。
（4）点击登录。

2. 启　动

（1）双击桌面的 OMS 图标。
（2）点击“开始（star）”按钮，指向 OMS 程序，并点击“OMS”。

3. 关　闭

（1）点击 OMS 窗口右上角的叉形。
（2）点击“Exit（退出）”。

（三）网络树形视图

在视图菜单上，点击网络树形，显示网络树形视图，这时所有已配置的网络元件以及已发现的未配置的网络元件，从受管理的网络到端口均显示在网络树形视图中。网络树形视图中网络元件的命名规则见表 2.2。

表 2.2　网络树形视图中网络元件的命名规则

网　络	元件名称
网　络	<网络名称>
子网络	<子网络名称>　（<子网络类型>）
节　点	<节点号码>　<节点名称>　（<节点类型>）
卡	<卡槽位>　（<卡类型>）
模　块	<模块槽位>　（<模块类型>）
端　口	<端口号码>　（<端口类型>）

（四）OMS 运行状态

1. 运行状态

表 2.3 给出了运行状态的可能值。

表 2.3　运行状态的可能值

数　值	描　述
UNKNOWN	网络元件尚未测量，可能原因如下： 您离线工作； 无时间测量网络； 网络元件丢失
INSERVICE	网络元件工作无报警发生
OUTOFSERVICE	网络元件或基础元件发生告警

2. 提供状态

网络元件的提供状态显示了元件是如何在数据库中集成的。表 2.4 给出了提供状态的可能值。

表 2.4　提供状态的可能值

数　值	描　述
DISCOVERED	网络元件尚未配置，但存在于网络中
CONFIGURED-CREATED	网络元件经过配置，但尚未将配置载入网络
CONFIGURED-ACTIVATED	网络元件经过配置，配置载入到网络中

3. 连接状态

表 2.5 给出了连接状态的可能值。

表 2.5　连接状态可能值

数　值	描　述
REACHABLE	测量了网络元件
UNREACHABLE	未测量网络元件

4. 卡/模块/端口属性

如果卡属性显示为一个圆圈，能产生报警则：

① 红圆圈显示产生报警。

② 绿圆圈显示一切正常。

③ 问号显示未知状态（不可用或尚未测量）。

如果卡属性显示为一个圆圈，不能产生报警则：

① 空圆圈显示 OFF（关闭）。

② 蓝圆圈显示 ON（打开）。

③ 问号显示未知状态。

如果卡属性显示为文本，能产生报警则：

① 红文本显示错误。
② 绿文本显示一切正常。
③ 问号显示未知状态。
如果卡属性显示为文本，不能产生报警则：
① 黑文本显示可用。
② 问号显示未知状态。

（五）OMS 监视功能

OMS 可以记录大量的事件和报警，这些事件和报警总是报告给 OMS 客户端。

1. 事　件

事件日志视图窗口中的条目名称见表 2.6。

表 2.6　事件日志视图窗口中的条目名称

标　题	描　述
时间	事件发生的日期和时间
类别	事件的类别
来源	事件发生的网络元件
文本	事件描述
子类别	事件的子类别
类型	事件的类型
报告者	报告该事件的网络元件
严重程度	事件的严重程度
可能原因	事件的可能原因
详情	事件详情
代码	独一无二的日志
标题	文本字段的文本描述
更多文本	额外信息
帮助	有关如何解决问题的信息

2. 报　警

报警不是持久保留的，如果关闭了 OMS，那么现有的报警将会被丢失。在启动之后，它们将再次进行报警，报警列表持续地进行更新。报警颜色表示的严重程度见表 2.7。报警详情窗口描述见表 2.8。

表 2.7　报警颜色表示的严重程度

报警颜色	严重程度
红色	较严重或非常严重
橙色	不太严重
黄色	警告

表 2.8　报警详情窗口描述

条目名称	描述
时间	报警通告的日期和时间
类别	均为“受管理的网络”
来源	有问题的网络元件
严重程度	严重程度
文本	冠以 Raisod（已通告）或 cleared（已清除）
文件上次改动时间	报警更改的日期和时间
报告者	报告该报警的网络元件
状态	报警状态（已通告/已清除）
子状态	报警子状态（已确认/未确认）
类型	报警类型
数据库值	数据库中的数据
网络值	网络中的在线数值
属性	相关属性
代码	独一无二的报警 ID
标题	文本字段的文本描述
扩展文本	额外信息
帮助	有关如何解决问题的信息

（六）OMS 数据库维护

1. OMS 数据库备份

（1）自动备份。

创建一个数据库备份，而非记录器备份。按 OMS.CFG 文件中 POLLER 设置内设定的固定间隔自动进行备份，但建议定期在磁带或 ZIP 驱动器上手动保存该备份文件。

（2）通过 GUI 备份。

创建一个数据库备份，而非记录器备份。按以下步骤进行：

① 在 GUI 中点击“File⁄Backup.db”。

② 从下拉菜单中选择要备份的数据库。

③ 点击“OK”。

（3）手动备份。

需要关闭 OMS 服务器和客户端，按以下步骤进行：

① 关闭 OMS 客户端。

② 关闭 OMS 服务器。

③ 将（OMS Path）/db 数据库拷贝到另一位置。

2. 恢复 OMS 数据库

如仅恢复怀疑或遭破坏的数据库，则：

（1）关闭 OMS 客户端。

（2）关闭 OMS 服务器。

（3）删除不一致的数据库。

（4）将想恢复到所删除不一致数据库的文件名的备份数据库更名。

第五节　传输系统接口

一、通信接口业务

1. 公务电话业务

模拟语音模块实现公务电话的接入见表 2.9。

表 2.9　模拟语音模块实现公务电话的接入

信道数量	各车站大约 30 路（根据实际情况）
接口类型	2 线
传输速率	64 kb/s
信道类型	点对点
接口界面	MDF 内线侧

2. 专用电话业务

利用模拟语音接口在每个车站和控制中心进行点对点连接，从而实现专用调度电话的功能。专用电话业务见表 2.10。

表 2.10　专用电话业务

信道数量	各车站大约 5 路（根据实际情况）
接口类型	2 线
传输速率	64 kb/s
信道类型	点对点
接口界面	MDF 内线侧

3. 数字电话业务

数字电话业务的连接通过模块来实现，在控制中心利用模块来连接用户端口，实现点对点连接。数字电话业务见表 2.11。

表 2.11 数字电话业务

信道数量	各车站大约 2 路（根据实际情况）
接口类型	4 线
传输速率	64 kb/s
信道类型	点对点
接口界面	MDF 内线侧

4. 控制中心对车站音频广播和监听业务

车站音频广播业务通过 OTN 的模块语音通道实现在控制中心的模块上将模拟语音信息转换为数字信息并送到 OTN 网络上，在各个车站的模块上将数字信息还原成模拟信息，通过车站的放大器将信息播放。该业务的连接通过总线的方式实现。控制中心作为主站点，各个车站作为副站点。控制中心对车站的音频广播和监听业务见表 2.12。

表 2.12 控制中心对车站的音频广播和监听业务

信道数量	语音：各站 2 路（根据实际情况）； 控制：各站 1 路（根据实际情况）
接口类型	语音：音频电缆 4 线； 控制：根据实际情况
传输速率	语音：15 kHz； 控制：64 kb/s
信道类型	共 线
接口界面	MDF 内线侧

5. 闭路电视监控业务

利用 VID-4-OUT/IN 模块实现视频监控的视频信道，是采用共线的方式来实现的。给控制中心的每个监视器分配 12 Mb/s 带宽。只有在监视器上显示的图像占用带宽，没有显示的图像不占用带宽，图像占用的最大带宽为 120 Mb/s。闭路电视监控业务见表 2.13。

表 2.13 闭路电视监控业务

信道数量	视频：各车站 10 路左右； 控制：各车站 1 路左右（根据实际情况）
接口类型	视频：BNC；控制：RS422
传输速率	视频：10 Mb/s；控制：64 kb/s
信道类型	共线
接口界面	视频：OTN 设备视频卡； 控制：MDF 内线侧

6. 时钟数据业务

通过 RSXMM 模块实现控制中心到各个车站的 RS422 共线方式连接。在 RSXMM 模块中，通过两个端口实现共线连接。时钟数据业务见表 2.14。

表 2.14　时钟数据业务

信道数量	各车站 1 路（根据实际情况）
接口类型	RS422
传输速率	64 kb/s
信道类型	共线
接口界面	MDF 内线侧

7. 无线集群业务（见表 2.15）

表 2.15　无线集群业务

信道数量	各车站 2 路（根据实际情况）
接口类型	E1、RJ48、120 Ω
传输速率	2.2048 Mb/s
信道类型	点对点
接口界面	由 OTN 设备 E1 接口引出电缆，子系统根据本系统接口类型自行制作接口

8. 通信 UPS 电源管理数据业务

通过 RSXMM 模块实现建立从控制中心到各个车站的点对点的 RS422 信道的连接。通信 UPS 电源管理数据业务见表 2.16。

表 2.16　通信 UPS 电源管理数据业务

信道数量	各车站 1 路（根据实际情况）
接口类型	RS422
传输速率	64 kb/s
信道类型	点对点
接口界面	MDF 内线侧

9. 集中告警业务

由 OTN 网络管理系统 OMS 向集中告警系统传送本系统告警信息。集中告警业务见表 2.17。

表 2.17　集中告警业务

信道数量	1 路
接口类型	RJ-45
传输速率	10 Mb/s
信道类型	点对点
接口界面	网管系统

10. OMS 时钟同步

由时钟系统向 OMS 提供时钟同步信号，OMS 网络管理系统与整个城轨时钟的同步。OMS 时钟同步见表 2.18。

表 2.18　OMS 时钟同步

信道数量	1 路
接口类型	RS232
传输速率	64 kb/s
信道类型	点对点
接口界面	OMS 服务器接口面板

二、其他接口业务

1. 信号系统（ATC）业务

信号系统（ATC）业务通过 RSXMM 模块实现控制中心到其他各地方的点对点连接，采用主、备用通道传输。信号系统业务见表 2.19。

表 2.19　信号系统业务

信道数量	各车站 2 路，1 主 1 备
接口类型	RS422
传输速率	64 kb/s
信道类型	点对点
接口界面	MDF 内侧

2. 电力监控、设备监控、办公自动化业务（见表 2.20）

表 2.20　电力监控、设备监控、办公自动化业务

信道数量	各车站 3 路
接口类型	RJ45
传输速率	10/100 Mb/s
信道类型	共线
接口界面	OTN 设备以太网卡面板

3. 自动售检票（AFC）业务

该业务的连接通过 E1 接口来实现，采用控制中心与每个车站的点对点方式连接。自动售检票业务见表 2.21。

表 2.21 自动售检票业务

信道数量	各车站 1 路
接口类型	E1，RJ48，120 Ω
传输速率	2.2048 Mb/s
信道类型	点对点
接口界面	由 OTN 设备接口卡引出电缆，子系统根据接口类型自行制作接口

三、数据配置

（一）SDH/PDH 业务配置

开始配置设备前，需检查以下准备项目是否完成：

（1）各网元的 ID 设置正确。

（2）设备已安装完毕，并完成单站调测。

（3）光缆、电缆连接正确。

（4）软、硬件已正确安装。

（5）服务器程序已正常启动。

（6）各网元间的通信网络正常连接且通信正常。

1. 配置步骤

配置 SDA/PDH 业务简要步骤见表 2.22。

表 2.22 配置 SDH/PDH 业务简要步骤

步骤	操 作	位置	备注
1	登录网管	手册	
2	以网元用户创建网元	手册	
3	创建网元用户	手册	
4	切换网元用户	手册	
5	创建单板	手册	
6	创建纤缆	手册	
7	创建拓扑子网	手册	
8	创建保护子网	手册	
9	配置时钟	手册	
10	配置公务	手册	
11	创建 SDH/PDH 业务	手册	使用路径功能和使用单站功能两种方法，任选其中一种即可
12	配置单板级保护	手册	
13	设置性能参数	手册	
14	设置告警参数	手册	
15	备份配置数据	手册	

2. 使用路径功能创建 SDH/PDH 业务

（1）创建 VC-4 服务层路径。

创建 VC-4 服务层路径步骤见表 2.23。

表 2.23　创建 VC-4 服务层路径步骤

步骤	操　作
1	在主视图中选择“视图/路径视图”，进入路径视图
2	选择“路径/创建向导”，进入路径创建向导。完成以下参数设置： 保护策略：保护、路径保护优先； 业务方向：双向； 业务级别：VC4； 单击“下一步”
3	在右边的拓扑图中双击网元，分别选择源网元：NE1，宿网元：NE2（再次双击可以取消选择）。或者直接单击“浏览”进行选择； 选中的源网元用⬆表示，宿网元上用⬇表示，并单击“下一步”
4	选择计算路由的数目为 1，供选路由编号为 1，并选择“自动计算”。源网元与宿网元间出现以箭头标识的路径，单击“下一步”
5	选择“自动设置保护”，并单击“下一步”
6	确认路径的源、宿信息，对路径进行命名； 选择“激活”和“创建后进行复制”，单击“完成”
7	界面弹出对话框提示路径创建成功后，单击“关闭”。然后在“复制”对话框中完成源宿端口第 2 个到第 8 个 VC-4 通道的服务层路径的创建
8	在相邻的网元间：NE2 与 NE3、NE3 与 NE4、NE4 与 NE1 之间，按照步骤 1～步骤 7 的方法分别建立 1～8 通道 VC-4 的服务层路径，按照步骤 1 到步骤 7 的方法在 NE4 与 NE5 之间建立 1～4 通道 VC-4 的服务层路径

（2）创建 E1 路径。

创建 E1 路径步骤见表 2.24。

表 2.24　创建 E1 路径步骤

步骤	操　作
1	在主视图中选择“视图/路径视图”，进入路径视图
2	在路径视图主菜单中，选择“路径/快速创建”，打开“快速创建”向导
3	在“快速创建”向导中，完成以下参数设置： 方向：双向； 级别：E1/T1； 保护策略：保护；路径保护优先
4	创建各网元业务，在右边的拓扑图中双击 NE1 的网元图标，在弹出的“路径创建-单板端口选择-源-NE1”对话框中，单击面板图中第 2 板位的 PQ1 板，选中“1”端口；单击“确定”
5	在右边的拓扑图中双击 NE2 的网元图标，在弹出的“路径创建-单板端口选择-宿-NE2”对话框中，单击面板图中第 2 板位的 PQ1 板，选中“1”端口；单击“确定”

续表 2.24

步骤	操　作
6	在右边的拓扑图中双击 NE4 的网元图标，以指定系统提供的备选路由不经过 NE4。在 NE4 上方出现； 可选步骤。可以通过这种方法指定路由不经过的网元，以保证路由的方向符合要求，通常不必选择
7	在“快速创建”向导中，单击“指定路由时隙”；在弹出的“指定路由时隙”对话框中，单击“时隙”下面的选项框，选择该 E1 业务在 VC-4 上的时隙“1”，单击“确定”
8	在“快速创建”向导中，选择“激活”和“创建后进行复制”复选框，使得在创建本 E1 时隙后，可以再复制 NE1 到 NE2 的其他 31 个 E1 业务，单击“确定”
9	在弹出的“复制”对话框中，选择源：“NE1-2（PQ1）-2”～“NE1-2（PQ1）-32”，选择宿：“NE2-2（PQ1）-2”～“NE2-2（PQ1）-32”，单击“加入”；选择“指定时隙”复选框，选择这 31 个 E1 在 VC-4 上的“起始时隙”；选择“2”，单击“确定”
10	按照步骤 2 至步骤 9 的方法，创建 NE1 到 NE3、NE1 到 NE4 的 E1 业务，再依次创建 NE2、NE3、NE4、NE5 之间的 E1 业务

（3）创建 E3 路径。

创建 E3 路径步骤见表 2.25。

表 2.25　创建 E3 路径步骤

步骤	操　作
1	在主视图中选择“视图/路径视图”，进入路径视图
2	在路径视图主菜单中，选择“路径/快速创建”，打开“快速创建”向导
3	在“快速创建”向导中，完成以下参数设置： 方向：双向； 级别：E3/T3； 保护策略：保护，路径保护优先
4	创建 NE4～NE5 的 E3 业务。 在右边的拓扑图中双击 NE4 的网元图标，在弹出的“路径创建-单板端口选择-源-NE4”对话框中，单击面板图中第 12 板位的 PL3 板，选中“1”端口；单击“确定”
5	在右边的拓扑图中双击 NE5 的网元图标，在弹出的“路径创建-单板端口选择-宿-NE5”对话框中，单击面板图中第 12 板位的 PL3 板，选中“1”端口；单击“确定”
6	在“快速创建”向导中，单击“指定路由时隙”；在弹出的“指定路由时隙”对话框中，单击“时隙”下面的选项框，选择该 E3 业务在 VC-4 上的时隙“1”，单击“确定”
7	在“快速创建”向导中，选择“激活”和“创建后进行复制”复选框，使得在创建本 E3 时隙后，可以再复制 NE4 到 NE5 的其他 2 个 E3 业务，单击“确定”
8	在弹出的“复制”对话框中，选择源：“NE4-12（PL3）-2”～“NE4-12（PL3）-3”，选择宿：“NE5-12（PL3）-2”～“NE5-12（PL3）-3”，单击“加入”；选择“指定时隙”复选框，选择这 2 个 E3 业务在 VC-4 上的“起始时隙”；选择“2”，单击“确定”

3. 备份配置数据

配置好的业务数据需要备份，常用的备份有两种：立即备份和自动备份，下面分别进行介绍。

（1）立即备份。

立即备份步骤见表 2.26。

表 2.26 立即备份步骤

步骤	操作
1	在主视图中选择“系统/切换登录用户”。在随后的提示中，单击“确定”继续
2	在登录界面中输入： 用户名： 密码： 网管安装完成后，需要修改密码
3	在主视图中选择“系统/启用单用户模式”。在随后的提示中，单击“确定”继续
4	在主视图中选择“系统/数据库备份/立即备份”。系统立即将网络管理数据库备份至指定目录

（2）自动备份设置。

自动备份设置步骤见表 2.27。

表 2.27 自动备份设置步骤

步骤	操作
1	在主视图中选择“系统/切换登录用户”。在随后的提示中，单击“确定”继续
2	在登录界面中输入： 用户名： 密码：
3	在主视图中选择“系统/启用单用户模式”。在随后的提示中，单击“确定”继续。
4	在主视图中选择“系统/数据库备份/自动备份设置”
5	界面中设置以下参数： 周期性备份间隔（单位：天）：如 30； 备份时间：如 01：00：00
6	单击“设置”。完成以上设置后，系统将按照指定的周期，定期备份网管数据库至指定目录

（二）以太网业务配置

1. 以太网业务组网图

以太网业务组网和端口分配如图 2.17 所示。

2. 各网元的业务配置图

NE1 的业务配置图如图 2.18 所示，NE5 的业务配置图如 2.19 所示。

3. 以太网专线业务配置

以太网专线业务配置步骤见表 2.28。

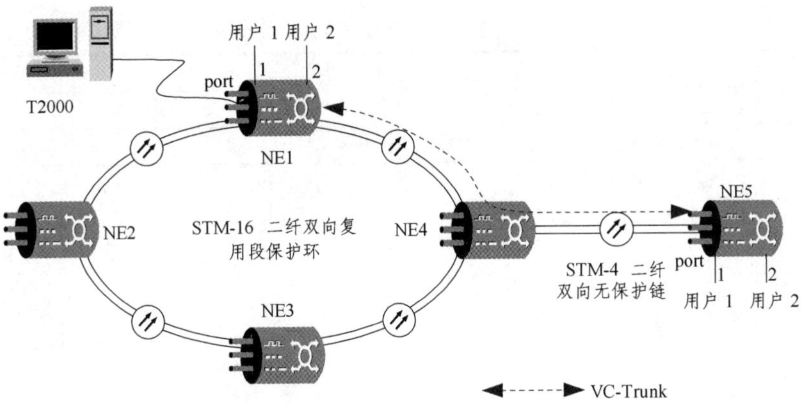

图 2.17 以太网组网和端口分配

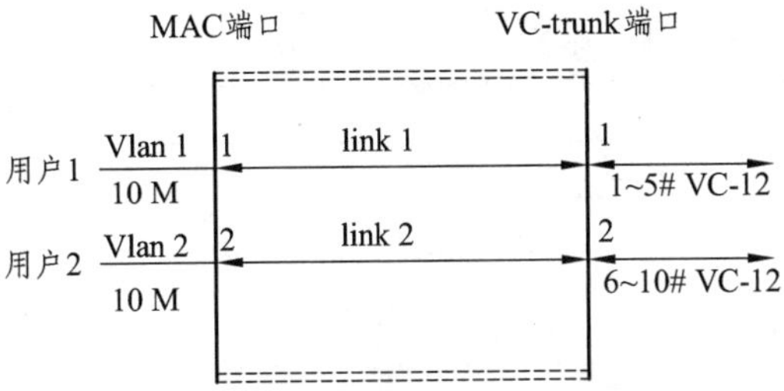

图 2.18 NE1 的业务配置图

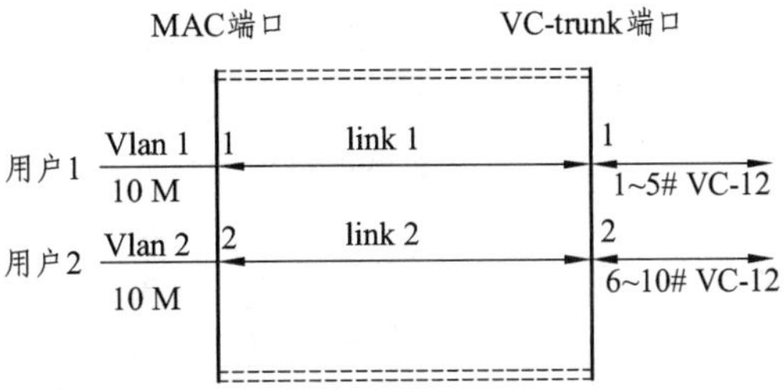

图 2.19 NE5 的业务配置图

表 2.28 以太网专线业务配置步骤

步骤	操 作	位置	备注
1	创建单板	手册	
2	创建以太网接口板	手册	
3	创建出子网光口	手册	
4	配置以太网接口	手册	
5	创建以太网专线业务	手册	
6	配置绑定通道	手册	
7	配置以太网单板到 SDH 线路板的交叉连接	手册	

4. 配置以太网接口

配置以太网接口步骤见表 2.29、2.30。

表 2.29 配置 NE1 以太网接口步骤

步骤	操 作
1	在主菜单中选择“配置/以太网配置/以太网接口/以太网接口”
2	在左边的导航树中选择“NE1”单击 »
3	选择“外部端口”； 设置标识为“Tag aware”； 设置端口使能为“允许”； 设置工作模式为“100M 全双工”； 其他项采用缺省值，单击“应用”

表 2.30　配置 NE5 以太网接口步骤

步骤	操　作
1	在主菜单中选择“配置/以太网配置/以太网接口/以太网接口”
2	在左边的导航树中选择“NE5”单击 >>
3	选择“外部端口”； 设置标识为“Tag aware”； 端口使能设置为“允许”； 设置工作模式为“100M 全双工”； 其他项均采用缺省值，单击“应用”

5. 创建以太网专线业务

创建以太网专线业务步骤见表 2.31。

表 2.31　创建以太网专线业务步骤

步骤	操　作
1	在主菜单中选择“配置/以太网配置/以太网业务”
2	选择“以太网专线业务”选项卡
3	在左边的导航树中选择“NE1”，单击 >>
4	单击“新建”，出现“新建以太网专线业务”对话框
5	参照 NE1 的业务配置图，在对话框中，做如下设置，以创建用户 1 的专线业务： 业务类型选择“EPL”； 业务方向选择“双向”； 源端口选择“MAC1”； 源端口 VLAN ID 设置为“1”； 宿端口选择“VCTRUNK1”； 宿端口 VLAN ID 设置为“1”； 单击“应用”
6	重复步骤 5，创建用户 2 的专线业务。在对话框中，做如下设置： 业务类型选择“EPL”； 业务方向选择“双向”； 源端口选择“MAC2”； 源端口 VLAN ID 设置为“2”； 宿端口选择“VCTRUNK2”； 宿端口 VLAN ID 设置为“2”； 单击“确定”
7	按照步骤 1~6 的方法，参照 NE5 的业务配置图配置 NE5

第六节　系统日常维护

一、系统日常维护的意义

在不同的运行环境中，要确保系统可靠地运行，取决于有效的系统日常维护。“防患于未然”，及时发现问题并妥善解决问题就是例行维护的目的。

二、系统日常维护分类

按照维护周期的长短，将光纤通信系统维护分为以下几类：

1. 日常例行维护

日常例行维护是指每天必须进行的维护项目。它可以帮助维护人员随时了解设备运行情况，以便及时解决问题。在日常维护指导中发现问题时需详细记录相关故障发生的具体物理位置、详细故障现象和过程，以便及时维护和排除隐患。

2. 周期性例行维护

周期性例行维护是指定期进行的维护。通过周期性维护，维护人员可以了解设备的长期工作情况。周期性例行维护分为季度维护和年度维护。

3. 突发性维护

突发性维护是指因为设备故障、网络调整等带来的维护任务。如：用户申告故障、设备损坏、线路故障时需进行的维护。同时在日常例行维护中发现并记录的问题也属突发性维护。

三、系统日常维护的基本原则

例行维护的基本原则：在例行维护工作中及时发现、解决问题，防患于未然。

作为一名好的维护人员，不仅要在问题出现时能迅速地定位、解决问题；而更重要的是在故障产生前，能够通过例行维护工作及时发现故障隐患、消除故障，使设备长期稳定地运行。对设备进行有效维护，不仅能够减少设备的故障率，而且可以延长设备的使用寿命。

四、设备例行维护项目

设备的例行维护项目见表 2.32，适用于包括非网络管理站点在内的所有设备维护人员。

表 2.32　例行维护项目和维护周期

维护测试项目	维护类别	周期
设备声音告警检查	设备维护	每日
机柜指示灯观察	设备维护	每日
电路板指示灯观察	设备维护	每日
设备温度检查	设备维护	每日
以低级别用户身份登录网管	网管维护	每日
网元和单板状态检查	网管维护	每日
告警检查	网管维护	每日

续表 2.32

维护测试项目	维护类别	周期
性能事件监视	网管维护	每日
保护倒换检查	网管维护	每日
查询日志记录	网管维护	每日
路由的检查	网管维护	每日
设备环境变量检查	网管维护	每日
网元时间检查	网管维护	每日
单板配置信息的查询	网管维护	每日
风扇检查和定期清理	设备维护	2 周
公务电话检查	设备维护	2 周
误码测试	设备维护	1 个月
启动、关闭网管系统检查	网管维护	1 个月
定期更改网管用户的登录口令	网管维护	1 个月
网管数据库的备份与转储	网管维护	1 个月
网管计算机维护	网管维护	1 个月
远程维护功能的测试	网管维护	1 个月

五、网管例行维护项目

网络管理是进行设备例行维护的重要工具。为保证设备的安全，可靠运行，设有网管系统站点的维护人员应每天通过网管对设备进行检查。

网管的例行维护项目包括：

- 以低级别用户身份登录网管；
- 网元和单板状态检查；
- 告警检查；
- 性能事件的监视；
- 保护倒换检查；
- 查询操作日志；
- 单板配置信息的查询；
- 网元数据库备份；
- 网管数据库的维护；
- 网管计算机硬件和软件平台的维护；
- 启动、关闭网管系统；
- 通过网管应能正常登录管理域中的所有网元；
- 所有网元的状态应为“运行态”；
- 在网管板位图中，所有单板应为开工状态，不应该有单板不在位告警；
- 例行维护中的告警设置。

（一）告警事件的处理

网管系统可以根据需要，设置告警事件的“允许/禁止自动上报”，当设置为“允许自动上报”的告警事件在网元产生时，网元便向网管系统自动报告告警信息；反之设置为“禁止自动上报”的告警事件在网元产生时，网元不向网管系统上报此告警信息（除非网管系统主动查询当前告警）。把告警设置为“允许自动上报”可以及时了解网络的运行情况，但并非将所有告警事件都设为“允许自动上报”就是最好，上报信息过多不易分辨主要信息并可能引起信息流拥塞。较好的做法是将较重要的告警事件设置为“允许自动上报”，而其他较次要的告警事件设置为“禁止自动上报”，通过告警查询去获取。

一般采用网管系统中此项的缺省设置即可满足维护的要求。除此之外，建议将较重要的告警事件设置为“允许自动上报”，比如交叉板的保护倒换告警（PS）；而其他较次要的告警事件仍保持“禁止自动上报”。

（二）告警级别设置

告警级别是用来表示告警的严重程度的。通过网管系统可以改变任意一个告警事件的告警级别，机柜和单板的告警指示灯状态与显示方式会随之改变。网络管理员可以对自己目前比较关注的告警事件，适当提高其级别；而对自己目前不太重视的告警事件，适当降低其级别。一般采用网管系统的缺省设置就可以满足要求。

（三）设置网管告警声响

网管计算机配置有声卡和音箱，在网管中出现特定告警时，音箱会发出告警声。此功能对于维护工作非常方便。请按照网管操作手册中的“如何设定与清除告警声响播放”的步骤，设置告警声响。

（四）告警事件浏览

告警事件浏览分为当前告警浏览和历史告警浏览，当前告警事件是指未结束的告警及未被确认的告警；历史告警事件是指已被确认并且结束的告警事件。浏览信息可以通过告警浏览选项的设置进行过滤，这样可以使网络管理员方便地浏览到最关心的告警事件信息。

例行维护中，应每天进行告警浏览（在此之前可以先进行告警查询），发现有新产生的告警应马上做记录，并进行分析处理。

（五）告警确认和校对

设备的某些外部原因（例如光纤断）会在网管中产生大量告警，但是在故障修复后，网管中仍存在大量实际已结束的告警，可以通过告警确认将这些当前告警转入历史告警库，使得当前未结束的告警一目了然，便于设备故障的判断。

由于某种情况（如网元掉电、网管关机等），网管系统和网元之间通信可能较长时间中断，网管系统和网元之间的告警信息可能不一致，这时就需要使用告警校对功能。告警校对的作用是网管系统主动向网元查询告警事件状态，如果网元侧告警已结束而网管侧告警仍然存在，通过告警校对，可以保证网管和网元之间告警信息的一致性。在对告警状态不是很确定时，告警校对是一种可靠地对告警事件状态进行确认的方法。

（六）性能监视

网络管理系统提供了完备的性能管理功能，为实现网络业务的在线监测提供了多种手段。

性能管理主要工作为：采集误码指针调整性能、缺陷和各种监视项目数据；以 15 min 和 24 h 为周期对性能数据进行统计和记录；性能门限设置和门限越限通知；性能不可用时间的记录；性能数据分析等。

性能监视设置主要分为：监视时间设置、监视对象设置和监视门限设置。

1. 监视时间设置

允许用户设置监视开始时间和监视停止时间，设置的监视开始时间要略滞后于网元时间。

2. 监视对象设置

允许对每个性能监视对象进行设置，包括是否对此对象进行性能监视、是否允许该对象在 15 min 周期结束时自动上报性能数据、是否允许该对象在 24 h 周期结束时自动上报性能数据。

3. 监视门限设置

合理设置性能监视门限值，对于准确发现故障非常必要。

（七）保护倒换查看

鉴于保护倒换的重要性，可以将保护倒换告警的检查单独列出来，例行维护中一定要利用网管定期检查保护倒换告警。

定期检查保护倒换告警是很有必要的。

例如：在如图 2.20 所示的组网中，环 1 为设备组成的复用段保护环，环 2 为设备组成的通道保护环，环 3 为复用段保护环。

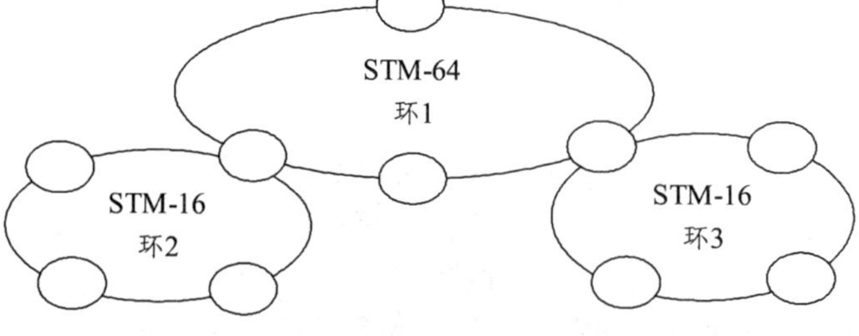

图 2.20　检查保护倒换的组网图

当环 2 发生通道保护倒换后，发生倒换的通道所在的支路板告警灯应每隔一秒闪烁两次，指示通道保护倒换发生。当然，网管板位图中相应的支路板也应有告警（告警查询后）；当环 1 发生复用段保护倒换后，交叉板告警灯应每隔一秒闪烁两次，指示复用段保护倒换发生，此时网管板位图中相应的交叉板也应有告警。

六、SDH 设备维护

1. SDH 日常维护

SDH 日常维护操作指导见表 2.33。

表 2.33　SDH 日常维护操作指导

维护类别	维护项目	操作指导	参考标准	参考维护工时（人×小时）
外部环境检查	机房电源（直流/交流）	查看电源监控系统或测试电源输出电压	电压输出正常，电源无异常告警	0.05
	机房清洁度	干净、整洁	机柜、板面无灰尘	0.1
	机房温度	测试温度	温度：0 °C～40 °C，建议为 15 °C～30 °C	0.3
	机房湿度	测试相对湿度	相对湿度：10%～90%，建议为 40%～65%	0.3
设备运行状态检查	机柜顶端指示灯状态	观察机柜顶端指示灯	正常时应只有绿灯长亮	0.1
	单板指示灯状态	观察各单板指示灯	常规指示灯：红色告警灯和绿色运行灯，正常时应只有绿灯 1 s 亮 1 s 灭。 特殊指示灯：主用板运行灯为绿色	0.05
	设备表面温度	测试设备表面温度	用网管查询设备最高温度不超过 40 °C	0.2
	设备风扇状态（每月 1 号、15 号左右进行）	观察风扇指示灯，观察风扇转动情况	风扇指示灯只有绿灯亮，风扇通风正常	0.1
	公务电话状态（每月 1 号、15 号左右进行）	测试通话情况	选址呼叫和会议电话均可正常通话	0.5

2. SDH 月度维护

SDH 月度维护操作指导见表 2.34。

表 2.34　SDH 月维护操作指导

维护类别	维护项目	操作指导	参考标准	参考维护工时（人×小时）
业务检查	抽测未用业务通道的 24 h 误码	对未用通道挂表测试误码，24 h 一个周期	24 h 误码应达标	0.1
网管维护项目	网管的启动、关闭检查	启动、关闭网管软件和计算机	启动和关闭都应正常	0.05
	查询网元时间	“配置/网元日期时间”菜单	网元时间与当前实际时间一致，所有网元时间一致	0.1
	单板配置信息的查询	检查交叉连接和时钟板、公务板、支路板、线路板的相关配置信息	配置数据与实际需求相符合，与最后一次的更改记录结果相符合	1
	更改网管用户的登录口令	每月更改网管用户的口令	每月更改口令	0.05
	网管数据库的转储和整理	每月转储网管数据库文件，每月进行数据库压缩和修复	定期进行，网管运行正常	0.2
	网管数据库的备份	对于网管，采用数据备份和日记备份相结合的方法	定期备份，网管和数据库运行正常	0.05
	网管计算机的维护	检查目录；检查硬盘空间，并且杀毒。 工作站：检查目录、数据库运行情况；备份用户的配置文件	目录正常；文件正常、无非法文件（如游戏）；硬盘空间足够。 工作站：无非法文件、数据库运行情况正常	0.5
	各种硬件接口状态	检查鼠标、键盘、显示器、打印机等工作状态	可正常使用	0.05

3. SDH 季度维护

SDH 季度维护操作指导见表 2.35。

表 2.35　SDH 季度维护操作指导

维护类别	维护项目	操作指导	参考标准	参考维护工时（人×小时）
远程维护功能测试	测试远程维护功能	从远端登录网元	网元登录正常，远程维护能正常进行	0.5
机柜清洁检查	机柜清洁检查	观察机柜内部和外部	机柜表面清洁，机柜内部灰尘不得过多，否则必须清理	0.5

4. SDH 年度维护

SDH 年度维护操作指导见表 2.36。

表 2.36 SDH 年度维护操作指导

维护类别	维护项目	操作指导	参考标准	参考维护工时（人×小时）
接地、地线、电源线连接检查	地阻检查	使用地阻仪测试地阻	联合接地地阻小于 1 Ω	1
	地线连接检查	检查地线与局方地线排连接是否安全可靠	各连接处安全、可靠无腐蚀； 地线无老化； 地线排无腐蚀，防腐蚀处理得当	0.2
	电源线连接检查	检查电源线与局方电源连接是否安全可靠	各连接处安全、可靠无腐蚀； 电源线无老化	0.2

小　结

光纤通信系统由发射系统、传输系统、接收系统组成。传输系统承载的业务有基于时分复用的电路交换承载业务和基于统计复用的分组交换承载业务。

SDH 全称是同步数字体系，适于新通信业务的开展。SDH 传输网在光纤上高速进行同步信息传输、复用和交叉的网络。

传输系统具有集中维护管理功能，可以集中管理传输环网的运行，实现网络管理的各种功能。传输系统接口业务包括通信接口业务和其他接口业务。其中通信接口业务有公务电话业务、专用电话业务、数字电话业务、控制中心对车站音频广播和监听业务、闭路电视监控业务、时钟数据业务、无线集群业务、集中告警业务等；其他接口业务有信号系统业务、电力监控设备监控办公自动化业务、自动售检票业务。

按照维护周期的长短，传输系统维护分为日常例行维护、周期性例行维护和突发性维护。

思考题

1. 光纤通信系统的组成是什么？
2. 光纤传输系统的功能？
3. 光纤通信的特点是什么？
4. 请解释 PN 结的原理？　光源有几种？它们的区别是什么？
6. 无源器件有哪些？
7. SDH 的特点及帧结构是什么？SDH 传输网的常见网元有哪些？
8. 维护管理软件的管理功能有哪些？
9. OTN 维护管理终端 OMS 的功能是什么？其维护管理的具体过程是什么？

10. 传输系统的通信接口业务有哪些？具体内容是什么？
11. 传输系统的其他接口业务有哪些？具体内容是什么？
12. SDH/PDH 业务配置的过程是什么？
13. 以太网业务配置的过程是什么？
14. 系统日常维护的目的和原则是什么？
15. SDH 日常维护的分类有哪些？具体维护的内容是什么？

第三章　无线子系统

无线通信就是将需要传送的声音、文字、数据、图像等电信号调制在无线电波上经空间和地面传至对方的通信方式。

第一节　无线通信简介

一、电磁波

电磁波是电磁场的一种运动形态。变化的电场会产生磁场（电流会产生磁场），变化的磁场则会产生电场。变化的电场和变化的磁场就构成了一个不可分离的统一场，这就是电磁场，而变化的电磁场在空间的传播形成了电磁波，电磁的变动就如同微风轻拂水面产生水波一般，因此被称为电磁波，也常称为电波。

电磁波频率低时，主要借助于有形的导电体才能传递。其原因是在低频的电振荡中，磁电之间的相互变化比较缓慢，其能量几乎全部返回原电路而没有被辐射出去；电磁波频率高时，可以在自由空间内传递，也可以束缚在有形的导电体内传递。在自由空间内传递的原因是在高频率的电振荡中，磁电互变甚快，能量不可能全部返回原电路，于是电能、磁能随着电场与磁场的周期变化以电磁波的形式向空间传播出去，不需要介质也能向外传递能量，这就是一种辐射。举例来说，太阳与地球之间的距离非常遥远，但在户外时，大家仍然能感受到和煦阳光的光与热，这就好比是“电磁辐射借由辐射现象传递能量”的原理一样。

频率从几十赫兹（甚至更低）到 3 000 GHz 左右，波长从几十 mm 到 0.1 mm 左右频谱范围内的电磁波称为无线电波。

二、无线电波传播方式

无线通信是利用无线电波在空中传播信息的通信方式。无线电波由发射天线向外辐射出去，天线就是波源。无线电波中的电磁场随着时间变化，从而把辐射的能量传播至远方。接收端天线将电磁场能量转换为电信号。

无线电波常见的传播方式有以下几种：

1. 波导方式

当电磁波频率为 30 kHz 以下（波长为 10 km 以上）时，大地犹如导体，电磁波也不能进入电离层，因此电磁波被限制在电离层的下层与地球表面之间的空间内传输，称为波导方式。

2. 地波方式

沿地球表面传播的无线电波称为地波（或地表波），这种传播方式比较稳定，受天气影响小。

3. 天波方式

射向天空经电离层折射后又折返回地面（还可经地面再反射回到天空）的无线电波称为天波，天波可以传播到几千公里之外的地面，也可以在地球表面和电离层之间多次反射，即可以实现多跳传播。

4. 空间波方式

空间波主要指直射波和反射波。无线电波在空间按直线传播，称为直射波。当无线电波传播过程中遇到两种不同介质的光滑界面时，还会像光一样发生镜面反射，称为反射波。

5. 绕射方式

由于地球表面是个弯曲的球面，因此无线电波传播距离受到地球曲率的限制，但无线电波也能同光的绕射传播现象一样，形成视距以外的传播。

6. 对流层散射方式

地球大气层中的对流层，因其物理特性的不规则性或不连续性，会对无线电波起到散射作用。利用对流层散射作用进行无线电波的传播称为对流层散射方式。

无线电波传播方式、传播距离及可用带宽见表 3.1。

表 3.1　天线电波传播方式、传播距离及可用带宽

频段名称	频段范围	传播方式	传播距离	可用带宽	利用
甚低频（VLF）	3 ~ 30 kHz	波导	数千公里	极有限	世界范围长距离无线电导航
低频（LF）	30 ~ 300 kHz	地波、天波	数千公里	很有限	长距离无线电民航战略通信
中频（MF）	300 ~ 3 000 kHz	地波、天波	几千公里	适中	中等距离点到点广播和水上移动
高频（HF）	3 ~ 30 MHz	天波	几千公里	宽	长和短距离点到点全球广播，移动
甚高频（VHF）	30 ~ 300 MHz	空间波、对流层散射、绕射	几百公里以内	很宽	短和中距离点到点移动，LAN 声音和视频广播个人通信
特高频（UHF）	300 ~ 3 000 MHz	空间波、对流层散射、绕射	100 km 以内	很宽	短和中距离点到点移动，LAN 声音和视频广播个人通信卫星通信
超高频（SHF）	3 ~ 30 GHz	空间波	30 km 左右	很宽	短和中距离点到点移动 LAN 声音和视频广播移动/个人通信卫星通信
极高频（EHF）	30 ~ 300 GHz	空间波	20 km	很宽	短和中距离点到点移动，LAN 个人通信卫星通信

电磁波的传播速度等于光速 c（3×10^8 m/s）。在空间传播的电磁波，距离最近的电场（磁场）强度方向相同，其量值最大两点之间的距离，就是电磁波的波长 λ，电磁波每秒钟变动的次数便是频率 f。三者之间的关系为 $c=\lambda f$。

波长越长其衰减也越少，电磁波的波长越长也越容易绕过障碍物继续传播。

三、无线通信工作方式

1. 单工通信

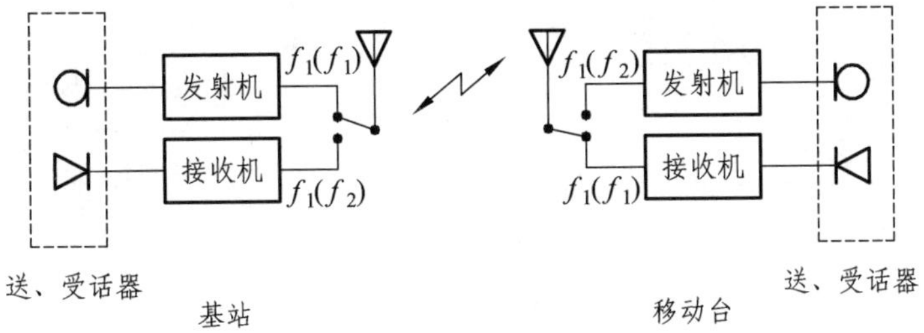

图 3.1　单工通信

所谓单工通信，是指消息只能单方向传输的工作方式。

单工通信信道是单向信道，发送端只能发送信息，不能接收信息；接收端只能接收信息，不能发送信息，信息仅从一端传送到另一端，即信息流是单方向的，如图 3.1 所示。

通信双方采用“按—讲”方式，单工通信属于点到点的通信。根据收发频率的异同，单工通信可分为同频单工和异频单工通信。

2. 双工通信

全双工通信是指在通信的任意时刻，线路上存在 A 到 B 和 B 到 A 的双向信号传输。全双工通信允许信号同时在两个方向上传输，又称为双向同时通信，即通信的双方可以同时发送和接收信息。在全双工方式下，通信系统的每一端都设置了发送器和接收器，因此，能控制信号同时在两个方向上传送。全双工方式无需进行方向切换，因此，没有切换操作所产生的时间延迟，这对那些不能有时间延误的交互式应用十分有利。这种方式要求通讯双方均有发送器和接收器，同时，需要两个频率传送信号，如图 3.2 所示。

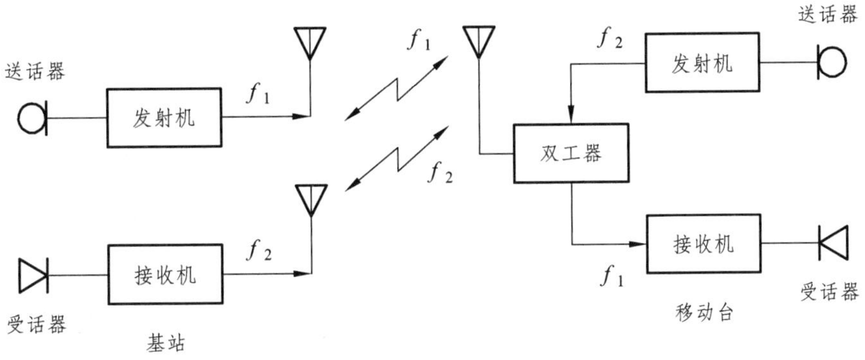

图 3.2　双工通信

3. 半双工通信

半双工通信是指可以实现双向的通信，但不能在两个方向上同时进行，必须轮流交替地进行。同一时刻里，信息只能有一个传输方向。移动台采用“按—讲”方式工作，如图 3.3 所示。

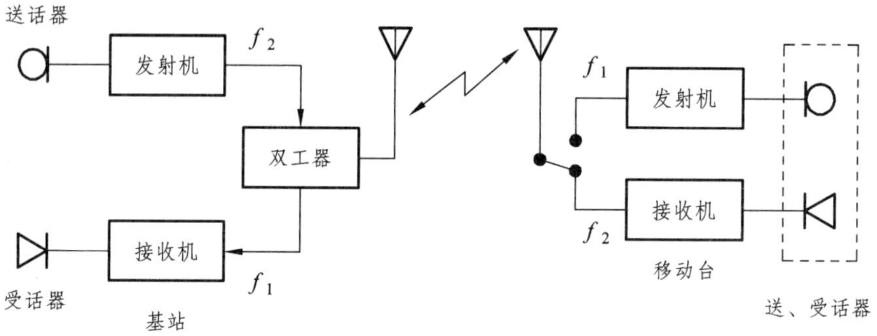

图 3.3 半双工通信

四、灵敏度和保真度

无线电接收机对微弱信号的接收能力，叫作灵敏度。如果某一无线电接收机能收到很弱的信号，则该无线电接收机的灵敏度就高，反之灵敏度就低。因此，灵敏度也是决定无线电接收机质量的重要参数之一。

保真度是指无线电接收机的输出信号与输入信号的相似程度，即无线电接收机对于信号中各频率能否同等放大，加以复原，而不产生失真的能力。如无线电接收机的保真度愈好，它输出的语言、音乐就愈逼真。

五、无线通信的干扰

由于某种发射、辐射、感应或它们的组合所产生的不需要的能量对无线通信系统的接收产生的效应，使接收效果性能下降，或收不到信号，此种效应称为干扰。干扰按其来源可分为：工业干扰、天电干扰、宇宙干扰、人为干扰、电台干扰等。下面介绍几种电台干扰。

1. 交调干扰

交调干扰又称交叉调制。一个受调制的干扰（如干扰电台）与信号同时作用于接收机，由于高放或变频器的非线性作用，会将干扰的调制信号转移到信号载波上，而形成交叉调制，由此造成的干扰，称为交调干扰。

2. 互调干扰

当两个或多个干扰信号同时加到接收机时，由于非线性作用，这两个或多个干扰的组合频率有时会恰好等于或接近有用信号频率而顺利通过接收机，其中三阶互调最严重。由此形成的干扰，称为互调干扰。互调干扰和交调干扰一样，主要产生在高放和变频级。

3. 邻道干扰

指相邻的或邻近的频道的信号相互干扰。调频信号含有无穷多个边频分量，而频道间隔是有限的，当某些边频分量落入邻道接收机的通带内，就会造成邻道干扰。

4. 同频干扰

同频干扰是指相同载频之间的干扰。同频干扰与同频复用有关。同频复用，即在移动通信系统中，为提高频率利用率，在相隔一定距离之后，再重复使用相同的频率。同频复用能提高频率利用率，但会引起同频干扰；而且复用距离越近，同频干扰就越大，但频率利用率高；复用距离越远，同频干扰就越小，但频率利用率低。

六、隧道内的电波传播

隧道内的电波传播采用漏泄电缆和隧道中继器来完成。

漏泄电缆是漏泄同轴电缆的简称。其结构与普通的同轴电缆基本一致，由内导体、绝缘介质和开有周期性槽孔的外导体三部分组成。电磁波在漏缆中纵向传输的同时通过槽孔向外界辐射电磁波；外界的电磁场也可通过槽孔感应到漏缆内部并传送到接收端。这种漏泄同轴电缆传输频段较宽，既能传话音，又能传输各种数据信息。在长隧道地区，由于漏泄同轴电缆衰耗较大，需要在隧道内装设中继器，用以补偿传输损耗，中继器需远距离供给电源。

七、分集接收技术

所谓分集接收，是指接收端对它收到的多个衰落特性互相独立（携带同一信息）的信号进行特定的处理，以降低信号电平起伏的办法。

分集技术是用来补偿衰落信道损耗的，它通常利用无线传播环境中同一信号的独立样本之间不相关的特点，使用一定的信号合并技术来改善接收信号，来抵抗衰落引起的不良影响。

分集接收分空间分集、频率分集和极化分集等方式。

1. 空间分集

在移动通信中，空间略有变动就可能出现较大的场强变化。当使用两个接收信道时，它们受到的衰落影响是不相关的，且两者在同一时刻经受深衰落谷点影响的可能性也很小，因此这一设想引出了利用两副接收天线的方案，独立地接收同一信号，再合并输出，衰落的程度能被大大地减小，这就是空间分集。空间分集分为空间分集发送和空间分集接收两个系统。其中空间分集接收是在空间不同的垂直高度上设置几副天线，同时接收一个发射天线的微波信号，然后合成或选择其中一个强信号。接收端天线之间的距离应大于波长的一半，以保证接收天线输出信号的衰落特性是相互独立的，也就是说，当某一副接收天线的输出信号很低时，其他接收天线的输出则不一定在这同一时刻也出现幅度低的现象，经相应的合并电路从中选出信号幅度较大、信噪比最佳的一路，得到一个总的接收天线输出信号。这样就降低了信道衰落的影响，改善了传输的可靠性。空间分集接收的优点是分集增益高，缺点是还需另外单独的接收天线。空间分集如图 3.4 所示。

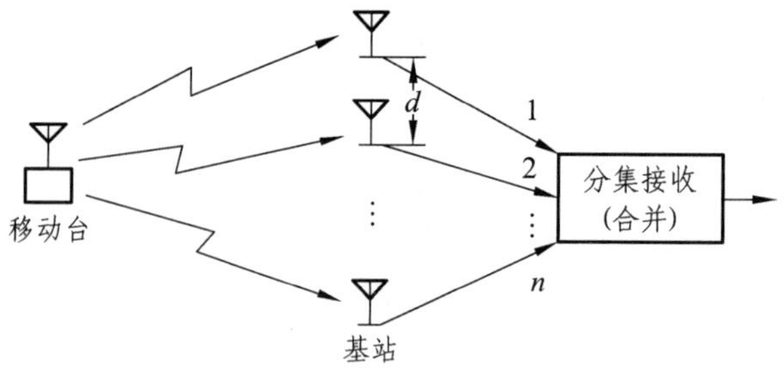

图 3.4 空间分集

2. 频率分集

频率分集是采用两个或两个以上具有一定频率间隔的微波频率同时发送和接收同一信息，然后进行合成或选择，利用位于不同频段的信号经衰落信道后在统计上的不相关特性，即不同频段衰落统计特性上的差异，来实现抗频率选择性衰落的功能。实现时可以将待发送的信息分别调制在频率不相关的载波上发射，所谓频率不相关的载波是指不同的载波之间的间隔大于频率相干区间，即载波频率的间隔应满足要求。

频率分集与空间分集相比较，其优点是在接收端可以减少接收天线及相应设备的数量，缺点是要占用更多的频带资源，因此，一般又称它为带内（频带内）分集，并且在发送端可能需要采用多个发射机。

3. 极化分集

在移动环境下，两副在同一地点、极化方向相互正交的天线发出的信号呈现出不相关的衰落特性。利用这一特点，在收发端分别装上垂直极化天线和水平极化天线，就可以得到两路衰落特性不相关的信号。定向双极化天线就是把垂直极化和水平极化两副接收天线集成到一个物理实体中，通过极化分集接收来达到空间分集接收的效果，因此极化分集实际上是空间分集的特殊情况，其分集支路只有两路。

这种方法的优点是它只需一根天线，结构紧凑，节省空间，缺点是它的分集接收效果低于空间分集接收天线，并且由于发射功率要分配到两副天线上，将会造成 3 dB 的信号功率损失。

4. 分集合并技术

分集接收是指接收端从不同的 n 个独立信号支路所获得的信号，可以通过不同形式的合并技术来获得分集增益。合并方式主要分为三种：最大比值合并、等增益合并和选择式合并。

八、区域的划分

在移动通信系统中，根据通信服务区域的规划及用户数目的不同可将区域分为大区制和小区制两种制式。

1. 大区制

大区制是指把一个通信服务区域仅规划为一个或少数几个无线覆盖区，简称无线区。

所谓无线区是指当基站采用全向天线时，在无障碍物的开阔地，以通信距离为半径所形成的圆形覆盖区。每个无线区的半径在 25 ~ 45 km，用户容量为几十至数百个。每个无线区仅为一个基站所覆盖，基站基本上是相互独立的。

大区制的特点是：网络结构简单、设备少、成本低，为了保证大的区域覆盖范围，基站天线架设很高，基站天线发射功率也很大。

大区制的缺点是：由于一个基站所能提供的频道数有限，因而系统容量不高。移动台的天线低，发射功率受限，在大的覆盖区内，上行链路（由移动台到基站）的通信就无法保证了。为此，常采用分集接收技术以保证上行链路的通信质量。

大区制只适合于在中小城市或专用移动网等业务量不大的情况下使用。

为了适应更大区域的服务要求，必须采用小区制组网方式，以在有限的频谱条件下，达到扩大容量的目的。

2. 小区制

根据服务区域的形状不同，小区制又可分为带状区和面状区（蜂窝网）等。小区制是指把一个通信服务区域分为若干个小无线覆盖区，每个小区的半径在 2 ~ 20 km。每个小区设置一个基站，负责本区移动台的联系和控制，各个基站通过移动业务交换中心相互联系，并与市话局连接。每个小区只需提供较少的几个无线电频道（一个频道组）就可满足通信的要求，邻近的小区使用不同的频道组。

小区制结构的最大特点是：采用频率复用技术，大大缓解了频率资源紧缺的问题，提高了频率利用率，增加了用户数目和系统容量。所谓频率复用技术指的是：相邻小区不使用相同的频道组，但相隔几个小区间隔的不相邻小区可以重复使用同一组频道，以充分利用频率资源。不使用同一组频道的若干个相邻小区就组成了一个区群，即整个通信服务区域也可看成是由若干个区群构成的。

小区制结构的另一特点是：发射机功率降低，于是互调干扰也减小。

小区制结构也存在着一些问题：由于频率复用，可能产生同频干扰，这就涉及一些相关技术：分集接收技术、功率控制技术、小区半径最优化技术等。频率复用带来的另一问题是：当移动台从一个小区驶入另一个无线区时，即越区过程中必须进行频道自动切换，以保证移动台越区时通话不间断，这又涉及越区切换技术。为此，还要及时掌握移动台动态位置——位置登记技术。

第二节　无线集群系统

无线集群系统是指多个用户（部门、群体）自动共享少量无线信道并动态地使用这些信道的专用移动通信系统，主要用于指挥调度通信。我国无线集群通信系统使用的频段是 800 MHz 频段。

一般来讲，无线集群系统主要提供系统内部用户之间的相互通信，但也可提供与系统外如市话网的通信。其通信方式有单工也有双工。无线集群通信系统区别于公众移动通信系统的主要特点是，它除了可以提供移动电话的双向通话功能外，还可提供系统内的群（组）呼、全呼，甚至建立通话优先级别，可以进行优先等级呼叫、紧急呼叫等一般移动电话所不具备的通信；提供动态重组、系统内虚拟专网等特殊功能。这些特点特别适合公安、国家安全部门的专用通信以及机场、海关、公交运输、抢险救灾等指挥调度需要。因此，在世界各地形成了独立于公众移动通信网之外的专用通信网。

无线集群系统可以实现将几个部门所需要的基站和控制中心统一规划建设、集中管理。每个部门只需要建设自己的调度指挥台及配置必要的移动台，就可以共用频率、共用覆盖区、资源共享、费用分担，达到无线通信资源的合理利用的目的。

一、无线集群系统组成与分类

（一）无线集群系统组成

无线集群系统由系统控制中心、基站、调度台、移动台组成。以单基站系统为例，单基站系统是一个基本集群系统，只设一个系统控制器和一个基站。无线集群系统主要包括以下几个部分，如图 3.5 所示。

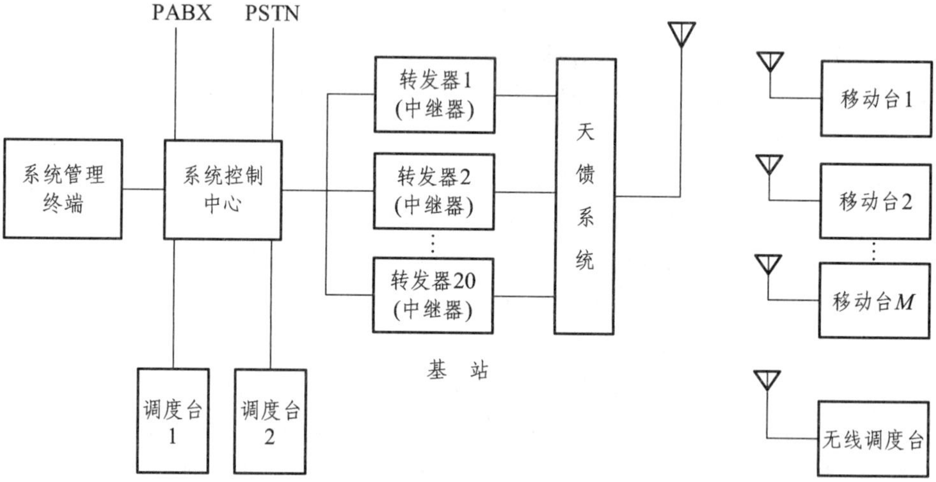

图 3.5　无线集群系统组成

基站为用户提供可用的无线信道。系统所具有的全部可用无线信道可为系统的全体用户共用。系统内任一用户想要与系统内另一用户通话，只要有空闲信道，就可以在系统控制中心的控制下，利用该空闲信道进行通话。系统控制中心与有线网 PABX、PSTN 相连可实现系统内用户与有线用户的通信。

（二）无线集群系统分类

由于集群通信属于多信道共享技术体制，它可以用不同方法来实现。目前常用的分类方式有以下几种：

1. 按通话占用信道方式划分

（1）消息集群。

消息集群是在通话期间，控制系统始终给用户分配一条固定的无线信道。从用户最后一次讲完话并松开 PTT 开关开始，系统将等待 6～10 s 的“信道保留时间”后“脱网”，完成消息集群，再将该信道分配给别的用户使用。若在保留时间内，用户再次按 PTT 开关继续通话，则双方仍在该信道上通话（即保持原来的信道分配）。消息集群采用按需分配方式，频谱利用率不高。

（2）传输集群。

传输集群是指用户双方以单工或半双工方式工作时，用户按下 PTT 开关，就占用一个空闲信道工作。当用户发完第一个消息并松开 PTT 开关时，就有一个“传输完毕”的信令送到基地台控制器，以指示该信道可再分配给其他用户使用。传输集群的信道采用动态分配方式，频谱利用率高，但可能导致通话不连续和不完整。

（3）准传输集群。

准传输集群兼顾消息集群和传输集群的优点，缩短了“信道保留时间”（0.5～6 s），增加了用户每次发话完毕并松开 PTT 开关后的时间，使消息不会中断。准传输集群的信道利用率比传输集群低。

2. 按控制方式划分

（1）集中控制方式

集中控制方式是指由一个智能终端控制，统一管理系统内话务信道的方式。

（2）分散控制方式

分散控制方式是指每一信道都有单独的智能终端的管理方式。

无论哪一种控制方式，都能使集群系统的用户在使用时就好像是信道专用 一样，尽管用户进行一完整的通话需要多次更换通话信道，而对用户自己来说并无明显的感觉。所有上述功能的实现都是靠系统内执行控制任务的硬件和软件配合来完成的，这种以微处理机为硬件基础并与各种协议保持一致的软件结合就构成了集群系统的控制系统。

3. 按呼叫处理方式划分

（1）损失制系统

损失制系统是指话务信道全忙时，呼叫申请被损失掉，用户必须重新提出申请。

（2）等待制系统

等待制系统是指话务信道全忙时，新到的呼叫申请进入排队系统，当出现空闲信道时，控制器按先来先服务的原则为呼叫申请指派信道。

4. 按信令方式划分

（1）随路信令方式

随路信令方式是指在话音信道中兼传信令，信令不单独占用信道。

（2）共路信令方式

共路信令方式是指采用专用控制信道传送信令，其优点是信令传送速度快，电路容易实现。

二、无线集群系统设备

1. 基　站

基站由若干基本无线电收发信机、控制单元、天线共用器、天馈线系统和电源等设备组成。

无线电发信机包括基带信号处理、调制、混频、高频功率放大及频率合成等电路；无线电收信机包括高频低噪放大器、混频、中频放大、滤波及解调电路；控制单元包括微处理器、存储器和控制程序，负责设备的管理与控制。天线共用器包括发信合路器和接收多路分路器。天馈线系统包括接收天线、发射天线和馈线。

2. 移动台

移动台用于运行中或停留在某未定地点进行通信的用户台，它包括车载台、便携台的手持台，由无线电收发信机、控制单元、天馈线系统（或双工器）和电源组成。

3. 调度台

调度台是能对移动台进行指挥、调度和管理的设备，分有线和无线调度台两种。无线调度台由无线电收发信机、控制单元、天馈线系统（或双工器）、电源和操作台组成，有线调度台只有操作台。

4. 控制中心

控制中心包括系统控制器、系统管理终端和电源等设备，它主要控制和管理整个集群系统的运行、交换和接续，由接口电源、交换矩阵、集群控制逻辑电路、有线接口电路、监控系统、电源和微机组成。

三、数字集群移动通信特点

模拟集群移动通信的主要问题是频谱利用率低；所能提供的业务种类受限，不能提供高速率数据服务；保密性差，容易被窃听；移动设备成本高，体积大，管理控制存在一定的问题等。数字集群通信具有以下优点：

1. 频谱利用率高

模拟集群移动通信网可实现频率复用，从而提高了系统容量，但是随着移动用户数量急剧增长，模拟集群移动通信网所能提供的容量已不再能满足用户需求，而且模拟集群系统频谱利用率低，模拟调频技术很难进一步压缩已调信号频谱，从而就限制了频谱利用率的提高。与此相比，数字集群系统可采用多种技术来提高频谱利用率，如果用低速语音编码技术，在信道间隔不变的情况下就可增加话路，还可采用高效数字调制解调技术，压缩已调信号带宽，从而提高频谱利用率。另外，模拟集群移动通信网的多址方式只采用频分多址（FDMA），即一个载波话路传一路话音。而数字集群移动通信网的多址方式可采用时分多址（TDMA）和码分多址（CDMA），即一个载波传多路话音。尽管每个载波所占频谱较宽，但由于采用了有效的语音编码技术和高效的调制解调技术，总体看来，数字集群移动通信网的频谱利用率比模拟集群移动通信网的利用率提高很多。

数字集群移动通信频谱利用率高，可进一步提高集群系统的用户容量，以满足日益增长的移动用户需求。

2. 信号抗信道衰落能力提高

数字无线传输能提高信号抗信道衰落的能力。对于集群系统来说，信道衰落特性是影响无线传输质量的主要原因，须采用各种技术措施加以克服。在模拟无线传输中主要的抗衰落技术是分集接收，在数字集群系统中，无线传输的抗衰落技术除采用分集接收外，还可采用扩频、跳频、交织编码及各种数字信号处理技术。由此可见，数字无线传输的抗衰落技术比模拟集群系统要强得多。所以数字无线传输质量较高，数字集群移动通信网比模拟集群移动通信网的话音质量要好。

3. 保密性好

数字集群移动通信网的用户信息在传输时的保密性好。由于无线电传播是开放的，容易被窃听，无线网的保密性比有线网差，因此保密性问题长期以来一直是无线通信系统设计者重点关心的问题。

在模拟集群系统中，保密问题难以解决。利用目前已经发展成熟的数字加密理论和实用技术，对数字集群系统来说，极易实现保密。采用数字传输技术，才能真正达到用户信息传输保密的目的。

4. 提供多种业务服务

数字集群移动通信网可提供多业务服务，除传输数字语音信号外，还可以传输用户数据、图像信息等。由于网内传输的是统一的数字信号，容易实现与综合数字业务网 ISDN 的接口，这就极大地提高了该网的服务功能。

在模拟集群移动通信网中，虽也可传输数字，但是是占用一个模拟话路进行传输的。首先在基带对数据信息进行数字调制形成基带信号，然后再调制到载波上形成调频信号进行无线传输，用这种二次调制方式，数据传输速率一般在 1 200 bit/s 或是 2 400 bit/s。这么低的速率远远满足不了用户的要求。目前计算机网络及各种数字网络已经十分发达，用户的数据服务要求日益增加。

5. 网络管理和控制更加有效和灵活

数字集群移动通信网能实现更加有效、灵活的网络管理与控制。对任何一种通信网，网络管理与控制都是至关重要的，它影响到是否能有效地实现该网所提供的各种服务。在模拟集群移动通信中，管理与控制依靠网内所传输的各种信令来实现，而模拟集群移动通信网的管理与控制信令是以数字信号方式传输的，而网的用户信息是模拟信号，这种信令方式与信号方式的不一致，增加了网络管理与控制的难度。在数字集群移动通信网中，用户话音比特源中插入控制比特是非常容易实现的，即信令和用户信息统一成数字信号，这种一致性克服了模拟集群移动通信网的不足，给数字集群移动通信网带来极大的好处。总而言之，全数字系统能够实现高质量的网络管理与控制。

四、集群系统的信令

集群通信就是多个用户共用少数几个无线信道。为了确保通信中的保密和有秩序，保证集群系统有机协调地工作，系统必须要有完善的控制功能并遵循某些规定。这样就需要一些用来表示控制和状态的信号及指令。

为了将集群系统中用于通话的有用信号区别开来，把话音信号以外的用于控制系统正常工作的非话音信号及指令系统称为“信令”。各种各样的信令就组合成集群系统的信令系统，它可以称为集群系统的神经。信令系统可决定集群系统功能的好坏，信令系统复杂是移动通信系统与普通通信系统的重要区别。

集群系统中控制技术包括空闲信道的检测以及通话信道的指配和控制，利用微处理机的通信控制等。控制和信令是不可分的。一种性能优良的信令系统将会大大提高整个集群系统的效率。对信令的要求主要是便于无线传输，实现起来简单，组合数量多，且与市话兼容性好等。

（一）信令的分类

1. 按信令的传输方式分

（1）共路信令。

共路信令方式是指采用专用控制信道传送信令。其优点是信令传送速度快，电路容易实现，适用于信令传送量较大的大、中型无线通信系统或网络。

（2）随路信令。

随路信令方式是指在一个话音信道中利用话音频带以外的亚音频作为传送信令，不单独占用信道。这种方式的优点是节省信道；缺点是接续速度慢，适用于信道数少、信令传送量不大的小型系统。

2. 按信令的信号形式分

（1）模拟信令。

模拟信令是指采用不同频率的音频模拟信号（300～3 400 Hz 话音频带范围）或亚音频模拟信号来表示各种状态标志、地址信息或操作管理信息的信令方式。

（2）数字信令。

数字信令是指用二进制编码形式来表示的信令。

（二）数字信令的构成

数字信令技术中一个十分关键的问题是同步。链路建立时需要同步，收发端在正式发送前需要同步，收发同步后正式发送数据前还需进行码字的同步。没有同步，接收端将无法正确地划分码串，一位码错位的结果将使整个信令面目全非。此外，在有用数据之后，还必须发送校验码以检出和纠正发送过程中出现的误码。这些都需要根据具体的检、纠错算法进行。

数字信令的基本格式如下：

链路同步码　　收发同步码　　帧同步码　　信令数据　　校验码

收发同步码的作用是校准收、发两端的时钟以实现同步，这样接收端才能正确地划分码元和解码。收发同步码通常采用不归零间隔码 1010101…，并以 0 结束。

帧同步码又称字同步码，它表示信息的起始位。

信令数据是真正的信令内容，包括控制、寻呼和拨号等信令。

校验码的作用是检测和纠正传送过程中产生的误码。

（三）数字信令的传送

数字信令为基带二进制的数据流，即是由 0 和 1 组成的码序列，不经调制是无法在无线信道中直接传输的。

在移动通信系统中，由于一方或双方处于移动状态，因此用作通信的信道参数也总是处于不断地变化之中，信号传送的质量必然会受到传送过程中出现的多径传播衰落和多普勒效应等影响，这就要求采用抗干扰能力和抗衰落能力较高的调制方式。数字信令则正好具备抗干扰能力强的特点，但它的不足之处是其频谱占得过宽，这对信道间隔为 25 kHz 甚至 12.5 kHz 的移动通信信道来说，确实是一个很大的难题，而且它还会限制数字信令的传输速率。目前，数字信号的基本调制方式有两类：一类是直接调制方式，将基带信号直接调制到载波上。这种方式包括振幅键（ASK）、移频键控（FSK）和相移键控（PSK）以及最小移频键控（MSK）、高斯最小移频键控（GMSK）和平滑调频（TFM）技术等；另一种是间接调制方式，调制分两步进行。第一步先对较低频率的一个副载波进行调制，然后再把已调副载波信号进行第二次调制，调制到发射频率，即对副载波进行一次纯粹的频率搬移。

（四）数字信令的特点

移动的传输信道是变参信道，为了提高频率利用率，信道间隔已变得越来越窄，要求占用频带很宽的数字信号必须在较窄的信道间隔内完成通信，就无法直接采用其他领域已经成熟的数字信令传输技术。但是，经过不断探索和努力，多种适用于移动通信系统的窄带数字信令传输技术已开发出来并付诸应用，使数字信令的窄带传输得以实现。此外，要在移动通信信道中传输数字信令，除窄带调制外，还必须解决同步和可靠性问题。当数字信号受到干扰发生错码时，接收端应具有一定的检错和纠错能力，即需要采取差错控制技术，以实现数字信令优质、高效地使用。

数字信令具有以下优点：

① 传输速度快，编码容量大；

② 易于通过计算机进行控制和管理；

③ 易于与数字程控交换机连接；

④ 易于与各种数字网络联网；

⑤ 数字电路便于集成化，可以促使设备小型化；

⑥ 容易实现通信加密；

⑦ 抗干扰能力强，能实现真正的再生和重现。

（五）集群系统信令技术

1. 集群系统信令

集群系统是一种以指挥、调度功能为主的通信系统，典型的用法是以组群的通信方式工作的，系统中的移动台数量比较大。一方面由于指挥、调度系统特别需要随时、随地进行动态重组（组网），因此系统的控制和管理量很大；另一方面，集群系统采用了信道共用技术来提高频谱利用率，使信道利用率达到了相当高的程度，因此要求系统控制器的控制和管理功能的效率特别高，速度非常快。数字信令完成一次接续需要的时间最慢也不会超过 500 ms，这对于以组群方式或调度方式工作的集群系统来说是十分重要的。另外在集群系统中，信道转换频繁，用户量大，大量的信令数据和各种交换信息都需要由计算机或微处理机来处理、分发和检索，而数字信令正好具备了易于与计算机系统以及数字交换机直接传递、交换原始数据和输出数据的优势，因此在集群系统中广泛采用。

2. 集群系统信令特点

集群系统的最大特点是采用了各种集群控制技术，真正做到了频率资源的动态共享，并以组群方式或调度方式为其基本工作方式。用户按下 PTT 键即可申请到信道进行通信，松开 PTT 键该信道即被系统收回。用户的一次通信，可以转换几次信道，即在不同的几个信道上完成通话。由于信道转换频繁，用户量大，系统需控制和管理的用户标识码数量也相应较大，加之调度中使用的控制指令种类繁多复杂，因此集群系统的信令应满足以下要求：

① 传输速度快，系统的呼叫接续速度快，接续时间短（通常应在几百毫秒级）；
② 能提供完备的控制功能和快速传送、处理大量数据的能力；
③ 具有足够的编码容量，能满足各种灵活的组网方式；
④ 易于与计算机系统交换数据。

五、数字集群通信的关键技术

数字集群通信的关键技术主要有：数字话音编码、数字调制技术、多址技术和交织技术等。

（一）数字话音编码

在数字通信中，信息的传输是以数字信号形式进行的，因而在通信的发送端和接收端，必须相应地将模拟信号转换为数字信号或将数字信号转换成模拟信号。

在通信中传输的模拟信号主要是话音信号和图像信号，信号的转换过程就是话音编码/话音解码和图像编码/图像解码。在数字集群移动通信中，使用最多的信息是话音信号，因此数字话音编码技术在数字集群移动通信中有着极其重要的作用。

数字话音编码为信源编码，是将模拟话音信号变成数字信号以便在信道中传输。数字话音编码方式可直接影响到数字集群移动通信的通信质量、频谱利用率和系统容量。数字话音编码技术通常分为波形编码、声源编码和混合编码三类。混合编码能得到较低的比特速率。

1. 波形编码

波形编码是将时间域信号直接变换成数字代码，其目的是尽可能精确地再现原来的话音波形。其基本原理是在时间轴上对模拟话音信号按照一定的速率来抽样，然后将幅度样本分层量化，并使用代码来表示。解码即将收到的数字代码经过解码和滤波恢复到原模拟语音信号。脉冲编码调制（PCM）以及增量调制（ΔM）和它们的各种改进型均属于波形编码技术。对于比特速率较高的编码信号（16～64 kb/s），波形编码技术能够提供相当好的话音质量，对于低速话音编码信号（16 kb/s），波形编码的话音质量显著下降。因而，波形编码在对信号带宽要求不太严的通信中得到应用，对于频率资源相当紧张的移动通信来说，这种编码方式显然不适合。

2. 声源编码

声源编码又称为参量编码，它是对模拟语音信号在频率域或其他正交变换域提取特征参量，并把特征参量变换成数字代码进行传输。其反过程为解码，即将收到的数字代码变换后恢复成特征参量，再依据此特征参量重新建立模拟语音信号。这种编码技术可实现低速率语音编码，比特速率可压缩 2～4.8 kb/s。线性预测编码（LPC）及其各种改进型都属参量编码技术。

3. 混合编码

混合编码是将波形编码和参量编码相结合而得到的，以达到波形编码的高质量和参量编码的低速率的优点。规则码激励长期预测编码（RPE—LPT）即为混合编码技术。混合编码数字语音信号中既包括若干语音特征参量又包括部分波形编码信息，它可将比特率压缩到 4～16 kb/s，其中在 8～16 kb/s 内能够达到的话音质量良好，这种编码技术最适于数字移动通信的话音编码技术。

由于无线移动通信的移动信道频率资源十分有限，又考虑到移动信道的衰落会引起较高信道误比特率，因而编码应要求速率较低并应有较好的抗误码能力。对于用户来说，应要求较好的话音质量和较短的迟延。归纳起来，移动通信对数字语言编码的要求如下：

① 速率较低，纯编码速率应低于 16 kb/s；
② 在一定编码速率下话音质量应尽可能高；
③ 编解码时延应短，应控制在几十毫秒之内；
④ 在强噪声环境中，应具有较好的抗误码性能，从而保证较好的话音质量；
⑤ 算法复杂程度适中，应易于大规模电路集成。

（二）数字调制技术

调制就是用调制信号（待传信息）控制高频振荡（载波）的参数。在调制电路中调制信号是数字信号，因此这种调制称为数字调制。

数字调制方式主要有幅度键控（ASK）、移相键控（PSK）、移频键控（FSK）三种以及由它们发展的窄带调制技术。例如：π/4 正交移相键控（π/4QPSK）、正交调幅（QAM）和最小移频键控（MSK）、高斯最小移频键控（GMSK）等方式。

1. 幅度键控（ASK）

幅度键控就是用数字信号控制高频振荡的幅度。移动通信要求的调制方式是抗干扰能力强，误码性能好、频谱利用率高。二进制幅度键控（2ASK）抗干扰能力和抗衰落能力差，误码率高于其他调制方式，因此，在移动通信中一般不用幅度调制。

2. 移频键控（FSK）

数字移频键控（FSK）是用载波的频率来传送数字消息，即用所传送的数字消息控制载波的频率。2FSK 信号便是符号“1”对应于载频 f_1，而符号“0”对应于载频 f_2 的已调波形，而且 f_1 与 f_2 之间的改变是瞬间完成的。

数字调频可用模拟调频法来实现，也可用键控法来实现。模拟调频法是利用一个矩形脉冲序列对一个载波进行调频，是移频键控通信方式早期采用的实现方法。2FSK 则是利用受矩形脉冲序列控制的开关电路对两个不同的独立频率源进行选通。其特点是转换速度快、波形好、稳定度高且易于实现，故应用广泛。2FSK 信号的产生方法及波形示例如图 3.6 所示。图中 $s(t)$为代表信息的二进制矩形脉冲序列，$e_0(t)$即是 2FSK 信号。

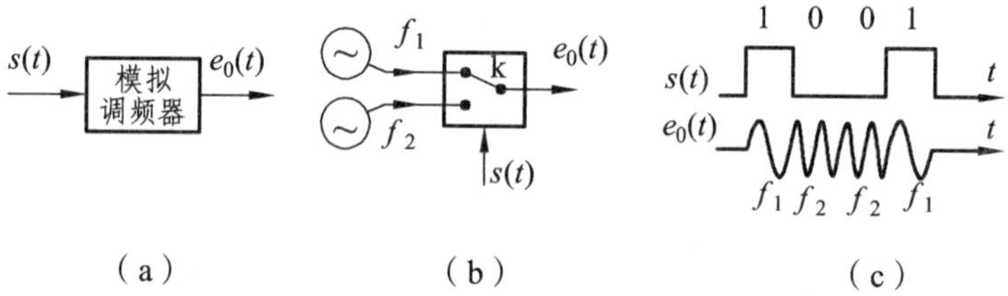

图 3.6　2FSK 信号的产生方法及波形

数字移频键控（2FSK）电路如图 3.7 所示，两个独立的载波发生器的输出受控于输入的二进制信号，按“1”或“0”分别选择一个载波作为输出。

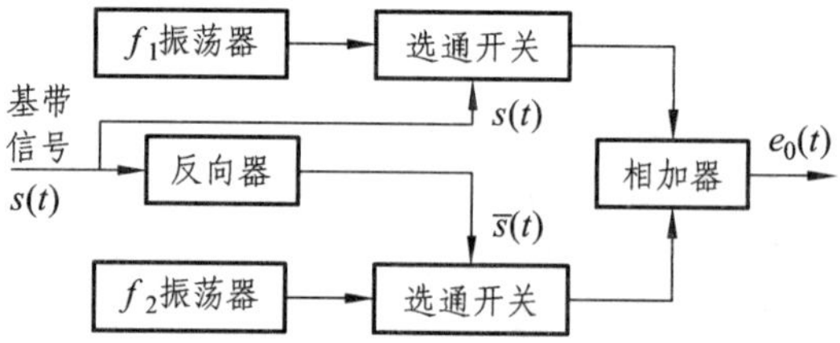

图 3.7　数字移频键控法实现 2FSK 的框图

3. 移相键控（PSK）

移相键控，又称数字调相，简记 PSK，它是利用载波的不同相位表示数字信号中的不同符号。数字调相也有二进和多进制调制之分，下面介绍二进制移相键控。

（1）二进制绝对移相键控

移相键控分为绝对移相键控和相对移相键控，绝对移相键控是利用载波不同相位的绝对值来传递数字信息。如用相位“0°”表示二进制码之“1”，用“180°”相位表示码元“0”，这里载波相位 0°和 180°，都是相对未调载波初始相位而言。二进制绝对相移键控记为 2BPSK。二进制绝对移相键控波形如图 3.8 所示。

二进制绝对移相键控的缺点：当接收端解调时，存在 0、π相位模糊问题，为克服绝对移相的这一缺点，通常采用相对移相键控法（DPSK）。

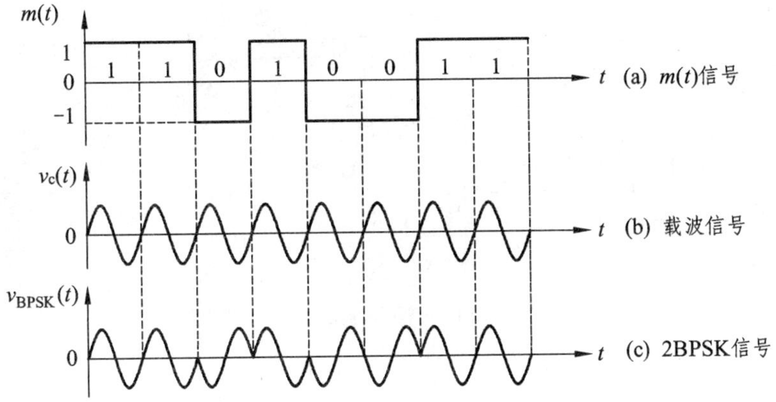

图 3.8　二进制绝对移相键控波形图

（2）二进制相对移相键控。

二进制相对移相键控，简记为 2DPSK。它是根据前后相邻码元的载波相位之间的不同差值来表示不同的数字符号。相位差 0°用“1”码表示，相位差 180°用“0”码表示，反之亦然，如图 3.9 所示。

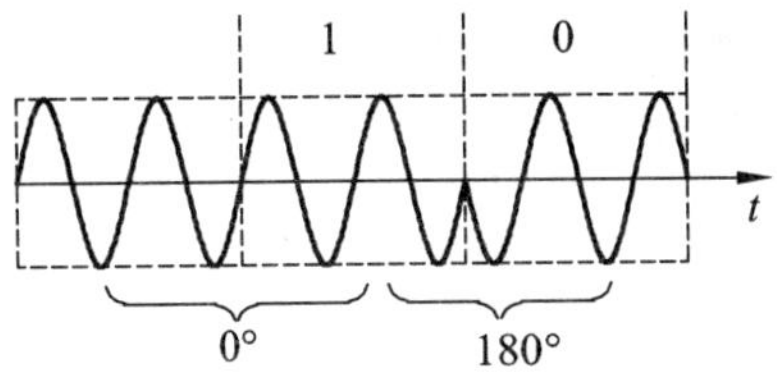

图 3.9　2DPSK 波形图

4. 数字集群通信的调制方式

数字集群采用的调制方式是由以上三种方式发展的窄带数字调制方式。例如，EADS TETRA 采用π/4DQPSK，美国 MOTOROLA 研制生产的 800 M 数字集群移动通信系统，在 16QAM 调制技术基础上，自己研发的 M16QAM 技术。

（三）多址方式

在移动通信系统中，有许多移动用户要同时通过一个基站与其他移动用户进行通信，因而必须对不同移动用户和基站发出的信号赋予不同的特征，使基站能从众多移动用户的信号中区分出是哪一个移动用户发来的信号，同时各个移动用户又能识别出基站发出的信号中哪个是发给自己的信号，解决上述问题的办法就称为多址技术。数字集群通信中采用的多址方式有：

① 频分多址（FDMA）。

② 时分多址（TDMA）。

③ 码分多址（CDMA）。

④ 混合多址（时分多址/频分多址 TDMA/FDMA、码分多址/频分多址 CDMA/FDMA）。

1. 频分多址

频分多址是把通信系统的总频段划分成若干个等间隔的频道（也称信道）以分配给不同的用户使用。这些频道互不交叠，其宽度应能传输一路数字话音信息，而在相邻频道之间无明显的串扰。

FDMA 通信系统工作示意图如图 3.10 所示。

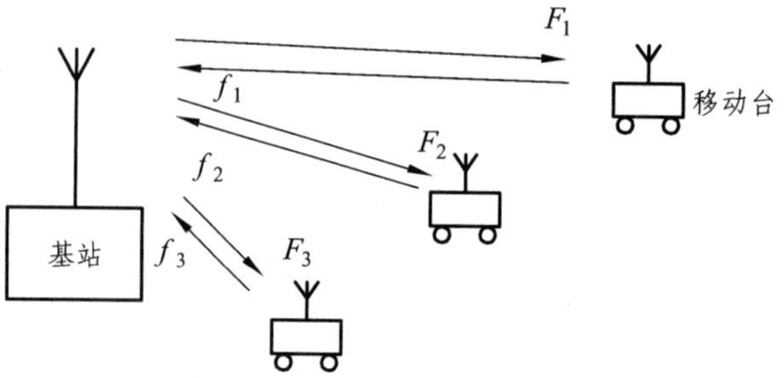

图 3.10　FDMA 通信系统工作示意图

2. 时分多址

时分多址是把时间分割成周期性的帧，每一帧再分割成若干个时隙（无论帧或时隙都是互不重叠的），再根据一定的时隙分配原则，使各个移动台在每帧内只能按指定的时隙向基站发送信号，在满足定时和同步的条件下，基站可以分别在各时隙中接收到各移动台的信号而不混扰。同时，基站发向多个移动台的信号都按顺序安排。在预定的时隙中传输，各移动台只要在指定的时隙内接收，就能在合路的信号中把发给它的信号区分出来。TDMA 通信系统工作示意图如图 3.11 所示。

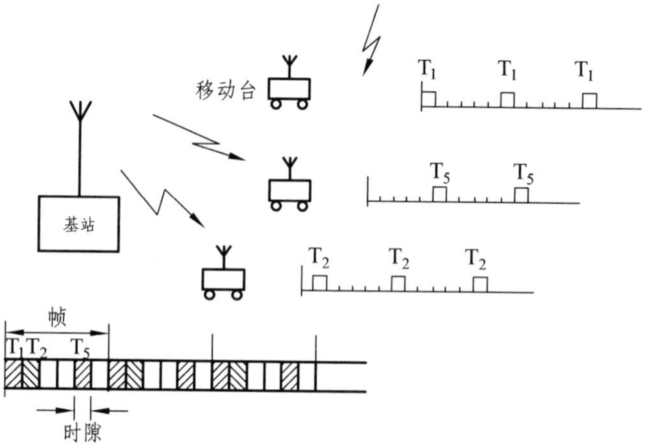

图 3.11　TDMA 通信系统的工作示意图

TDMA 与 FDMA 比较如下：

① TDMA 通信系统的基站只用一部发射机，可以避免像 FDMA 通信系统那样因多部不同频率的发射和同时工作而产生的互调干扰。

② TDMA 通信系统不存在频率分配问题，对时隙的管理和分配通常要比对频率的管理与分配简单而经济。所以，TDMA 通信系统更容易进行时隙的动态分配。如果采用话音检测技术，实现有话音时分配时隙，无话音时不分配时隙，这样还有利于提高系统容量。因移动台只在指定的时隙中才接收基站发给的信息，因而在一帧的其他时隙中，可以测量其他基站发送的信号强度，或检测网络系统发送的广播信息和控制信息，这对于加强通信网络的控制功能和保证移动台的越区切换都十分有利。

③ TDMA 通信系统必须有精确的定时和同步，保证各移动台发送信号不会在基站发生重叠或混淆，并且能准确地在指定的时隙中接收基站发给它的信号。同步技术是 TDMA 通信系统正常工作的重要保证。

另外，TDMA 通信系统既可以采用频分双工（FDD）方式，也可以采用时分双工（TDD）方式。在 FDD 方式中，上行链路和下行链路的帧结构既可以相同，也可以不同。在 TDD 方式中，通常将在某频率上一帧中一半的时隙用于移动台发送，另一半的时隙用于移动台接收，收发工作在相同频率上。

在频分双工（FDD）方式中，上行链路和下行链路的帧分别在不同的频率上，则用户 A 只能在下行链路帧的某个时隙（假定为第 1 时隙）内接收基站发来的信号，而要发送信息，也只能在另一载波（即上行链路）的第 1 时隙中发出信号。

在时分双工（TDD）方式中，上、下行帧都在相同的频率上，各个移动台在上行帧内只能按指定的时隙向基地台发送信号。为了保证在不同传播时延情况下，各移动台到达基地台的信号不重叠，通常上行时隙内必须有保护时隙，在该保护时隙内不传送信号，基站则按顺序在预定的时隙中向各移动台发送信息。TDD 方式如图 3.12 所示。

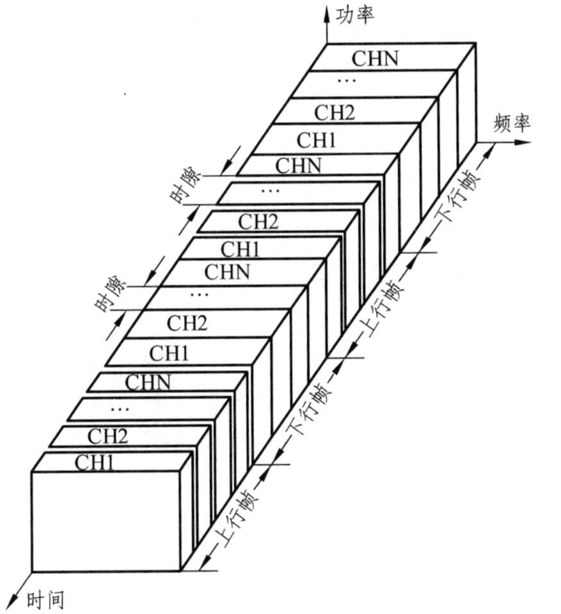

图 3.12　TDD 方式

与频分多址比较，时分多址的优点如下：

① 时分多址的通信容量要比频分多址成倍增加。

② 时分多址使用频率较少，可以解决基站交调、互调的影响。

③ 收和发处在不同的时隙，能较方便地实现双工通信，移动台的体积、重量和功耗都可降低。

④ 基站不需要每个信道配置一部发信机，故可减少天线共用器数量，甚至不用天线共用器，使共用设备成本降低，功耗、体积和重量均可减小。

⑤ 过区切换简单。由于移动台是不连续地突发式传输，因此过区切换均可在无信息传输

时进行，因而没有必要中断信息的传输，即使传输数据也不会因过区切换而丢失。

⑥ 无远近效应。在频分多址系统中，接收机可能被近端移动台所发射的强信号所干扰。而时分多址在不同的时隙接收远近不同用户的信号，不会产生干扰，因此无远近效应。

3. 码分多址

码分多址通信系统中，不同用户传输信息所用的信号不是靠频率不同或时隙不同而是用各自不同的编码序列来区分，是靠信号的不同波形来区分的。CDMA 通信系统既不分频道又不分时隙，无论传送何种信息的信道都靠采用不同的码型来区分。这种信道属于逻辑信道，逻辑信道无论从频域或者时域来看都是相互重叠的，均占用相同的频段和时间。CDMA 通信系统示意图如图 3.13 所示。

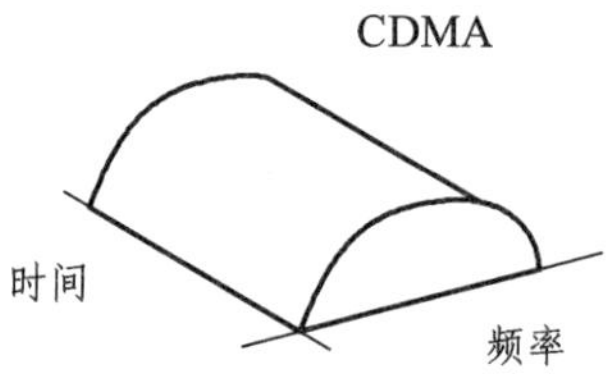

图 3.13　CDMA 通信系统示意图

（四）交织技术

在陆地移动通信这种变参信道上，持续较长的深衰落谷点会影响到相继一串的比特，使比特差错常常成串发生。然而，信道编码仅能检测和校正单个差错和不太长的差错串。为了解决成串的比特差错问题，采用了交织技术：把一条消息中的相继比特分散开的方法，即一条信息中的相继比特以非相继方式发送，这样即使在传输过程中发生了成串比特差错，恢复成一条相继比特串的消息时，差错也就变成单个（或者长度很短）的错误比特，这时再用信道纠正随机差错的编码技术（FEC）来消除随机差错。

例如：在移动通信中，信道的干扰、衰落等产生较长的突发误码，采用交织就可以使误码离散化，接收端用纠正随机差错的编码技术消除随机差错，改善整个数据序列的传输质量。

假定由一些 4 比特组成的消息分组，把 4 个相继分组中的第 1 个比特取出来，并让这 4 个第 1 比特组成一个新的 4 比特分组，称作第一帧。4 个消息分组中的比特 2～4，也做同样处理，然后依次传送第 1 比特组成的帧，第 2 比特组成的帧，……在传输期间，帧 2 丢失，如果没有交织，那就会丢失某一整个消息分组，但采用了交织，仅每个消息分组的第 2 比特丢失，再利用信道编码，全部分组中的消息仍能得以恢复。交织技术的基本原理如图 3.14 所示。

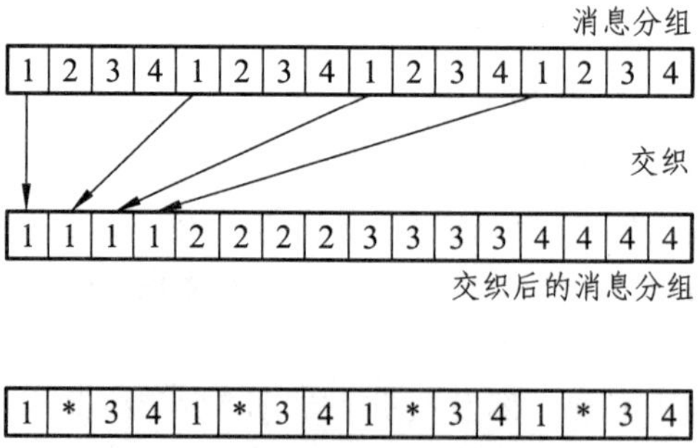

图 3.14　交织技术基本原理

第三节　TETRA 数字集群系统

TETRA 标准是欧洲电信标准协会（ETSI）制定的无线数字集群通信的开放标准，中文译名为陆上集群无线电通信。TETRA 数字集群系统是我国地铁无线调度通信广泛采用的集群系统。本节主要介绍 TETRA 数字集群系统的网络结构、标准定义的实体、业务、标准接口、基本原理与管理。

一、TETRA 数字集群系统网络结构

TETRA 数字集群系统应用于地铁专用指挥调度通信时，用户数要比公用网少得多，通常采用大区制小容量网络。当覆盖范围达不到要求时，将基本系统的单基站设计为多基站。而当覆盖区域再扩大，用户增加，就发展成以基本系统为基本模块，把基本模块叠加成为多区的区域网，甚至成为多区、多层次网络。网络的核心部分为交换和管理基础设施（SwMI）。在一个大型 TETRA 数字集群网络中，SwMI 由多个基站、传输链路、交换设备和数据库等组成。而在小型网络中，它可能只有一个基站和通过一条链路连接的调度台。SwMI 还可以包括接入到其他通信网络和网络管理单元的接口。

TETRA 用户通过移动台（Mobile Station，MS）或有线台（Line Station，LS）接入网络。移动台和有线台可以有相同功能，大多数用户使用移动台，而有线台只提供调度功能。

网络管理提供控制、配置、告警指示和汇集有关 TETRA 数字集群系统网络设备和单元运行的统计资料。图 3.15 是 TETRA 数字集群系统网络结构示意图。

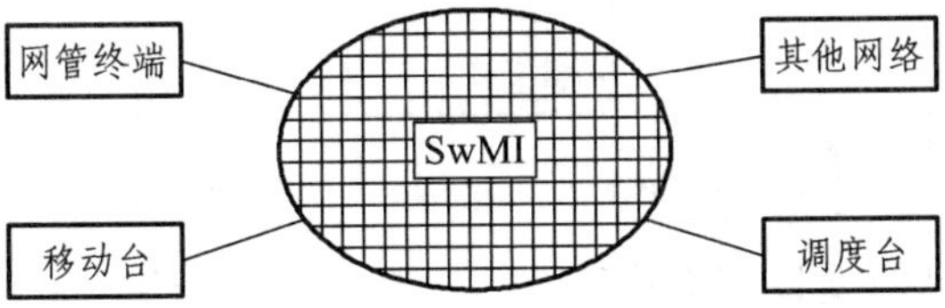

图 3.15　TETRA 数字集群系统网络结构示意图

（一）交换和管理基础设施（SwMI）

一个典型的 TETRA 数字集群系统的 SwMI 通常包含以下的内部设备和单元。

1. 基站（BS）

基站通常由几个相对独立的设备单元组成，包括若干部无线电收发信机。每一部无线电收发信机负责一个无线电载波的发送、接收和基带处理等。通常接收机配置为能够空间分集接收。图 3.16 为 TETRA 数字集群系统基站结构方框图。

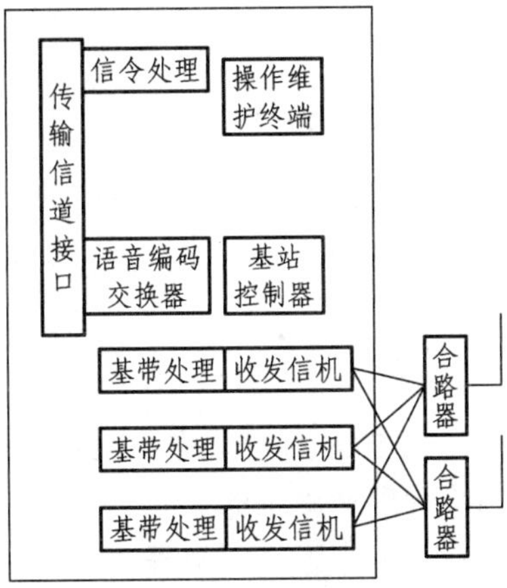

图 3.16　TETRA 数字集群系统基站结构方框图

2. 交换系统（SS）

TETRA 标准允许制造厂商的交换设备采用各自的技

术。交换系统既可以是只连接两三个基站的小型交换设备，也可以是能组建全国网络的大型交换设备。

3. 数据库（Database）

在 TETRA 标准中描述了两种类型的数据库，即归属数据库（HDB）和访问数据库（VDB）。HDB 可以是一个集中式数据库或一个分布式数据库，它用于保存本网用户所有的注册、业务、位置和安全信息。VDB 仅在系统支持漫游时才需要，VDB 临时存储漫游用户的 HDB 中的部分信息。

4. 运行和维护中心（O & M）

运行和维护中心是管理设备，它监视和控制整个网络的各个组成单元，具有配置管理、故障管理、告警记录、性能分析和安全管理等功能，也可用于用户管理。

5. 网关功能（Gateway Function）

网关把 TETRA 数字集群网络与其他通信网络互联。另外，利用它还可以与有线电话交换网相连。

SwMI 内部功能模块示意图如图 3.17 所示。

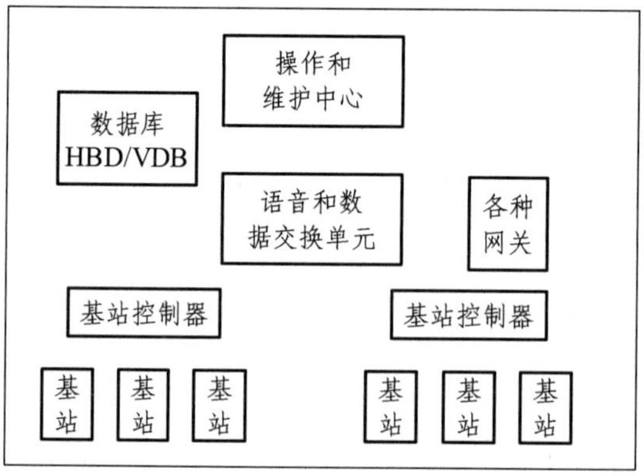

图 3.17　SwMI 内部功能模块示意图

（二）TETRA 用户终端

TETRA 数字集群网络提供的调度台通常是一个通用的软件和硬件平台，各个专业部门应结合实际需要在通用调度台的基础上进行二次开发。

（三）TETRA 数字集群网络区域划分

TETRA 标准规定了几种网络的区域划分方式，每种区域所起的作用是依据信令、路由和网络管理来确定的。

（1）小区：一个基站覆盖的区域；
（2）区群：体现网络频率复用方案的一组小区，多个区群构成了整个服务区；
（3）位置区：系统可以在该区域内找到某个移动台，位置区可以由多个小区构成；

（4）交换区：连接到一部交换机的所有基站覆盖的区域；
（5）搜寻区：由所有位置区覆盖的区域，在该区域内移动台可以搜寻服务设施；
（6）网络区：一个运营商的网络；
（7）系统区：通过预约，一个 TETRA 移动台可以漫游的多个网络。

二、TETRA 标准定义的实体

TETRA 标准定义的实体由交换与管理基础设施、移动台、有线台、中央网络管理设备组成。工作于直通方式“网络”的移动台，可利用“直通方式无线空中接口”直接通信，也可利用直通方式转发器通信，或者使用“双监视”工作方式与 TETRA 数字集群系统进行通信。TETRA 实体如图 3.18 所示。

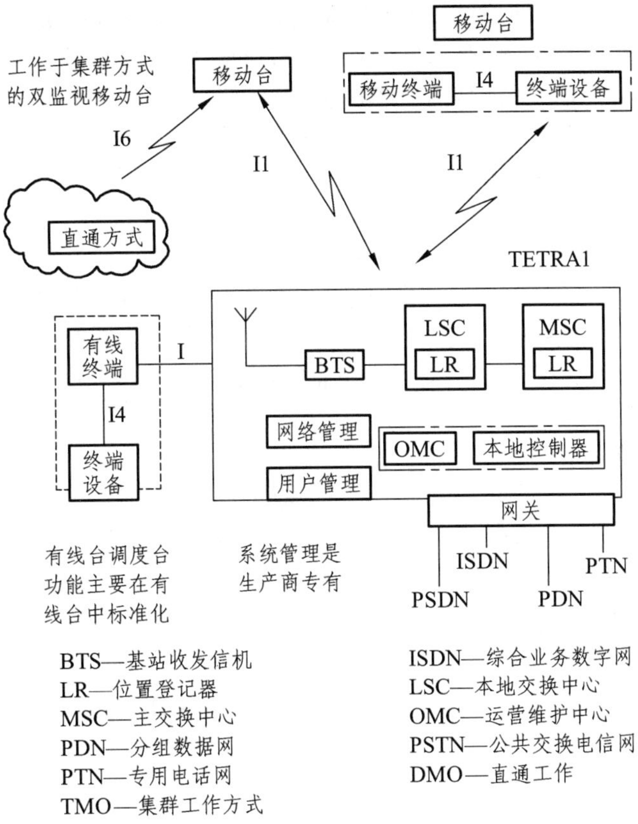

图 3.18 TETRA 实体

三、TETRA 数字集群系统业务

TETRA 标准定义了网络基础设施的各个接口。这些接口是保证互通、互连和网络管理所需要的。根据业务接入点的不同，TETRA 数字集群系统业务可划分为用户终端业务和承载业务，如图 3.19 所示。

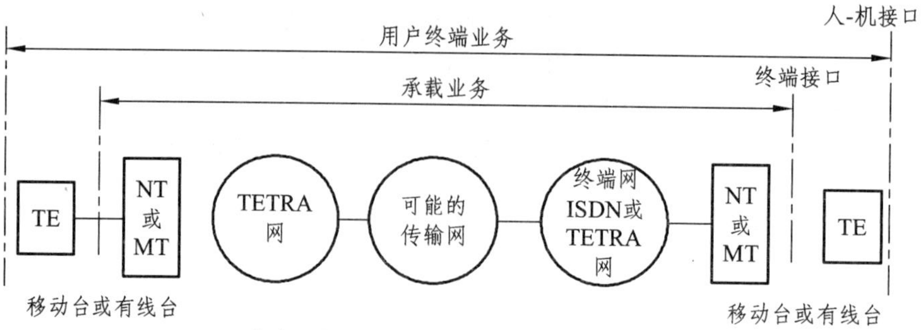

图 3.19　TETRA 数字集群系统支持的用户终端业务和承载业务

1. 用户终端业务

用户终端业务为用户间的通信提供了完整（包括终端设备的功能在内）的服务。它除了具有较低层的属性外，也具有较高层的属性（OSI 的第四至第七层）。例如，由按下人-机接口按讲键而发起的单呼和组呼都是用户终端业务。TETRA 数字集群系统支持的用户终端业务包括：单呼（点对点）、组呼（点对多点）、应答组呼、广播呼叫（单向点对多点）以及上述各种呼叫的明话或密话。

2. 承载业务

承载业务是在终端-网络接口之间提供信号传送能力（不包括终端功能）的业务。它具有较低属性的特征（OSI 的第一至第三层）。例如，电路方式数据业务或分组方式数据业务，它们不是从人-机接口接入，但实际上又在无线通信系统之内。TETRA 数字集群系统支持的承载业务包括：分组数据、电路数据。

3. 补充业务

补充业务是对承载业务或用户终端业务的改进或补充。TETRA 数字集群系统支持的补充业务可以分为专业调度类型补充业务和电话型补充业务。专业调度型补充业务包括：接入优先、预占优先、优先呼叫；控制转移、迟后进入；调度台核查的呼叫、监听、侦听；区域选择；缩位寻址；讲话方识别；动态重组等。电话型补充业务包括：列表搜索呼叫、呼叫转移、呼叫限制、呼叫报告、呼叫等待、呼叫保持、主叫/被叫识别显示、主叫/被叫识别显示限制、至繁忙用户/至无应答时的呼叫完成；计费通知；呼叫保留等。

四、TETRA 数字集群系统基本原理

（一）空中接口物理层

1. TETRA 数字集群系统工作频率

TETRA 数字集群系统的频段、载波间隔和双工间隔的关系：载波信道间隔为 25 kHz，如果用 N 值代表射频载波数，G 值代表保护频带（以 kHz 为单位），D 值代表双工间隔（以 MHz 为单位），则这些数值将根据 TETRA 数字集群系统具体的工作频段规划来确定。

频率边界：上行链路，$f_{上行,min} \sim f_{上行,max}$（MHz）

下行链路，$f_{下行,min} \sim f_{下行,max}$（MHz）

载波中心频率：$f_{上行,c}$为上行链路，$c = 1, 2, \cdots, N$

$$f_{上行,c} = f_{上行,min} + 0.001G + 0.025(c - 0.5)\ (\text{MHz})$$

$f_{下行,c}$为下行链路，$c = 1, 2, \cdots, N$

$$f_{下行,c} = f_{上行,c} + D\ (\text{MHz})$$

例如，若$f_{上行,min} = 380$ MHz，$c = 1$ 和 $G = 5$ kHz，则其频谱分配如图 3.20 所示。

若$f_{上行,min} = 806$ MHz，$c = 1$，$D = 45$ MHz，则$f_{上行,c} = f_{上行,min} + 0.025(c - 0.5)$（MHz）

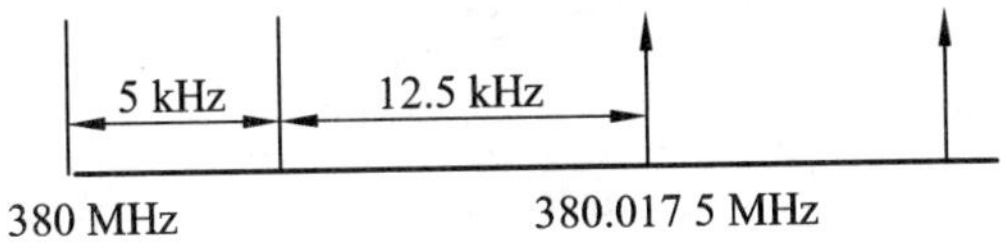

图 3.20　频谱分配图

我国信息产业部无线电管理局规定数字集群系统的工作频段（包括 TETRA 和 iDEN）为 806 ~ 821 MHz 和 851 ~ 866 MHz 频段，如图 3.21 所示。

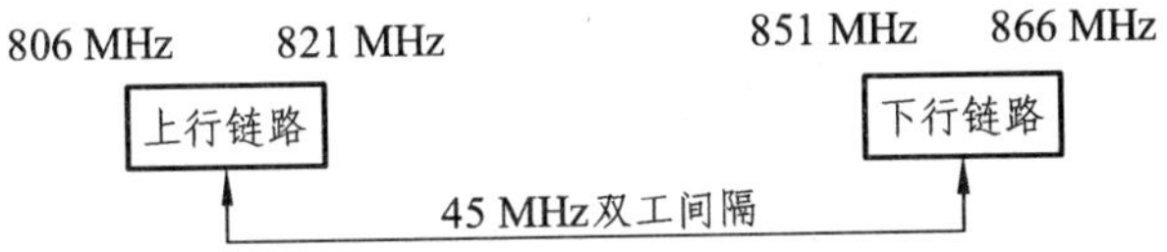

图 3.21　我国使用的数字集群工作频段

2. 时分多路复用

（1）TETRA 多址方式。

TETRA 多址方式是 FDMA 和 TDMA 的相结合。在 TETRA 数字集群系统中，每一个无线电载波，无论是上行链路还是下行链路都在时间上分为 4 个时隙。每一时隙称为一个物理信道，可用于话音或数据业务、信令或二者混合传输。上行链路和下行链路的时隙数是相等的，上下行成对时隙之间在时间上错开相当于两个时隙的时间差。具体内容见图 3.22。

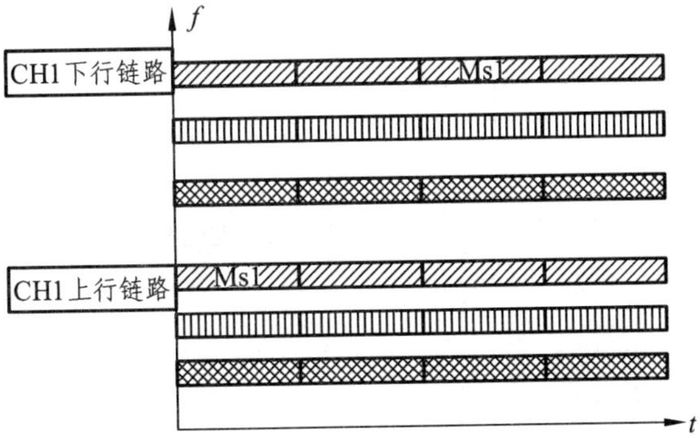

图 3.22　FDMA 和 TDMA

（2）TETRA 帧结构。

在 TETRA 帧结构中，每个 TDMA 帧有 4 个时隙。18 个 TDMA 帧构成一个复帧。复帧中的第 18 帧用作控制信令，称之为控制帧。以话音加数据电路方式工作时，把工作业务从 18 个帧的复帧时长压缩在 17 个 TDMA 帧中传送，从而允许将第 18 帧用作控制信令，而不致造成数据流的中断。这就使得总是存在控制信道信令，即使在最小工作模式中，当全部信道都分配给业务时，也有控制信道信令。60 个复帧构成 1 个超帧。超帧用于长的重复帧，如加密同步。每个时隙有 510 个调制比特时宽。TETRA 帧结构如图 3.23 所示。

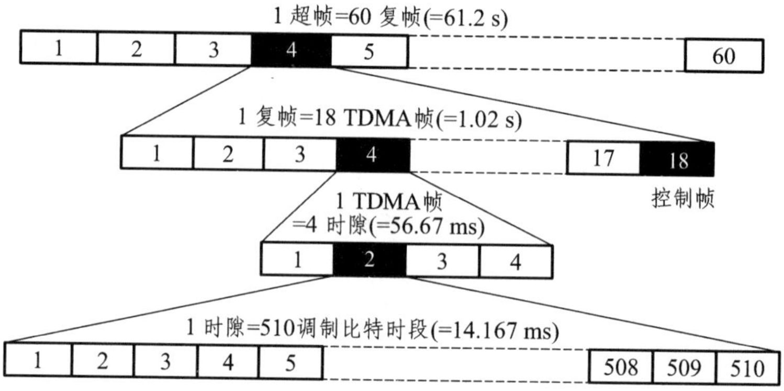

图 3.23 TETRA 帧结构

3. TETRA 数字集群系统工作方式

（1）单时隙全双工工作。

TETRA 数字集群系统提供的全双工信道是通过同时分配下行链路的一个时隙及上行链路的相应时隙来实现的。这种类型的信道能够提供电话类的话音业务，也可被用作提供最高 7.2 kb/s 的双向数据连接业务。上行链路与下行链路的时隙数总是相同的，即每个载波 4 个时隙。由于上行链路与下行链路时隙在时间上是错开的，移动台能在发送与接收状态之间不断切换，所以在 TETRA 移动台中不需要借助双工器来实现用同一根天线完成接收和发射。

（2）多时隙全双工工作。

TETRA 允许将 4 个时隙合并使用，来支持较高速率数据。如果为一个通信过程分配一个载波的所有 4 个时隙，则可以提供 28.8 kb/s 的数据速率。为了支持这种操作方式，移动台必须能够同时发送和接收，需要双工器。

（3）单时隙半双工工作。

半双工工作可用于两个移动台之间或一个移动台与一个固定终端之间的单呼，也可用于移动台之间或与固定终端之间的组呼。在调度中通常使用组呼方式。

（4）多时隙半双工工作。

一个半双工工作的连接可分配多个时隙，为此，发送移动台需要具有双工的能力，用以在发送业务的同时接收下行链路的信令信息。

（二）直通操作模式

1. 直通操作模式

直通操作模式（DMO）指两个或两个以上移动台之间直接通信。在直通操作模式下，两个或多个移动台之间的通信不经过基站和网络转发。在 TETRA 数字集群网络中，可以为直通操作模式提供专用无线信道，如图 3.24、3.25 所示。

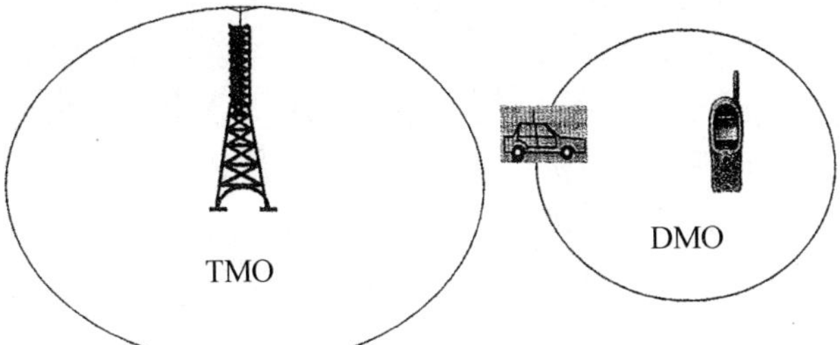

图 3.24 集群模式和直通操作模式

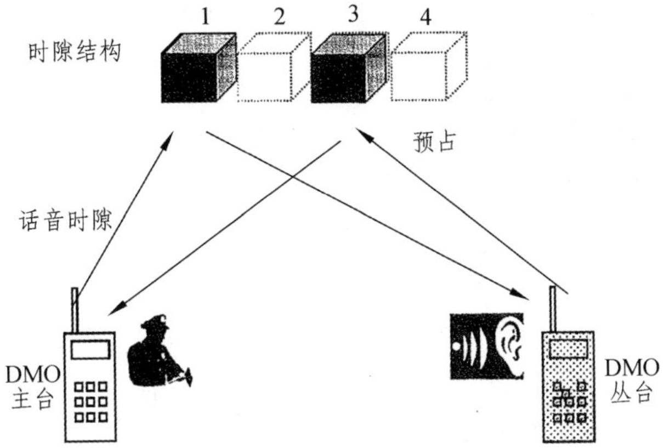

图 3.25 一种直通操作模式示意图

2. 直通操作模式支持的业务

① 用户终端业务（话音 + 数据）：组呼，单呼；

② 承载业务：电路方式数据，点对点（最大为 7.2 kb/s），短数据业务，点对点或对多点；

③ 少量的补充业务：紧急呼叫；迟后进入；讲话方识别。

第四节 地铁通信无线子系统应用实例

地铁通信无线子系统是地铁通信系统的重要组成部分，其主要任务是提供可靠的话音和数据通信，为列车调度、维修调度、防灾环控调度、车辆段调度提供无线通信保障，实现地铁的集中调度指挥，同时可为列车上的旅客提供必要的信息服务。本节以应用于深圳地铁的诺基亚 TETRA 数字集群系统为例进行介绍。

一、Nokia TETRA 数字集群系统组成

Nokia TETRA 数字集群系统采用 800 MHz TETRA 数字集群方式。它是有线与无线相结合

的网络，从控制中心到基站用 E1 链路链接，从基站至无线终端用无线传输；在隧道内，电波传播用漏泄同轴电缆覆盖；在车辆段、地面站及车站站厅层等区域用天线覆盖。诺基亚 TETRA 数字集群系统主要由数字交换机（DXTip）、基站（TBS）、调度系统（DWS）、网络管理系统（TETRA NetAct）、鉴权密钥分发服务器（AKDC）、配置及数据分发服务器 CDD（大型网络）、TETRA 互连服务器（TCS Server）（用于二次开发）组成。各部分的连接关系如图 3.26 所示。

行车调度控制中心配置数字交换机、调度台、操作维护终端、服务器及其他附属设备。地铁沿线各站设置基站或中继器，室内外天线、漏泄同轴电缆和隧道天线。交换机通过传输系统的 E1 接口与各基站相连，E1 接口同时传送基站的网管信号，中继器通过漏泄同轴电缆或射频电缆与基站连接，中继器的网管信号通过传输系统的 RS422 接口与控制中心连接。控制中心配置多个部门的调度台。调度台通过调度控制器与交换机连接。各运营值班部门配置固定台、车载台和便携台。

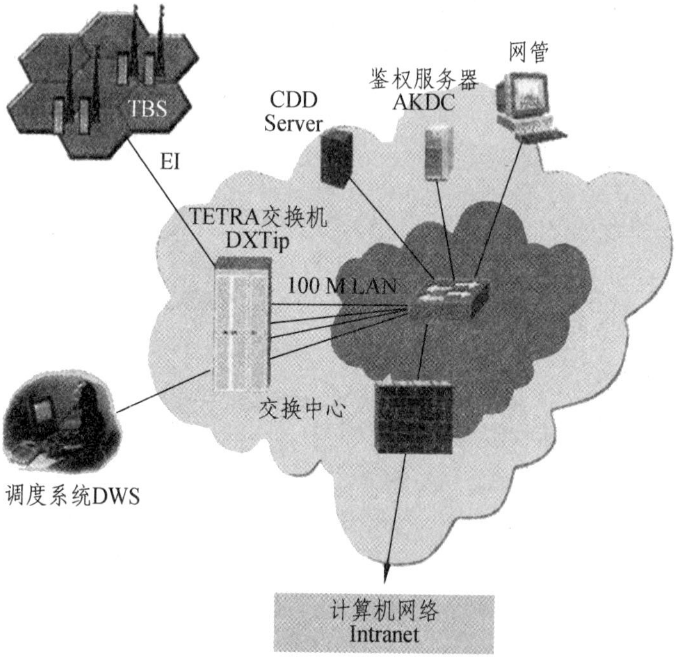

图 3.26　诺基亚 TETRA 数字集群系统组成

（一）中心控制交换机设备

Nokia 的中心控制交换机设备由中心控制交换机（DXTip）、调度台控制器（DSC）和调度台音频适配器（DIAA）组成。

1. 中心控制交换机（DXTip）

中心控制交换机采用模块化设计，主要模块有：

① 呼叫控制计算机（CCC）；

② 中心内存（cM）；

③ 时钟和同步单元（CLS）；

④ 交换单元（GSWB）;
⑤ 信息总线（MB）;
⑥ 分组数据计算机模块（PDCU）;
⑦ 统计单元（STU）;
⑧ 时钟和告警缓冲单元（CLAB）;
⑨ IP 服务器单元（SIPU）;
⑩ 操作和维护单元（OML）;
⑪ 交换机终端（ET）（含 8 个 E1 平衡 120 Ω接口）;
⑫ 固定网络接口模块（FNIM）（含 5 个 E/M4 线/中国一号信令接口）。

2. 调度台控制器（DSC）

调度台控制器的任务是将多个调度台连接到 DXT 设备。它包括交叉连接单元（DSCX）6 个；TETRA 调度台控制单元（TDSC）6 个；传输单元（TRUA）1 个；电源单元 1 个，如图 3.27 所示。

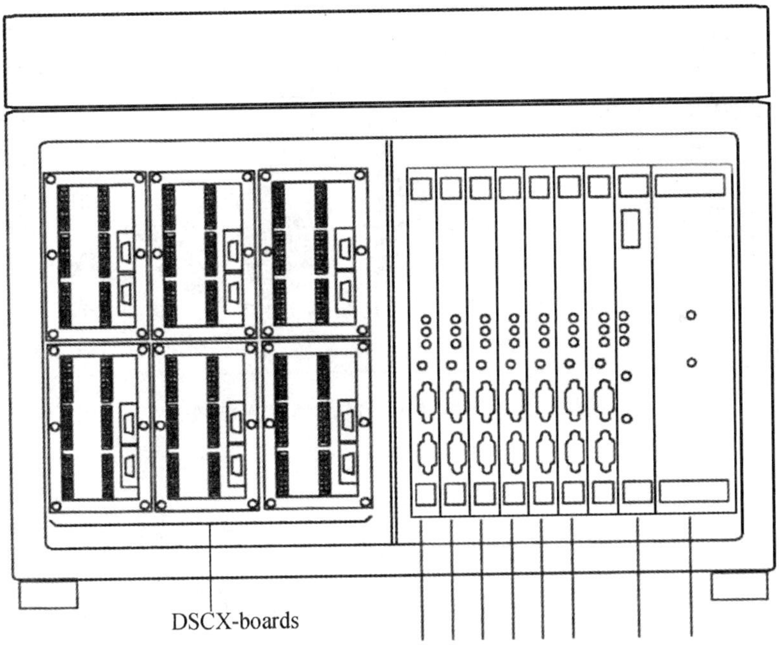

图 3.27　调度台控制器（DSC）

3. 调度台音频适配器（DIAA）

调度台音频适配器的任务是提供音频接口。它由调度台音频适配器主机和电源适配器组成。它包括一个环形的连接单元，三个扬声器接口，两个录音接口，电源，PTT 接口和听筒耳麦接口。

调度台设备的总体连接结构如图 3.28 所示。

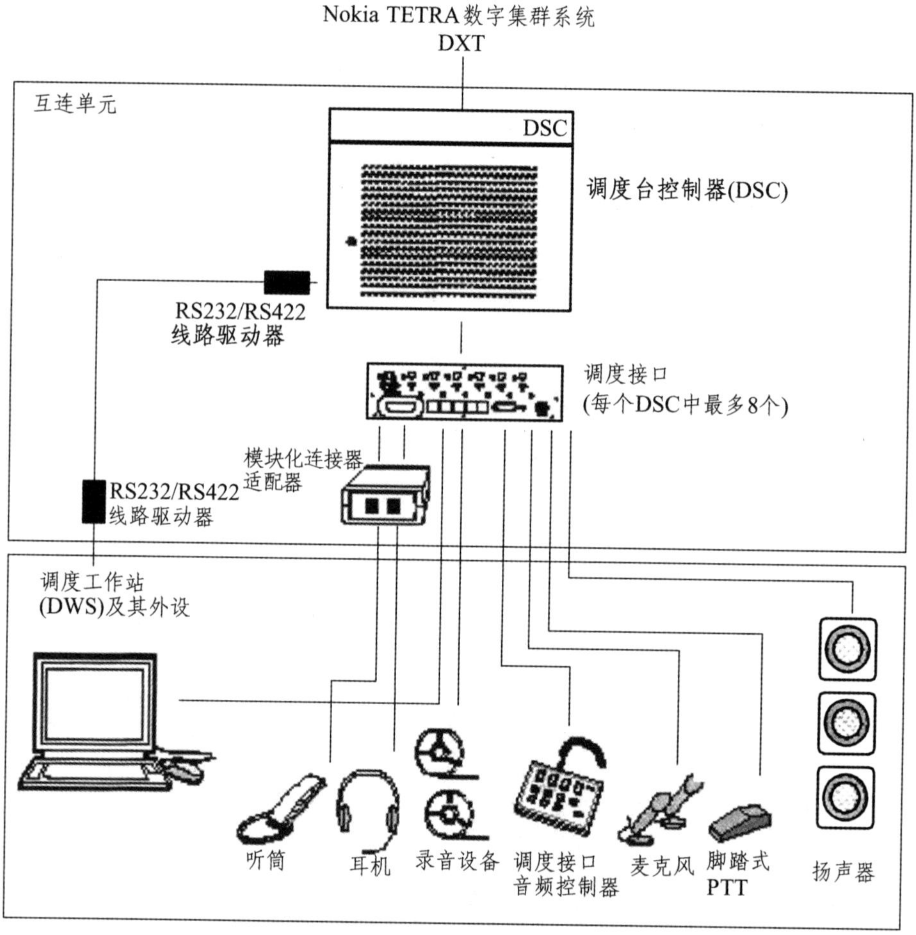

图 3.28 调度台设备的总体连接结构

（二）基　站

1. 按功能模块划分

基站包括无线射频单元（收发信机）、电源、控制单元、传输链路接口、基站控制器、接收多路耦合器、混合或者空腔合路器、机柜和电缆。

2. 按机械结构划分

基站由机柜、机架、母板、插件单元、外部接口构成。

（三）调度台

诺基亚 TETRA 调度台包括通信服务器 TCS、第三方调度台工作站设备、音频设备，音频设备连接到调度台控制器（DSC）；通信服务器 TCS 提供应用程序接口（API）供二次开发的调度台使用。经二次开发的调度台设备构成如图 3.29 所示。

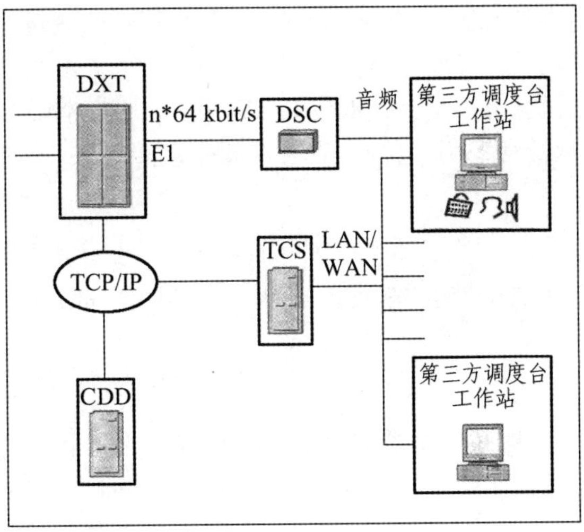

图 3.29 经二次开发的调度台设备构成

（四）网　管

地铁通信无线子系统网管设备包括三类设备：网管终端、上级设备、被管设备。网管终端包括三类终端：TETRA 系统网管、无线子系统网管（含电源网管）。上级设备是指通信系统总网管。被管设备包括 TETRA 系统设备、中继系统设备、电源系统设备，如图 3.30 所示。

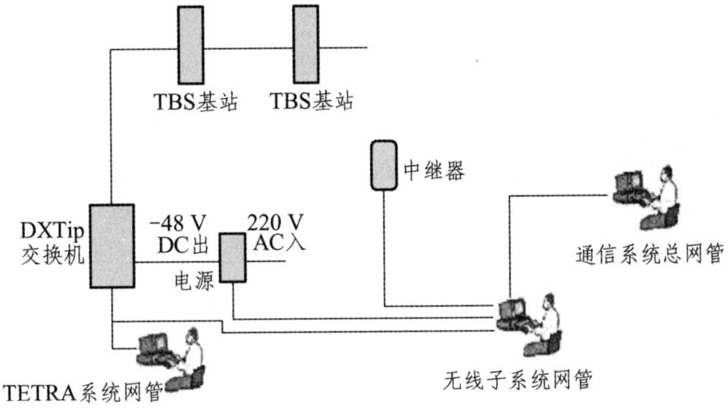

图 3.30 无线子系统网管设备

（五）机车台

机车台设备由电台主机、接口单元、控制盒和机车天线等组成。

电台主机采用 TMR880 型 TETRA 集群车载台，实现与系统的无线通信联系。利用 TMR880 的 PEI 接口和 AT 命令集，可以实现对电台的控制功能。

接口单元是电台主机与控制盒之间的连接设备，包括电源转换电路、接口控制电路等。通过它可以将电源、广播、控制、送受话器、数据传输接口等设备有机地连接在一起，减少了电台主机和控制盒的接口数量。

控制盒是供司机直接操作的设备。经过二次开发的控制盒具有点阵式液晶显示，可显示汉字信息，并具有“紧急”“调度”“车站”“机车”等直接呼叫按键，操作简便。控制盒带有PTT按键的送受话器。

机车天线采用盘状天线，型号为LP800/NSKT，增益大于3 dB。

外接扬声器最大可承受功率为20 W，安装在驾驶室前上方适当位置。

（六）固定台

固定台由TMR880型TETRA集群车载台、固定台控制盒、固定台电源、固定台天线等组成。

（七）中继器

中继器为双向直接放大射频中继器，由上行链路放大器和下行链路放大器组成，每个链路放大器均由低噪声放大器（LNA）、带通滤波器（BPF）、带阻滤波器（BNF）、射频衰减器、功率放大器（PA）等部件组成。另外，还包括电源和监控报警网管单元等部件。

二、系统提供的主要业务

诺基亚 TETRA 数字集群系统能够提供丰富的指挥调度业务，主要包括提供话音功能的电信业务、提供数据功能的承载业务、提供对话音和数据的补充业务。

（一）提供话音功能的电信业务

1. 组　呼

诺基亚TETRA数字集群系统的组呼通信采用TETRA标准中的准开放信道呼叫。每次建立呼叫时不需要定义参加成员，组呼成员就能相互通信。用户只需用组呼选择旋钮选择一个组，就能听见组内通信，而按下PTT键就能说话。系统自动处理呼叫建立和释放。组呼采用半双工方式。组呼可以包括无线用户、调度员和其他无线系统。一个组可以包括多个调度员。在它的限定权力之内，调度员/系统管理员可以增加/删除成员。

2. 个　呼

个呼与普通电话呼叫一样，主叫用户拨打想通话的用户号码，然后按一个键，被叫用户的终端振铃，然后应答。用户界面随移动台类型的变化而变化。

系统可以对个人用户的个呼权限进行细致定义。它包括 TETRA 数字集群网内的全双工个呼、半双工个呼以及与PSTN/PABX的全双工个呼（电话互连）。

移动用户和调度员、各调度员之间可以发起个呼。

组呼调度员有特殊的个呼特性，如果正在操作多个组呼时，可以对这些组静音，集中于个呼。

（二）提供数据功能的承载业务

1. 状态信息

预先编码的状态信息是一种数字代码，在系统或在终端中可对该信息的含义进行定义。

状态信息是用于发送频繁使用的某些信息。状态信息的长度只有 16 bit，因此该信息对系统的负荷是最小的，并且传输速度是非常快的。此外，状态信息与呼叫是无联系的，因此，在进行语音通话时，用户也可以发送或接收状态信息。

2. 短数据信息（SDS）

TETRA 的短数据服务可以在无线终端间或无线终端与调度台间发送信息。通常用户要定义短数据信息的内容和含义。

3. IP 分组数据业务

系统使用了 IETF RFC791 中规定的 IP 协议，可为分组数据提供载体服务，IP 分组数据服务可提供 IP 数据报的传送，以及使用无线终端，将位于现场的 PC 与企业内部网（LAN/WAN）相连，提供 Intranet 的应用服务。系统中的 IP 承载服务能够被用于提供无连接（UDP/IP），或面向连接（TCP/IP）的分组数据无线传输。

（三）提供对话音和数据的主要补充业务

1. 优先呼叫

在系统中，每个个人用户都有自己的呼叫优先级，个人用户呼叫优先级参数范围是 1～10。每个通话组也有自己的呼叫优先级，它的呼叫优先级参数范围也是 1～10。系统中的调度员也有共 10 级呼叫优先级。调度员的优先级要高于个人用户和通话组的呼叫优先级。

2. 动态重组 DGNA

经授权的调度员可通过空中无线路径将新的通话组编入终端，即动态重组 DGNA。执行动态重组指令的移动终端会自动向交换控制中心和调度系统发送确认信息，在调度台上，可以实时监控动态重组的实施效果。对那些已经成功动态重组的终端，系统不需要在主控信道 MCCH 上重新发送动态重组指令。对那些由于暂时处于覆盖盲区或未开机等原因而未能正确地动态重组的移动终端，当它们移动进入覆盖区内或开机时，系统会自动发送动态重组指令，这样有效避免了动态重组指令的无谓重复发送。

3. 多组呼叫（通播）

调度员可以多种方式对多个通话组进行通播。通播的通话组及区域可以在呼叫请求时由调度员选择。

4. 区域选择

对于某些集团用户组织来说，经常需要对某个区域内的所有人员进行通播。授权的调度员可以选择基站的区域，然后发起呼叫，这样所选区域内的所有用户都可以收到呼叫，即使用户在其他组呼中也能收到。

5. 调度台授权呼叫

如果主叫用户没有权限发起某类呼叫（如电话互连），则呼叫直接转至授权的调度台，由调度台决定是否转接至相应的被叫方。

6. 呼叫强插

调度员可在所参与的个呼或组呼中，进行强插打断他人的讲话，发布重要指令。

7. 强制呼叫结束

授权的调度台可以将用户正在进行的呼叫拆线，以向其发布重要信息或拆掉不重要的呼叫以释放系统资源供其他重要呼叫使用。

8. 呼入呼出限制（呼入呼出禁止）

在系统中，可针对每个无线用户和调度用户设置呼叫权限。

9. 呼叫显示

调度台及移动台可显示各类呼叫（组呼、个呼、电话互连等），并可显示组名、用户号码或名称等信息，便于用户识别。在调度台上还可显示呼叫方所属的组织、所在的基站等信息。

三、Nokia TETRA 数字集群系统主要功能

（一）中心控制交换机

中心控制交换机是 TETRA 数字集群网络的控制交换中心，采用 DXTip 数字交换机。具有呼叫控制、信令交换、数据库处理、通信协议处理等功能，用于连接基站、调度系统、局域网交换机、TETRA 互连服务器和外部网络。

（二）基　站

基站连接到数字交换机（DXT），并由 DXT 进行控制，系统对基站的网管也通过 DXT 进行。在正常工作情况下，基站由 DXT 进行控制。而在维护和测试时，基站可工作于本地模式。

基站的传输接口具有上/下链路的传输复用功能，可方便构成星形及环形链路。基站链状和环状的网络拓扑结构如图 3.31 所示。

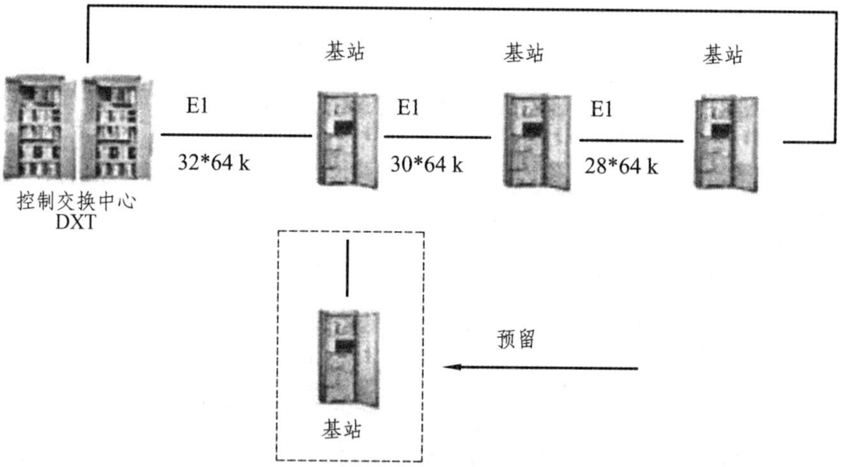

图 3.31　基站链状和环状的网络拓扑结构

基站框图如图 3.32 所示。

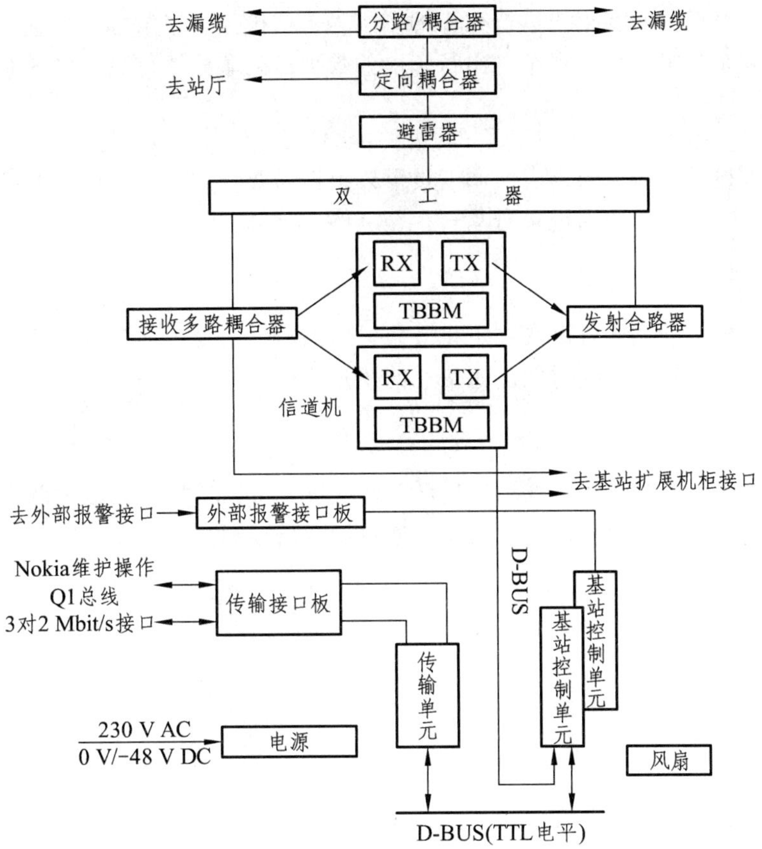

图 3.32 基站框图

（三）调度台

1. 呼　叫

调度可以通过调度台对机车、车站的固定台、手持台或车载台进行个别呼叫和组呼。

2. 通　话

完成呼叫、接通通话对象后，进行通话。

3. 广　播

调度在“列车广播”子菜单中进行选择操作，可以对“某一机车”“上行机车”“下行机车”“全部机车”发起广播。

4. 短消息服务

调度员在“信息发送”子菜单中，在用户列表中选择相应的用户，将其移入发送列表中，选择已制定好的信息或输入的信息内容后按“发送”键，完成调度员针对相应用户的信息发送。

5. ATS（列车自动监控系统）信息接收

调度台可以显示：所有正线运行列车的车次号、司机号、车组号、车载台 ID 号及车站名称；上下行列车分组列表；列车进出行车段的数据；列车位置信息；ATS 系统状态。

6. 通话记录

调度台可以显示通话记录列表。调度员可以根据需要查询通话记录。调度台自动保留一周的通话记录，一周后，通话记录自动转存至 ATS 服务器中。

7. 调度回叫

调度台收到短信息时，可以在选定相应条目后点击“回复”键对该条信息进行短信息的回复，也可以点击“呼叫”键对发出短信息的用户进行直接呼叫。

8. 电话转接

用户可以与 PABX/PSTN 有线用户通话，转接方式可以是自动或通过调度人工转接。用户呼出，有权用户设为自动转接；无权用户通过调度员控制，由调度员决定是否将该呼叫接至无线用户。

（四）网　管

按照对 TETRA 数字集群网络管理维护的需求，网管系统划分为多个子系统，根据用户的不同需求，可以灵活配置不同的功能模块。TETRA 网管系统的主要功能见表 3.2。

表 3.2　TETRA 网管系统的功能

子系统分类	模块名称	功　能
网络监控子系统	拓扑管理模块	以直观的方式呈现网络的拓扑结构图
	配置管理模块	实时反映整个网络的配置情况，可以查看各设备的属性信息
	告警管理模块	快速、及时地收集网元产生的告警并呈现在用户界面
	性能管理模块	实时反映网络的性能情况，便于维护人员对网络的负荷和利用率做长期分析
	自身监控管理模块	对网管系统自身的设备、网络进行实时监控，一旦发现故障，立即通知
安全管理子系统	用户管理模块	对网管系统的用户及权限进行管理
	日志管理模块	对网管系统的用户进行登录日志、用户操作日志的记录
仿真终端子系统	仿真终端模块	用户可通过仿真终端访问 DXT 交换机，对基站参数进行设置

（五）车载台

TMR880 型 TETRA 集群车载台是一部体积轻巧、简便易用的车载 TETRA 终端，具有 16 个可编程的输入/输出针，用于连接各种应用仪器，如机车运行记录仪、外置警报器、遥控遥测系统，并可作为不需要额外连接装置的数据接口。

经过二次开发，车载台可实现如下主要功能：

① 紧急呼叫：当信道忙时，或在紧急状况下，司机可按“急呼”键直接呼叫调度员，并建立双工（或半双工）通话。

② 主呼调度：司机按“调度”键向调度员发起通话请求，调度应答后可建立双工（或半双工）通话。

③ 主呼车站：司机按“车站”键呼叫车站值班员，并建立双工（或半双工）通话。

④ 主呼司机：司机可按“司机”键直接呼叫与其同组（上行组或下行组）的其他司机，也可先按数字键输入车次号或 ID 号，再按司机键选呼个别司机。

⑤ 车次号核对：车载台具有车次号输入功能，司机通过操作可完成车次号核对。

⑥ 接收调度呼叫：车载台可接收调度发来的呼叫，并有声光提示。

⑦ 接收车站呼叫：车载台可接收车站值班员发来的呼叫，并有声光提示。

⑧ 接收司机呼叫：车载台可接收其他机车发来的呼叫，并有声光提示。

⑨ 报告状态：司机可通过短信向调度、车站等报告列车状态信息。如“故障”“晚点”“停车”等，预先设定好的状态信息。

⑩ 接收指令：车载台可接收调度、车站等发来的信息指令，并有汉字显示及声光提示。

⑪ 旅客广播：转接单元上留有与列车广播系统的接口，当车载台收到调度发来的广播指令时，转接单元将其内部的音频开关打向广播接口，并给出启动广播的开关信号，实现调度值班员对旅客的广播功能。

⑫ 自检功能：控制盒开机后自动对车载台、转接单元及控制盒本身进行检测，并有故障显示及告警音提示。

（六）车站固定台

车站固定台的电台采用 TMR880，该电台的功能与车载台相同。

经二次开发的车站固定台的主要功能有：

① 主呼调度员：按“调度”键向调度员发起通话请求，调度员应答后可建立双工（或半双工）通话。

② 主呼列车司机：按“列车”键直接呼叫该站范围内的全部列车（当 ATS 系统失效时，车站值班员可按车次号或 ID 号选呼某个司机），并建立半双工（或双工）通话。

③ 主呼相邻车站：按“车站”键直接呼叫相邻车站值班员，并建立半双工通话。

④ 接收调度呼叫：车站台可接收调度发来的呼叫，并有来电显示及声音提示。

⑤ 接收司机呼叫：可接收司机发来的呼叫，并有车次号来电显示及声音提示。

⑥ 接收车站呼叫：可接收相邻车站值班员发来的呼叫，并有来电显示及声音提示。

⑦ 发送状态信息：车站台可按车次号或 ID 号向某一司机发送短信指令，如“停车”“快行”等。所有短信指令为预先写入，车站值班员不能改变；短信指令数为 8 个，短信指令最大长度为 10 个汉字（每个英文字母和阿拉伯数字等于 1 个汉字）。

⑧ 接收状态信息：可接收司机或调度员发来的信息，并有车次号或调度员来电显示及声音提示。

⑨ 自动重拨：信道忙时，有指示，当信道空闲时会自动重拨。

⑩ 自检功能：车站固定台控制盒开机后自动对电台控制盒本身进行检测，并有故障显示及告警音提示。

（七）中继器

中继器的主要功能是在部分车站代替基站，对源基站经 LCX 传来的信号进行放大，覆盖相应隧道区间及站台、站厅。另外，它还具有故障信息传送至中继器网管系统终端的功能。

（八）便携台

EADS TETRA 手持机可在非常苛刻的条件下提供语音和数据通信业务。它们的重量、尺寸和机械承受力都是根据专业用户的需求来设计。

第五节　地铁通信无线子系统维护

地铁通信无线子系统的用户是与地铁运行有关的行车调度员和车站值班员及其他工作人员，而该无线子系统设备的正常运转是地铁行车安全的重要保证。

一、维护基本要求

维护基本要求见表 3.3。

表 3.3　设备维护基本要求

<table>
<tr><th>序号</th><th>设备名称</th><th>类别</th><th>工作项目及内容</th><th>周期</th><th>备注</th></tr>
<tr><td rowspan="3">1</td><td rowspan="3">车载台</td><td>日常保养</td><td>表面清扫；
各配线、配件、扬声器外观检查；
呼叫通话试验，检测车载台各项功能是否正常</td><td>每日</td><td>每台车入库后</td></tr>
<tr><td>一级保养</td><td>检查车载台、控制盒、话筒、扬声器安装是否稳固无破损、卫生清洁；
检查车顶天线及车载台各连接线是否安装稳固；
呼叫通话试验，检测车载台各项功能是否正常</td><td>每月</td><td>结合机车架修同时进行检修</td></tr>
<tr><td>小修</td><td>车载台主机内部清扫、强度检查；
检查电台各部件外壳是否可靠稳固、无损坏，电缆连接正确牢固；
技术参数测试及调整；
更换不良配件及配线</td><td>每年</td><td></td></tr>
<tr><td rowspan="2">2</td><td rowspan="2">固定台</td><td>一级保养</td><td>所有电源线的安全连接检查；
清洁固定台主机，控制盒清扫、检查；
呼叫通话试验，检查各种显示灯状态是否正常</td><td>每月</td><td></td></tr>
<tr><td>小修</td><td>固定台主机、控制盒及各种配线检查、清扫；
电源输出电压测试；
车站台技术参数测试；
更换不良配件</td><td>每年</td><td></td></tr>
<tr><td>3</td><td>手持机</td><td>小修</td><td>整机及配件外观清扫检查；
电池检测、充放电；
呼叫通话试验</td><td>每年</td><td>送无委年审前抽测</td></tr>
</table>

续表 3.3

序号	设备名称	类别	工作项目及内容	周期	备注
4	无线交换机	日常保养	检查机柜是否完好； 检查各个模块状态指示灯； 检查交换机维护终端的故障信息显示	每日	
		一级保养	检查、清洁机柜和各部件外表以及交换机维护终端的电缆及连接头； 检查各个模块状态指示灯； 系统软件数据备份； 检查、清洁交换机维护终端	每月	
		小修	检查交换机各模块状态指示灯； 交换机配线、配件强度检查，调整或更换故障模块和不良配线； 电源检查； 地线检查及测试； 交换机与外部接口是否良好； 整理系统数据	每年	
5	综合机柜	日常保养	检查机柜是否完好； 检查机柜中各部件状态指示灯； 检查各个服务器工作状态； 检查监测终端、系统终端的故障信息显示	每日	
		一级保养	检查、清洁机柜和各部件外表以及系统维护终端的电缆及连接头； 检查机柜中各部件状态指示灯； 核对故障信息； 系统软件数据备份； 检查、清洁监测终端及系统维护终端； 调度台服务器 TCS 与 ATS、时钟接口检查	每月	
		小修	检查综合机柜各部件状态指示灯； 监测终端、系统维护终端及服务器检查、清洁； 电源检查； 各部件连线检查、调整或更换故障配件和不良连线； 机柜各接口是否良好； 地线检查及测试； 整理系统数据	每年	
6	调度台	日常保养	检查调度台各项功能是否正常	每日	
		一级保养	检查、清洁调度台各部件的电缆及连接头； 检查 DsC、DIAA 的状态指示灯； 检查、清洁调度台终端； 检查调度台各项功能是否正常	每月	
		小修	调度台终端及 DsC、DIAA 检查、清洁； 各部分连接线检查，调整或更换不良连线； 系统各接口是否良好； 整理调度台数据	每年	

续表 3.3

序号	设备名称	类别	工作项目及内容	周期	备注
7	基站	日常保养	检查各机柜是否完好，检查车站出入口 GPS 天线； 检查基站机柜各模块状态指示灯是否正常； 检查基站电源模块工作状态指示灯是否正常； 检查基站电源模块防雷器； 测试基站电源模块各项参数	每周	
		一级保养	检查各机柜是否完好； 机柜、基站电源、功分器、电源配电箱外壳及部件外表卫生清洁； 检查各种连接电缆及接头是否稳固； 检查基站机柜各模块状态指示灯是否正常； 检查基站电源模块工作状态指示灯是否正常； 检查基站电源模块防雷器； 检查站厅天线有无损坏并在站厅试呼叫测试； 检查车站范围内的漏缆有无损坏、吊夹有无脱落，并用手持机测量站台场强； 检查覆盖车辆段范围的楼顶天线有无损坏，并用手持机呼叫测试天线功能是否正常	每月	
		小修	清洁各设备及模块； 检查设备机架所有连接口； 测试基站的驻波比、误码率； 测试及调整基站输出功率、输出频率； 测试基站电源模块的输出电压； 各配线、配件强度检查，调整或更换故障模块和不良配线； 检查及测试地线； 测试屏蔽绝缘连接线； 车辆段天线铁塔检查、测试并调整	每年	
8	中继器	一级保养	检查各机柜是否完好； 中继器、功分器、电源配电箱外壳及部件外表清洁； 检查中继器机柜各模块状态指示灯是否正常； 检查各种连接电缆及接头是否稳固； 检查中继器电源模块工作状态指示灯是否正常； 检查站厅天线有无损坏并在站厅试呼叫测试； 检查车站范围内的漏缆有无损坏、吊夹有无脱落并用手持机测量站台场强	每月	
		小修	清洁各设备及模块； 检查设备机架所有连接口； 检查功分器各个射频电缆有无损坏； 检查各天线有无损坏； 各配线、配件强度检查，调整或更换故障模块和不良配线； 检查及测试地线； 测试屏蔽绝缘连接线	每年	

续表 3.3

序号	设备名称	类别	工作项目及内容	周期	备注
9	漏泄同轴电缆	一级保养	检查漏缆及漏缆吊夹有无松脱； 检查漏缆及漏缆终端有无损伤、被腐蚀、被氧化； 漏缆卫生清洁； 测试漏缆性能	每半年	

二、常见故障处理

（一）调度台

调度台最常见的故障现象有：调度台软件自动关闭、死机、调度台车次号信息不正确、调度台主机损坏四种故障。

1. 调度台软件自动关闭

现象：调度台在使用时突然弹出错误信息对话框，点击“确定”后，调度台软件也同时自动关闭。

处理方法：

① 在桌面双击无线调度系统图标进入无线调度系统登录的界面。

② 重新登录进入无线调度系统后即可。

2. 死　机

现象：调度台屏幕显示一切正常，鼠标能动，但任何操作均无效，甚至鼠标也不能动，接上键盘 Ctrl + A1t + Delete 三个组合键也不起作用。

处理方法：当调度台发生死机时，唯一的办法就是“冷关机”直接按压主机的电源开关键，将整台计算机关闭、重启。启动完毕后重新登录调度台应用程序即可。

3. 调度台车次号信息不正确

现象：调度台软件界面位置信息区车次号信息错误。

处理方法：造成此种故障是因为无线 ATS 服务器发生故障造成的，只会导致车次号信息错误，并不会影响调度台与车载台之间的通话，可以点击通话组选择处，找到相应的列车通话组通话即可。

4. 调度台主机损坏

进行主机更换的步骤如下：

① 将原故障调度台计算机相关连线拆除，将备件调度台进行重新连接。

② 重新启动调度台计算机，开始安装所需软件及计算机进行设置。

③ 给该台调度台计算机安装本机 TETRA 服务并进行设置。

④ 给该台调度台计算机安装调度台执行文件及 INI 配置文件。

⑤ 重新设置调度台计算机 IP 地址及子网掩码。

⑥ 重新启动调度台计算机后登录调度台软件。

⑦ 完成主机更换并连接好相关连线并安装好相关软件后与车载台进行通话测试。

（二）车载台

车载台最常见的故障现象有：死机、列车在正线位置时，行调调度台无法收到呼叫、列车在车辆段上行位置呼叫时，车厂运转固定台和信号楼调度台无法收到三种故障。

1. 死　机

现象：车载台控制面板在使用时除了电源按键之外，其余控制按键均无法正常使用，或者控制面板出现花屏、断字等现象。

处理方法：当车载台发生死机时，唯一的办法就是“冷关机”直接按压控制面板的电源开关键，将车载台关闭、重启。

2. 列车在正线位置时，行调调度台无法收到呼叫

现象：列车在正线位置时，行调调度台无法收到呼叫。

处理方法：因为造成这类故障的原因较多，首先应检查被叫用户组是否选对，并按确认键确认，通话时是否按住送话器上的 PTT 按键，如果这些操作正确仍无法呼叫，这时可以直接按压控制面板的电源开关键，将车载台关闭、重启。

3. 列车在车辆段上行位置呼叫时，车厂运转固定台和信号楼调度台无法收到

现象：列车在车辆段上行位置呼叫时，车厂运转固定台和信号楼调度台无法收到，改为车辆段下行位置后，恢复正常。

处理方法：造成这种现象的原因主要是因为车载台主机的位置信息未确认，可以在车载台待机状态下按压一次选择键进行确认即可。

（三）无线 ATS 服务器

无线 ATS 服务器软件重启步骤：

① 通过在桌面上的快捷方式打开“ATSserver.Exe”。

② 从“端口”下拉列表中选择与信号系统连接的串口端口。

③ 点击“连接”按钮，连接信号系统。

如果端口打开错误，界面会恢复到断开状态，并在状态栏提示端口打开错误要求检查串口的提示。断开打开错误后，不会自动重新连接。

如果端口打开成功，ATSServer 会尝试和信号系统通信。这时候状态栏背景变成灰色。

④ ATSServer 和信号系统会在大概每 30 s 互相发送 T 报文检查链路。

⑤ 如果在一定时间内，缺省 60 s 左右，接收不到任何来自信号系统的串口数据，状态会变成“链路超时”，底色为黄色。

⑥ 如果有接收到串口数据，但是串口数据不是有效的 ATS 报文，则在大概 90 s 左右后状态会变成“通信超时”，底色为黄色。

⑦ 如果接收到有效的 ATS 报文，包括定期发送链路测试 T 报文，则状态变成“通信正

常”，底色为绿色，这是正常工作的状态。

⑧ 通信正常后，ATS Server 会自动向信号系统发送数据同步 R 报文，请求同步信息的 D 报文，获取当前的列车服务信息。但列车位置信息无法同步，要等列车到达下一站后生成了新的位置信息才可以更新。

（四）无线 TCS、NMS 服务器

（1）无线 TCS 服务器软件重启步骤：重新启动 windows NT 系统即可。

（2）无线 NMS 服务器软件重启步骤：

① 通过在桌面上的快捷方式打开集群网管（Nokia.exe），以缺省设置连接即可。

② 通过在桌面上的快捷方式打开中继器网管（afl.exe），并选择相应的串口端口。

③ 通过在桌面上的快捷方式打开电源网管（eltek.exe），以缺省设置连接即可。

小　结

地铁通信无线子系统是为地铁行车调度 、维修调度、防灾环控调度、车辆段调度等提供可靠的话音和数据的无线保障通信系统。地铁无线集群系统的工作频率在甚高频（VHF）和特高频（UHF）频段。

无线集群系统由系统控制中心、基站、调度台、移动台组成。

信令是表示控制和状态的信号及指令。集群通信采用数字信令方式，具有传输速度快、编码容量大、易于通过计算机进行控制和管理、抗干扰能力强等优点。

数字集群通信的关键技术主要有：数字话音编码、数字调制技术、多址技术和交织技术等。数字集群移动通信的特点是频谱利用率高、信号抗信道衰落的能力强、提供多种业务、保密性好、网络管理和控制更加有效和灵活。

TETRA 数字集群系统是我国地铁无线通信系统广泛采用的集群系统。其网络的核心部分为交换和管理基础设施，它由基站、传输链路、交换设备和数据库等组成。

地铁通信无线子系统设备的维护工作分为日常保养、一级保养和小修。

思考题

1. 什么是无线通信？无线电波的传播方式有哪些？
2. 无线电波的频率范围和波长范围是多少？无线集群通信系统的工作频段是多少？
3. 无线通信的工作方式有哪些？
4. 无线通信的主要干扰有哪些？什么是同频干扰？
5. 如何实现隧道内的电波覆盖？
6. 什么是分集接收技术？有哪些分集方式？
7. 什么是大区制和小区制？它们各有何特点？

8. 试述无线集群系统的组成及分类。

9. 什么是消息集群，传输集群和准传输集群？

10. 信令的作用和分类。

11. 什么是数字信令？数字信令的优点是什么？

12. 对集群系统的信令有哪些要求？

13. 移动通信对数字语言编码的要求有哪些？

14. 什么是数字调制？数字调制的基本方法有哪些？

15. 已知某二进制信号为 11001011，画出 2BPSK 的波形示意图。

16. 数字集群系统采用什么调制方式？

17. 什么是频分多址？时分多址和码分多址？

18. 试述 TETRA 数字集群系统的网络结构。

19. SwMI 通常包含哪些设备？

20. 试述 TETRA 用户终端的种类。

21. TETRA 数字集群系统为用户提供了哪些业务？

22. TETRA 数字集群系统定义的接口有哪些？

23. TETRA 数字集群系统采用什么多址方式？

24. 我国使用的数字集群系统的工作频段是多少？

25.（1）试述 TETRA 数字集群系统的帧结构。

（2）TETRA 数字集群系统提供的工作方式有哪些？

（3）什么是直通操作模式？直通操作模式提供哪些业务？

（4）试述 TETRA 网络管理内容。

（5）试述 Nokia TETRA 数字集群系统中心控制交换机设备的组成。

（6）试述 NokiaTETRA 数字集群系统的基站包括哪些功能模块？

（7）试述 NokiaTETRA 数字集群系统网管设备的构成。

（8）试述 NokiaTETRA 数字集群系统中继设备的构成。

（9）试述 NokiaTETRA 数字集群系统提供的主要业务有哪些？

（10）试述 NokiaTETRA 数字集群系统基站的载波配置。

（11）试述基站内置的智能传输单元（TRUA）的作用。

（12）什么是单站模式？

（13）试述 Nokia TETRA 网管的用户管理功能。

（14）试述地铁通信无线子系统维护的主要项目和内容。

（15）试述地铁通信无线子系统维护的一般故障的现象和处理方法。

第四章　广播系统

第一节　城市轨道交通广播系统简介

城市轨道交通广播（PA）系统是维护地铁站乘车秩序，保障旅客人身安全，为旅客提供舒适的乘车环境的重要装置，是城市轨道交通行车组织、管理不可缺少的手段。广播系统为乘客通告列车运行、安全、导向等服务信息，同时可根据需要选择监听向导等服务信息，向工作人员发布作业命令和通知；在紧急情况下，城轨防灾调度员可以直接利用广播系统对其工作人员与乘客进行应急指挥、调度和疏导。在有商业区的车站还可设置商业区广播，该广播由商业区管理部门控制，可以播放通告、广告和背景音乐等。

一、广播系统功能

广播系统是为控制中心行车调度员、车站值班员提供正常行车时列车到发车站、安全上下车、客流疏导、通告等客运信息的。当车站发生灾情时，控制中心环控（防灾）调度员、车站值班员可选择相应车站、区域进行防灾广播。控制中心行车调度广播控制台、环控（防灾）调度广播控制台具备选区、选站和全播控制功能，中心控制主机能够对全系统进行监控、集中维护和管理。车站控制主机具备选区和本站全播功能，并能够监听站内各广播输出情况。

目前的广播系统可实现多音源选区的广播方式，即在不同区域可同时选择不同音源广播的平行广播方式，音源可选择人工、线路、预存语音等。对乘客的广播区域主要在全线各站的站厅、站台、列车车厢内；对营运人员的广播区域主要在办公区，站台、站厅、车辆段检修主厂房、运用库、段内道岔群附近、广播区域不覆盖站厅和站台以外的部分（如人行道和走廊连接处，地下街道，十字路口，入口等）。

控制中心和车站广播采用两级控制的工作方式，控制中心的广播信息通过传输网络提供语音和数据通道传送到各站，实现中心调度员遥控选择或分组联系各车站的功能，车站只实现本地信息的广播。车辆段和列车的广播则相互独立。此外，广播系统具有优先级，即控制中心调度人员的优先级高于车站值班员，根据运营防灾抢险的需要，控制中心的环控调度员具有最高优先级。

1. 总体功能

① 广播系统可实现控制中心和车站/车辆段两级广播的要求，并可根据车站用户的具体情况，在站台的监控亭设置供站台站务员定向广播的播音台。

② 控制中心一级的行车调度员、环控（防灾）调度员均可运用相应的广播，必要时可以进行录音。

③ 车站一级的用户（车站值班员）可通过相应的广播控制台对本站辖区范围内进行选区广播，并能对任一广播区域进行监听。

④ 为站台站务员所提供的站台广播，在必要时可插入本站广播系统，对本站台进行定向广播。

⑤ 广播系统用户的优先级顺序为：控制中心环控调度员、控制中心行车调度员、车站值班员、站台站务员。

⑥ 车站播音区按以下区域划分：上行站台区、下行站台区、站厅区、办公区、线路（隧道）广播区。

⑦ 各区扬声器均采用分散布设方式，其相互间隔保证扬声器输出声压级与环境噪声声压级比值（建议值为 6 dB）。

⑧ 在环境嘈杂区，设置噪声传感器，并以此实现自动控制音量的功能。

⑨ 放大器单元均采用 $N:1$ 备份，并可自动切换。

⑩ 车站一级广播（含站务员广播）采用广播电缆连接。车站至控制中心一级采用城市轨道交通专用传输系统的线路或分组通道连接。

⑪ 车站段/停车场内部广播应满足车辆段/停车场值班员和车库值班员对车场、车库等播音区的广播。

⑫ 系统发生故障时，具有降级使用功能，以确保紧急情况下的广播功能。

⑬ 主要设备应具有自检功能，并可由控制中心采集检测结果。

2. 控制中心级广播功能

① 能实现全线任意车站和任意广播区的组合，并向已设定的固定组合广播区域进行广播。

② 能向全线任意一个车站内的任一区域、多个区域、全部区域进行广播。

③ 可选择不同音源对车站进行广播，合成语音至少分为 0～9 共 10 段不同内容（可扩充）。

④ 可通过人工方式对车站广播的编组、语音合成信息键位与内容设定等。

⑤ 可显示控制中心占用，全线各车站及广播区的工作、空闲及故障状态。

⑥ 控制中心调度员可选择监听全线车站的任一广播区的广播内容，监听音量可调。

⑦ 正常时，控制中心广播控制功能由中心主控系统（MCS）的控制台实现，当中心主控系统的控制台故障时，可以采用后备控制台来实现广播控制功能。

3. 车站级广播功能

① 向站内的任一区域、多个区域、全部区域进行广播。

② 可选择不同音源对车站进行广播，合成语音至少分为 0～9 共 10 段不同内容（可扩充）。

③ 对站内广播区的编组的设定、语音合成信息键位与内容的设定、广播优先级别的设定等。

④ 可选择对车站内任意区域的广播内容进行监听。

⑤ 可接收 ATS 信号的触发，自动对相应站台进行列车到达，发车时间的广播。在需要时，可用人工方式对车站站台自动广播式进行开启或关闭。

⑥ 正常时，车站广播控制功能由车站主控系统（MCS）控制台实现，当主控系统控制台故障时，可以采用后备控制台实现广播控制功能。

4. 列车广播功能

① 能根据列车在运行过程中提供的速度信号和关门信号实现列车在运行过程中的自动预报前方到站和列车到站的广播。

② 根据列车运行的状态，可以通过操作面板上键盘实现预报前方到站、报到站和其他广播内容。

③ 人工广播报站。

④ 司机室对讲。首尾车司机室可随时通过司机室对讲系统进行通话联络。

⑤ 设置起点站和终点站。列车在设置的起点站和终点站之间运行时，在无人参与的情况下，实现列车在区间运行过程中的全自动广播报站功能。

⑥ 首尾车司机室分别使用相同的广播设备，可互为备份，任何一方可设定为主机，但系统只能有一个主机。在一方设定为主机的同时，通过系统互控线，自动将另一方设定为子机，广播报站仅能从主机发出。

⑦ 当客室出现紧急情况时，乘客可通过紧急呼叫对讲系统与司机室取得联系并与司机进行双工通话。

⑧ 列车广播系统可播放音乐和广告。

⑨ 广播音量自动调整。

⑩ 客室站名汉字显示或站名地图显示，使声音广播报站与文字或地图显示同步进行；LED 大屏幕以中文或英文实时显示列车前方到站。大屏幕的显示内容、显示方式可通过广播设备的面板经 RS-485 串口进行设计和操作。

二、广播系统的优先级

广播系统的控制中心和车站采用两级控制的工作方式，通常情况下以车站广播为主，若出现在事故抢险，组织指挥，疏导乘客安全撤离时，则以控制中心防灾广播为主。因而广播系统应具有优先级，不仅广播台与广播台之间要有优先级，同一广播台的不同音源之间也应该有优先级，根据实际应用情况，优先级的高低可进行修改设置。

根据运营防灾抢险的需要，控制中心的环控调度员具有最高优先级，通常情况下，按优先级由高到低顺序依次排列为环调、行调、维调。控制中心的调度人员的优先级高于车站值班员，站长广播台的优先级高于站台广播台。

就同一广播台而言，预存语音信息的优先级高于人工广播，预存语音信息的数量多少根据实际使用的要求而定，依据信息内容的不同，通常预存信息中的防灾广播优先级最高。

当多个等级的信息相继被处罚时，正在播放的低优先级广播被中断，自动进入按序等待状态。以西门子的智能广播台为例，预存信息 A1 通常设为灾情广播，具有最高优先级，不需选区直接按下，即可对全线所有车站的所有区域进行广播。

第二节　城市轨道交通广播系统组成

城市轨道交通广播系统由正线广播系统、车辆段/停车场广播系统、列车广播系统组合而成。广播系统结构图如图4.1所示。

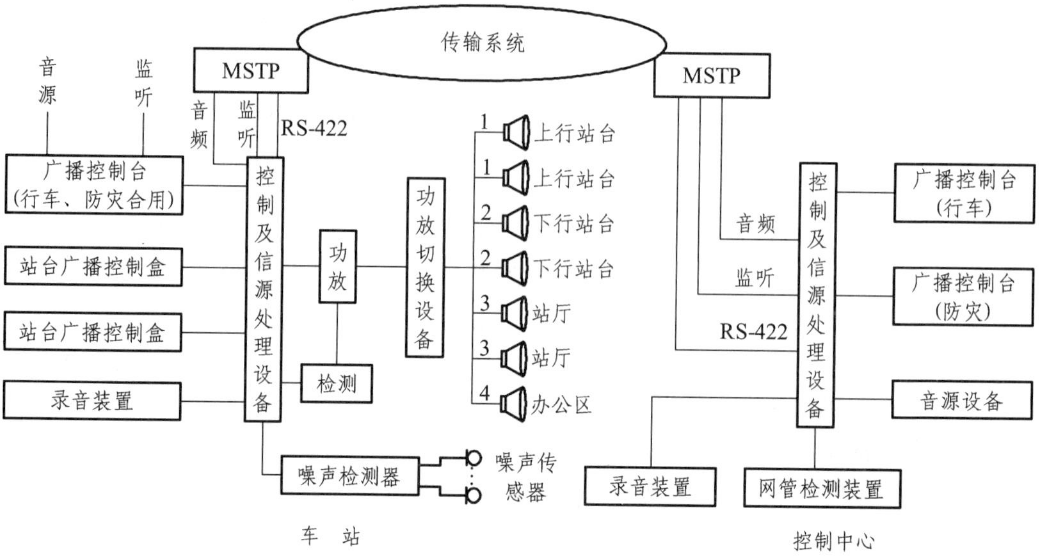

图 4.1　广播系统结构图

一、正线广播系统

正线广播系统又称运营线广播系统。该系统主要用于对工作人员发布作业命令和通告；对乘客广播列车信息以及导乘、安全等服务信息，并兼做运营维护广播。

正线广播系统由控制中心广播系统和车站广播系统组成。采用控制中心广播为主、车站广播为从的主从两级控制方式。控制中心广播的优先级高于车站广播，车站广播在控制中心不广播时，具有独立广播的功能。平时以车站广播为主，控制中心可以插入，但在事故抢险、组织指挥、疏导乘客安全撤离时，则以控制中心广播为主。

（一）主要功能

正线广播系统为控制中心调度员、车站值班员提供对相应区域的有线广播，同时也为控制中心提供广播功能。

对乘客广播：通知列车到站、离站、线路换乘、列车误点、时间表改变、对乘客的提醒以及安全等服务信息，或播放背景音乐以改善候车环境。

对工作人员广播：发布作业命令、有关通知/通告、协调工作等信息，以便迅速将信息通知到相关现场工作人员。

应急广播：在出现突发事件或紧急情况时，由控制中心的防灾广播台进行事故抢险、组织指挥的应急广播。一方面对工作人员进行指挥/调度，另一方面对乘客进行及时的疏导与指引。

（二）系统设备

正线广播系统分成控制中心广播系统和车站广播系统两级。

1. 控制中心广播系统

（1）结构。

控制中心广播系统结构如图 4.2 所示。

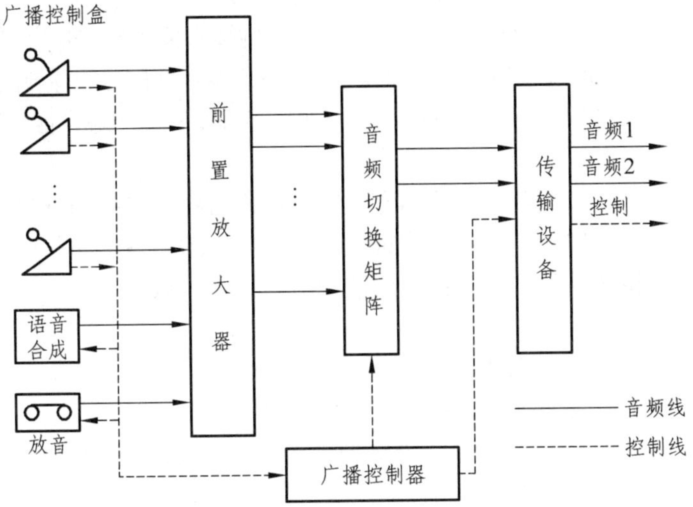

图 4.2　控制中心广播系统结构

控制中心广播系统由广播控制盒、音频合成器、前置放大器、音频切换矩阵、广播控制器、传输设备等组成。

（2）设备。

① 广播控制盒。

广播控制盒为以控制键盘和显示屏作为底座的传声器。调度员可利用控制键盘选择全线任意车站内的任一区域、多个区域、全部区域进行广播。显示控制中心占用，全线各车站及广播区的工作、空闲及故障状态。可选择监听全线车站的任一广播区的广播内容。

② 音频合成器。

预先录制与 ATS 配合自动播放的各种通告、通知、合成语言与各种节目。

③ 前置放大器。

将各种输入音频信号放大至传输接口设备所需的输入电平，插入均衡器用以补偿传声器、放大器、线路、扬声器等的频响，改善音质。前置放大器对音频信号电压进行放大，在前置放大器中往往带有音量调节器、均衡器、混响器、延时器、移频器等用来改善音质和适应重放环境。其中音量调节器完成对音量的调节；均衡器对音色（频响）进行补偿或修饰，它分为固定均衡器和可变均衡器。混响器是一种增加节目混响效果的设备。延时器是可将节目信号延时一个短时间的设备。这些设备可改善音乐、戏曲的演出效果。延时器还可用在远距离扩音时，校正几组不同距离扬声器的声延时。移频器可用来避免音频回授所产生的啸叫。往往将前置放大器、音量调节器、可变均衡器、动态压缩器、混响器、延时器等组合成一个具有多个音源输入接口的调音台。早期城轨广播系统采用模拟音频处理技术，近年来开始采用数字信号处理（DSP）技术，可以简化电路，提高可靠性，方便操作。例如，运用数字均衡、数字动态压缩、数字混响和数字延时等数字信号处理技术。对数字音频处理的参量修改，可通过外部主机的通信接口进行编程设置。

④ 音频切换矩阵。

在配置多个广播台与广播区域时，需要在前置放大器组与功放组之间插入一个音频切换矩阵。音频切换矩阵类似于一台空分交换机，用以完成任意广播台向任意广播区域进行可控制的广播。若在前置级对音频信号数字化后，进行数字处理，则通常采用数字音频切换矩阵。广播系统的音频切换矩阵与 CCTV 的视频切换矩阵相类似，对输入端音频信号选择数路下传至各车站（车辆段）；选择上传的广播监听信号。控制中心音频切换矩阵受控制中心广播控制器的控制。

⑤ 控制中心广播控制器。

控制中心广播控制器根据各广播控制盒的键盘操作与各广播控制盒的优先级，控制音频切换矩阵的音频输出。并通过传输系统传送控制信号用以控制各车站的音频切换矩阵，选择车站以及车站内的广播区域，选择上传需要监听的车站与区域。

⑥ 传输设备。

控制中心广播系统输出的带宽广播信号与控制信号，通过城市轨道交通专用传输网的 TDM 通道或分组通道传送至各车站的广播系统。音频信号与控制信号可以均通过 TDM 通道或分组通道传送，也可以是音频信号通过 TDM 通道传送，而控制信号通过分组通道传送。宽带广播信号一般采用总线方式传输，控制信号可以采用总线方式传输，也可采用点对点方式传送。

2. 车站广播系统

（1）结构。

车站广播系统由车站广播控制盒、音频合成器、前置放大器、音频切换矩阵、应急切换设备、功率放大器组、扬声器组、广播控制器、传输设备等组成，其中广播控制盒、音频合成器、前置放大器、音频切换矩阵与控制中心广播系统的相同。车站广播系统结构如图 4.3 所示。

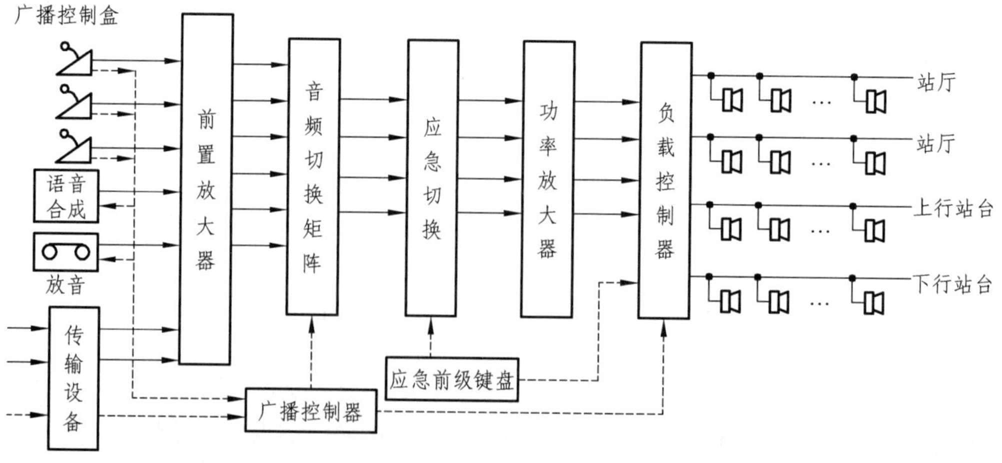

图 4.3 车站广播系统结构

（2）设备。

① 功率放大器组。

功率放大器（功放）组由数个功放组成，采用 $N:1$ 备份，当任何一个功放出现故障时，能自动切换到备用功放上。功率放大器采用定压输出，各扬声器通过匹配变压器并接在功放的输出线路上。

功率放大器（功放）将前置放大器输出的音频放大电压放大至一定的功率，用以推动扬声器组。在大型有线广播系统中设置由多个功率放大器所组成的功放组，用以增大功率输出及配置备用功放。模拟功率放大器从电子管功放到晶体管功放经过几十年的发展已相当成熟，晶体管功放耗电省、尺寸小，电性能指标不断改进，而且可以做成定压（低内阻）输出方式，便于负载的配置。但模拟功放是线性功放，效率太低。近年来数字功放开始大量推向市场，数字功放分为 D 类数字功放和 1 bit 数字功放。D 类数字功放首先将脉冲编码制（PCM）音频数据流通过专门的等比特殊字处理器变换为脉宽调制（PWM）的数据流，用这些脉宽调制的数据流去推动功率放大器的常规晶体输出管，再由截止频率为 40 kHz 的 LC 低通滤波器进行平滑处理（滤波脉冲信号，滤出模拟音频信号），从而恢复为原有的音频波形。

1 bit 数字功放采用 2.824 4 MHz 高采样速率和 1 bit 量化的数字编码，形成的数字信号是由“0”和“1”组成的等宽脉冲序列码（即 PCM 脉冲编码），1 bit 信号代表的是模拟音频信号幅度的增量。1 bit 数字功放与 D 类相比，具有很多优点，完全克服了过零点失真的问题。

数字功放转换速率高，瞬态响应特性好，中音与高音清晰、明亮、层次感强；信号动态范围大，可达 95 dB 以上；全频段内的移相极小，避免了声音的染色；电源转换效率高达 80%～95%，机内温升极低，散热简单；定阻输出时，可连接的最低负载阻抗可达 1 Ω，且负载阻抗低，电源转换效率可保持不变；可自动适应各种网络广播传输系统；可方便地实施遥控、群控和监测等功能；可靠性高；体积小、质量轻。随着数字功放技术的不断成熟，有可能完全替代传统的模拟功放。

② 应急切换设备。

应急切换设备在系统的智能控制失效时，对设备进行手动控制接续音源和功放，以确保不中断广播。该设备具有紧急话筒输入接口。

③ 负载控制器。

负载控制器为功放组与扬声器组之间的开关与配线设备，可在车站广播控制器的控制下调节功放负载与广播区域。

④ 车站广播控制器。

车站广播控制器根据各输入控制信号来自控制中心广播控制器和车站各广播控制盒。车站广播控制器根据各输入控制信号的优先级来分别输出控制信号，控制车站音频切换矩阵与负载控制器。

⑤ 扬声器。

扬声器根据场地和环境的不同，通常在站台、站厅、办公区采用吸顶式扬声器，露天环境则采用带匹配变压器的全天候号角扬声器。

（3）主要性能。

车站广播设备能接收并解读控制中心的命令，及时响应控制中心发给车站的广播作业，中断本站广播，并向控制中心回送响应信号，待控制中心插入的广播结束后，自动恢复本站工作状态。

车站设备占用情况，可在控制中心广播控制盒上显示。

车站广播系统的广播设有自动或手动和应急三种广播模式。

各车站的值班员（主值班控制盒）可单选、组选和全选本站的任意广播区进行语音直播或语音合成播放。任一信源的内容可经任何通道播向任何一个或全部负载区。多个信源的内容可经不同的通道同时播向不同的负载区，车站值班员能监听本站及控制中心对本站任意广播区的广播情况。

站台层副值班员（副值班控制盒）只对本站台进行广播。

为保证播音的清晰度，保证声扬的强度和播音信噪比，在车站的站台层设置噪声传感器，通过车站广播设备自动调节广播区域音量的大小。

维护人员可在车站通过专用便携式微机（须通过密码验证）对全线任意车站设备进行检测和修改各项参数。

广播系统与ATS联网时，实现无人干预的全自动广播和输出显示信息源，广播系统控制中心根据ATS提供的运行信息，自动运算并编程，按预制程序向各车站发布离本站最近的列车到达本站时间，同时预留供信息显示的功能。

列车运行不正常时或当控制中心、传输出现故障时，系统就进入第二级控制状态，即系统需要自动向旅客广播致歉词等内容，并输出显示致歉词等内容的信息源。待恢复正常后，系统恢复正常广播和输出显示正常信息源的作业。

当车站发生意外或其他特殊情况时，车站值班员通过按快捷键（可由用户实现预制可编程功能）控制各站进行广播和输出显示信息源的作业。

车站值班员（主值班控制盒）能够自动检测本站广播设备的功能及故障。

为提高播音效果，车站广播系统采用数字音频信号处理设备，该设备集成了多种传统专业音响设备的功能，改善播音质量。

车站广播设备的各类关键模块和其他设备具有自我检测功能和数据采集接口，实时监测各部位的工作情况。出现故障时，能够对故障进行定位，车站广播控制器和广播控制盒上告警指示灯告警。维修工区设有带声光报警的自动监测装置的维护终端，在系统出现故障时发出声光报警，提醒维护人员维修。维护人员通过维护终端即可使了解故障信息，还可以发出巡检命令，对整个系统进行全面监测，并将结果回传，以便系统维护人员掌握第一手资料。

3. 控制中心与车站之间信号传输方式

控制中心与车站之间的广播信号（含音频信号与控制信号）通过专用传输网进行传输。传统的广播信号传送方式，采用TDM传输通道传送；目前，城轨传输网均采用基于SDH的MSTP传输技术，故亦可采用分组传输通道传送广播信号。

（1）TDM传输通道传输方式。

① 音频广播信号的传送。

音频广播信号的带宽通常为16 kHz，占用专用传输网E1通道的多个时隙（$N\times 64$ kbit/s）进行传输。一般情况下，从控制中心到各车站下传2路音频广播信号；从各车站到控制中心上传 1 路或 2 路广播信号供控制中心监听。

有些 ADM 设备配置宽带音频广播接口，则可利用控制中心与各站的 ADM 设备直接接上下广播信号；弱 ADM 设备没有配置宽带音频广播接口，则可通过控制中心与各站的 PCM 接口家的宽带音频广播接口上下广播信号。

TDM 传输通道传输方式如图 4.4 所示，控制中心 PCM 接口架利用 E1 通道以共线方式向各车站 PCM 接口架的宽带音频广播接口上下广播信号。各车站的 PCM 接口架通过 D/A 转换，获取来自控制中心的模拟广播信号。各站上传控制中心的监听广播信号亦采用共线方式传输。

利用 TDM 通道以共线方式进行传送广播信号与点对点传输方式相比节约了带宽资源。

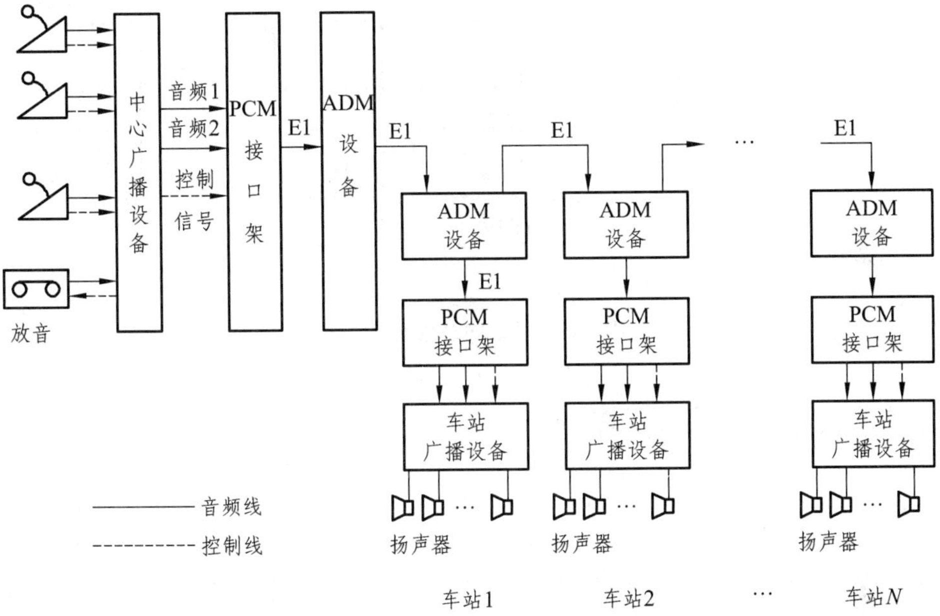

图 4.4　TDM 传输通道传输方式

② 控制信号的传送。

控制信号利用 PCM 通道以点对点或共线方式进行传送，即通过控制中心与各车站接口架所提供的 RS-422/485 低速电路数据接口传送控制网管数据。

（2）分组传输通道传输方式。

控制中心也可以利用 10/100 Mbit/s 以太网总线向各车站下传宽带广播信号及其控制/网管信息，各车站的以太网交换机接收来自控制中心的数字广播信号和控制/网管数据，并通过网关获取来自控制中心的模拟信号，以太网总线传送方式如图 4.5 所示。

在相反方向上，各车站利用 10/100 Mbit/s 以太网总线向上传供监听的车站广播信号及控制/网管信息。

（3）混合传送方式。

宽带广播信号采用 TMD 传输通道传送，而控制/网管数据则通过以太网总线传输方式传送。

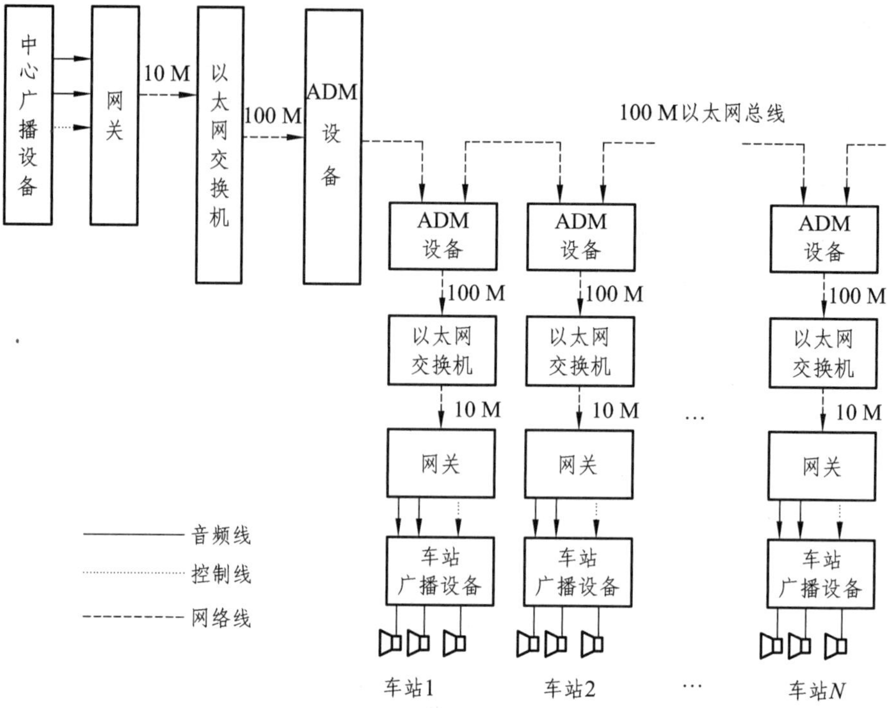

图 4.5　以太网总线传输方式

二、车辆段/停车场广播系统

车辆段/停车场广播系统为一套独立区域的广播系统，供车辆段/停车场信号楼值班员、运转值班员和检修库值班员对车库、车辆段检修主厂房、段内道岔群附近等播音区进行定向语音广播，用以向工作人员播放车辆调度、列车编组等有关作业音讯。车辆段/停车场广播优先级排序为：信号楼值班员、运转值班员以及检修库值班员。各值班员的广播控制台具备对相应播音区的监听功能。

三、列车广播系统

列车广播系统主要对车内乘客播放列车运行信息及在发生紧急情况下对车内乘客进行疏导，由 TETRA 数字集群系统来提供无线通道。列车广播系统应具有人工或自动广播的功能，平时可通过无线广播信道，接控制中心对列车内旅客广播，如有必要也可由司机直接对车内乘客经行广播。该系统由车站配套供应，并预留与控制中心广播系统通信的无线广播接口。

第三节　地铁广播系统应用实例

为了提高车站值班员的工作效率，使设备布置与运营密切结合和更加合理，车站综合控制室通信设备宜统一设计。各车站设 CD 音源，可提供本站背景音乐广播。车站综合控制室广播设备选用多单元广播控制台作为车站值班员的主控台。

以下以 ABES-ⅢA 轨道交通广播系统为例，对控制中心、车站、车辆段/停车场广播系统进行介绍。

一、控制中心广播系统

（一）系统结构

控制中心广播系统组成如图 4.6 所示。

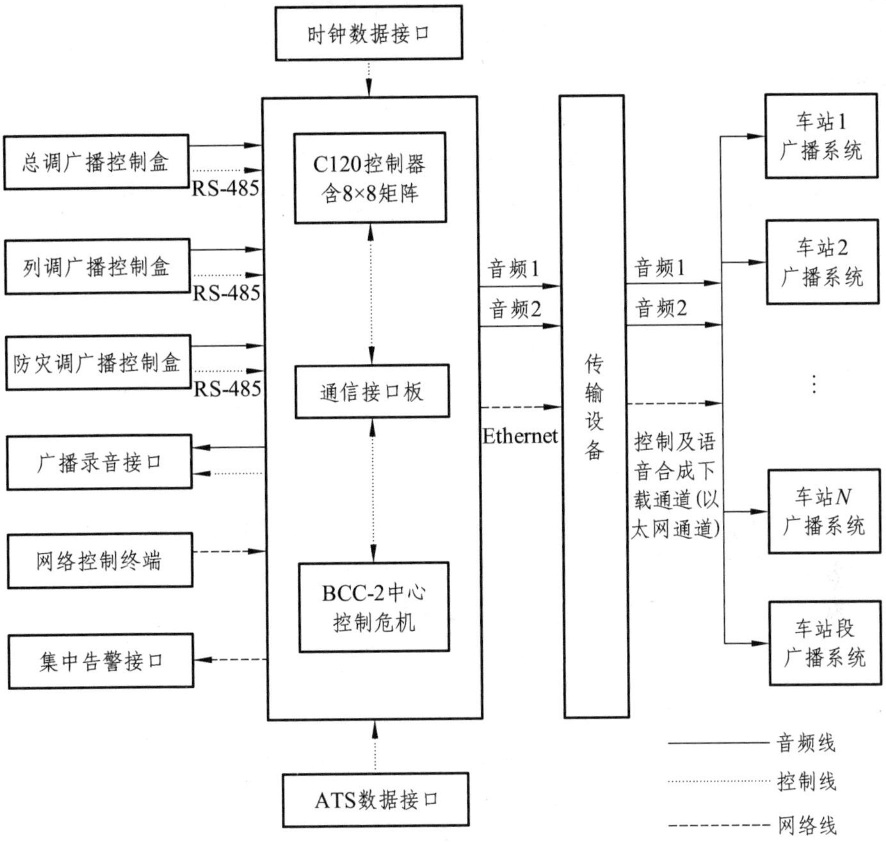

图 4.6　控制中心广播系统

（二）系统设备

控制中心主要由以下设备组成：BCC-2 中心控制微机（含键盘、监视器），BSM-2 系统监控终端，C120 接口控制器，19 英寸标准机柜，广播系统维护终端，控制中心广播控制盒（环控防灾调度、总调度、行车调度）。

1. BCC-2 中心控制微机

BCC-2 中心控制微机是一台工控机，该工控机配置了多路通信接口板、以太网接口等硬件设备，配置了 MPA 中心控制软件、MPA 系统管理软件以及 MP3/语音合成内容下载、管理软件。

（1）功能。

① 自动对车站、车辆段、控制中心的广播设备的状况进行检测，当有设备发生故障时进行声光报警，并向广播系统监控端发送报警信息。

② 自动接收时钟信息并转发给车站。

③ 自动接收 ATS 信息并转发给各车站触发自动广播。

④ 按用户设置的优先级接收广播盒来控制车站进行远程广播。

⑤ 对各车站的广播设备进行远程测试。

⑥ 具有网管功能，可对全线车站参数进行查阅与修改。

⑦ 下载公用的广播语音合成到各车站。

（2）接口。

① RS-422/RS-485 接口：连接 BCM-2 广播控制盒。

② ATS/同步时钟接口：与 ATS 以及城轨时钟系统相连。

③ 以太网接口：连接城轨专用传输网的以太网接口，用于向车站下传控制信息与语音合成内容。

2. C120 控制器（含 8×8 音频切换矩阵）

C120 控制器的功能是接受中心控制微机的控制，通过音频切换矩阵选择音源对指定车站进行远程广播以完成与各车站 CUS（广播控制器）的通信、故障状况报警等功能。

① C120 将 8 路 RS-232 电平转换为 8 路光电隔离多的 RS-485 通信口输出，提供与中心控制微机、中心广播控制盒、集中维护终端的通信控制。

② 提供可编程管理的 8×8 音频切换矩阵。中心控制微机根据控制中心总调度、行车调度、环控（防灾）调度 3 个调度员的广播优先级切换矩阵，将其中高优先级的 2 路音频信号切换到传输载体上，传送到各车站，对车站进行远程广播。

③ 可监听各车站的播音，也可以将控制中心或各个车站的音频信号送至录音输入接口。

3. BSM-2 系统监控终端

BSM-2 系统监控终端专门用于系统的监控与维护，故安装在控制中心的维护终端室内。该设备为一台配置了以太网接口的工控机。BSM-2 系统监控终端配置了 MPA 系统管理软件以及 MP3/语音合成内容下载设备。其主要功能是：

① 自动对车站、车辆段、控制中心广播设备的状况进行监测，当有设备发生故障时，用户可了解详细故障信息。

② 对全线车站的广播音量、广播盒优先级、广播区域、广播模式等参数进行设置。

③ 对全线车站的广播设备进行测试，查阅测试记录。

4. 广播系统维护终端

① 主要用于 ABES-Ⅲ型广播系统的全部车站故障的实时在线自动监测。维护人员只要通过广播系统维护终端就可以确切得知沿线各车站设备的工作正常与否，从而决定是否需要专业人员进行设备的维护检修。

② 采用共阳极静态驱动双 LED 数码管，显示故障的车站号。最大显示范围 01～99 号站。

③ 电气规范符合 RS-422/485 规范，负载能力可达 256 个节点，传输波 19.2 kbaud/s，最大传输距离 1 000 m。

5. 控制中心广播控制盒

控制中心广播盒（播控盒）如图 4.7 所示，带有话筒、液晶屏、扬声器、指示灯与键盘，可单独使用也可嵌入桌面使用。控制中心广播控制盒主要功能如下：

① 通过菜单操作对全线进行选战、选区、选路的广播。

② 对所有车站或对一组车站进行广播；对一组车站的全部或部分播音区进行广播；对所有车站的站台，或对所有车站的站厅进行广播。

③ 通过快捷键能对其中预设的车站和区域进行广播。

④ 话筒为单路，语音合成广播可预置 20 段不同内容。

⑤ 具有人工编程模式，可用于车站广播编程设定、语音合成广播信息键位与内容设定、快捷键功能设定。

⑥ 广播控制盒显示屏上中文菜单提示，显示以下内容：全线各车站的工作、空闲、故障状态，或单个车站的广播占用状态；各车站编组状态；控制中心各广播控制盒当前的广播状态；控制中心对各站广播时的车站广播反馈状态；语音合成广播内容的显示状态。

⑦ 广播控制盒上的监听扬声器，能选择监听从控制中心发出的两路音频信号中的其中一路。

⑧ 具有密码保护，以防无关人员误操作。能识别 8 组密码，每个操作人员对应一个密码，以便中心主机区分操作人员。

（三）输入信号

1. 输入音源

按优先级选择总调度、行车调度、环控防灾调度广播控制盒的输出音频信号。每个广播控制盒可通过按键选择直播、放音、广播语音合成、“咚”音信号等不同的音源。

2. 输入数据信号

① ATS 信号。

触发列车到站、离站、晚点等自动广播。

② 时钟信号。

统一全线时钟。

（四）控制部分

中心控制器内含 C120 控制器与 BBC-2 中心控制微机（工控机）。中心控制器接受各中心广播控制盒的输出控制信号、ATS 信号，完成对车站广播的控制。

控制中心不配置单独的中心广播控制操作台，由各广播控制盒按其优先级完成控制操作系统，并由系统监控终端进行系统控制参数的设置。

① 每个广播控制盒可通过按键选择所广播的车站、区域。

② 系统监控终端对全系统的设备进行测试与监控；对全线车站的广播音量、广播优先级、广播区域、广播模式等参数进行设置。

③ 中心控制微机按优先级控制广播控制盒的远程广播；对系统工作状况、设备运行情况进行监控；下载广播语音合成、ATS 等信息。

④ 中心控制微机的功能是完成与各车站广播控制器（CSU）的通信、接收故障报警、广播监听、录音等功能。

（五）音频切换

C120 控制器内置 8×8 音频切换矩阵，受中心控制微机控制，选择 2 路广播信号输出至各车站。

（六）输出信号

输出信号包括高优先级的两路音频，广播语音合成信号下载，对车站广播系统的控制信号。

二、车站广播系统

（一）系统结构

车站广播系统结构如图 4.7 所示。

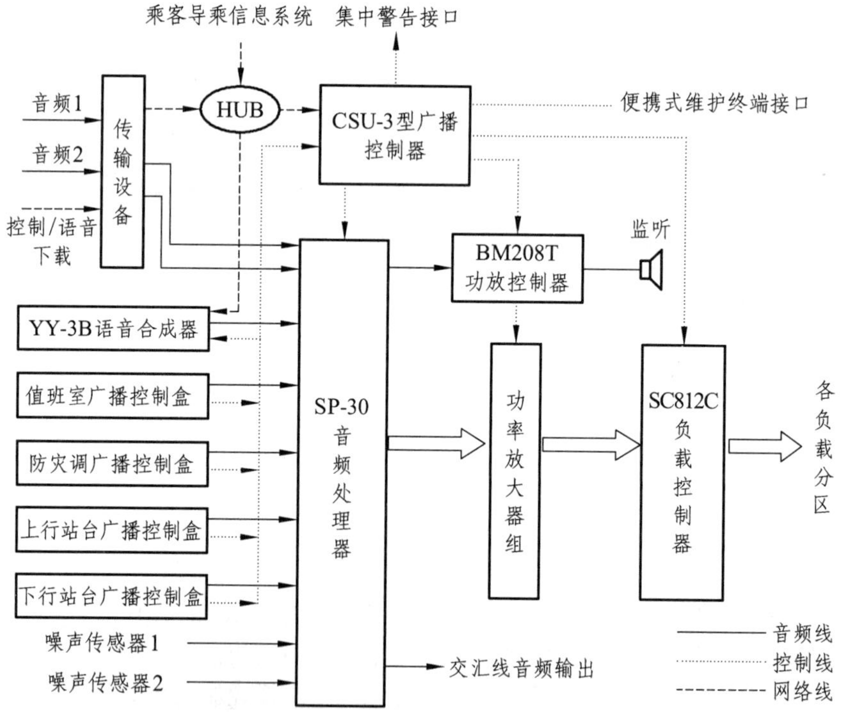

图 4.7　车站广播系统设备组成

（二）系统设备

车站广播系统主要由 CSU-3 型车站广播控制器、SP30 型音频处理器、YY-3B 型语音合成器、BM208T 型功放控制器、SC812C 型负载控制器、CS-3F 型负载测试箱、19 英寸标准机柜、BCS-2 型主值班广播控制盒（1 盒）、BCP-2 型副值班广播控制盒（2 台）、PC1201A 型功率放大器（9 台）、噪声检测探头、扬声器网等设备组成。

1. CSU-3 型车站广播控制器

CSU-3 型车站广播控制器的主要功能如下：

① 提供通信接口，该接口连接控制中心控制通道、BCS-2 型广播控制盒制线。

② 接收并执行来自控制中心、本站的各种命令。

③ 提供便携式维护终端接口，用于在车站对全线广播系统进行集中监视和集中网管。

④ 提供与乘客导乘信息系统的联网接口，用于广播系统和乘客导乘信息系统同步工作。

⑤ 用户可以直接通过按操作键来查阅本站设备的工作状态。

⑥ 可选择监听本站的信源、功放、广播区域输出信号等。

⑦ 提供与两条交汇线控制信号联网的接口。

⑧ 直接查阅故障记录信息。

2. SP30 型音频处理器

SP30 型音频处理器主要完成前置信号的放大、处理和切换功能。配置了信号处理、前级放大、音频切换矩阵、音量控制盒频率均衡、测试信号发生器等一系列功能模块。其主要功能为：内置自检信号发生器，能自检；自动增益控制；软件控制音量以及五段图示均衡调节；根据事先设定的参数完成自动插播，可在插播时降低原播音内容的音量作为话筒广播的背景音乐，播音结束后自动恢复；根据事先设定的参数完成噪声检测和自动音量调节的控制，正常情况下，根据检测到的被测噪声大小，已无法通过提升音量的方式来增加声压级时（受系统功率放大器和扬声器的最大功率限制），可以设置成将播音内容集中到语音频段，以此来提高语音频段的输出功率。

（1）SP-01A 型控制模块。

接收来自 CSU 型车站广播控制器的命令，对各种信号处理、控制、测试功能。

（2）SP-02A 型前级放大模块（输入模块）。

将来自广播控制盒、控制中心、语音合成等系统的音频信号进行前置放大、电平调整。

每模块通道数：两路。

内置自检电路可以自动检测本模块工作是否正常。

内置插播控制器，在 SP-01A 型控制模块的控制下完成插播控制功能。插播时原广播内容的音量自动降低为话筒的背景音乐，播放完后自动恢复。

内置自动增益控制器。

（3）SP-03A 型切换矩阵模块。

完成输入音频信号切换功能；最大切换能力：8 × 16 矩阵；通道隔离度：≥65 dB。

（4）SP-04A 型音量控制及频率均衡模块（输出模块）

一个 SP-04A 型音量控制及频率均衡模块提供 2 路音量控制及频率均衡功能，用于控制输出到功率放大器的音频信号音量及频率特性。在 SP-01A 型控制模块的控制下可以完成噪声检测和自动音量调节的功能。SP-04A 型音量控制及频率均衡模块内置自检电路，自动检测本模块工作是否正常，其检测结果由 SP-01A 型控制模块采集。

（5）SP-05A 型应急切换模块。

本模块用于在系统的智能控制失效时，对设备进行手动控制，以确保不中断广播。具有外接话筒与外接线路两个输入端口；应急话筒输入；运行区与办公区两个区域的应急控制键盘；输出电平指示。

3. YY-3B 型语音合成器

① 存储车站公用/专用的预录音广播内容文件、MP3 和合成语音段在主控模块的控制下，播放或合成播放指定的内容；

② 存储容量为 128 kbit/s 的 MP3 录音文件不少于 120 min，可无限分段，每段长度不限；

③ 采样频率为 44.1 kHz 的语音合成语句不少于 20 段，没断长度不少于 30 s。

4. BM208T 型功放控制器

BM208T 型功放控制器包括时序电源控制器、功放监听和功放自动检测、主备功放自动切换控制器等多种功能的部件，内置 RS-422/485 遥控接口，外部智能控制可以对其远程遥控。

① 时序开启或遥控开启功率放大器的电源。

② 内置监测扬声器，可选听功率放大器的输出信号。

③ 自动检测功率放大器的工作状态，能准确判断功率放大器的故障，当发现主用功率放大器故障时自动切换至备用功率放大器。

④ 内置 RS-422/RS-485 外部控制接口，由外部智能控制器遥控，完成功率放大器电源开启/关闭。当检测到功率放大器故障时，向外部智能控制器报警。

⑤ 最大主用功率放大器接入能力：8 台。

⑥ 备用功率放大器数量：1 台。

（1）PC1201A 型功率放大器。

PC1201A 型功率放大器具有测试和监听输出口，具备测试、监听功能。车站广播机柜使用 9 台功率放大器，用 8 备 1，可以自动或手动切换到备用功率放大器。

① 功能。

动态减流保护系统，在负载阻抗不断减小时，功率放大器的输出电流有增大到逐步减少，保护半段路/短路（过载）状态下的功率放大器；过压、过载、过温保护；与 220 V 交流电源电力线搭线保护；其他常用的保护方式。

② 技术指标。

输出功率：120 W；

频率响应：40 Hz ~ 16 kHz，≤ ±1 dB；

失真度：≤0.5%（1 kHz）；

信噪比：≥88 dB。

（2）SC812C 型负载控制器。

① SC812C 型负载控制器可以接入 10 台功率放大器切换至 10 路广播负载区，在功放与

分区之间提供 1 对 1、1 对多的连接，同时提供 4 路紧急广播的输出信号。

② 具有负载回路测试的功能（开路或短路）。

③ 能对功率放大器的技术指标进行测试，测试项目为：功率 、电压、调整率（负载变化与输出电压的变化之比）等。

④ 控制接口：RJ45（RS-485）。

（3）噪声传感器。

噪声传感器用于检测列车和乘客进出站台等特定位置的噪声水平。噪声传感器安装于乘客较集中的地方并避开空调等固定的噪声源。

① 噪声传感器采用与扬声器一致的外壳，方便安装。

② 环境噪声大于 60 dB 时，扬声器在其播放范围内最远点的播放声压级，高于背景噪声 15 dB。

（4）BCS-2 型主值班广播控制盒。

BCS-2 型主值班广播控制盒是车站主值班员使用的广播控制盒，包括液晶显示屏、键盘、指示灯、扬声器和话筒。该控制盒可用来选择广播的内容与广播区域；选择显示的内容；可以打开或关闭背景音乐以及选择播放那一段背景音乐；可监听正在广播的内容，监听音量可以调节；系统出现故障时，可以进行分区域的应急广播；控制盒上有若干指示灯指示系统工作状态；控制盒上显示主值班员发出的命令。

BCS-2 型主值班广播控制盒用的话筒及其开关装在控制台台面上，有音频与控制接口。

（5）BCP-2 型副值班广播控制盒

BCP-2 型副值班广播控制盒是独立的控制盒，控制盒与机柜之间用电缆连接。控制盒后面有三个插座，用电缆连接机柜。与 BCP-2 型主值班广播控制盒不同，BCP-2 型副值班广播控制盒的话筒与话筒开关安装在控制盒的面板上。BCP-2 型副值班广播控制盒可以用话筒对指定站台广播区域进行广播。

（6）车站扬声器组。

站台和站厅广播区域的扬声器采用小功率大密度的布置方式，间距建议不宜大于 5 m。

站台层扬声器采用奇偶跨接法连接，奇数组一路负载，偶数组一路负载。站台层可选用 5 W 吸顶式音箱以及 80 Hz ~ 18 kHz 宽频响的变压器。站厅层扬声器采用梳状式或交叉间隔排列，分成两组。可采用 3 W 音箱。

办公区有吊顶的场所采用 3 W 吸顶式音箱，无吊顶的场合采用 3 W 壁挂式音箱。

（三）输入信号

① 来自控制中心的信号：两路音频信号以及控制信号、广播合成语音下载（其中包括到站、离站、晚点等实时语音信息）。

② 本地信号：车站值班室、防灾、上行站台、下行站台广播控制盒输出的音频信号（包括直播、放音、广播语音合成、“咚”音信号）以及来自噪声传感器的环境噪声信号。

（四）控制部分

① 主值班控制盒可单选、组选和全选本站的任意广播区，进行语音直播、放音或语音合成广播。

② 车站广播控制器接收来自控制中心、车站各广播控制盒的控制信号，以及来自乘客导乘信息系统的信号；对音频处理器、功放控制器、负载控制器进行控制中心或本站的控制。

③ 功放控制器遥控、定时开启功放；监测功放运行，对故障功放进行切换。

④ 负载控制器接入 10 台功放和 10 路负载分区，在功放与负载分区之间提供 1 对 1、1 对多的连接。

（五）音频处理与切换

音频处理器对音频信号进行前置放大与均衡，经矩阵切换选择输出音频信号至各负载分区，并具有应急切换功能。

（六）输出信号

① 各负载分区扬声器的音频信号输出。

② 交汇线音频信号输出。

③ 告警信号输出。

④ 监听（包括上传到控制中心的 1 路或 2 路广播信号）/录音输出。

（七）控制中心与车站之间的广播信号传输

ABES-ⅢA 轨道交通广播系统中采用混合传送方式，宽带广播信号采用 TMD 传输通道方式传送，而控制/网管数据则通过以太网总线方式传送。

三、车辆段/停车场广播系统

车辆段广播设备组成如图 4.8 所示。

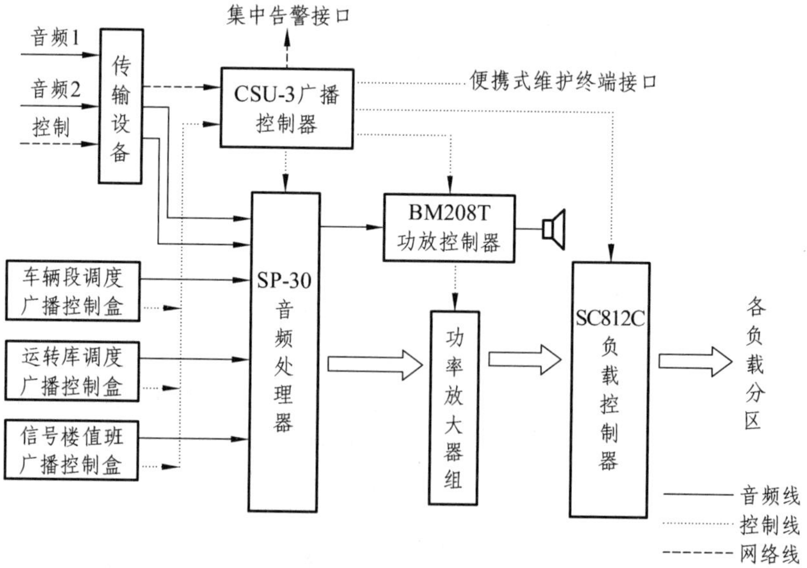

图 4.8　车辆段广播设备组成

车辆段信号楼值班员、运转值班员和检修值班员通过 3 只 BCV-2 广播控制盒对某一广播区域所有广播区进行广播，广播盒的优先级别可以设置。

采用 250 W 功率放大器用 6 备 1 的方式，主备转换自动完成，也可以手动切换。

除了不配置噪声检测探头、语音合成器以外，车辆段的配置、功能与车站基本相同。

第四节　广播系统维护与故障处理

广播系统作为城市轨道交通运营行车组织的必要手段，在运营期间，对车站乘客、维修和运行人员进行广播，提供有关时间表的变更、列车的误点、安全状况、偶发事故等信息；非运营期间，除了提供维护用途外，还需作为保证事故抢险，组织指挥等防灾广播，也需不间断运行。因此，对广播系统的运行管理的主要目的是保证系统的不间断运行，提供正常的使用功能。

一、运行管理任务

广播系统运行管理的任务是通过对设备的操作和定期的巡视与维护，快速准确地处理系统故障，从而满足系统正常运行的需求。

二、运行管理内容

广播系统外部设备多，分布面广，使用频繁。因此运行管理内容包括两个方面：一方面包括使用人员的日常使用及必要的维护；另一方面维修人员应该采取计划性维修与故障相结合的维护模式，保证设备良好状态。

（一）设备使用人员的日常保养

设备使用人员按照实际情况，除按要求正确使用设备外，还需定期对广播台按键和麦克风进行必要的清洁工作。

（二）维护人员的维护和故障处理规定

设备维护与故障处理过程中要严格遵守安全生产制度和技术安全规定。

1. 运营时的日常巡视检查

为确保广播系统正常运行，根据设备使用的频率和重要程度，维护人员应该每周或每日对设备进行一次检查。并将设备运行状态与标准状态进行比较，积累基础数据，通过数据之间变化和差异，及早发现设备存在问题，减少故障的发生。

2. 计划性维修

维护人员根据设备检修周期与工作内容，制定系统年度检修计划，包含日常保养、二级保养、小修等，对设备进行周期性检查维护工作，目的是通过对设备参数、性能的测试和机械特性的检查，分析设备存在问题，查找设备隐患，及时采取有效措施，减少设备常见的故障发生。

3. 故障处理

故障处理须坚持“先开通，后修复”的原则。当设备发生故障时，应尽快采取相应的处理措施，排除故障，恢复设备使用。故障处理完成后，应检查确保设备状态完全恢复正常，故障部件的修复工作不应影响设备的正常使用。

4. 设备运行管理

及时记录设备维修和故障的处理，建立起设备运行履历簿，记录设备运行历史记录。对设备故障情况进行分析，找出设备缺陷并加以克服。

5. 备品备件和工器具管理

根据设备使用实际情况，及时申购备品备件，保证足够备件数量，对维修用的工器具进行科学管理，仪器仪表及时送检，建立管理台账。

三、应备的记录、技术资料

1. 记录表格

根据制订的检修计划，应制订相应的记录表格，包括广播系统日检表、周检表、月检表、年检表和中检表。各种表格应与相应的检修周期和工作内容相对应，并应确保所有的检修内容能在表中反映出来。

2. 技术资料

广播系统应备的技术资料与图纸有采购合同文本、维护手册、操作手册、竣工资料和图纸、安装调试验交手册、系统设备平面布置图、系统原理图和培训手册等。

四、维护用工器具和备件

1. 工器具

维护用的工器具包括工具箱、电烙铁、毫伏表、示波器、阻抗仪、声级仪、音频分析仪等。

2. 备件数量

备件数量可考虑按照实际使用设备数量的 5% ~ 10%考虑，如果是系统重要设备，还应考虑 1 备 1 的方式。对于一些故障多发的外围设备，如麦克风，应考虑多备一些备件。考虑备件数量应设定一个最低库存数量，实际备件数量不应小于最低库存数量。

五、广播系统的操作维护规程

（一）广播系统机柜操作维护规程的基本条件

① 广播系统系统工作正常。

② 通信 UPS 系统供电稳定。

（二）维护注意事项

① 广播系统的日常检修和二级保养的维护工作由初级工以上人员操作。

② 小修和中修的维护工作由高级工以上人员操作。初级工和中级工需在技术人员或工班长指导下进行操作。

③ 维护过程中尽量避免影响站务人员的使用。

④ 广播系统的模块（除中央处理器、功率放大器）更换可带电操作，但须佩戴防静电手环。

⑤ 更换中央处理器时需关断广播系统机柜电源。

⑥ 更换功率放大器时关断放大器电源。

⑦ 更换中央处理器后，需通过维护软件重新进行系统参数的设置。

（三）广播系统机柜启动操作规程

1. 适用情况

广播系统机柜因供电中断或人为切断电源后，重新恢复供电时使用。

2. 操作人员等级

中级工以上人员。初级工可在高级工以上人员指导下进行操作。

（四）供电中断

1. 电源系统供电中断

当电源系统供电中断时，广播系统机柜停止工作，电源系统供电恢复时，广播系统机柜自动恢复工作。此时，应检查以下内容：

① 检查中央处理器状态指示灯。

② 检查机柜电源开关指示灯。

③ 检查自动音量调节器模块电平灯，正常在 $-10 \sim -18$ dB。

④ 功率放大器指示灯。

⑤ 自动音频测试功能正常。

⑥ 在车控室通过广播台的操作来检查广播机柜工作是否正常。正常时可对不同区域进行预存语音广播、人工广播。

⑦ 如果是控制中心的广播机柜启动，则还需在控制中心检查行调和环调、维调用智能广播台是否正常。

以上步骤检查正常后，可以判断广播系统机柜正常启动。

2. 因检修需要停止供电

当因检修的要求需要停止广播系统机柜工作时，应首先断开机柜内开关，再断电源分配柜内对应的空气开关。检修完毕，需要重新启动广播系统机柜时，按以下步骤进行。

（1）启动前检查。

① 系统电源开关断开。

② 电源系统输送来的电压正常（交流 220 V，±10%）。

（2）启动步骤。

闭合电源分配柜中对应的空气开关，依次闭合系统开关，之后进行下述检查确认：

① 检查中央处理器状态指示灯。

② 检查电源开关指示灯。

③ 检查自动音量调节器模块电平灯。

④ 检查功率放大器指示灯。

⑤ 自动音频测试功能正常。

⑥ 在车控室通过广播台的操作，检查广播机柜工作是否正常。正常时可对不同区域进行预存语音广播、人工（线路）广播。

以上步骤检查正常后，可以判断广播系统机柜正常启动。

如果是控制中心的广播机柜启动，则需在控制中心检查行调和环调、维调用的智能广播台工作是否正常。

（五）广播系统设备使用操作规程

广播系统设备使用操作规程用于规范使用人员的使用，保证不因使用人员使用不当造成设备故障或影响正常使用。规程应包括设备的使用操作说明及对使用人员操作设备的规范说明，并应根据系统设备实际情况具体制定，但须遵循以下原则：

① 使用人员应保证使用设备的清洁卫生，每周（每日）清洁一次设备。

② 使用人员不应在设备适用范围内进行吃饭或喝水等与工作无关的事情，避免设备进水烧毁设备。

③ 使用人员应严格按照安全部门的规定使用智能广播台设备，不可随意更改参数设置。

④ 使用人员发现设备故障后，应及时报告，通知维护人员前来维修，在修复之前应加强对不能广播区域的监控，避免安全事故的发生。

⑤ 使用人员使用设备时应严格按照设备操作指南使用设备。

六、广播系统设备维护

广播系统设备的检修周期分为日常保养、二级保养、小修和中修。对应不同的检修周期，有不同的工作内容见表 4.1。

表 4.1　广播系统设备检修工作

<table>
<tr><th>序号</th><th>设备</th><th>修程</th><th>检修工作内容</th><th>周期</th><th>检修标准</th></tr>
<tr><td rowspan="4">1</td><td rowspan="4">机柜设备</td><td>日常保养</td><td>查看各模块的状态指示灯；
通过中央处理器查看上次检查至今的故障记录；
清洁机柜表面</td><td>每周</td><td rowspan="4">各模块的状态指示灯显示正常；
机柜表面清洁无尘；
各模块清洁无积尘；
各模块工作正常，表面无积尘；
机柜内配线无松动、破损，线缆标志清晰，各紧固件牢固；
线路完好，无老化、氧化和破损，机柜的地线功能正常；
紧固件完好，油润；
输出电平值满足标准值</td></tr>
<tr><td>二级保养</td><td>同日常保养内容；
通过中央处理器查看系统状态参数；
检查录音信息；
清洁机柜内部；
检查机柜内部配线；
进行主备用功率放大器切换的试验；
通过中央处理器进行自动音频测试</td><td>每月</td></tr>
<tr><td rowspan="2">中修</td><td>同二级保养内容；
替换机柜内各模块，清洁并检测替换下的模块；
检查机柜内连线，更换氧化、老化的线路；
机柜的地线功能测试及整治；</td><td>每 3 年</td></tr>
<tr><td>测试机柜内各模块的输入、输出电平值，整改线路；
对所有地线紧固件进行打磨、更新、重新上油；
系统软件的测试、更新与升级；
对测试终端进行技术改造或更改</td><td>每 5 年</td></tr>
<tr><td rowspan="3">2</td><td rowspan="3">智能广播台</td><td>日常保养</td><td>检查广播台的按键功能；
检查广播台麦克风有无松动</td><td>每天</td><td rowspan="3">广播台内连线、按键无积尘，无老化，接触良好；
广播台表面清洁无尘；
广播台应牢固；
广播台按键灯均可正常显示；
所播出的声音清晰正常，无杂音，麦克风牢固无松动</td></tr>
<tr><td>二级保养</td><td>同日常保养内容；
清洁广播台；
广播功能测试</td><td>每月</td></tr>
<tr><td>中修</td><td>同二级保养内容；
替换智能广播台；
更换老化的按键、连线及接头；
清洁键盘内部的按键、连线及接头</td><td>每 3 年</td></tr>
<tr><td rowspan="4">3</td><td rowspan="4">广播台</td><td>日常保养</td><td>检查广播台各按键的功能；
检查广播台麦克风有无松动；
广播台播音功能测试</td><td>每周</td><td rowspan="4">人工广播与语音广播均正常；
可对不同区域进行广播；
广播台内连线、按键无积尘，无老化，接触良好；
广播台表面清洁无尘；
广播台应牢固；
广播台按键灯均可正常显示；
所播出的声音清晰正常，无杂音，麦克风牢固无松动</td></tr>
<tr><td>二级保养</td><td>同日常保养内容；
检查广播台的连线；
清洁广播台；
更换坏的按键指示灯；
检查广播台是否固定</td><td>每月</td></tr>
<tr><td>小修</td><td>同二级保养内容；
更换老化、破损的线路，按键</td><td>每年</td></tr>
<tr><td>中修</td><td>同小修内容；
清洁键盘内部的按键、连线及接头；
替换电气特性不良的广播台部件</td><td>每两年</td></tr>
</table>

续表 4.1

序号	设备	修程	检修工作内容	周期	检修标准
4	喇叭	二级保养	通过自动音量调节器判断噪感是否正常； 按区域检查喇叭工作是否正常； 更换坏的喇叭	每季	各扬声器输出正常，播音清晰
		小修	同二级保养内容； 维修质量标准的检查调整； 广播网阻抗测试检修	每年	
		中修	同小修内容； 逐个检查每个喇叭，更换性能不良者； 检查线路，更换电气特性不良的线路及接头	每五年	
5	功放	二级保养	检查各功放能否正常切换； 检查自动音频测试是否正常	每季	各功放工作正常，且能主备用切换； 自动音频测试各项参数正常

七、常见故障及处理方法

常见故障及处理方法见表 4.2。

表 4.2　常见故障及处理方法

故障现象	可能原因	故障处理方法
广播台的录音广播和人工广播均无法使用	接线盒或机柜内接线松落、接线盒到广播台的接口有损、广播台有损坏	接好松落的线；重做接口；更换广播台
人工广播无法进行，录音广播正常	咪头损坏；咪头到广播台功放的线松落；接线盒到前置放大器前的线松落	更换咪头；重新接好松落的连接线
部分区域或全区不能广播	智能广播台占用线路；机柜内分配线板上对应的接线松落；相应区域内的功放被关闭或者故障	等待高优先级广播；接好松落的线；打开或维修功放
广播台音量控制失效	音量控制旋钮损坏	更换旋钮
广播台喇叭无声	广播台内接线松落；机柜内 MA 模块故障	接好松落的线；维修 MA 模块
广播台上按键无选控功能	按键损坏	将线换至另一按键
功放自检时，输出电平过高	系统参数偏移，超出正常范围	重新进行参数设置；更换功放

小　结

城市轨道交通广播系统由正线广播系统、车辆段/停车场广播系统、列车广播系统协调工作组合而成。本章重点讲述城市轨道交通广播系统由正线广播系统、车辆段/停车场广播系统的组成及设备。

正线广播系统由控制中心广播系统和车站广播系统组成。采用以控制中心广播为主、车站广播为从的主从两级控制方式。控制中心广播的优先级高于车站广播，车站广播在控制中心不广播时，具有独立广播的功能。平时以车站广播为主，控制中心可以插入，但在事故抢险、组织指挥、疏导乘客安全撤离时，则以控制中心广播为主。

控制中心广播系统由广播控制盒、音频合成器、前置放大器、音频切换矩阵、广播控制器、传输设备等组成。车站广播系统还由车站前置放大器、应急切换设备、功率放大器组、扬声器组、广播控制器、传输设备等组成。

广播系统外部设备多，分布面广，使用频繁。因此系统的运行管理有两个方面：一方面要包括使用人员的日常使用及必要的维护；另一方面维修人员应该采取计划性维修与故障相结合的维护模式，保证设备良好状态。

思考题

1. 城市轨道交通广播系统有哪些功能？
2. 正线广播系统分别包含哪些子系统？各由哪些主要设备组成？
3. 车辆段广播系统的作用是什么？主要由哪些设备构成？
4. 扬声器主要分布在车站哪些位置？
5. 录音广播和人工广播均无法进行时，分析可能的故障原因。

第五章　时钟子系统

第一节　时钟系统简介

城市轨道交通系统整个网路的运行需要各部门在统一的时间基准下紧密配合，时钟子系统就是向全运行网络提供统一的时间基准的系统，因此必须具备高度的可靠性、准确性和各站点的统一性。城市轨道交通时钟系统获得标准时间的方式一般采用GPS授时系统。一级母钟以及GPS授时系统安装于地铁控制中心通信设备室，二级母钟安装在各车站及车辆段通信设备室，子钟则根据需要安装在工作场所，站厅、站台等地供工作人员和旅客使用。

一、时钟系统功能及特点

时钟系统在控制中心向传输系统、无线通信系统、公务电话系统、专用电话系统、闭路电视监视系统、广播系统、信号系统、电力监控（SCADA）系统、自动售检票（AFC）系统、火灾自动报警系统（FAS）、环境与设备监控系统（BAS）及列车自动控制（ATC）等系统提供准确、统一的时间信息，使全线执行统一的定时标准。它为地铁行车指挥、列车运行、设备管理提供统一的时间基准，确保通信系统以及其他重要控制系统协调同步。因此，时钟系统具有精确度高、可靠性高、组网灵活、操作简单及维护方便等特点。

1. 安全可靠

母钟是整个时间系统的中枢部分，其工作的稳定性在很大程度上决定了整个系统的可靠性，因此要充分考虑其功能的实现与可靠性等综合因素，将控制中心及车站母钟关键部位采用双重热备份，当主单元发生故障时，能够自动切换到备用单元，实现主备单元之间的自动转换。正常情况下，母钟的时间基准由控制中心时间服务器传送，当服务器出现故障时，母钟将采用自身的高稳晶振作为时间基准。

中心母钟与二级母钟之间的传输通道在资源允许的情况下，可以采用主备两路以提高系统的整体可靠性。

2. 组网灵活

时钟系统采用分布式结构，通过计算机进行集散式控制，这样既便于用户按照自己的需要灵活配置，又可以保证在以后的工程中很方便地对本系统进行扩容。二级母钟可独立于中心母钟，单独控制所属子钟。当系统的某一部分发生故障时，整个系统仍能正常运行。

3. 维护方便

时钟系统的关键部位采用模块单元插接结构及标准元器件，相同规格的设备与部件之间具有可互换性，维护方便。主单元采用可带电插拔式板卡结构，系统功能构成紧凑。

4. 抗干扰性强

在地铁时钟系统设计中充分考虑了轨道列车的特性，特别是电磁波对时钟系统的干扰，因此采用抗电磁、抗电气干扰的设备和电缆，并采取了必要的防护措施；在时钟系统设备与其他子系统的接口设计中都采取了有效的防高压、防静电隔离措施，即防止了其他系统带来的电磁干扰，同时也不会对其他系统造成电磁辐射污染。

5. 扩容空间

时钟系统在校准手段、中心接口、车站子钟驱动接口等处均留有较大扩展余地，以备将来线路延伸扩容和升级。

6. 美观性

因时钟显示面向乘客，所以在美观、与周围环境的和谐等方面，各地铁车站选用子钟的形状多种多样，数显式发光也丰富多彩。如发光圆盘形式，小时和分钟数码置于中央，呈滚动显示，秒点在其外以圆周转动，同时为保证有效的视觉效果，通常采用高亮度的 LED 数码管，并能够根据环境亮度进行调整，令人耳目一新。

二、时钟系统发展趋势

随着地铁建设范围的扩大以及时代的发展，对地铁时钟系统的要求也在不断提高，采用先进的时钟技术及优质的产品，是地铁系统关注的重点之一。

1. 系统的扩展性

增加相应的中心编码模块，可实现为中心母钟增加新类型的接口标准；母钟接口的数量及类型扩充，可以在不改变硬件设备的条件下，对计算机监测软件稍作修改来实现。

2. 设备的易维护性

采用单元模块式和电路插板式相结合的设备结构，便于安装维护，便于互换和扩容。

3. 指针分控技术

指针式子钟采用三个指针分控技术，安装和使用都摆脱了传统指针钟表的局限性，不用手调，不存在追时现象，通电初始化后可快速完成自动校准。

4. 监控技术

网管中心的计算机监测管理系统既可以对中心设备关键节点参数进行高精度数据采集和分析，还可以实时对各车站所有设备回传的数据进行监控，及时修正由于网络延时的漂移对二级母钟的精度影响，同时利用 GPS 信号高精度的特点，定期检验和校准高稳晶振的频率，可以保证系统运行精度要求，不需送交计量部门进行校验。

5. 监测技术

车站时钟设备设有系统监测数据传输接口，可利用便携式管理维护终端，实施对全线设备的管理。在控制中心的网管终端，可通过外置 Modem 接入 Internet，进行远程维护和监测。

第二节　时钟系统

一、地铁时钟系统结构

地铁时钟系统由控制中心及车站/车辆段两级组成。控制中心设备与各车站间的信息传递由光传输系统提供的数据通道来实现，采用共线方式，异步低速接口。时钟信号通过控制中心的中心信号分配器将提供给 ATC、电话系统、电力监控系统、防灾系统、环境监控系统、广播系统、无线、传输系统、电话系统、监控系统等，系统总体结构如图 5.1 所示。

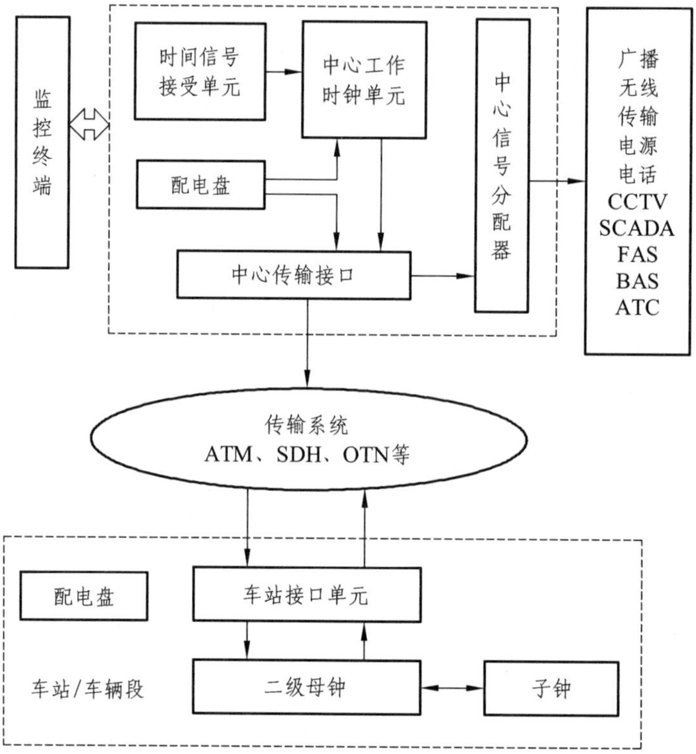

图 5.1　地铁时钟系统结构图

二、时钟系统设备

（一）控制中心设备

控制中心设备包括中心工作时钟单元，即中心母钟、标准时间信号接收单元、中心接口单元（包括中心信号分配器和中心传输接口），网管终端等。

1. 中心母钟

中心母钟作为整个时钟系统的基础主时钟，能够接收来自标准时间信号接收单元的信号，进行时间的校准，避免产生累计误差，同时中心一级母钟提供严格同步的时钟码，能够定时将校准后的时标信号，通过接口分配给各车站及车辆段的二级母钟以及其他需要标准时间的系统以作为各系统的时钟同步信号，使其按统一的时间标准运行。

中心母钟包括主备用高稳定度工作时钟模块、信号切换模块等。

工作时钟模块以高稳定度、恒温晶振为本地频率源，接受标准时间信号的同步校准。当由于老化等原因高稳晶振发生频率偏移时，可利用全球卫星定位系统（GPS）模块和管理维护终端的监测软件进行调校修正。

工作时钟模块内一般包含不掉电日历时钟芯片，重新上电时无须依赖中心信号也有正确的时钟码输出。

信号切换模块负责对主备两路高稳定度时钟信号的监测判断和输出切换，一般情况选通主路信号。当主路信号丢失时，会自动切换到各路信号；当主路信号恢复正常后，又会切回主路。

2. 中心接口单元

中心信号分配器接收中心母钟产生的时钟码信号，进行分配放大，产生多路标准接口信号后分配输出，提供给地铁各相关系统时钟同步信号。除提供各系统的输出接口外，还将预留备用的输出接口。

同时，中心传输接口接收二级母钟回送的各站时钟的运行状态信息，经单元面板简单显示后，送往中心的监控计算机，由监控终端进行点对点监控。

中心接口单元还接收中心管理维护终端的控制命令并与时间信号同时下传至各车站及车辆段二级母钟。

3. 标准时间信号接收系统

标准时间信号接收系统为中心母钟系统提供高精度的时间基准，以实现时间系统的无累积误差运行。

标准时间的引入方式有：国家授时中心 BPL/BPM、卫星 GPS/GLONAS、电视 CCTV 16H、广播时码同步等，一般地铁时钟系统可采用的有 GPS 和 CCTV 接收方式。

GPS 和 CCTV 接收模块都是全自动工作的，不用设置和操作。在 GPS 信号正常的情况下，控制中心设备采集 GPS 系统的时标信号，以 GPS 标准时间信号为主用单元；当 GPS 信号不能被正常接收到时，将通过软件接口自动切换到 CCTV 时间信号接收单元的输入接口中。

4. 监控系统

监控系统通过数据传输通道，能够实时监测全线时钟系统的主要设备的运行状态，可进行故障管理、性能管理、配置管理及安全管理等集中维护功能，同时设监测系统的声光告警指示器，对本系统的任何故障告警作同步传输，指示故障部位。

监控主界面能够监控和显示的内容有：系统网络的拓扑结构、信号接收单元、中心母钟、各车站的二级主备母钟、传输通道及所有子钟的工作状态。故障定位到任一母钟、子种，并能显示基本故障排除原则等帮助信息，以便于全系统的集中管理。

维护终端能够监测中心设备中各路信号的相位时延关系，提供精细、直观、全面的比对和记录；可以根据较长时间段内各路信号的相位差记录，自动计算相关的误差，并依此检验、调校母钟和子钟的自走时精度。

5. 时间信号传输

时钟系统在控制中心依靠中心母钟获得可靠的时间信息后，再通过编码将这些信息有效地传输到不同地点、不同接口的设备。

随着通信技术、计算机技术和微芯片技术的不断进步，新的编码方式不断出现。应用于时钟系统的常见时码有 SMPTE EBU 时码、VITC 场消隐时码、SZ 时码、RS232/422/485 时码等，地铁时钟系统对外提供时间信号的方式大多采用 RS422 或 RS485 时码。

RS422/RS485 时码，与 RS232 码相仿，但工作方式不同，有线传输距离超过千米，适于双工或半双工的通信组网结构，灵活性较强。通过综合配线架，接入 SDH、ATM、OTN 等数字通信系统的光缆终端的低速数据接口，进行各车站间的传输。

（二）车站/车辆段二级母钟

车站/车辆段设备主要有二级母钟和子钟。

1. 二级母钟

二级母钟通过数据传输通道，接收中心母钟发出的标准时间码信号，用以自身校准，使二级母钟与中心母钟随时保持同步，并产生输出时间驱动信号，用于驱动本站所有的子钟，并能向中心设备回馈车站子系统的工作信息。二级母钟包括车站接口模块和工作时钟模块。

（1）车站接口模块。

车站接口作为本站点二级母钟与中心母钟之间的接口，接收通道标准时间信号，对信号质量进行鉴别，并能监测二级母钟和所有子钟的主要工作状态，包括本站点时间信息、车站编号、二级母钟和子钟状态信息和通道状态信息等；同时将状态信息及故障信息，提供给传输接口，信息回传给中心监控终端，进行集中控制。

二级母钟通过标准接口经由电缆，将标准时间信号发送至所属子钟，用于控制子钟运行，驱动本站（场）所有的数显和指针式子钟，使子钟显示标准时间信息。

（2）工作时钟模块。

与中心工作时钟模块结构相似，二级母钟采用温补晶振，可保持较长时间的稳定性和自运行精度。通过车站接口模块，从光传输终端接收中心一级母钟的时间校准信号和控制命令信号，使二级母钟与一级母钟随时保持同步，并产生输出时间驱动信号。二级母钟具有长期独立的工作能力，在传输通道中断或中心母钟发生故障时，仍可依靠自身晶振指挥子钟运行。

2. 子　钟

子钟通过接收二级母钟发出的时间码信号，进行时、分、秒时间信息显示。在正常情况下，子钟接收二级母钟发送的标准时间信号，将自身精度校准，并可回送自身的工作状态信息；当子钟接收不到来自二级母钟发送的时间信号时，仍能依靠自身的晶振独立运行。

子钟分为指针式和数字式两种。指针式子钟外观以双面圆形的居多，子钟的盘面加装照明装置；数字式子钟采用超高亮数码管显示，显示方式上采用全静态显示，无闪烁，显示窗为防眩光材料，置于日光灯下也不会产生反光现象。

一般在办公房间采用单面数字式子钟，在公共区（站厅、站台）采用指针式子钟，若吊装高度不足时，也可采用双面式数字子钟。

三、时钟系统运行监控

1. 网管终端

在控制中心设置时钟系统网管终端，可对系统进行性能管理、故障管理、安全管理。

网管软件采用 Visual Basic 6.0 编制而成，运行在 Win2000/NT Server 操作系统上。其监控界面采用全中文显示、下拉菜单模式，具有友好的人机对话界面。网管终端具有良好的开放性和可扩充性，可以很方便地对需要监控的二级母钟和子钟数量进行更改。网管终端通过标准的 RS-422/RS-232 接口与中心母钟相连，具有集中维护功能和自诊断功能。

网管终端能够实时检测城市轨道交通时钟系统设备的运行状态，对系统的工作状态、故障状态进行显示、打印、存档，并能够对全线母钟与子钟进行点对点控制，其主要监控及显示的内容包括：

① 同步时标信号接收机的工作状态；

② 信号处理单元的工作状态；

③ 母钟和每个子钟的工作状态；

④ 传输通道的工作状态；

⑤ 对全线时钟系统的控制；

⑥ 基本故障排除原则等帮助信息。

网管终端还能对故障状态及时间进行打印和存储记录。当系统出现故障时，能够发出声光报警，指示故障部位。同时，故障信息能够传输到集中告警终端，以便于地铁通信系统的集中管理。另外，还可实现远程联网报警，及时将相关信息传送到不在故障现场的设备管理人员的通信工具上。

2. 网管软件功能

网管终端能够显示系统的网络拓扑结构，实时反映其物理连接状态及各节点设备运行条件和状态，并对系统的工作状态，故障状态进行显示。

网管终端对系统监控和显示的内容包括：各级时钟、子钟及传输通道工作状态的显示，对时钟系统的控制（主要是加快、减慢、复位、校对、追时）等。网管终端能对时钟系统进行配置和数据设定。

网管终端还能对故障状态及时间进行打印和存储记录。当时钟系统出现故障时，监控终端发出音响报警，并在监控终端主界面上弹出故障设备位置及故障内容，音响报警信号可通过手动操作切除。同时故障信息通过 10 M 以太网总路线传输到综合监控系统，以便于地铁通信系统的集中管理。

管理人员进入网管系统需进行登录，根据维护管理人员级别采用不同的登录口令。

（1）网管级别。

① 网络监视级：管理人员只能查看信息，不能修改任何数据。

② 网络维修级：管理人员能对一般维修所需的数据进行修改，不能对数据库进行修改。

③ 网络管理级：管理人员能修改数据库的任何数据。

网络管理运行中，对所有登录者的操作内容进行实时监视，监视过程用文件方式进行记录（含有时间、登录口令）并保存。该文件可供查看、打印，但不能删除。

（2）网管终端的用户管理。

网管终端的用户管理包括用户信息的创建、修改与删除。

① 分配密码。高级用户为低级用户分配密码。

② 用户授权。为一定级别用户赋予一个或多个的操作权限。

③ 用户登录鉴权。当用户登录网管系统时，系统提示操作人员输入密码，并校验该密码是否正确。只有成功通过鉴权的用户才能登录本系统，鉴权失败时系统给出提示信息。

④ 用户操作鉴权。当用户执行网管系统某个功能时，系统自动校验该用户是否有执行该功能的权限。只有成功通过用户操作鉴权的用户才能执行该功能，鉴权失败时系统给出提示信息。

⑤ 自动注销功能。当成功登录本系统的用户，在预先设置的时间间隔内没有执行任何操作，系统将自动注销该次登录。

本系统故障信息能够以 10 M 以太网总路线方式传输到通信系统集中告警终端，以便于地铁通信系统的集中管理。

3. 网管系统界面

（1）网管系统主界面。

时钟网管系统的主界面（主页），由制造商根据具体的应用进行设计和制作。主界面上应包括的现实内容主要有：

① 网络拓扑：主页上方为时钟系统的网络拓扑图，图中的站点代表车站或车辆段的时钟设备，并用红、绿两色代表站点时钟设备是否正常运行。

② 中心母钟时间：网管终端监控主界面左上角可实时显示年、月、日、星期、时、分、秒。

③ 中心母钟状态：当主/备母钟通信、GPS 接收机、电源正常时，显示“正常”字样，否则在相应故障部位，闪烁显示红色“故障”字样。

④ 站点：网络拓扑图上的站点呈绿色表示该车站或车辆段的二级母钟及所有子钟均正常，站点呈红色表示该站点某设备出现故障。

⑤ 母钟工作：主母钟正常时，文本框显示“主母钟正在工作”；主母钟故障时，系统将切换到备母钟运行，并在文本框内显示“备母钟正在工作”，主母钟文本框显示“主母钟故障”。

⑥ 校时方式：GPS 正常时，文本框显示“GPS 授时”；GPS 出现故障时，系统将切换至通信楼综合定时供给系统（BITS）授时，同时发出报警信息。如果 GPS 与 BITS 同时故障时，系统将启用母钟自身晶振信号对二级母钟校时，同时发出报警信息。

（2）二级母钟子系统界面。

点击网管系统主界面网络拓扑图中的站点，进入对应车站二级母钟子系统界面。

界面直观地显示该站点的二级母钟及其所从属子钟的工作状态，对子钟的操作可根据提示进行。

网管终端通过控制中心一级母钟、二级母钟实现与车站子钟的串行通信；通过中心一级母钟实现与中心子钟的串行通信。

二级母钟子系统界面所显示的内容包括：

① 时间显示：界面左上方实时显示标准时间；

② 工作状态：主、备二级母钟状态正常或故障；

③ 母钟工作：主二级母钟工作或备二级母钟工作；

④ 子钟：子钟的钟号，子钟的工作状态包括正常（绿色）、故障（红色）、校时（黄色）、备用（白色）。

（3）子钟监控界面。

点击二级母钟子系统界面中的某个子钟，进入对应的子钟监控界面。子钟监控界面主要包含的内容有：

① 子钟的钟号：子钟的序列号为全系统唯一。

② 站名：车站名或车辆段。

③ 站名代码：全线车站或车辆段有唯一的站点代码。

④ 显示信息：年、月、日、时、分、秒。

⑤ 安装位置：站厅、站台、机房或办公室等。

⑥ 时间设置：输入时、分、秒，按发送键。

⑦ 工作状态、通信状态：正常（绿色）、故障（红色）、校时（黄色）。

4. 故障管理

控制中心一级母钟具有故障自诊断功能，设置必要的硬件自动测试点，配合软件来智能判断，可实时在线监测主备母钟、GPS 接收机、电源的工作状态；并通过传输通道获取各车立占/车辆段二级母钟及其所有子钟的状态信息，根据约定的协议，将所获取的数据打包，上传网管终端。网管终端将全线所有时钟系统的主要设备的状态信息通过图形界面来直观显示。

当网管终端与一级或二级主/备母钟通信中断时，网管终端主界面自动故障定位红色报警显示；并送出远程联网报警。

5. 故障定位

（1）母钟状态。

当主母钟通信、备母钟通信、GPS、电源正常时，界面显示“正常”字样，否则在相应故障部位，红色闪烁显示“故障”字样。

（2）站点。

显示××站点，其中包括预留站点，以满足后期扩容需要，在扩容时基本不需修改软件。站点内有设备发生故障时，小方框将红色闪烁示警，将鼠标光标移到站名处，当光标变形后，按左键进入相应下一级子界面，可进一步了解故障信息。

6. 故障记录与报警

当任一设备出现故障时，发出声响报警。

（1）故障记录。

值班员在主界面中下部的文本框中进行日志操作。点击“存盘键”可进行存盘；点击“打印文档键”，可打印值班记录。

（2）值班员手机（电话）号码输入。

输入值班员手机（电话）号码后，点击“确认键”即可。当出现故障时，系统将自动拨打该手机。

7. 告警信息输出

控制中心设置集中告警中心，它用来采集通信各子系统的故障告警信息。

（1）远程联网报警功能。

网管终端带有调制解调器，连接市话线。当有故障发生时，系统自动拨打手机，通知维护人员，进行故障报警。监控界面可以进行传呼机号码、电话号码、手机号码设置，用户可根据实际情况进入不同的设置。

（2）声光报警。

网管终端带有小功率音箱和故障指示灯。当有故障发生时，系统自动打开音箱电源开关，通过声卡输出告警声音，并开启故障灯电源开关，实现灯光报警。

（3）集中网管与告警服务器。

建议每条线路的通信系统在中央控制室设立集中网管与告警服务器。各子系统的网管终端通过以太网网卡，遵循 TCP/IP 协议，分别定时将各自的故障情况、运行情况反馈到通信系统集中网管与告警服务器。

（4）中心网管终端。

中心网管终端通过 IP 网络，定时向集中网管与告警服务器发送以下四类信息：

① 母钟标准时间；

② 报警信号及报警处理，包括报警时间、报警区域、报警原因和报警解除时间；

③ 全局状态情况，包括正常运行、降级运行、局部故障、重大故障、停止运行；

④ 故障及故障处理。

8. 网管终端配置管理

用鼠标点击网管终端主界面左上角的“设置”按钮，进入站名及区名和钟号设置界面。输入密码，按“确认键”，进入站名、区名和钟号设置状态。

（1）站名设置。

用鼠标点击站名区的一个文本框，激活后可输入站点名称，每一个站点名对应一套二级母钟设备，二级母钟编址通过跳线设置。

（2）区名设置。

用鼠标点击区名的一个文本框，激活后可输入名称。例如，站台区、站厅区、办公区等，便于系统设备的维护和管理。

（3）钟号设置。

系统中每个子钟都有唯一的地址编码，便于故障定位。地址编码可根据实际的地址跳线填写。

9. 网管终端安全管理权限

为了系统安全可靠的运行，网管终端设三级安全管理权限：

（1）时间设置。

在主界面上对母钟时间进行修改后，在其右面的密码输入框中输入正确的密码，确认后按发送即可。此为系统运行的安全措施之一。

（2）照明控制。

利用该功能，控制夜间照明灯光的开启与关闭。需输入密码确认。

（3）系统设置。

主界面右上角“设置”按钮，用于时钟系统设备的设置与管理，包括站名（二级母钟）设置、区名、子钟的设置均须输入密码确认，以保证系统的安全性。

10. 帮助信息

用鼠标点击“帮助”按钮，可查看系统的版权、操作、技术等说明，用户可进一步获取所需的信息。

① 子钟的钟号：子钟的序列号为全系统唯一。

② 站名：车站名或车辆段。

③ 站名代码：全线车站或车辆段有唯一的站点代码。

④ 显示信息：年、月、日、时、分、秒。

⑤ 安装位置：站厅、站台、机房或办公室等。

时间设置：输入时、分、秒，按发送键。

第三节　地铁时钟系统应用实例

一、北京地铁时钟系统构成

地铁时钟系统采用控制中心（OCC）及车站（车辆段）2 级组网方式，利用 GPS 技术进行同步时间校准。

控制中心设置有标准时间信号接收单元、中心一级母钟、中心接口和网络管理终端等；车站（车辆段）设置有车站接口、二级母钟和时间显示单元（简称子钟）等。北京地铁时钟系统如图 5.2 所示。

中心一级母钟给整个地铁通信系统提供严格同步的时标信号（包括日期和时间信息），经不同的中心接口产生不同的信道编码，分别送往地铁各线路来校准各个车站的二级母钟，控制本站内的所有子钟。为避免产生累计误差，中心一级母钟依靠接收外部标准时间信号校准。考虑到地铁环境的特殊性，设有 A、B 中心一级母钟 2 套，互为主备，并能自动倒换。

GPS 定时同步仪位于系统最前端，负责接收 GPS 卫星信号，从中解出标准时间信号，用来同步中心一级母钟。另外，GPS 定时同步仪还输出 2 048 kHz 同步信号，用于同步其他通信系统，这样既保证了整个地铁通信系统的时间是统一的，同时与国家标准时间相比也是准确的，极大地满足了各个系统的要求。

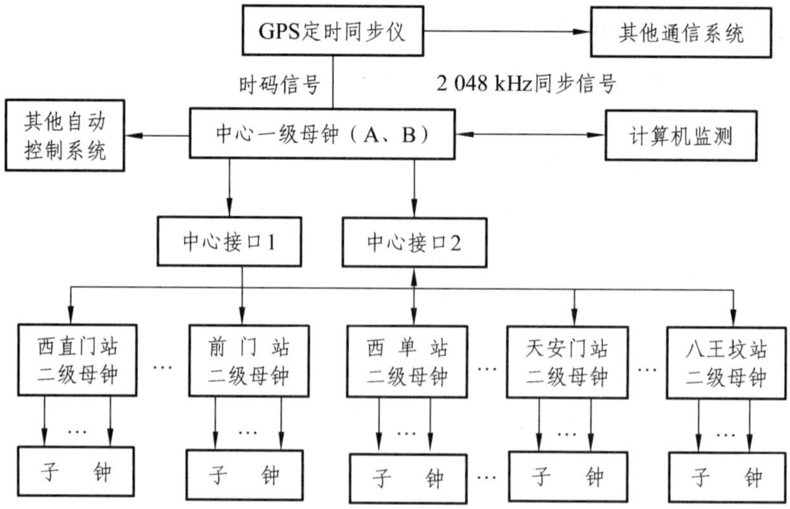

图 5.2 北京地铁时钟系统

二、GPS 定时同步仪

北京地铁时钟系统采用的 GPS OEM 接收板，有 12 个并行接收通道，可跟踪视野中最多的 12 颗卫星。具有 2 个串行口，缺省设置下串口 1 自动以 NMEA20183 格式输出导航定位数据，且按 RS232 标准接口的 4800 B/s、8 位数据、无奇偶校验、1 位起始位和 1 位停止位输出，每秒输出 1 次。串口 1 也可接收用户的控制信号。该接收板还具有秒脉冲(1PPS)和 10 kHz 标准信号输出。本系统最重要的是在 GG A 语句中输出的时间码和 1PPS。以 GPS-OEM 接收板为基础的 GPS 定时同步仪结构如图 5.3 所示。

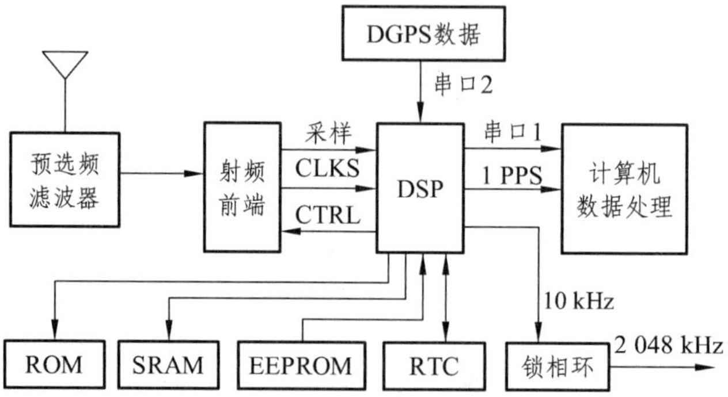

图 5.3 GPS 定时同步仪结构

GPS 射频前端接收 GPS L1 波段的导航电文，其片内集成了低噪声前置放大器、VCO、多路输入开关、分频器、AGC、PLL 等多个功能单元，用外接的滤波器滤取 L1 载波，再通过 2 次变频处理，最后把采样的二次中频和包含数据信息的同步正交调相信号送给 DSP 芯片。DSP 芯片是个 12 通道单片数字信号处理器，内含处理 GPS 信号的专用硬件电路，如时频信号发生器、GPS 信号处理器自测试单元、频率温控单元等。

OEM 接收板同时输出 1PPS 和包含日历时间信息的 GG A 语句，其 1PPS 与 UTC 严格同步，但其 GG A 语句有一定的随机性，即与 1PPS 不严格同步。作为一个高精度的时钟系统，其输出信号应保证秒的前沿是准确的，同时其时间数据也应是实时的，不应抖动。鉴于此，开发的 GPS 定时同步仪的计算机数据处理部分，采用了两个单片机同时工作，如图 5.4 所示。

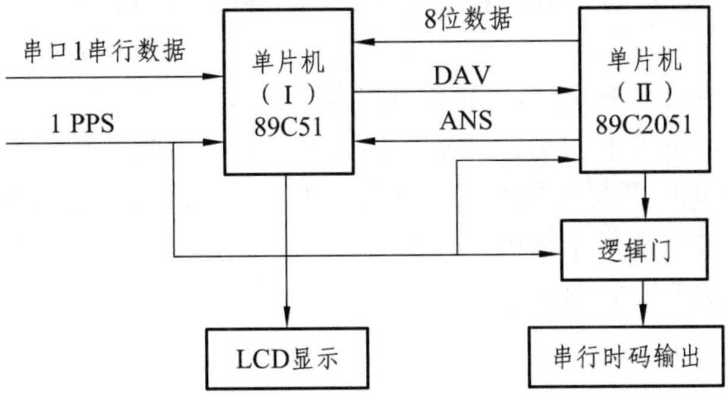

图 5.4　GPS 定时同步仪的计算机数据处理

单片机 I 采用 89C51 微处理器，主要作用是读取 OEM 板串口 1 输出的 MEA20183 标准的 GG A 语句，软件不断读取串行数据，判断到数据头 $ GPGG A 之后读入标准 UTC 时间码，并校验和判断时码是否正确。单片机 I 将读得的时间码，在 2 个 1PPS 的间隙以并行方式传送给单片机 II。单片机 II 读入时间码并作加 1 s 的运算，在下一个 1PPS 信号到来时，根据 1PPS 信号引发的中断，实时地按输出格式要求编码串行输出。其前沿由硬件电路对 1PPS 信号整形、整宽之后先行输出，这样就可保证串行输出时间码的精度与 GPS 2OEM 板的输出精确同步，同步精度可以做到 1 μs，具有稳定的开机重现性。

单片机 I 和 II 之间的数据交换采用并行方式，借鉴了 PC 机打印口的通信协议，通过软件编程，实现了单片机并行数据传输，其时序如图 5.5 所示。

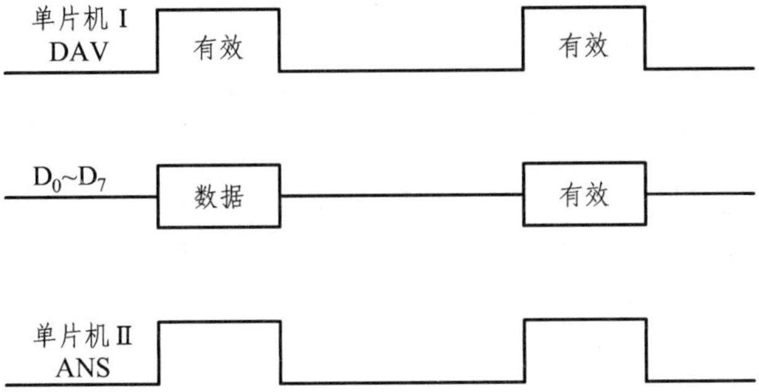

图 5.5　并行数据传输时序图

各信号的定义描述为：

DAV 信号：由单片机 I 控制，其高电平表明数据口 $D_0 \sim D_7$ 的数据有效，单片机 II 可以读取。

$D_0 \sim D_7$ 数据：由单片机 I 写，单片机 II 读。

ANS 信号：由单片机 II 控制作为应答信号，低电平表示空闲，高电平表示已成功读完数据。

数据传输的一个过程为：单片机Ⅰ要传送数据时，首先判断ANS信号线的状态，ANS为低电平时表示单片机Ⅱ空闲，单片机Ⅰ此时可以送出并行8 bit数据，同时将DAV信号线置为高电平；单片机Ⅱ由 DAV 信号的高电平触发，读入数据，然后将应答信号置为高，再进行必要的内部数据处理和存储；单片机Ⅰ通过ANS信号得知单片机Ⅱ读完数据后，恢复数据有效位，等待；单片机Ⅱ处理完数据后再将ANS应答信号置低电平，此时又可以进行下一个8 bit数据的传输。

另外，GPS接收板还具有10 kHz标准频率信号输出，本应用中设计了2 048 kHz同步信号发生模块，用于通信系统的同步，其基本结构为一个锁相振荡器。

通过GPS定时同步仪获得的标准时间信号，用来同步地铁时钟系统，使地铁时间既是统一的，也是准确的，为地铁行车指挥、列车运行、设备管理提供时间基准，确保了通信系统以及其他重要控制系统的协调同步。

第四节　时钟系统维护与故障处理

一、时钟系统的运作模式

1. 中央控制运作模式

系统正常工作状态下，使用中央控制运作模式，此时一级母钟可正常接收GPS信号，并将此信号转换成标准时间信号传送给二级母钟及其他需要接收时间信号的系统，从而使各终端用户的时间与GPS时间保持同步。

当一级母钟不能正常接收GPS信号时，一级母钟将会通过自身的高稳晶振的运作提供时间信号，此时各终端用户仍然接收来自一级母钟的时间信号，不过这个时间信号并不是来自于GPS系统，而是由一级母钟自身产生的。一般一级母钟系统自身的晶振精度可达到10^{-6}，所提供的时间仍能满足运营的要求。

2. 车站降级控制运作模式

当一级母钟不能正常接收GPS信号，同时一级母钟因故障不能向二级母钟传送时间信号时，系统进入车站降级控制运作模式。此时二级母钟依靠其自身高稳定晶振为分布于各站点的子钟提供时间信号，但不能给其他系统提供时间信号。

当二级母钟因故障无法向子钟提供时间信号时，子钟仍能自行运作，继续向乘客提供时间信息显示，这样就能提高时钟系统的可用性。

二、时钟系统设备维护

通信专业负责一级、二级母钟系统的故障处理、日常维护。对于与其他系统连接的接E1，通信人员只负责提供正确的时间信息，维护范围包括时钟机柜的接头和传输至其他系统的电缆及接头。

时钟系统设备维护周期与工作内容见表 5.1。

表 5.1　时钟系统设备维护周期与工作内容

序号	设备	维修	检修工作内容	周期
1	一级母钟 二级母钟	日常保养	检查一级母钟是否正常接收 GPS 信息； 清洁一级母钟和二级母钟； 检查二级母钟是否与一级母钟同步	每周
		二级保养	同日常保养内容； GPS 接收天线外观检查； 机柜内部配线检查； 二级母钟重启动实验	每月
		小修	同二级保养内容； 母钟模块输入或输出信号测试	每年
		中修	同小修内容； 清洁机柜内部模块、总线板； 检查机柜连线及接头； 更换电气特性小良的部件； 机柜的地线功能测试及整治； 对所有地线紧固件进行打磨、更新、重新上油	每 3 年
2	子钟	日常保养	检查是否与二级母钟同步； 检查时钟灯管是否正常	每周
		二级保养	同日常保养内容； 清洁子钟	每月
		小修	同二级保养内容； 检查子钟内部配线有无松动；	每年
			灯管或启辉器的更换	需要时
		中修	同小修内容； 清洁子钟内部部件； 检查子钟内部线路及接头； 更换电气特性不良的线路及接头	每 3 年

1. 日常保养

检查机柜、机柱、基础是否稳固，安装是否完好，有无破损；检查箱体、盒、盘、柜有无破损，密封是否良好，有无破损、漏水；检查各种指示灯、仪表指示是否正常；检查设备运行是否正常；检查各种紧固件、螺丝是否紧固；设备外部清洁。

2. 二级保养

在日常保养的基础上，增加开箱、开盒检查，测试工作电压、电流等是否正常；检查杆件、紧固件、螺丝是否松动；检查配线、连线是否良好，有无松脱；调整动作部件动作是否良好；检查表示、显示是否正常；各部件检查、清洁、紧固；进行设备功能测试、动作、运行是否正常；更换不良部件；涂油、防锈、整修；清洁、注油等工作内容。

3. 小　修

在二级保养的基础上，增加修复、更换不良部件；系统测试、试验等工作内容。

4. 中　修

在小修的基础上，增加对现场可拆卸、替换的设备采用运回车间维修的方法进行维修，对不易拆卸、替换的设备采用现场集中维修的方法进行维修；对设备进行全面分解、整修、补强、调整；对关键、主要部件进行修复、更换；对淘汰的设备、器材进行更换等工作内容。

三、时钟系统设备故障处理

1. 故障处理程序

有关维护人员应及时准确地判断故障位置、故障原因，按照“先通后复”的原则，积极组织修复，缩短故障时间，把故障影响控制在最小范围内。如果有影响有关行车的关键设备，必须采取倒换、代替等应急措施尽快处理，以减少影响程度。

当值班人员在控制中心发现设备故障或接到故障报告后，应做出故障影响范围的判断，并向车间轮值工程师报告。如果故障不影响行车，直接由值班人员负责处理，处理完后将处理情况向车间轮值工程师报告。如果影响或可能会影响行车，值班人员要先初步判断赶到现场 10 min 之内能否处理，是否需要支援，并报车间轮值工程师。如判断不清，则立即赶赴现场判断 10 min 之内能否处理，是否需要支援，并报车间轮值工程师。如果 10 min 之内处理不了，需要支援，则要当即向车间轮值工程师提出。如果值班人员认为自己可以很快处理，但到现场后 10 min 之内处理不了，要立即向车间轮值工程师报告，并请求相关专业技术人员赶赴现场处理。

2. 注意事项

鉴于一级母钟系统的重要性，应加强日常巡检和维护以确保该系统的正常运作。

由于子钟连续 2A-h 运行，因此子钟机芯属于易耗件。应及时清除机芯内的灰尘，定时注油，紧固机芯与指针的连接。实际的维护工作证明，时钟系统的故障多发生在子钟，且 90%以上的故障来自机芯。

3. 常见故障及处理方法

（1）故障现象：子钟不走。

可能的故障原因：母钟故障；软件设置错误；线路故障；子钟机芯故障。

处理方法：检查母钟工作状态；检查母钟运行参数；检查线路（母钟与子钟的连线及子钟内部线路）；检查子钟机芯工作状态。

（2）故障现象：子钟的单面不定时地快跳，快跳后时间不准或者是指针停止不动。

可能的故障原因：指针与机芯的机械连接故障；子钟机芯故障。

故障处理方法：检查指针与机芯的机械连接；检查子钟机芯工作状态。

（3）故障现象：在二级母钟系统没有接收到上一级系统传送过来的信号，只能依靠本机晶振来驱动子钟运作。

可能的故障原因：二级母钟信息接收模块故障；一级母钟系统驱动模块故障。

故障处理方法：更换故障模块。

（4）故障现象：依靠时钟系统提供标准时间信号的其他系统出现错码，无法确认时间。

可能的故障原因：驱动模块故障。

故障处理方法：测试驱动模块的相应输出端口，确认信号是否正常；如果出现误码，则更换该模块；如果输出端口信号正常，则应联系相关系统维护人员共同处理。

小　结

城市轨道交通时钟系统用于为地铁的工作人员、乘客提供一个标准的时间信息，并且为有需要的其他系统提供一个用于同步的标准时间信号。

城市轨道交通时钟系统的基本构成分三级，即一级母钟、二级母钟和子钟。

城市轨道交通时钟系统获得标准时间的方式一般采用 GPS 授时系统。一级母钟以及 GPS 授时系统安装于地铁控制中心通信设备室，二级母钟安装在各车站及车辆段通信设备室，子钟则根据需要安装在工作场所，站厅、站台等地供工作人员和旅客使用。

为了有统一的时间信息，时钟系统为许多系统提供接口以传送时间报文，使这些系统统一时间。时钟系统可提供 RS232/RS422/RS485 等多种不同的接口。

系统正常工作状态下，使用中央控制运作方式，此时一级母钟可正常接收 GPS 信号，并将此信号转换成标准时间信号传送给二级母钟及其他需要接收时间信号的系统。从而使这些接收时间信号的系统的时间与 GPS 时间同步。此外，当一级母钟不能正常接收 GPS 信号时，一级母钟将会通过自带的晶振提供时间信号，此时其他系统及二级母钟仍然接收来自一级母钟的时间信号，不过这个时间信号并不是来自于 GPS 系统，而是一级母钟自身所提供的。由于此时一级母钟用于同步的晶振精度较高，达到 10^{-6}，因此此时一级母钟所提供的时间仍能满足运营的要求。

当一级母钟不能正常接收 GPS 信号，并且一级母钟因故障，不能向二级母钟传送时间信号时，系统进入车站降级控制运作方式，此时在车站的二级母钟依靠其自身晶振提供时间信号。此时，分布于车站的子钟仍能正常显示时间。但是依靠一级母钟提供时间信号的其他系统就无法接受时间信号，必须依靠其自身来提供时间信号。

思考题

1. 城市轨道交通时钟系统应当满足哪些功能需求？
2. 城市轨道交通时钟系统的基本结构是怎样的？
3. 城市轨道交通时钟系统一级母钟的结构如何？具备怎样的功能？如何保证提供的时间信号的可靠性和高精准？
4. GPS 的基本原理是什么？系统一般包括哪些基本结构？
5. 城市轨道交通时钟系统二级母钟如何从一级母钟获得时间信号？
6. 城市轨道交通时钟系统的监控系统的基本功能有哪些？
7. 时钟系统维护检修作业主要包括哪些内容？

第六章 闭路电视监控子系统

第一节 闭路电视监控系统简介

城市轨道交通闭路电视（Close Circuit Television System，CCTV）监控系统为控制中心调度管理人员、车站值班员、列车司机及轨道交通公安分局等对所管辖车站的站厅、站台、出入口、机房等主要区域提供了有关列车运行、防灾救灾、旅客疏导以及社会治安等方面的实时视频监控服务，以确保城市轨道交通系统正常安全地运行。同时该监控系统还能够提供弱电系统设备管理监视信息。此外 OA 网内具有授权权限的部室、领导，政府政务平台和应急指挥平台在需要时也能够调看和检索相关图像。闭路电视监控系统是城市轨道交通维护和保证运输安全的重要手段。

一、闭路电视监控系统功能

1. 图像显示、监视功能

车站值班员、警务室值班员监视上、下行站台区及站厅区（进/出口、电梯、闸机、自动售票等）情况；中心调度员监视全线各车站情况。另外，车站工作人员、中心调度员还可以对监控图像进行选择显示，包括：可以采用自动循环方式显示已设置的固定分组的图像；可以人工单选任一副本车站的图像显示在任一监视器上。

司机也能够查看当前站台的监视图像，以便观察车门及屏蔽门的开关情况，防止夹伤乘客。

2. 录像功能

通过数字硬盘录像机，车站工作人员可对任何一路图像信号进行录像，并可将录制的图像回放到监视器上或通过网络接口远程调取图像观看。所录制的图像可以保存一段时间并可以转存到外部存储设备中。中心调度员可对所辖范围内的任何一路图像信号进行调看。

3. 图像汉字叠加功能

车站级设备应可以在各幅图像上叠加显示一些必要的信息，包括车站名称，监控区域名称、摄像机编号及摄像日期和时间等信息，维护人员应可以更改以上信息。中心级设备如有需要也可具备汉字叠加功能，增加控制中心调度人员专用的信息。

4. 对摄像机的控制功能

控制中心各调度员和各车站值班员分别能够在远程和本地来控制摄像机的云台和镜头焦

距，用以调整摄像机摄像范围和视场大小，并可设定优先级。安防、门禁、烟雾等告警也可与摄像头控制进行联动。

5. 中心网管功能

在控制中心的中心网管室设置一套电视的网管设备。该套设备主要负责对电视监控系统中包含的视频前端设备、控制设备和编解码设备的运行状态进行综合的监视与管理，出现故障时能够自动报警并进行故障定位，在必要时对系统数据及配置作及时的修改。

中心网管还具有以下功能：

① 设置编、解码设备，切换功能设备；

② 设置控制中心各使用人员的优先级别；

③ 将系统故障信息传送到通信综合网管终端；

④ 设置在调度监视器上显示图像插入的汉字字符；

⑤ 设置通信和控制盘的接口；

⑥ 接收时钟分配系统传送来的时间同步码，使整个视频监控系统统一时间；

⑦ 设置监视器数量。

二、闭路电视监控系统的监控方式

城市轨道交通闭路电视监控系统采用车站、控制中心两级互相独立的监控方式，平时以车站控制为主进行视频监控，控制中心的使用在不影响车站级设备使用的前提下进行。控制中心可选择各个车站任一摄像头的监控画面，在紧急情况下则转换为以控制中心为主进行视频监控。

第二节　城市轨道交通闭路电视监控系统

城市轨道交通视频系统由控制中心调度员行车监视，车站值班员客运管理监视，列车司机发车监视三部分构成，形成统一的闭路电视监视网络。全网由图像摄取、图像显示及录制、车站控制、中心控制、视频信号传输等部分组成。

一、摄像机

（一）摄像机结构

摄像机是一种视频输入设备，在视频系统中所采用的摄像机分为一体化摄像机和固定摄像机两大类。摄像机中包括摄像头、DSP 芯片、云台、防护罩等组成部分。

1. 摄像头分类

（1）按功能分，摄像头可分为：

① 定焦距镜头。

焦距不变，只改变光圈大小。

② 广角镜头。

扩大监控范围。

③ 电动变焦镜头。

可通过旋转云台和电动变焦改变拍摄方向和目标。常用的变焦镜头有 6 倍、8 倍和 10 倍等规格。

（2）按输出模式分，摄像头可分为：

① 模拟摄像头。

模拟摄像头多数采用 CCD 感光器件。此类摄像头输出的是模拟视频信号，故可通过视频电缆送视频监视器，直接显示所摄图像。当模拟摄像头要与 PC 机配合工作时，需要在 PC 机内插入视频捕捉卡或外置视频捕捉进行 A/D 转换。

② 数字摄像头。

数字摄像头多数采用 CMOS 感光器件。数字摄像头将模拟摄像头和视频捕捉单元结合一起，此类摄像头输出的是经压缩编码的数字视频信号。数字摄像头的输出可通过 USB 接口直接插入 PC 机，由该 PC 机显示所摄图像，或通过该 PC 机进入 IP 网络由远端的 PC 机显示所摄图像。

③ 网络摄像头。

网络摄像头多数采用 CCD 感光器件。网络摄像头类似于数字摄像头，其不同点在于数字摄像头的输出可直接连接 PC 机的 USB 接口，而网络摄像头的输出直接连接计算机局域网（LAN）的以太网接口。

2. 数字信号处理芯片（DSP）

数字信号处理芯片仅用于数字或网络摄像头，它可对模拟视频信号进行压缩编码。

3. 云　台

云台是承载一体化摄像机进行水平和垂直方向（左/右、上/下）转动的装置，常用的有供室内或室外使用的平台、承载不同质量的平台和具有几种控制方式的平台。

4. 防护罩

防护罩分为室内防护罩和室外防护罩。

室内防护罩结构简单、价格低，并具有防尘、防盗、防破坏等防护作用。室外防护罩具有降温、升温和防雨等防护功能，无论何种恶劣天气，防护罩内摄像机均能保证正常工作。

（二）摄像机安装

根据车站的使用要求，车站的监视区域可以划分为站厅和站台区。根据站厅大小及监视要求可以设置多个一体化三可变摄像机，用于监视售票亭、售票机、闸机出入口和自动扶梯的出入口附近的客流情况。在每个站台按照站台的长度设置 2～4 个固定焦距摄像机，实现对全站台区域的监视。只有通过合理的布置，才能使摄像机所监视的范围覆盖整个被监视场所。

在站台安装两个摄像机的安排示意图如图 6.1 所示。

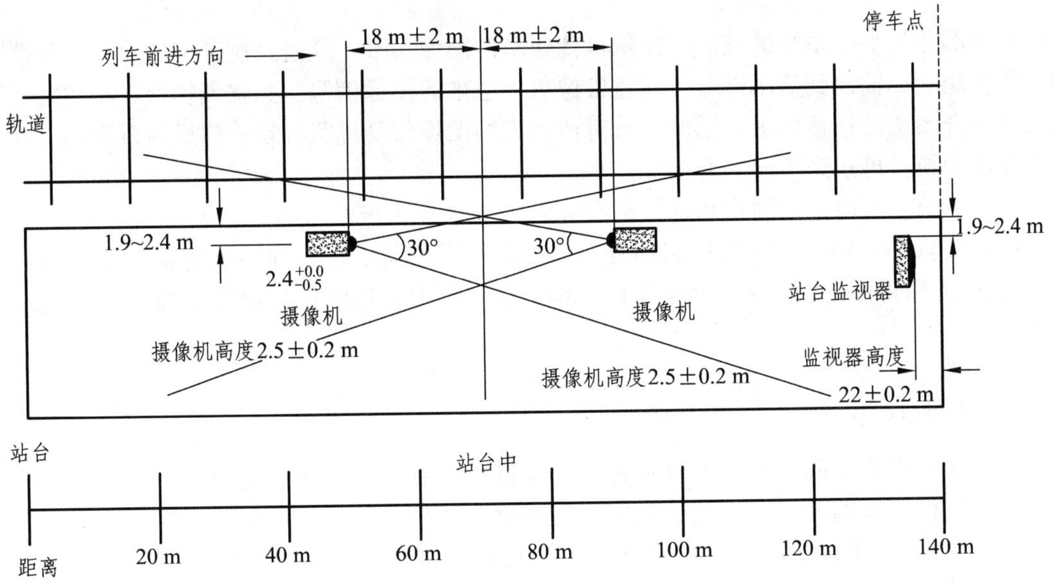

图 6.1　站台摄像机安装示意图

（三）使用注意事项及常见故障排除

1. 使用注意事项

① 保持玻璃表面干净，否则会使光感应器件失效。
② 不要打开摄像机盖，否则会使防雨功能失效。
③ 不要把摄像机正对强可见光源，否则会影响图像效果。
④ 要在规定的电压、电流区域内使用。
⑤ 摄像机不能工作在超过 50 °C 的密封环境下。
⑥ 不能用强腐蚀性的溶剂涂擦玻璃。

2. 常见故障排除

摄像机常见故障排除见表 6.1。

表 6.1　常见故障及排除

序号	故障现象	可能原因	故障排除
1	夜间图像模糊不清或图像中间有横纹干扰	电源功率不够或电源线太长	更换电池或改变去电位置
2	无图像	视频线未接好	重接视频线
		电源坏	更换电源
		电源未接上	插上电源
3	线控功能不起作用	控制线没有按照要求连接	按要求重新连接控制线

二、控制部分

控制部分是整个系统的核心。摄像机传送来的图像信号，通过控制部分的放大、补偿、切换等作用后，输出到显示部分。通过摄像机传送来的图像信号，其幅频特性、相频特性无法保证符合系统的指标要求，因此要求对传送来的图像信号进行补偿，然后通过视频交换矩阵的控制切换，再送到不同的监视器。

控制部分主要由主控制台和副控制台组成。

根据实际使用需求，有的控制部分包含有画面分割器，可在同一个监视器上同时显示多个摄像机送来的图像、录像设备和控制键盘，供使用人员将所需图像切换到相应的监视器上。

（一）主控制台

主控制台亦称主机，它对系统中各个设备进行控制。其主要功能为：视频信号的放大预分配、图像信号的校正和补偿、视频网络控制、图像信号的切换和分割、图像信号的记录、摄像机及其辅助部件的控制。主控制台有视频网络控制器、视频切换器、画面分割器、帧、场切换处理器、视频放大器、视频分配器、时间/日期发生器、字符叠加器、录像机等设备组成。

1. 视频切换器

视频切换器是专门为音视频信号切换而设计的高性能智能矩阵开关设备，用于各路音视频输入信号同步或异步切换到音视频输出通道中的任一通道上。一般具有 LCD 液晶显示、音视频同步或分离切换等功能，具备 RS-232 通信接口，可以方便与各种控制设备配合使用。

一般情况下监视器数量远少于摄像头数量，就需要配置视频切换器，对所监控的图像进行有选择性的显示。图 6.2 为 8 入 4 出矩阵切换方式示意图。由图可见，矩阵切换方式是由多条视频输入子线与多条视频输出母线构成的，所有子母线的交叉点均可由开关控制其通断。因此，每一条视频母线都是一个“N”选“1”开关排，母线上的各个交叉点可以按一定的顺序依次闭合（图像轮巡功能），但不可能同时闭合。

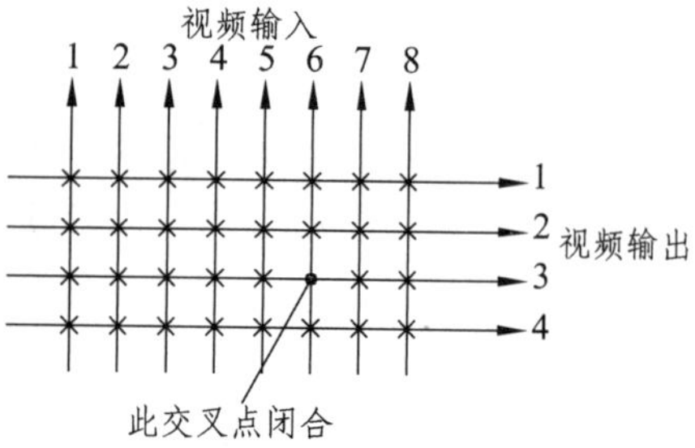

图 6.2　8 入 4 出矩阵切换方式示意图

视频切换器的摄像头与监视器的集线比一般为 2∶1、4∶1、8∶1 或 16∶1，用户可根据所配置的摄像头与监视器的数量选择视频切换器的容量与集线比。

视频切换器可以通过本地键盘操作产生的控制信号直接调看图像，也可利用远端键盘操作所产生的控制信号实现远程调看图像。

2. 视频分配器

视频分配器将一路视频输入信号转换为多路（1、2、4、8 路）视频输出信号，而要求输出信号频响、电平、阻抗不变（如：6 MHz 视频宽带、1 V 峰——峰电压、75 Ω输出阻抗），故视频分配器应包含有视频放大器。另外，为了使各路输出信号互相隔离在每路的输出端，加入了缓冲电路。

视频分配器的原理图如图 6.3 所示，其应用如图 6.4 所示。例如，将其输出的各路信号，分别送视频矩阵切换器、录像机、画面分割器等。

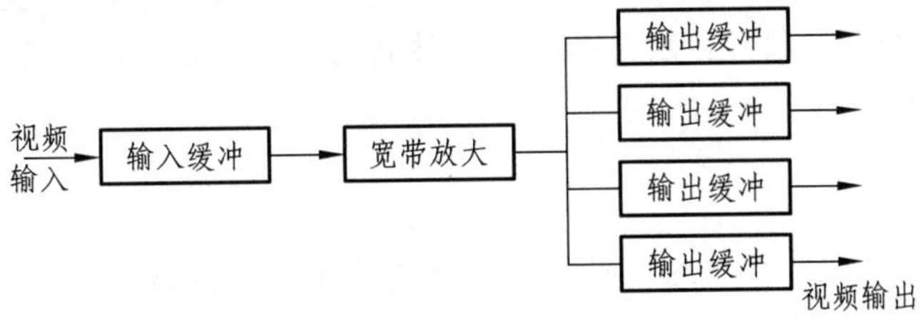

图 6.3　1 分 4 视频分配器原理图

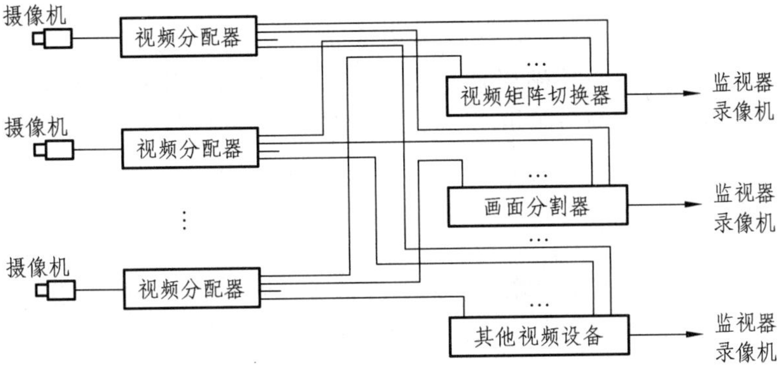

图 6.4　视频分配器应用

3. 画面分割器

画面分割器的作用是在一台监视器上同时显示 1、4、9、16 个窗口的监控画面。

4. 帧、场切换处理器

帧切换处理器与场切换处理器必须与录像机配合使用，它可将由多个摄像头传来的多路视频信号以帧间隔（40 ms）或场间隔（20 ms）进行切换，相当于对多路视频输入信号进行取样，而后对这些取样信号编码，形成标准的视频输出信号输出至录像机。因为录像机上记录的是以帧（场）为周期的时分复用的多路视频信号，故无法直接回放。只能通过帧（场）切换处理器解复用处理后，才能任意选择其中某一路图像来回放。

我国国内市场上通常将帧、场切换处理器与普通画面分割器，通称为画面分割器。

5. 录像机

模拟录像机已日趋淘汰，当前一般采用多通道（如 8、16 通道）硬盘录像设备，模拟视频信号需数字化（压缩编码）后才能接入硬盘录像设备。

硬盘录像设备机箱可以安装在标准机架中，确保房间气温低于 35 °C，并保持设备周围有 15 cm 空间便于空气流通。

硬盘录像设备可进行 24 h 连续录像，也可在定段时间内录像，编码模式采用 H.264 模式。除了录像，还可以进行定时抓图，录像查询、回放等操作。

6. 时间/日期发生器

时间/日期发生器可以将时间/日期叠加在视频信号中，因而用户在监视器屏幕上可同时看到图像及当时的时间/日期。特别是在发生事件后的录像回放中可以知道事件发生的时间，因此为事件的处理提供了依据。

7. 字符叠加器

字符叠加器将反映图像场景特征信息或摄像头标题的字符叠加在视频信号中，因而用户在监视器的屏幕上可以看到诸如：一号车站、二号车站等字符提示。

（二）副控制台

设在一个或多个监控分点的副控制台只是一个操作键盘，采用 RS-485 总线连接主控制台。它和主控制台操作键盘的功能相同，可以对整个系统进行各种控制和操作。

三、传输部分

CCTV 系统的前端设备与中心端（主机）设备通过传输系统进行通信。该系统一方面将前端摄像头、监听头、报警探测器或数据传感器捕捉到的音频信号及各种探测数据传送到中心端；另一方面将中心端的各种控制指令传送到前端多功能解码器。因此，CCTV 的传输系统应该是双向的。因上下行宽带不对称，故上下行传输，一般用不同的传输介质来实现。例如，上行用同轴电缆传送视频信号，下行用屏蔽双绞线传送控制信号。在摄像机距离控制部分较近的情况下，宜采用视频基带传输方式；在摄像机距离控制部分较远的情况下，可采用射频传输方式或光纤传输方式。城市轨道交通的监控系统往往借助已有的通信传输线路或 IP 网络来传输控制中心与各车站之间的各种 CCTV 监控信号。

（一）电缆直接传输

电缆直接传输时，CCTV 系统中最基本的传输方式在局域性质的闭路电视监控系统中，从前端设备到主机的距离通常在 1 000 m 之内，故从前端设备到主机之间一般都通过电缆直接传输，从前端到主机之间所需各种电缆如图 6.5 所示。

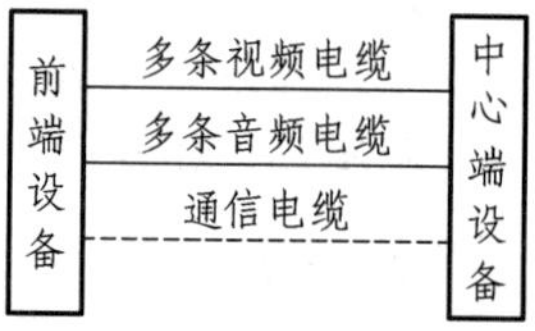

图 6.5　从前端到主机之间各种电缆

① 摄像头与主机之间的连接采用视频同轴绞线连接。

② 音频头与主机之间的连接采用屏蔽双绞线连接。

③ 报警探测器需要电源为 + 12 V、输出为开路或短路的开关信号。报警探测器与主机之间的连接采用非屏蔽 4 线连接，其中 2 线用于上行（报警探测器至主机）传送信号、2 线用于下行（主机至报警探测器）传送电源。

④ 前端解码器与主机之间的连接采用非屏蔽 2 线连接，但推荐采用屏蔽 2 线连接。

⑤ 前端解码器与云台、电动镜头之间的连接采用较短的多芯电缆连接，其中全方位云台需 6 芯，电动可变镜头需 4 芯。

以上前端设备与主机之间均采用点对点方式连接。为节约前端与主机间的线缆，亦可采用总线（RS-485）方式连接，即与摄像机连接的前端解码器以及与报警探测器/数据传感器连接的前端编码器与主机之间采用总线方式进行连接。

（二）视频电缆

视频电缆选用 75 Ω 的同轴电缆。常使用型号为 SYV-75-3 和 SYV-75-5 的细缆，对视频信号无中继传输距离为 300 ~ 500 m。当传输距离更长时，可选用型号为 SYV-75-7、SYV-75-9 或 SYV-75-12 的粗缆。在实际使用中，粗缆的无中继传输距离可达到 1 000 m 以上。当摄像头的输出阻抗、同轴电缆的特性阻抗和监视器输入阻抗不完全匹配时，会在同轴电缆中造成反射波与如射波合成的驻波，使得同轴电缆在长距离传输时，图像会出现重影、波纹与跳动。

不同线径的同轴电缆对视频信号的衰耗程度也不同，线径越粗，衰耗越小。

（三）音频、通信与控制电缆

1. 音频电缆

音频电缆通常选用 2 芯屏蔽线，在非干扰短距离条件下亦可选用非屏蔽双绞线。在一般应用场合下屏蔽层只做电磁屏蔽，不传送信号电流，故仅在主机侧接地；音频电缆也可用于传送信号电流，如立体声传输的公共地回路。

音频电缆与设备的连接通常采用 RCA 连接器、卡侬连接器或杰克插头/座。

2. 通信电缆

通信电缆指的是连接解（编）码器与主机之间的电缆，用来传输 RS-422/485 低速电路数据。通信电缆通常选用普通的 2 芯护套线。在强干扰远距离情况下，亦可选用如 RVVP-2/0.15 或 RVVP-2/0.3 的 2 芯屏蔽线。

通信电缆一般不需要单独的连接器，通常将线头接在电路板接线座上用螺丝钉固定。但也有些在主机端使用 DB9 型连接器或 RJ-11 型连接器。

3. 控制电缆

控制电缆通常指连接解码器与控制云台及电动可变镜头之间的多芯电缆。由于控制电缆仅提供交流 24 V 平台驱动电压和直流 6 ~ 12 V 的电动镜头电压，而且在一般情况下距离很短，故无需使用屏蔽线。

常用的控制电缆大多采用 6 芯或 10 芯电缆，如 RVV-6/0.2、RVV-10/0.12 等。其中的 6 芯电缆分别接云台的上、下、左、右、自动、公共 6 个接线端子；10 芯电缆除了接云台外，余下 4 芯分别接电动镜头的变倍、聚焦、光圈和公共 4 个接头端子。

（四）光纤传输

多路波分复用器价格昂贵，在 CCTV 系统中最常使用的是廉价的 2 路波分复用器。2 路波分复用器将波长为 850 nm 的光信号与波长为 1 300 nm 的光信号同时在一根光纤中传输而互不干扰。利用该复用技术，可以在同一根光纤中方便地传送上行视频信号与下行控制信号。

（五）基于 E1 通道的传输

E1 通道是指传输速率为 2.048 Mbit/s 的 PCM 一次群数字通道，是公用传输网或专用传输网长距离通信系统（PCM、SDH、数字微波、HDSL）的基本传输单元。因此在 CCTV 系统中可以方便地借助公网或专网的 E1 通道来实现远程组网，使音、视频信号与控制信号能够远程传输，从而形成一个跨区域的广域电视监控系统。

近年来 E1 通道多数由 SDH 光纤环网提供，当然也可以采用基于其他技术或媒介的传输系统，只要所采用传输系统提供的 E1 接口符合原 CCITT G.703 标准，即可为用户提供端到端透明的 E1 通道。图 6.6 为基于 E1 通道 CCTV 系统原理图。

由图可见，传输系统由 E1（PCM 一次群）终端设备与 E1 接口架组成。E1 接口架完成模拟音、视频的压缩编码，并将音、视频数字信号与低速电路数据复用到 PCM 一次群帧的各时隙中，或从 PCM 一次群帧的各时隙中解复用、解码为音、视频模拟信号与低速电路数据。

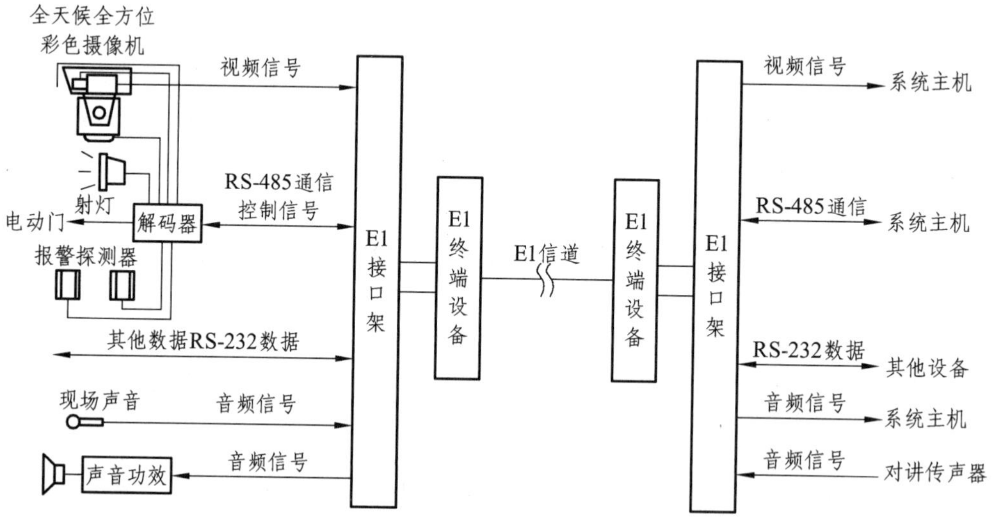

图 6.6　基于 E1 通道 CCTV 系统原理图

1. 从前端到中心的系统主机（上行）

在前端，E1 接口架对摄像机输出的视频信号、话筒输出的音频信号以及 RS-232 数据分别进行采集、数字压缩编码和多工复用处理、形成 PCM 一次群数字流后，对其进行解复用、解码后恢复出前端送来的原始信号，分别到监视器、音箱及相应的数据终端。

2. 从中心的系统主机到前端（下行）

下行传送的是音频信号、RS-485 控制信号、RS-232 数据，原理与上行传输相似。

四、显示部分

监视器用于显示由各监控点摄像机送来的视频信号，是视频监控系统中不可缺少的设备。

对于几个摄像机的小系统，有时只需要一个监视器，由人工或自动选择画面，或分割多窗口显示。对于具有数十个或上百个监控点的大型视频监控系统而言，通常需要数个或数十个监视器。一般的系统中，采用摄像机与监视器的数量 4∶1、8∶1 或者 16∶1 的比例来配置监视器。在大型视频监控系统的控制中心大厅中，还配置有庞大的电视墙。

在出现网络视频监控系统以后，监视器已不再是视频监控系统的必备设备，可直接利用 PC 机的显示器浏览所选择的摄像画面。

若根据显示原理分类，监视器可分为阴极摄像管（CRT）显示器、液晶（LCD）显示器和等离子（PDP）显示器三类。

五、系统分类

目前，城市轨道交通的闭路电视监控系统可分为模拟视频监控系统、数字视频监控系统和网络视频监控系统三种，不同的视频监控系统采用不同的技术与组网方案。

（一）模拟视频监控系统

在模拟视频监控系统中，控制中心和各车站 CCTV 的组网方式以及控制中心与车站间的视频信号传输均采用模拟方式。摄像头与监视器之间传输的是模拟视频信号，图像的分配、切换和分割等均由硬件设备（视频分配器、视频矩阵和图像分割设备等）来完成。

车站视频监控系统的组成如图 6.7 所示。由图可知，各车站与控制中心之间的视频信号

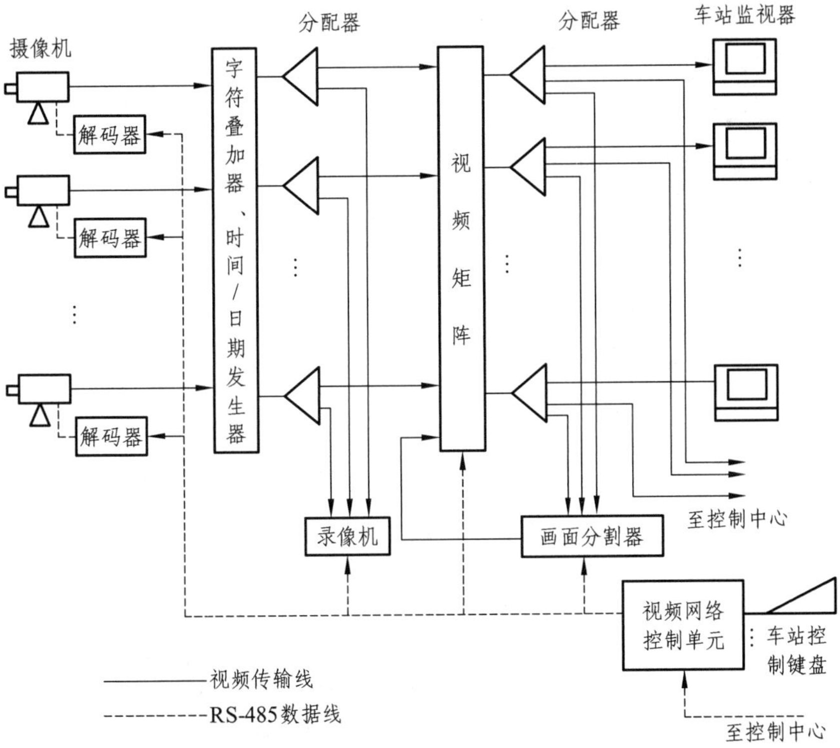

图 6.7　车站视频监控系统的组成

传送，采用点对点模拟光纤传输方式。各车站与控制中心之间将占用 1 ~ 2 条光纤进行点对点模拟视频信号的传送。车站 CCTV 将控制中心调度员所选择的监控点图像经频分复用和光电转换后，送控制中心；控制中心 CCTV 将收到的视频信号反变换后，送选择该图像调度员的监视器。其复用、传输技术类似于目前所用的模拟有线电视的复用、传输技术。

在模拟视频监控系统中，最主要的设备为视频网络控制设备和视频矩阵设备。

视频网络控制设备接收本地控制键盘控制指令和上级控制信号，该设备根据控制信号的优先级(一般控制中心调度员优先级高于车站值班员，行车调度员的优先级高于其他调度员)，控制视频矩阵设备选择输出图像；控制一体化摄像机的动作；控制画面分割器的分割画面数以及控制录像机的录、放像。

视频矩阵设备相当于一台由键盘控制的视频交换机，视频切换矩阵根据视频网络控制设备输出的控制信号来选择所需的监控点图像进行显示或送上一级视频监控系统。

在车站，各摄像机采集到的视频信号通过视频电缆连接到车站视频矩阵，车站值班员通过控制键盘操作，可在监视器上看到全站范围内的图像，包括每个摄像头传来的单幅图像及分屏单元输出的站台分屏图像。

控制中心调度员操作键盘所产生的控制信号，通过控制中心与车站的视频网络控制设备，可控制分别隶属于控制中心与车站上下两级的视频矩阵设备，从而选择任何车站监控点图像的上调。其过程为：首先通过控制信号的远程传输，控制远端某一车站的视频矩阵设备，选择输出控制中心调度员所需的一路或多路视频信号。所选视频信号经频分复用设备和光端机(完成电/光转换)，并经点对点光纤传输，由控制中心的光端机(完成光电转换)所接收，再经解复用设备还原出调度员所选的某车站监控点的视频信号，送控制中心的视频矩阵。控制中心各调度员通过操作控制键盘，按优先级控制车站与控制中心的两级视频矩阵，可以任意调看各车站监控点的监控画面。调看一个车站监控点画面的数量，取决于所采用车站与控制中心之间的信号视频信号传输方式。

控制中心视频监控系统的组成如图 6.8 所示。

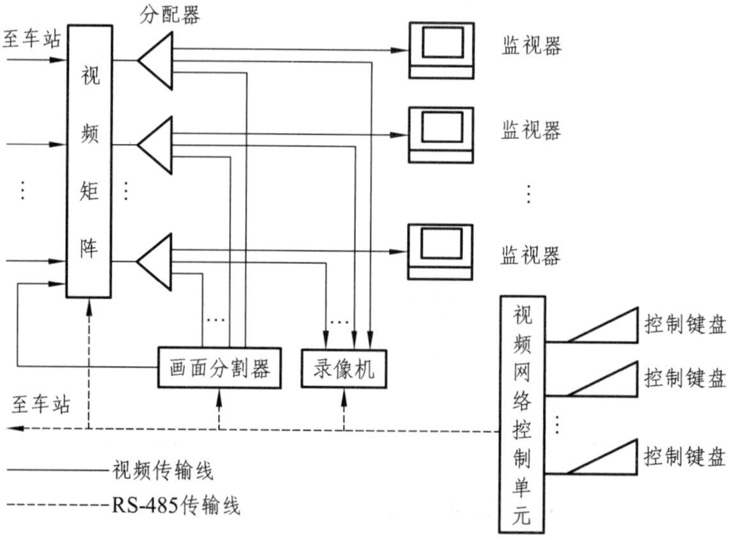

图 6.8　控制中心视频监控系统的组成

因控制中心与各车站均采用模拟视频信号组网，若要采用硬盘录像，需要配有相应的压缩编码器进行模/数转换。

（二）数字视频监控系统

在数字视频监控系统中，控制中心和各车站 CCTV 的组网方式仍采用模拟视频技术，只在硬盘录像以及车站与监控中心的视频传输采用了数字技术。

随着城市轨道交通的专用光纤传输网的容量不断提高，目前城市轨道交通中普通利用专用数字传输网将模拟信号从站点传到控制中心。因数字传输网无法传送模拟视频信号，为了将模拟视频信号从各车站传到控制中心，需要经过压缩编码器进行模/数转换、成帧后，才能通过 PCM 数字链路（点对点方式）或分组虚链路（总线方式）进行传送。

若车站与控制中心之间的数字视频信号采用 E1 通道以电路方式传输，一个 E1 通道仅能传输一路标清电视质量的视频信号。一般车站与控制中心之间提供两个 E1 通道传送视频信号，故控制中心至多上调一个车站的两个监控点画面。

在城市轨道交通专用光纤传输网引入基于 SDH 的 MSTP 技术后，该传输网中可以传送基于统计复用的分组数据流。车站与控制中心之间的模拟视频信号经压缩编码成帧后形成分组数据流，可以以总线方式在城市轨道交通专用传输网中传输。与电路数据通信相比较，分组数据通信的主要优点是可以按需动态分配带宽，即总带宽容量可以分配给多个车站，也可分配给一个车站。一条 100 Mbit/s 以太网传输通道能传输十几路标清电视质量的视频信号。故控制中心可以同时上调某一车站的十几个监控点画面，这在某一车站发生灾情、突发事件（恐怖袭击等）时，显得特别重要。

因控制中心与各车站均采用模拟视频信号组网，故控制中心与各车站的硬盘录像设备需要配有相应的压缩编码器。

由上述可见，数字视频监控系统与模拟视频监控系统的区别仅在于：车站与控制中心之间所传送的，前者是数字视频信号，而后者是模拟视频信号。

数字视频监控系统是目前城市轨道交通视频监控系统中用得较多的一种方案，过去普遍使用专用传输网的 TDM（两个 E1 通道）通道以点对点方式上传监控点图像，故控制中心至多只能调看一个车站的两路图像。近年来，车站与控制中心之间的视频信号传输开始采用统计复用总线传输方式，克服了一个车站不能同时大量上调监控点画面的重大缺陷。

（三）网络视频监控系统

网络视频监控系统是新近崛起的、以计算机通信与视频压缩技术为核心的新型监控系统。

在网络视频监控系统中，控制中心和各车站 CCTV 的组网方式均采用计算机局域网（LAN）组网方式。并通过城市轨道交通专用传输网提供的分组（Ethernet 或 ATM）传输通道，将城市轨道交通各视频监控系统的局域网连接成为广域网。带有编码器的网络摄像机或连接有多台模拟摄像机的视频网关；带有解码器的数字监视器以及录像硬盘等均接入控制中心或各车站的 Ethernet 或 ATM 的局域网。各车站 CCTV 局域网与控制中心 CCTV 局域网通过城市轨道交通专用传输系统的分组传输通路直接相连。图 6.9 为车站网络视频监控系统的组网方案。

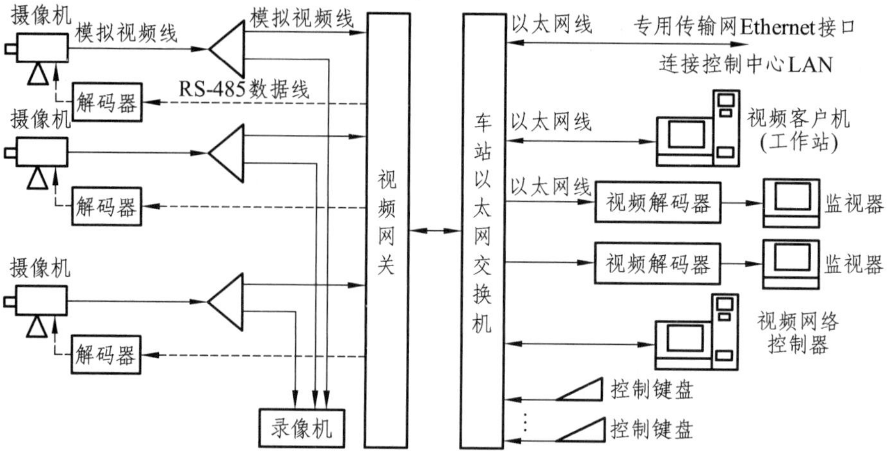

图 6.9 车站网络视频监控系统组成

在闭路电视监控系统中可以利用摄像头/话筒 + PC 机（或视频网关），通过其内置的音/视频采集卡（或芯片）完成音/视频信号的采集、压缩编码、数字处理，打包（IP 包）与成帧（Ethernet 帧），形成网络视频流送计算机网络。也可以利用内置压缩编码、数字处理芯片以及以太网接口芯片的网络摄像机，将网络视频流直接输出至计算机网络。

处于同一计算机局域网或广域网的任何一台联网的授权 PC 机（视频客户机），用户通过输入 IP 地址可以浏览任意一台联网摄像机的云台和电动镜头，获取不同角度与距离的监控图像。这样，控制中心的调度员只要输入各车站摄像机的 IP 地址，即可选择调看任何车站监控点的图像，并控制一体化摄像机的动作。各车站值班员可在其控制键盘中输入所选摄像机的 IP 地址调看监控点图像，并可用软件进行图像分配和分割。

组成网络视频监控系统的设备除构建计算机局域网设备外，还需要配置视频网络控制服务器、网络摄像机或视频网关。

1. 视频网络控制服务器（VNCS）

视频网络控制服务器或视频网络监控器通过以太网接收车站或控制中心键盘的控制指令，由视频网络控制服务器对控制键盘发出的控制指令进行识别与解析。识别是指 VNCS 判别各控制键盘的优先级；解析是指 VNCS 将控制键盘发出的控制指令转换一格式的控制编码信号。

视频网络控制服务器（VNCS）通过以太网输出控制信号来控制一体化摄像机的云台/镜头动作、画面切割、轮巡、录像设备的录像与回放。

在网络视频监控系统中，不需要配置视频切换矩阵，车站值班员或调度员通过控制键盘所选择的摄像机标志，被 VNCS 转换为摄像机的 IP 地址，并通过该地址上调该摄像机的画面。

2. 网络摄像机

网络摄像机由 CCD 模拟摄像头、视频压缩编码/数字处理单元、计算机网络（以太网）接口、通信控制接口等组成。网络摄像机还内置 Web 服务器，以支持联网 PC 机通过用户端的 Web 浏览器显示监控画面。

网络摄像机具有以下接口：

（1）以太网口。

直接连接计算机网络。与以太网的物理连接一般采用 RJ-485 型接口。该接口除了将摄像机自身的网络视频信号输出至计算机网络外，还将外部（背板）输入的报警信号、传感器输出信号、通信控制信号、来自其他模拟摄像机的视频信号等转换为以太帧输出至计算机网络。

（2）控制接口。

来自 RS-485 总线的控制信号，通过网络摄像机的控制接口，连接一体化摄像机的内置解码器，该解码器输出信号用以控制云台和电动镜头的动作。

（3）编程接口。

装有网络摄像机编程软件的 PC 机，通过该 RS-232 编程接口，可在视频信号中加入时间、日期与识别字幕；可对网络摄像机的监控点编组与扫描动作进行预置。

（4）报警接口。

报警接口可设置为常开型或常闭型触点接口，可连接各种类型的报警器。

（5）传感信号接口。

传感信号接口输入传感器的模拟信号，该信号经 A/D 转换、打包、成帧后，通过以太网接口接入计算机网络。

（6）模拟视频输出接口。

有的网络摄像机带有自身摄像头的模拟视频输出接口，用于连接本地监视器，并利于摄像机镜头的无时延调整。

（7）模拟视频输入接口。

有的网络摄像机带有数个模拟视频输入接口，外接模拟摄像机的视频信号处理后，可直接通过网络摄像机的以太网接口，接入计算机网络。

第三节　闭路电视监控系统维护与故障处理

闭路电视监控系统属于运营行车组织的有效辅助手段，因此要求该系统设备 24 h 不停地运作。闭路电视监控系统的运行维护的主要目的和任务是保证系统的不间断正常运作，提供正常使用功能。

一、维护内容

闭路电视监控系统的运行维护应包括两方面的内容，一是日常维护，二是预防性维护和故障处理。

（一）日常维护

使用人员按照实际情况和要求，选择不同的图像进行显示监视，并定时（如每周）对监视器和控制盘等外部设备进行必要的清洁工作。

（二）预防性维护和故障处理

运营时的日常巡视检查。为确保闭路电视监控系统全天候不停地正常运行，维护人员按照使用设备的重要程度不同，应进行每周一次或每日一次的设备巡视检查。通过观察设备运行状态，与标准状态进行比较，及早发现设备故障。

1. 计划性检修

作为预防性的维护，维护人员根据制订的检修计划和工作内容，对设备进行周期性检查维护工作，使设备达到良好的运行状态。

2. 故障处理工作

当设备发生故障时，使用人员根据报告维调故障情况，由维调通知检修人员及时处理故障，及时恢复设备的正常使用。

3. 设备运行管理

及时记录设备维修和故障的处理，建立设备运行履历簿，记录设备运行历史记录。对设备故障情况进行分析，找出设备缺陷并加以克服。

4. 备品备件和工器具管理

根据设备使用实际情况，及时申购备品备件，保证足够备件数量，对维修用工器具进行科学管理，仪器仪表及时送检，建立管理台账。

（三）维护周期

根据维修周期的不同，闭路电视监控系统的维修分为日检、周检、月检、年检和中修。对应不同的检修周期，有不同的工作内容如表 6.2 所示。

表 6.2　闭路电视监控系统设备检修周期与工作内容

序号	设备	修程	检修工作内容	周期
1	机柜	日常保养	检查各模块的状态指示灯； 检查机柜风扇； 检查矩阵切换主机的工作状态； 通过观察图像判断有无干扰和噪声	每周
		二级保养	同日常保养内容； 检查图像插入文本； 检查光纤传输质量； 清洁机柜内外； 检查机柜内的各种配线； 清洁各模块表面	每周
		小修	同二级保养； 测量光接收/发送功率； 测量图像信号的参数指标； 检查机柜内连线，更换电气特性不良的线路及接头； 机柜的地线整治； 对所有紧固件进行打磨、更新、重新上油	每年
		中修	同小修内容； 拆下机柜内各模块，清洁并检测拆下的模块	每三年

续表 6.2

序号	设备	修程	检修工作内容	周期
2	网管终端	日常保养	检测分析系统故障信息； 清洁网管终端及打印机外部	每天
		二级保养	检测维护终端各类连线及打印机色带； 紧固连接线和更换色带； 更换性能不良的外设	每月
		小修	同二级保养； 清洁可拆卸的部件	每年
		中修	同小修内容； 对网管终端进行技术改造或更换	每五年
3	控制中心控制键盘、录像机	日常保养	检查键盘的按键功能； 通过操作键盘检查录像机能否正常工作； 清洁键盘、录像机； 检查键盘、录像机的连线及接头	每周
		二级保养	同日常保养内容； 更换老化的按键； 更换录像带	每月 需要时
		中修	同二级保养； 替换键盘，清洁并检测替换下的键盘； 更换电气特性不良的键盘按键、连线及接头； 更换录像机的易损部件	每三年
4	车站键盘	日常保养	检查键盘的按键功能； 检查键盘的连线及接头有无松动	每周
		二级保养	同日常保养内容； 清洁键盘	每月
		小修	同二级保养内容； 更换老化的按键； 更换线路	需要时
		中修	同二级保养内容； 替换键盘，清洁并检测替换下的键盘； 更换电气特性不良的键盘按键、连线及接头	每三年
5	监视器	日常保养	通过观察图像判断监视器的工作状态； 通过监视器保护外壳有无破损； 检查监视器的吊架有无松动	每周
		二级保养	同日常保养内容； 清洁监视器及保护外壳； 检查监视器的连接接头和线缆； 通过调节旋钮调节监视器，使其显示清晰图像	每月
		小修	同二级保养内容； 使用视频信号发生器检测监视器	每年
		中修	同小修内容； 检查线路，更换电气特性不良的部分	每三年

续表 6.2

序号	设备	修程	检修工作内容	周期
6	摄像机、云台及解码器	日常保养	通过观察图像判断摄像机的工作状态； 通过观察图像检查摄像机位置有无变动； 通过操作键盘检查云台及解码器的工作状态	每周
		二级保养	同日常保养内容； 清洁摄像机、云台及解码器； 检查摄像机云台及解码器的连接插头和线缆； 检查摄像机的支架有无松动； 检查云台及解码器有无松动	每月
		小修	同二级保养的内容； 重新调节镜头、光电转换器； 重新调整摄像机和云台的位置	需要时
		中修	同小修内容； 清洁、润滑摄像机、云台和解码器内部部件； 检查所有线路及接头，更换电气特性不良的部件	每四年

二、组织与职责

1. 使用人员的组织及职责

闭路电视监控系统的中心级设备提供给控制中心的调度人员使用，车站级设备提供给车站值班员和列车司机使用。所以，中心级设备和车站级设备的日常使用和必要的日常维护由以上相应使用人员负责，设备的使用必须遵循设备操作规程。日常维护包括对外部设备的必要的清洁、除尘工作。

2. 维护人员的组织及职责

闭路电视监控系统的维护工作可采取专业工程师加工班的管理模式。专业工程师负责各类技术手册、维护手册的编写及完善，生产员工的培训与考核，系统重大故障的处理等工作；工班则负责安排日常的维护检修工作，合理分配人力资源，将设备的日常维护检修工作明确到每一位生产员工并由其负责实施操作。

三、运行维护管理的有关规程和制度

1. 闭路电视监控系统机柜维护操作规程

在以下条件满足的情况下才可以进行维护：

① 闭路电视监控系统正常工作；

② 通信 UPS 系统供电稳定。

2. 维护注意事项

闭路电视监控系统的日常检修和二级保养的维护工作可由初级工以上人员操作；

① 小修和中修的维护工作可由高级工以上人员操作。初级工和中级工需在技术人员或工班长指导下进行操作；

② 维护过程中尽量避免影响站务人员的使用；

③ 闭路电视监控系统的模块（除交换矩阵）更换可带电操作，注意必须佩戴防静电手环；

④ 更换交换矩阵的模块器件时需关断闭路电视监控系统机柜电源；

⑤ 更换交换矩阵控制板后，需通过维护软件重新设置系统参数。

3. 闭路电视监控系统机柜启动操作规程

（1）闭路电视监控系统机柜因供电中断或人为切断电源后，恢复供电时使用本操作规程。

（2）操作人员等级应为中级工以上人员。初级工在高级工以上人员指导下也可进行操作。

（3）当 UPS 供电中断时，闭路电视监控系统机柜停止工作，UPS 供电恢复时，闭路电视监控系统机柜自动恢复工作。此时，应检查以下内容：

① 检查交换矩阵状态指示灯，正常情况下 +5 V 和 −5 V 绿灯亮；

② 检查同轴电缆均衡器状态指示灯；

③ 检查调制解调器状态指示灯；

④ 在车控室通过控制键盘的操作检查交换矩阵的工作是否正常，正常时可切换单幅图像，并可分组切换图像；

⑤ 检查在控制中心能否观看本站图像，以判断图像是否正常传送到控制中心；

⑥ 在站台监视器观看分屏图像是否正常，是否显示本站台的分屏图像；

⑦ 如果是控制中心的闭路电视机柜启动，还需要在控制中心检查行调和环调用键盘、监视器和录像机工作是否正常。

以上步骤检查正常后，可以判断闭路电视监控系统机柜为正常启动。

（4）当因为检修的要求需要停止闭路电视监控系统机柜工作时，应首先断开总开关 F1 和机柜内部的监视器电源开关 F2、F3，再断开 DB 柜内对应的空气开关。检修完毕，需要重新启动闭路电视监控系统机柜时，按以下步骤进行：

① 启动前检查。

- 总开关 F1 断开，监视器电源开关断开；
- UPS 输送来的电压正常（交流 220，10%）。

② 启动步骤。

- 闭合 DB 柜中对应的空气开关；
- 闭合总开关 F1；
- 闭合监视器开源开关；
- 检查交换矩阵状态指示灯，正常情况下 +5 V 和 −5 V 绿灯亮；
- 检查同轴电缆均衡器状态指示灯，正常情况下绿灯亮；
- 检查调制解调器状态指示灯，正常情况下绿灯亮；

• 在车控室通过控制键盘的操作检查交换矩阵的工作是否正常，正常时可切换单幅图像和可分组切换图像；

• 检查在控制中心能否观看本站图像，以判断图像是否正常传送到控制中心；

• 在站台监视器观看分屏图像是否正常，是否显示本站台的分屏图像；

• 如果是控制中心的闭路电视监控系统机柜启动，还需要在控制中心检查行调和环调键盘、监视器和录像机工作是否正常。

以上步骤检查正常后，可以判断闭路电视监控系统机柜正常启动。

四、设备使用操作规程

1. 操作规程

为避免因使用不当而造成闭路电视监控系统设备的故障，应根据闭路电视监控系统实际情况具体制定其设备使用操作说明以及使用人员操作设备的规范说明（即使用操作规程）。制定该规程时必须注意以下几点：

① 使用人员应保证使用设备的清洁卫生，必须每周（大）及每日（小）清洁一次设备；

② 使用人员不应在设备使用范围内吃饭或饮水等，避免设备进水受潮而损坏；

③ 使用人员应严格按照安全部门的规定使用录像设备，不可随意更改设备；

④ 使用人员发现设备故障后，应及时上报维调，通知维护人员前来维修，在修复之前应加强对不能监视区域的监控，避免安全事故的发生；

⑤ 使用人员使用设备应严格按照设备使用操作说明操作设备。

2. 应备的记录、技术资料

① 根据检修计划，应制订相应的记录表格，包括闭路电视监控系统日检表、周检表、月检表、年检表和中修表等。各种表格对应制订相应的检修周期与工作内容，应确保所有的检修内容能在表中反映出来，下面以闭路电视监控系统月检表举例说明。

② 应具备的技术资料与图表，包括闭路电视监控系统合同文本、维护手册、操作手册、安装竣工资料和图纸、调试验交手册、设备平面布置图、系统原理图、培训手册等。

五、维护用工器具和备件

1. 常用的维护工器具

常用的工器具包括电烙铁、扳手、剥线钳、防静电刷、电缆割刀、毫伏表、兆欧表、示波器、频谱分析仪、照度仪、视频信号发生器等。

2. 备件数量

系统维护用的备件数量可考虑按照实际使用设备数量的 5% ~ 10%考虑，如果是系统重要设备，还应考虑多备一些备件。可考虑确定一个备件最低库存数量，实际备件数量应不小于最低库存数量。

六、常见故障及处理方法

（一）系统的常见故障现象

1. 监视器无图象

① 站台监视器无图像,包括车站内所有的站台监视器无图像或单个站台的站台监视器无图像。

② 车控室的监视器无图像，包括单个监视器无图像或所有监视器无图像。

③ 全站的监视器无图像。其实情况可归属于所有站台监视器无图像或者所有车控室监视器无图像。

④ 控制中心的监视器无图像，包括单个监视器或者全部监视器无图像。

2. 控制键盘操作失效

① 车控室的键盘操作失效，包括单个键盘或者所有键盘操作失效。

② 控制中心的键盘操作失效，同样包括单个键盘或者所有键盘操作失效。

3. 录像机故障，不能录制图像或不能播放录制的图像

4. 监视器显示图像不正常

上述的一些故障现象只是一些通常会发生的故障现象，在具体的维护工作中，需要视系统具体情况，由维护人员不断地总结和补充。

（二）常见的故障处理方法

对故障进行处理，首先必须准确判断故障发生的部位。要做到这点，必须了解清楚系统的结构图，清楚系统线路的走向，采用逐段查找的方法，逐段排除完好或正常的部分，直到找到故障的具体的位置。还可通过替换好的部件或转换线路的方法来判断当前的部件是否有故障。

1. 监视器无图像显示故障的处理

（1）站台监视器无图像。

当站台监视器无图像时，首先要确定是所有站台的监视器无图像还是其中的一个或几个监视器无图像。

① 所有的站台监视器均无图像。

当所有站台的监视器均无图像时（发生此种故障的概率很小），通过分析系统结构图可知站台监视器输出的图像信号来自于视频交换矩阵的输出端，所以故障来源可能是视频交换矩阵的输出端，或可能是频频交换矩阵的内部处理单元，也可能是视频交换矩阵的输入端。可以通过查看系统其他部件的状态来进一步确定故障源。

当车控室的监视器也无图像时，可能是交换矩阵内部的故障，或者是交换矩阵的输入端的故障。当矩阵的电源及状态指示灯正常时，就要检查交换矩阵的输入端是否有图像。这样通过逐级检查的方法判断出故障点。显然，处理故障的前提必须是清楚了解系统的结构原理。

② 一个或其中几个监视器无图像。

当一个或几个监视器无图像时，可以使用便携式监视器检查监视器的输入端有无图像输入，如果没有图像信号，则逐段检查之前的部分，采用逐段检查的方法确定具体的故障点。如果是有图像信号输入，则应是监视器发生故障，应由有监视器维修资格的维修的人员对监视器进行维修。

（2）车控室监视器无图像。

在车控室内有多台监视器。相应的故障现象也包括全部或其中一台监视器无图像。

① 所有的监视器无图像。

当发生车控室的所有监视器无图像的情况时，分析的方法与所有的站台监视器无图像的情况类似。所有车控室的监视器同时发生故障的概率很小，应查看之前的部件的工作状态。也是先检查站台的监视器是否也无图像，交换矩阵的工作状态是否正常，交换矩阵的输入端是否有图像信号输入。采用逐级检查的方法来判断故障点。

其实，通过经验总结。当发生站台或者车控室的监视器全无图像的故障现象时，基本上可以判断是由于交换矩阵的故障，包括电源故障或者是交换矩阵内部处理内部件的故障。

② 单个监视器无图像。

与站台监视器的情况一样，先检查监视器的输入端有无图像输入，如果无图像输入，则逐级检查之前的部件，采用分段判断的方法确定故障点。如果有图像信号输入，则需要检查监视器，由有监视器维修资格的维修人员对监视器进行维修。

（3）控制中心的监视器无图像。

当控制中心的监视器无图像时，首先要区分是个别的监视器无图像还是所有的监视器无图像。具体处理方法如下（处理方法以采用模拟光纤传输方式为例）：

① 所有的监视器无图像。

当发生故障时，应快速判断是一个站的全部图像无还是所有的图像无。因为通常情况下控制中心的六台监视器同时显示一个站的图像。当切换到其他站的图像可以观看，而相应车站的站内监视器显示正常时，基本上可以判断是由于相应车站到控制中心的图像传输部分出现故障。如果相应车站的站内监视器均不能显示图像时，则可判断故障出在车站范围内，可采用分段检查的方法判断故障点。

当其他车站的图像均不能显示时，则故障点可能在控制中心视频交换矩阵的输出或视频交换矩阵内部的处理单元。一般所有站到控制中心的图像传输部分不会同时出现故障，因此故障点基本上不会发生在视频交换矩阵的输入之前的部分。

② 个别监视器无图像。

当出现个别监视器无图像时，同样的应切换其他的图像在故障监视器上显示，如果其他图像可以显示，则应判断故障点不是在监视器，而应向前逐级检查判断故障点。如果其他的图像同样不能在此监视器上显示，则故障点应在此监视器上，应对监视器进行维修，由有监视器维修资格的维修人员对相应的监视器进行维修。

（4）站台分屏图像的一半无显示。

还有一种特殊情况，可能出现在所有的监视器上，包括车站和控制中心的监视器。就是显示站台的分屏图像时，有一半的图像无显示。则通过分析系统原理可以知道，故障点可能出现在分屏单元的输入端之前，同样地可以采用分级查找的方法查找故障点，由分屏单元的输入端一直查找到相应的摄像机的输入端。因此可见，要达到快速准确地判断故障点，应掌握系统的工作原理，对系统的线路走向应了解清楚，这样才能准确地查找出故障部位。

2. 控制键盘操作失效的故障处理

一般当控制键盘出现无法操作的故障现象时，出现故障的部位无非包括键盘本身的故障、机柜或机柜到键盘接线部分的故障、机柜交换矩阵内部键盘控制部分的故障几方面。可以按以下方法进行处理。

（1）车控室或控制中心的控制键盘出现个别故障时的处理。

当在车控室或控制中心有一个并不是全部键盘出现无法操作故障时，可以判断多数情况下是这个键盘出现了故障，快速的方法是更换一个好的键盘，如果故障现象消除，则可断定是该键盘的故障。如果故障现象依然存在，则要检查由键盘到机柜模块输出端的线路是否正常，通过逐级排除的方法找出故障点。

（2）车控室或者控制中心的控制键盘全部按键操作失效的处理

这种情况下，基本上可以排除键盘出现故障的可能性，应对照系统原理图检查由所有键盘的公共点到视频矩阵内的键盘控制部分之间的线路与部件，包括检查提供给键盘的电源是否正常。

3. 录像机故障的处理方法

当录像机出故障时，要区分故障点是在录像机本身、还是在从控制部分到录像机的控制部件或线路中。最快的判断办法是通过键盘操作录像机时，观看键盘有无相应的显示，如果没有控制录像机的信息，则可判断是控制键盘的故障，也就是控制源的故障。如果键盘上有相应的信息显示而录像机没有动作的话，则故障点可能是在键盘到录像机的线路上或者是录像机本身的故障。通过更换一个好的录像机就可以判断是否录像机的故障。如果更换上好的录像机而故障仍然存在的话，故障点应在键盘到录像机的线路上，如果没有更好的录像机在身边，而没有办法及时判断是否录像机故障时，也只有通过逐级查找的方法，检测上面提到的线路工作是否正常。

4. 监视器图像显示不正常的处理方法

遇到监视器的图像显示不正常的情况，应首先判断是否监视器的故障。如果是监视器的问题，则检修监视器。如果不是监视器的问题，则可以通过逐段排除法检查线路和部件，一直检查到摄像机。

小　结

城市轨道交通线路必须建设完善的闭路电视监控系统以保证地铁列车组织和安全。调度员和车站值班员通过它来监视列车运行、客流、变电所设备运行等情况。当车站发生灾情时，闭路电视监控系统可作为防灾调度员指挥抢险的指挥工具。

城市轨道交通闭路电视监控系统由控制中心和车站二级构成，由图像摄取、显示及录制、车站控制处理、中心控制处理等设备组成。

目前，城市轨道交通闭路电视监控系统可分为模拟视频监控系统、数字视频监控系统和网络视频监控系统三种，其中网络视频监控系统是新技术的发展方向。组成网络视频监控系统的设备除构建计算机局域网设备外，还需要配置视频网络控制服务器、网络摄像机或视频网关。

闭路电视监控系统设备 24 h 不停地运作，因此，对其进行运行维护的主要目的和任务是保证系统的不间断正常运作，保证正常使用；还要对设备进行日常的巡视和计划性检修。本章还对常见的故障及故障处理方法进行了简要介绍。

思考题

1. 城市轨道交通闭路电视监控系统主要有哪些功能？
2. 视频分配器有何作用？
3. CCTV 传输系统采用的传输介质都有哪些，有何不同？
4. 网络视频监控系统与数字视频监控系统有哪些不同？
5. 当监视器的图像显示不正常时可能有哪些故障？

第七章　乘客信息子系统

第一节　乘客信息系统

乘客信息系统（PIS）是一个多媒体资讯发布、播控与管理的平台，也是一个全方位导乘和其他资讯服务分布式的数字播控网络。利用在地铁列车内的液晶显示屏和沿线地铁站台的大型等离子显示屏，发布各种信息，准确预报运营车辆到站时间、沿线车站、人文景观等资讯，为乘客提供运营服务、营销、安全、票务、广告等多方面的编辑信息，也可实时转播新闻、天气预报、股市行情等外部信息，为乘客营造一个更加舒适，更加人性化的乘车环境。

乘客信息系统是一个多种类型、多种显示终端、多信息源、平行、分区、带优先级的媒体显示系统，不仅能发布数据量小的文本信息，还能播放数据量大的媒体文件信息。文本信息有预定义的普通信息、预定义的紧急突发信息、特殊信息（信息员临时编写的文字）、后续列车到站，离站时刻信息、最后一班车的换乘信息以及其他来源的文字信息；而媒体文件信息则包括实时性导乘信息、商业广告、公益广告、电视转播等内容。系统采用光纤和无线网络传输方式，各类信息由于其发布的内容和时机不同，面向的乘客有所区别，可通过不同的媒体形式和显示终端进行发布。

一、系统结构

乘客信息系统主要包括以下几个部分：控制中心、车站、车载和网络传输等子系统。分三层结构：第一层是运营控制中心（OCC）的子系统，第二层是车站子系统，第三层是车载子系统。系统各自独立，各系统之间接口良好，具有高稳定性、可靠性、可扩展性。乘客信息系统的结构如图 7.1 所示。

在传统的乘客信息系统中，显示系统主要基于光纤传输方式，尚不能实现车载的无线传输。因此每列地铁车辆，只是独立的播放系统，单独播放其光碟所刻录的内容，无法在地铁车辆播出实时信息，整个系统没有真正意义上构成完整的数字播控网络。

先进的乘客信息系统已经突破了无线传输的瓶颈，各类信息从车站到运行中的列车都全方位实现实时传输。所有的导乘、资讯和地铁运营信息，都由系统的中心服务器集中维护管理。控制中心通过光纤网络与各地铁站连接，实现远程节目管理、发布和播控。视不同地铁站的个性差异，在地铁站的上下行站台及站厅安装高亮度显示器，分别由本站后台播控和网络设备驱动，并按要求播放各种导乘资讯。

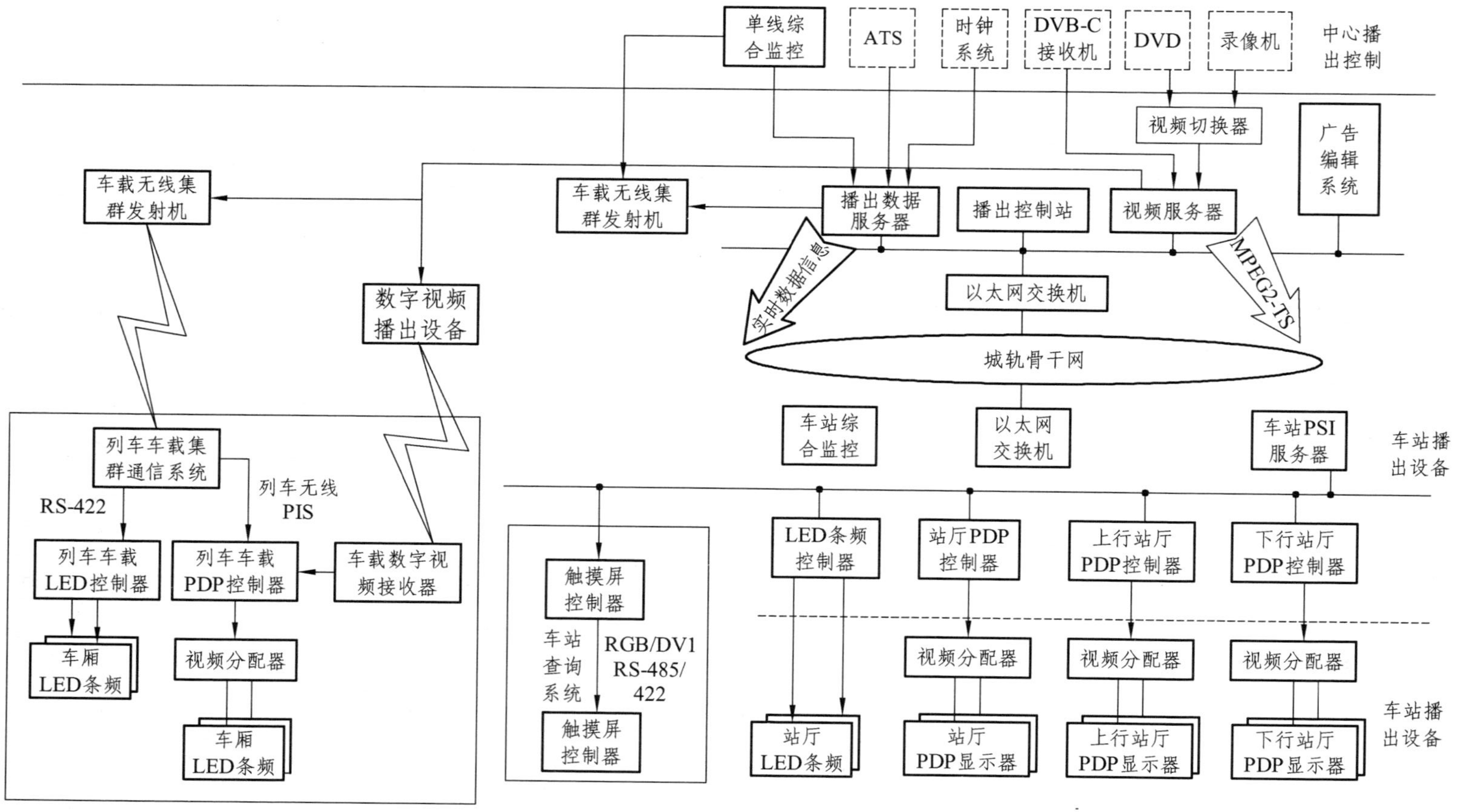

图 7.1　乘客信息系统的结构

地铁列车的每节车厢安装有高亮度显示器，由车载播控和网络设备控制。车载应具备高速无线网络接口，每个车站的无线发射基站为 4 个，上下行站台两端各 2 个，覆盖半径不小于 200 m，传输的速率不小于 11 Mbit/s，确保在列车最小停站时间内完成更新数据的下载，以便列车停站时，可经由站台中继系统及时获得营运信号和节目更新数据。对于大的数据包，可采用断点续传解决。该数据的更新可在每个站进行，每列车有各自的数据，互不影响，对于纯文本数据的运营信息可实时性传输。

二、系统设备及功能

（一）控制中心子系统

控制中心子系统主要负责外部信息流的采集、播出版式的编辑、视频流的转换、播出控制和对整个 PIS 设备工作状态的监控以及网络管理。

控制中心子系统主要设备有：中心服务器、视频流服务器、中心操作员工作站、中心网管工作站、播出控制工作站、数字电视设备、外部信号源等。它们构成了一个完整的播出和集中控制系统。同时，控制中心子系统还将提供多种与其他系统的接口。

1. 中心服务器

中心服务器主要负责创建数据并从车站子系统、广告中心子系统导入各种日志数据，包括告警日志、事件日志、用户操作日志、分类信息的播放日志、外部系统导入/导出信息日志等。中心服务器将集中保存各种系统数据，其中包括：系统的工作模式参数、结构配置信息（中心、车站、广告和网络子系统）、各种自动维护程序的运行参数、用户配置信息、用户账号名称、用户密码、用户权限、用户组等。

中心服务器同时承担本 PIS 与外部各系统的连接，如综合监控系统（含 ATS 系统）、地面交通信息系统和时钟系统等。

2. 视频流服务器

视频流服务器是向整个 PIS 发放网络视频流数据的设备。能够同时提供标清、高清和 DVB ASl 功能。可存储超过 1 000 h 的 MPEG-2 视频。用户可以从独立的存储服务器开始，简单地升级为共享网络化存储，支持多路视频通道和更大的视频存储量。

3. 中心操作员工作站

通过中心操作员工作站，具备超级管理员权限的操作员可以设置整个 PIS，包括各车站子系统的总体设置、各车站子系统工作站的设置、各车站子系统终端显示设备的设置、终端显示设备分组管理。操作员可以创建预定义的中心公共信息，包括紧急灾难信息、紧急疏散信息、轨道交通公司公共公布信息等。并可以控制 PIS 中的某一/某组/全部终端显示设备的实时信息窗口显示指定的信息内容。对于整个 PIS 中的某一/某组/全部终端显示设备的工作状态（紧急告警状态或中心信息直播状态）的切换也可在中心操作员工作站上完成。

通过中心操作员工作站，具备超级管理员权限的操作员可以设置管理系统的用户账号，包括用户账号的添加、编辑、删除，用户账号权限的设置，用户组的管理，用户账号冻结、激活、重置。

4. 播出控制工作站

播出控制工作站对本系统内的播出设备进行集中的播出控制管理。播出设备包括控制中心的视频服务器、视频切换器、上载录像机、车站终端显示设备。它们的开机、关机、播出列表的编制和播出的启动都由控制中心的播出控制工作站通过网络来进行统一管理。

通过播出控制工作站对各个车站的播出设备进行集中控制，各个车站乘客信息系统实现无人值守的运行，降低了人为操作带来的失误和故障。夜间停播时，播出控制工作站可以自动将第二天各站点需要的播出列表发送到各站点的播出控制工作站，进行播出准备。

5. 数字电视设备

数字电视设备可以采用 DS3 信道直接播出，也可以采用 MPEG-2 0ver IP 的方式通过 TCP/IP 网络播出。需要注意的是，一定要保证 MPEG-2 数据流的 QoS，不能出现顺序错误。在城市轨道交通系统中采用 MPEG-2 0ver IP 可以节约传输信道，同时便于实现复杂的功能。

数字电视（DVB—IP）设备是将视频流服务器以 DVB—ASl 标准的 MPEG-2 进行 IP 封包，转换到可在标准 IP 网络上传输的数字信号设备。它支持多路复用，同时提供多个媒体流通道进行传输，可完全满足对单个车站和所有车站 IP 广播的需求，是 PIS 中 IP 多播方式的核心技术和设备。

6. 网络设备

控制中心子系统实际上是基于以太网构架组成的。其网络的核心是一台具有三层交换功能的网络设备。

（二）车站子系统

车站子系统的主要设备有：车站数据服务器、车站播控服务器、车站操作员工作站、屏幕显示控制器、网络系统等。车站子系统通过传输通道转播来自控制中心的实时信息，并在其基础上叠加本站的信息，如列车运行信息和各类个性化信息等。

所有这些设备分为控制和现场显示两部分。

控制部分包括车站服务器/车站播控站、车站操作员工作站、TS 流解码器、PDP/LED 显示控制器、外部系统接口、网络部分等。

现场显示部分包括所有的 PDP 显示器和 LED 显示屏。

1. 车站服务器

车站服务器包括车站数据服务器和车站播控服务器。

车站服务器能从中心服务器、广告中心服务器接收控制命令，与中心服务器同步播出时间表、版式和数据，集中转发至站内的终端显示设备控制器，进行解释执行。车站服务器集中管理控制整个车站的所有车站操作员工作站、所有显示控制器和显示终端设备。

2. 车站操作员工作站

通过车站操作员工作站，操作员可以即时编辑指定的提示信息，并发布至指定的终端显示屏，提示乘客注意；可以进行整个车站的某一/某组/全部终端显示设备的工作状态（紧急告警状态或中心信息直播状态）的切换。车站操作员工作站对本系统内的播出设备进行控制管理。

3. TS 流解码器

对于中心下传的实时电视信号，每个车站都具有相对应的 TS 流解码器，即信号源同时进入车站子系统，可根据需要在任意 PDP 显示器和全彩 LED 显示屏上播放，窗口模式和全屏模式均可。

4. 显示屏

显示屏分为 PDP 显示器和 LED 显示屏。

（1）PDP 显示器。

PDP 等离子显示器由两片玻璃组成，其内部有接近一百万个像素。这些像素含有载满气体的微小蜂窝，而蜂窝顶部及底部均附有电极。有电流通过时，气体电离后产生紫外线从而激发红、绿及蓝色荧光粉，使其放射出可见光线，形成色彩鲜艳夺目的影像。

（2）LED 显示屏。

LED 显示屏可用来显示文字、计算机屏幕同步的图形。它具有超大丽面、超强视觉、灵活多变的显示方式等优势，成为目前使用广泛的显示系统。它色彩丰富、显示方式变化多样（图形、文字、三维、二维动画、电视画面等）、亮度高、寿命长。用于制造显示屏的发光二极管有单管、矩阵块、像素管三种规格，可以满足不同使用场合的要求。

5. PDP/LED 显示控制器

（1）PDP 显示控制器。

每一个 PDP 等离子显示器配备一台显示控制器，以实现每一显示终端设备能可靠自主地显示指定的内容，并且能智能地处理各种异常情况。

PDP 显示控制器提供网络接口，并通过 TCP/IP 协议，与车站服务器进行通信和数据交换。PDP 显示控制器支持文本动画、图像动画、MPEG-2、AVI 影视文件、各种常用文件格式文件、网络视频流、网页、模拟时钟及数字时钟的显示。

一般情况下，PDP 显示控制器工作于正常播放状态。但显示控制器可远程接收中心操作员工作站的命令，由此进入中心信息直播状态。

当网络发生故障时，PDP 显示控制器仍能正常工作。播放实时更新信息的子窗口立即切换显示疏导信息或默认指定信息，原来播放本地缓冲文件内容（如广告节目）的子窗口则继续正常播放。

（2）LED 显示控制器。

每个 LED 显示屏都配备一个独立的显示控制器，以实现每一终端显示设备能够可靠自主地显示指定的内容，并且能智能地处理各种异常情况。一般车站具有的 LED 条屏、室内双基色屏和室外双基色屏、LED 全彩色显示屏、多媒体全彩色显示屏可实时播放视频节目，也可用来举行重要会议和发布重要信息。

6. PDP 触摸屏显示控制器

PDP 触摸屏显示控制器控制车站播放的视频。不对屏进行触摸操作时，正常滚动显示来自车站服务器的信息；对屏触摸操作时，能实时互动地显示和查询来自车站服务器的信息，并且信息容量可无限扩展。

乘客可通过触摸此屏来获得自己需求的各种指南。例如，地铁车站出口、地面地理及交通指南，分段制收费票价查询，面向乘客潜在需求的各种广告信息查询（宾馆酒店信息、旅游信息、购物信息等）。

（三）网络子系统

网络子系统是指城市轨道交通主干通信网提供给 PIS 的通道，该通道用来传输从 OCC 到各车站的各种数据信号和控制信号。

中心局域网、广告中心局域网、车站局域网都是通过网络设备连接本局域网内的各种设备，再由交换机经防火墙设备连接至传输网上。

（四）广告制作子系统

PIS 的广告制作子系统主要提供直观方便的用户界面，如广告片、风光片和宣传片，并可承接城市轨道交通以外的一些广告制作，编辑广告时间表，控制指定的显示屏或显示屏组播放显示指定的时间表，并将制作好的素材经审核通过后经过网络传输到控制中心和各车站进行播出。

广告制作子系统主要包括：图像存储服务器（可无限扩容）、非线性编辑设备（用于节目的串编）、视频合成工作站（用于高端广告片、形象片的制作）、数字编辑录像机、数字编辑放像机、数字/模拟摄像机、网络系统、合同管理软件系统和屏幕编辑预览系统等。

（五）车载子系统

传统的 PIS 只有车站子系统。随着无线局域网（WLAN）的成熟与普及，很多新建的城市轨道交通线路增设了基于 WLAN 的车载子系统，它可以实时播放新闻和广告等音/视频信息供列车上的乘客观看，同时实现 OCC 对列车车厢的实时监控，提高了对城市轨道交通运营与安全的管理能力。

PIS 车载子系统是指车辆段、轨道交通沿线、列车上的 PIS 设备。主要包括：车辆段 PIS 监控站、车辆段和车站 PIS 数字视频发送设备、无线集群系统、车载 PIS 数字视频接收设备、车载 LCD/LED 显示控制器。

PIS 车载子系统获取信息的来源通常有四种方法：

一是在列车上播放预先录制节目的 DVD 光盘，主要是广告信息。

二是在固定的地点（如车辆段）通过有线或无线的方式向列车传输信息，行驶过程中列车 PIS 可播放这些信息。

三是通过车载无线集群系统向列车传送信息，该方式可保证信息的实时性。例如，天气预报、文字新闻、其他信息等。

四是通过全线无缝覆盖的无线宽带传输网络，提供行驶过程中列车 PIS 的实时音/视频信息源。

第二节 乘客信息系统的无线局域网技术

目前，国内多条地铁线上 PIS 采用无线局域网技术来实现车地之间的宽带无线通信。由于地铁 PIS 要求在车地之间不间断地传送高带宽视频和数据信息，因此对无线网络的吞吐量、漫游切换时间等参数要求非常严格。从我国地铁的实际情况来看，无线局域网技术主要解决无缝切换、频率规划、无线网络安全、AP 选点等方面的问题。

一、WLAN 无缝切换

1. WLAN 切换

WLAN 网络的工作模式可分为两个主要工作过程：无线工作站（车载无线单元）加入一个无线接入点；无线工作站从一个无线接入点移动到另一个无线接入点，实现 WLAN 漫游。

当无线工作站进入无线覆盖区时，首先要经过验证，之后就开始关联。关联用于建立无线接入点和无线工作站之间的映射关系，一个无线工作站同时只能与一个无线接入点关联。在关联过程中，无线工作站与接入节点（AP）之间要根据信号的强弱协商速率。

当无线工作站从一个无线接入点移动到另一个无线接入点时，需要重关联。重关联是指当无线工作站从一个无线接入点移动到另外一个无线接入点时，与新的无线接入点关联的整个过程。重关联总是由无线工作站发起的。

要保证在地铁环境中 AP 无缝切换的实现，需要采用合适的方案，主要包括合适的覆盖和切换规则、合适的无线网络体系架构、合适的频点规划。

2. 基于地铁特点的覆盖和切换规则

在移动的列车控制环境下，AP 无线网络的无缝切换十分必要。由于无线工作站在持续移动，先前与之连接的 AP 可能不再适合连接，因为它的信号强度将迅速消失，或逐渐降低到连接阈值以下。而要保证 AP 无缝切换，需要在无线工作站丢失现有 AP 的信号之前，获得下一个 AP 的信息，从而提前进入漫游状态。前进/后退漫游切换差异如图 7.2 所示。

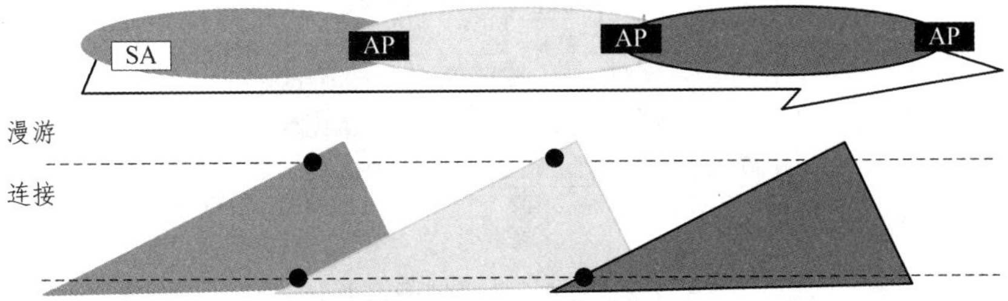

（a）功能性前进方式漫游

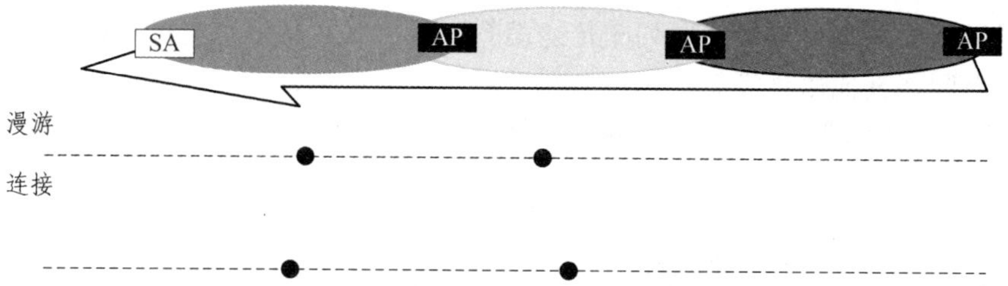

（b）功能性后退方式漫游

图 7.2 前进/后退漫游切换差异

在地铁环境中，无线 AP 的部署是线性的，因此无线网络的覆盖也是线性的。为了提高有效覆盖区域，需要采用定向天线。另外，考虑到列车行驶的方向性，在网络方案中，需要考虑选择采用车头或车尾作为主用无线网络的接入。

当车头或车尾为主接入时，无线切换的差异如图 7.2 所示。当采用车头为主接入时，无线工作站为低漫游和高接入（见图 7.2（a），功能性前进方式漫游）。当无线工作站按前进方向移动时，在无线工作站经过现有 AP 并突然失去其信号之前，无线工作站才会与下一个下游 AP 进行连接。由于在这种情况下，下一个 AP 的信号强度始终低于前一个 AP，因此不利于无缝切换的实现。

当采用车尾为主接入时，无线工作站为高漫游和低接入（见图 7.2（b），功能性后退方式漫游）逆转滞后漫游逻辑。在这种情况下，无线工作站将保持持续的提前漫游状态，确保在无线工作站移入 AP 覆盖区域时，实现无缝漫游切换。

基于地铁特点的覆盖和切换规则是：安装定向天线、采用逆转滞后作用的切换方法（即车尾主接入）。

二、频率规划

1. 频点的选择

根据 2.4 GB 的频谱分配，Wi-Fi 的频率覆盖为 2.4 ~ 2.483 5 GB，符合 802.11 b/g 协议的无线局域网传输信道为 1 ~ 13，具体频率划分如图 7.3 所示。每个信道带宽为 22 MHz，信道间隔为 5 MHz。

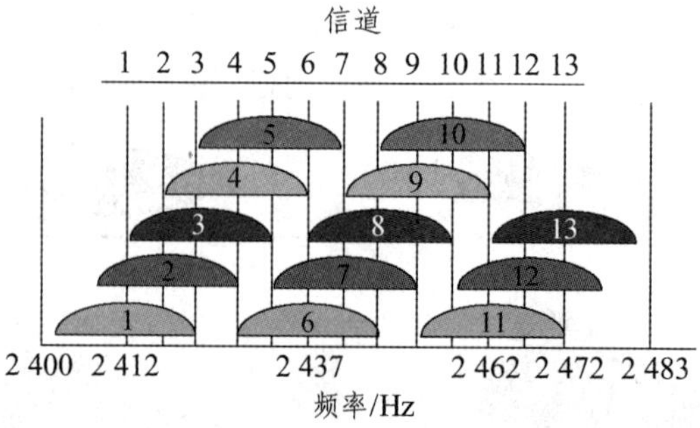

图 7.3 2. 4 GB 频谱频率划分

1、6、11 为一组，2、7、12 为一组，3、8、13 为一组，它们之间没有频率重叠，不会有干扰。

在一般 WLAN 网络规划中，为避免相邻 AP 之间的干扰，将覆盖区域划分为 2～ 3 个信道，每个信道频率不相同，并使频率间隔尽可能大，以保证相邻区域频率不重叠。

但这种通常的频点分配，并不能很好地满足地铁 PIS 高带宽和快速移动切换漫游业务需求，主要原因有以下几点：

① 多个频点的扫描将增加切换时间。

② 在地铁无线通信系统中，除 PIS 以外，还可能包含其他系统，如基于无线的 CBTC 系统。为避免相互干扰，PIS 并不是所有频点均可随便使用。

③ PIS 的 WLAN 无线系统应用模式和一般的 WLAN 有很大不同，即相邻的 AP 在通常情况下最多只会有一列列车需要业务传送。

根据地铁 PIS 业务应用模式的实际情况，考虑地铁乘客信息显示系统车地无线通信的需求（AP 无缝切换、带宽、时延等），以及地铁环境的特殊性（封闭、直线等），单线（上行或下行）AP 使用单一频点，即相邻 AP 使用同一个 IEEE802. 11g 中规定的频点。

2. 相邻 AP 使用同一频点分析

采用相同频点时，在同一无线空间中会遇到同频干扰问题，其影响主要表现为：相邻 AP 同时传送数据，由于数据包在空中无线传送时碰撞增多，引起可用带宽下降。

地铁 PIS 无线网络的相邻 AP 使用同一频点的网络结构如图 7.4 所示。单向线路所有的 AP 设置为工作在某一频点 1，相应车载无线单元的工作频点也设置为 1。

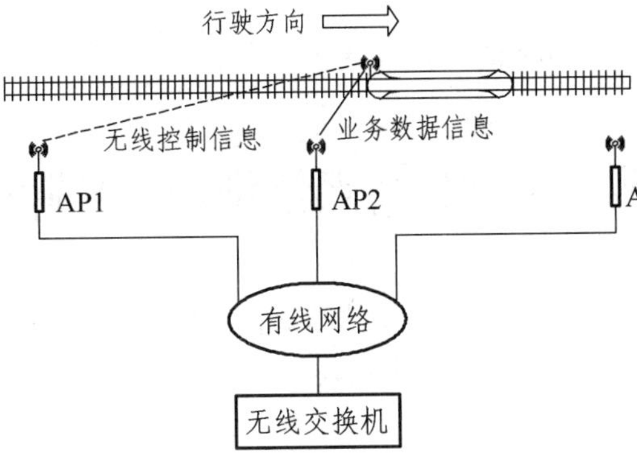

图 7.4 列车与轨旁 AP 通信示意图

在地铁 PIS 中，为何相邻的 AP 可以使用同一频点？很重要的一点就在于：虽然在重叠区域切换时，同频的因素对可用带宽会带来一些影响，但这个影响较小，而随之带来扫描和切换时间的减少，将使得整个系统的性能大大提升。

由于列车间距通常远大于 200 m，因此在相邻 AP 中只有一辆列车接入。车载移动单元与两个 AP 通信的无线带宽是共享的，只与其中一个 AP 有业务数据通信，另一个 AP 的通信只有无线控制信息。由图 7.4 可看到，列车仅可能与 AP1 和 AP2 进行通信，与 AP3 实际上是没有通信的，而且由于 AP1 仅有无线网络的一些控制信息（如 Beacon 信号和预切换信息等），数据量非常小，基本对 AP2 和列车之间的业务数据传送没有影响，从而能有效减少相邻 AP 的同频干扰。结合合理控制信号强度和优化 AP 部署等措施，控制重叠覆盖区的大小，可进一步降低同频干扰。

三、无线网络安全

由于无线局域网采用公共的电磁波作为载体，任何人都有条件窃听或干扰信息，因此对越权存取和窃听的行为也更不容易防备。因此，在地铁 PIS 中应用无线网络时，需要充分考虑其安全性，通常可以通过认证、加密和消息完整性校验等方式来实现。

四、AP 选点

通过在地铁线路沿线实地勘测，根据模拟实际无线覆盖效果，确定隧道 AP 安装位置。在 AP 点确定时，需要考虑以下主要因素：

① 背景噪声的影响；

② AP 信号强度满足所需传输带宽的要求；

③ 对站台的冗余覆盖；

④ 尽可能使勘测的现场环境与实际运行情况接近；

⑤ 测试结果结合以往的工程经验；

⑥ 避免地铁运行状态与现在状态的差异带来的影响；

⑦ 考虑 WLAN 的 EIRP 要求以及各通道在隧道内传输时信号强度的差异，确保信道选择的灵活性。

⑧ 考虑 AP 故障时，相邻 AP 的保护性覆盖。

第三节　乘客信息系统维护与故障处理

乘客信息系统中有大量的服务器、工作站和通信网络系统设备，其基本维护工作方式类似于其他通信系统中的同类设备，此处不再赘述。本节主要介绍系统外部连接的轨旁无线 AP 设备及 PIIS 显示屏维护。

一、轨旁无线 AP 设备维护

1. 技术规范

① 轨旁无线通信系统工作频段：2.4 ~ 2.483 GHz。

② 传输速率为 2 Mb/s。

③ 采用定向无线天线。

2. AP 设备维护标准

AP 设备维护标准见表 7.1。

表 7.1　AP 设备维护标准

设备（数量）	修程	周期	维护内容	维护方法	维护标准
轨旁无线AP	二级保养	每半年	清洁和 AP 箱的卫生	检查 AP 箱上是否堆积有泥土或其他凝结物，如有，把它清除掉	AP 箱表面洁净
				用软毛刷子和白毛巾清除所有天线线缆接口的凝结物或灰尘	天线线缆接口洁净
			检查天线、AP 箱是否紧固	查天线、AP 箱紧固情况，确定所有固定架都紧固，如有松动的，重新紧固	天线、AP 箱固定架紧固，无松动
				AP 箱是否密封完好	AP 箱密封完好
			尾纤插头及光纤盒是否紧固	检查尾纤插头是否紧固	尾纤插头紧固
			AP 箱线缆及防雷端子整治	检查天线连接头和电缆、光缆的接头是否有损坏和松脱、线缆是否老化现象，把损坏部分进行修理或更换	连接头无损坏及松脱，线缆无老化
				检查地线固定螺丝是否牢固，必要时重新紧固，检查螺丝是否生锈	各地线螺丝固定，无生锈
				检查防雷单元	防雷端子完好
			电气测试	AP 箱 24 V 电源输出的电压	输出的电压在设计范围内
				AP 箱输入电压	输入的电压在设计范围内
			天线功能测试	天线的安装角度是否正确	天线安装成水平方向
				用测试各处的无线信号场强，确定所有区域场强均符合要求	所有区域场强均符合要求
				记录检查和测试的日期、结果，包括所有有关部件的检查	记录结果详细、准确
	中修	五年	对整机部件性能老化度评估，根据评估结果更换老化部件		
	大修	十五年	更换系统（根据采购合同系统生命周期而定）		性能不得低于原设备标准

二、PIIS 显示屏维护

1. PIIS 显示屏简介

PIIS 是悬挂在站台醒目位置上的为旅客提供有关信息的指示系统。德国西门子公司设计的 PIIS 显示屏可在每个车站站台设置 4 个，上下行站台各 2 个。PIIS 显示屏的信息内容是由

ATI（到达时间指示器）和 DI（目的地指示器）两部分提供。ATI 将显示实际预测的距下一列车到达时刻，而 DI 显示该列车的终到站。

一个 PIIS 显示屏的主要部件由 5 个显示模块、1 个显示接口和 1 个供电单元组成。

显示模块的数据信息经由 RTU（远程终端单元）、车站接口与显示接口触发。供电单元将输入交流电压转换一个 48 V 的直流电压，以供各模块工作。显示模块的前后两面信息，显示不同的工作状态。

当前行列车驶离车站后，ATS 作为信息源在一个电码中给出下次列车预计到达本站的时间和列车运行终到站信息，显示屏开始交替显示下次列车距离到本站时间和运行终到站。ATS 每一分钟提供一次信息，旅客向导显示盘改变一次显示。如果 1 屏显示不完全可以采用左移屏方式循环显示。

PIIS 自带通信板，通信板完成从 Profibus 接口到 RS232 接口的转换。ATS 发送旅客信息及司机发车时间等信息到 PIIS 通信板，通信板将接收到的信息按一定的要求与显示控制器进行信息交换，并将显示屏的故障信息上传给 ATS，以供维修人员参考。

2. PIIS 显示屏维护标准

PIIS 显示屏维护标准见表 7.2。

表 7.2　PIIS 显示屏维护标准

修程	周期	维修内容	维修方法	维修标准
二级保养	每季	设备运行状态检查	检查显示功能 打开机盖，检查内部指示灯（1 号线 PIIS）	PIIS 有终到站及时间间隔信息显示且清晰正确
			观察 DTI 显示屏显示内容是否正确；显示屏点阵显示是否正常 （各线 DTI）	车到站停稳后，按设定的时间开始倒数。倒数到零，列车开动，就自动关闭。点阵显示正常，没有出现灭灯或长亮现象
		外观检查	检查设备外表	检查设备外表是否有裂纹、刮花或破损等现象，如果有，应根据损坏程度做出适当的处理
		机箱内外部清洁	用抹布、毛刷和清洁剂清洁机壳及显示窗	机壳及显示窗干净、清洁、无灰尘
		地线检查	检查地线连接是否牢固，可靠	地线连接牢固，并且接触良好，无表皮破损
		调整密封条	用专用钥匙打开机箱盖，调整箱盒的橡胶密封条	调整箱合的橡胶密封条，以保证箱合的密封性
		清洁、检查风扇正常工作	用毛刷清洁风扇，并检查风扇状态 （1 号线）	风扇干净、清洁、无灰尘。风扇转动没有噪声，保持一定风量以起到散热作用

续表 7.2

修程	周期	维修内容	维修方法	维修标准
小修	每年	安装装置检查，螺丝紧固	用螺丝刀紧固各螺丝（包括天花部分）	各部件保持完整性，并且螺丝应坚固，箱合与天花的连接应牢固
		与 PIIS 相连的电缆检查	检查电源及数据电缆（1号线）	电源及数据电缆连接牢固，且无断线、接触不良或表皮破损
		各部件检查	模块结构检查	各模块安装牢固，模块间各连接线连接牢固，且无断线、接触不良或表皮破损
		测试显示功能	模块自检	把各显示模块的第一位自诊开关打到 ON 位置，模块能正常显示各种自检信息
		检查显示模块工作状态	检查显示模块监控指示灯	显示模块的指示灯以 0.5 s 亮、0.5 s 灭的频率指示
		模块外观检查	模块外观检查	模块完整，无破损
		检查接口板工作状态	检查接口板显示灯（2、3、4号线）	接口板 L1 灯稳定亮，L2 灯以 2 Hz 的频率闪烁，L3 灯有数据交换时灯亮

3. PIIS 显示屏故障处理

故障 1：某个驱动模块出现某一行或某一列显示不正常。

原因：该模块的行驱动 IC 或列驱动 IC 有问题，或行电路列电路出现开路或短路现象。

措施：更换有问题的驱动模块。

故障 2：从某个驱动模块开始，出现连续几个驱动模块显示不正常。

原因：不正常部分中前面相连接的一块驱动模块有问题，或信号线接触不良。

措施：检查开始显示不正常开始处对应的驱动模块，电源线是否连接良好；如电源正常，检查该驱动板的输入信号线是否连接良好；仍未秦效，则检查到底是该驱动模块还是其前面一块驱动模块输出有问题，方法是：将显示不正常对应的驱动板的输入信号线拔出，与对面的另一个驱动模块的输入信号线交换连接。如仍是原来地方有问题，则对应的驱动模块坏；如显示问题在对面模块出现，则是原来的前一块驱动模块坏，更换坏的驱动模块。也可根据取回显示屏的故障信息作为辅助判断。

故障 3：在双面显示当中的一面从头到尾驱动模块显示不正常，而另一面显示正常。

原因：主板有问题；或与主板相连接的第一个驱动模块有问题或与主板相连接的信号线接触不良；或其中一个驱动模块控制信号有问题。

措施：检查与主板相连接的第一个驱动模块的信号线是否接触良好；更换新的主板，判断是否是主板问题；跳过第一个驱动模块，将主板的输出信号直接连接到第二个驱动模块中去，看显示屏显示是否正常以判别是否是第一个驱动模块有问题；从第一个驱动模块开始断开与后面驱动模块的信号连接，看第一个驱动模块是否显示正常；再接上第二个驱动模块信号断第三个驱动模块的连接，看是否显示正常；以此类推，直至检查到不正常的驱动模块再更换它。也可以根据取回显示屏的故障信息作为辅助判断。

故障 4：整个显示屏不亮或显示不正常。

原因：电源输入有问题，或主板损坏，或主板输出信号线接触不良，或某个驱动模块有问题。

措施：检查显示屏屏体电源输入线是否连接良好，供电电压是否良好；更换新的主板，看显示是否正常；检查主板输出信号线是否接触不良；按故障 3 方法检查到有问题的驱动模块，更换坏的驱动模块；此外，若显示屏不亮，还有一个原因是显示屏长时间接收不到显示指令，从而关闭显示，因此须检查通信线路是否完好，有无对显示屏发出显示指令。

故障 5：显示屏不响应 ATS 发出的指令。

原因：数据格式不对，或通信线路有问题，或主板已损坏。

措施：检查数据格式设置是否正确；检查通信线路是否完好，与显示屏相连接的通信口是否接触良好。用好的主板替代原有的主板，判断该板是否损坏，更换坏的主板。

小　结

乘客信息系统的设置，是为了方便乘客的候车、乘车，让乘客通过显示屏及时了解列车的运行状态及注意事项，从容候车和上车。

乘客信息系统是依托多媒体网络技术，以计算机系统为核心，通过车站和车载显示终端为媒介向旅客提供信息服务的系统。乘客信息系统在正常情况下，提供乘车须知、服务时间、列车到发时间、列车时刻表、管理者公告、政府公告、出行参考、股票信息、媒体新闻、赛事直播、广告等实时动态的多媒体信息；在火灾、阻塞段恐怖袭击等非正常情况下，提供动态紧急疏散提示。车载设备通过接收无线传输的信息经处理后实时在列车车厢 LCD 显示屏进行音、视频播放，使旅客通过正确的服务信息引导，安全、便捷地乘车。

乘客信息系统采用光纤和无线网络传输方式，按结构划分为四部分：控制中心子系统、车站子系统、网络子系统和车载子系统。控制中心子系统、车站子系统通过网络子系统进行连接。各系统各自独立，各系统之间接口良好，具有高稳定性、可靠性、可扩展性。

控制中心子系统负责提供列车营运状态信号的输入接口，车站子系统负责提供列车运营信息和人工信号分析传输功能，车载子系统负责接收列车定位信号和列车运营信息信号。

各车站的控制设备具备自检功能，能对本站设备工作状况进行检测，在控制中心网管能实时监测各车站子系统设备的工作状态。

思考题

1. 乘客信息系统需要向乘客发布哪些基本信息？
2. 如何理解乘客信息系统在信息发布内容和手段上的不断进步？
3. 乘客信息系统的主要结构分哪几个部分，每部分的功能如何？

4. 乘客信息系统中控制中心子系统主要有哪些设备？
5. 车站子系统主要有哪些设备？
6. 车载子系统主要有哪些设备？
7. 无线局域网如何实现车载子系统的信息发布？
8. 乘客信息系统维护工作主要包括哪些？

第八章　通信电源子系统

第一节　通信电源系统简介

通信电源系统在城市轨道交通通信系统中的作用极为关键，它是通信系统各设备正常工作的重要保障。它除了要消除电网对通信设备的损害外，还要保证对设备的供电要求和质量。

一、通信设备对电源的基本要求

城市轨道交通通信设备对电源的基本要求是安全、稳定和可靠。安全是指电源设备要采取保障安全的措施。稳定要求其供电的电压和频率的波动都必须在其允许的范围之内。可靠电源是指能保证昼夜不间断供电的独立电源。

1. 独立供电，集中监控管理

城市轨道交通通信电源系统必须是独立的供电系统，必须要满足第一类电源要求，取得两路可靠独立的电源，其中一路为专盘专线。

随着通信设备的飞速发展，电源新技术、新设备也日趋成熟。为实现减少维护人员和无人值守的目标，城市轨道交通通信电源设备必须具有集中监控管理功能。

2. 保证不间断、无瞬变地供电

城市轨道交通通信电源设备应满足通信设备对电源可靠性的要求。满足其不间断供电的需求。

3. 按一级负荷供电

电网的供电，应由变电所引接双电源、双回线路的交流电源至通信机房交流配电屏完成，当使用中的一路出现故障时，应能自动切换至另一路。

4. 直流供电

对要求直流供电的通信设备，应采用集中方式供电。直流供电系统可由直流配电盘、整流模块、直流变换器、逆变器、阀控式密闭铅蓄电池组组合机架组成，并应具有遥信、遥测、遥控性能和标准的接口及通信协议。

通信设备的数字化对传输、交换及其他通信设备的直流电源电压要求趋于一致。－48 V作为直流基础电源电压，符合国际、国内标准以及数字通信的实际情况。

5. 交流不间断供电

对要求交流不间断供电的通信设备，可根据负荷容量确定采用逆变器供电或交流不间断电源（UPS）供电方式。

逆变器供电是将－48 V 直流电源逆变为 220 V 交流电压输出。因为－48 V 直流电源负荷受限，故只能在直流负荷有较大富余，而交流负荷较小的情况下采用逆变器供电；电源正常供电时，UPS 直接将市电整流成直流供给蓄电池充电，电源断电后将蓄电池的贮能逆变为 220 V（或三相 380 V）交流电压输出，故在交流负荷较大时采用 UPS 供电。

6. 容量满足期限

① 直流配电设备的容量应按远期负荷配置；

② 整流器、直流变换器、逆变器、交流不间断电源设备的容量应按近期负荷配置；

③ 蓄电池组的容量应按近期负荷配置，并应保证连续供电不少于 4 h。蓄电池一般设置成两组并联，每组容量应为总容量的 1/2。交流不间断电源设备的蓄电池一般只设一组。

7. 接　地

通信设备的接地系统设计，应做到确保人身、通信设备安全和通信设备的正常工作。

城市轨道交通车站根据条件可采用合设接地方式，也可采用分设接地方式，因地制宜地采用。分设接地方式由接地体、接地引入线、地线盘及室内接地配线组成。不同接地体间的距离均应大于 20 m，以防止产生地线之间的串扰所造成的不安全因素。

二、电源系统功能

（1）隔离作用，将电压波动、频率波动及电压噪声等因素阻挡在设备之前，使负载对电网不产生干扰，又使电网中的干扰不影响到负载。

（2）双路电源之间不间断相互切换。

（3）实现电压变换，满足现场各种设备的供电需求。

（4）实现频率变换，满足现场设备对频率变化的要求。

（5）为通信系统提供一定的后备电能。

第二节　不间断电源（UPS）系统

通信设备对供电要求非常高，不仅要求不间断供电，而且要求电压稳定、频率稳定、波形无畸变，这就需要采用不间断供电系统（又称不间断电源或不停电电源），英文缩写为 UPS。

一、UPS 系统概述

在双路供电中，两路电源转换过程中至少要中断供电几十毫秒，这对一般的供电设备没有严重影响。但对于计算机系统及计算机控制的负载，它们对供电的质量和可靠性有着更严格的要求，不允许有 3 ~ 5 ms 的中断供电。否则，计算机正在处理的信息便会丢失或发生错误。此外，供电电压、频率、波形的变动，也会使计算机造成错码、漏码而无法正常工作。

目前，计算机技术已经越来越广泛地应用于城市轨道交通的各个领域，电源系统必须配备 UPS，以保证系统正常工作。

（一）UPS 基本结构

UPS 基本结构如图 8.1 所示，在正常情况下，市电电源经整流器变换为直流电，整流器的输出分为两路，其中一路对蓄电池进行浮充；另一路对逆变器供电。

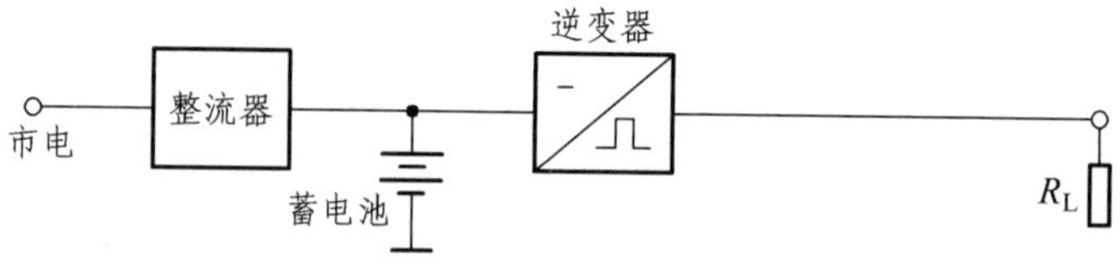

图 8.1 UPS 的基本结构

当市电断电时，由蓄电池的放电维持 UPS 逆变器的输出以继续对负载供电。

（二）UPS 功能

UPS 的主要功能有两路电源无间断切换、隔离干扰、电压变换、频率变换和后备。

1. 两路电源的无间断切换

两路电源可通过 UPS 实现无间断切换。

2. 隔离干扰

在 UPS 中，交流输入电源经整流后，由逆变器对负载供电，可将电网电压的瞬时间断、谐波、电压波动、频率波动、噪声等各种干扰与负载隔离，使电网的干扰不影响负载，而且负载也不干扰电网。

3. 电压变换

通过 UPS，可将输入电源的电压变换成所需要的电压。

4. 频率变换

通过 UPS，可将输入电源的频率变换成所需要的频率。

5. 后　备

UPS 中的蓄电池贮存一定有能量。市电间断时，蓄电池通过逆变器继续对负载供电。

（三）UPS 分类

UPS 按其输出波形，可分为方波输出和正弦波输出两大类。UPS 按其操作方式又可分为在线式和离线式两类。

1. 在线式 UPS 系统

在线式 UPS 系统，通常由市电经整流器-逆变器后向负载供电。市电中断时，改由蓄电池一逆变器方式向负载供电。期间，一旦市电恢复正常供电，UPS 又重新切换到由逆变器对负载供电，无转换时间，有稳压、稳频、隔离作用。在线式 UPS 系统工作原理如图 8.2 所示，图中主电源 1 与主电源 2 通过终端配线板连接。

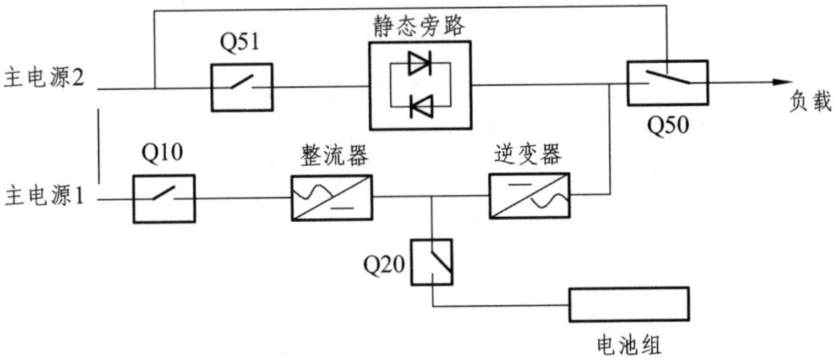

图 8.2　在线式 UPS 系统工作原理图

2. 离线式 UPS 系统

离线式 UPS 系统，在市电正常时，市电经滤波后直接送给负载，同时给蓄电池充电。市电断电时，逆变器将蓄电池的直流电转换为交流电送给负载。转换时间由继电器动作时间和逆变器启动时间决定，一般要求在 10 ms 以内。

离线式 UPS 的优点是电路简单，价格较低。平时由市电直接向负载提供电源，市电故障时瞬间切换到由逆变器供电，由于存在转换时间，输出电压易受电网波动的影响，供电质量不够高。

二、系统组成

UPS 系统是主电源与负载之间的连接部分，一般分为 UPS 机柜和蓄电池两部分，主要有以下部件组成：

（1）整流器，交流电压转直流电压。

（2）逆变器，直流电压转为交流电压。

（3）直流充电回路，提供 UPS 系统与蓄电池之间的连接。

（4）静态旁路开关，在负载与市电之间提供直接连接功能。

（5）手动旁路开关，在不中断负载供电的情况下，提供 UPS 设备手动操作功能的服务旁路装置。

（6）各种保护（过流和限流、过压、空载、电池电压过低保护）电路及相关的指示灯和蜂鸣器。

三、工作模式

UPS 系统具有以下几种工作模式：

1. 正常工作模式

正常工作模式是指整流器将三相交流电压转换为直流电压，经逆变器后转换为交流供给负载方式。负载的电流和频率比较稳定，电池处于浮充状态，此时浮充电流很小。正常工作模式如图 8.3 所示。

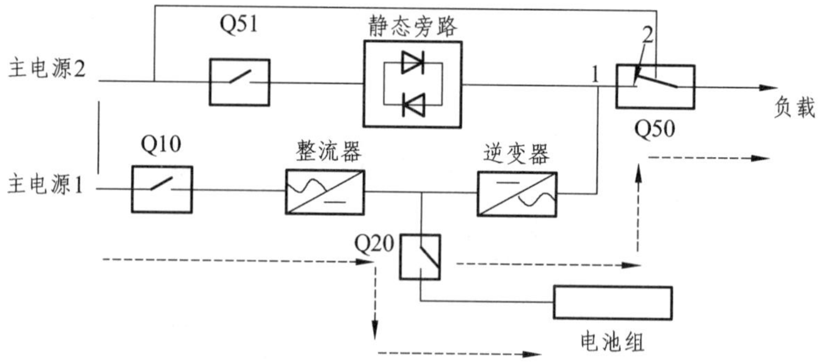

图 8.3　正常工作模式

2. 蓄电池工作模式

蓄电池工作模式是指主电源供电中断，蓄电池由充电状态转为放电状态，由电池给逆变器供电，输出给负载方式。由于蓄电池放电有时间限制，若主电源恢复前，电池放电停止，则逆变器将会停止运行；若主电源恢复供电，则蓄电池由放电状态转为充电状态，同时整流器输出供给逆变器。蓄电池工作模式如图 8.4 所示。

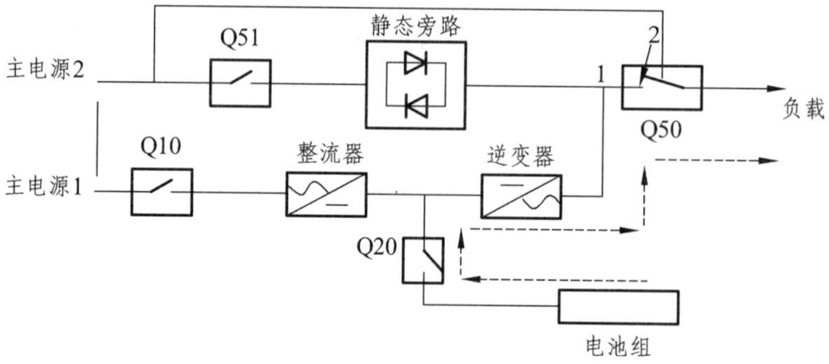

图 8.4　蓄电池工作模式

3. 静态旁路模式

静态旁路工作模式是指逆变器输出过载，负载短路，逆变器过热、过压、欠压或故障情况下，系统会自动切断逆变器，转为静态旁路直接输出给负载方式。静态旁路工作模式如图 8.5 所示。

4. 手动旁路工作模式

手动旁路工作模式是指首先电源从正常工作模式切换到静态旁路模式，合上手动旁路开关后，即直接由主电源提供输出电压给负载方式。此时，维修人员可对 UPS 柜内设备进行检修和维护。手动旁路工作模式如图 8.6 所示。

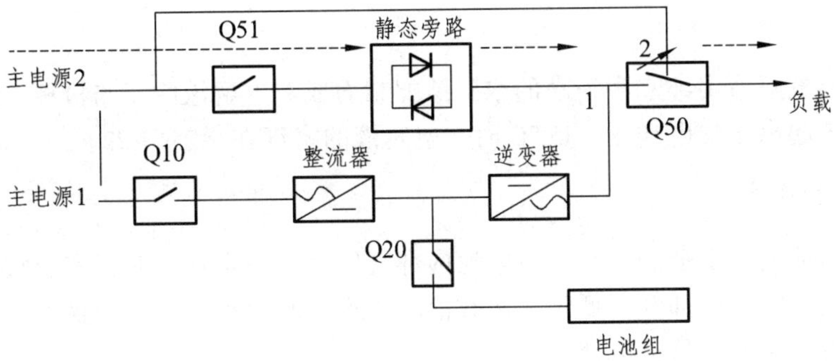

图 8.5　静态旁路模式

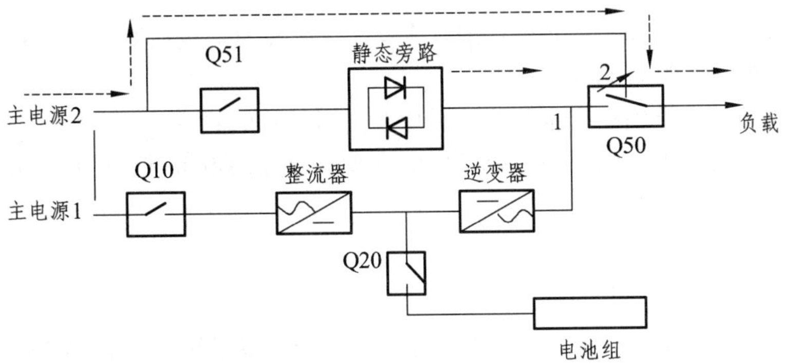

图 8.6　手动旁路工作模式

四、蓄电池

由于铅蓄电池具有电压稳定、供电可靠、原料丰富、造价较低、电气性能良好的优点，曾得到广泛应用。但普通铅蓄电池在使用过程中，需要经常加水、补酸，还会产生腐蚀性气体，污染环境，损伤人体和设备，其运用受到很大限制。阀控铅蓄电池则密封好，无泄漏、无污染，能保证安全，而且在整个使用过程中无需任何维护，使铅蓄电池得到了新的发展。

（一）阀控铅蓄电池结构

阀控铅蓄电池由正负极板、隔板、电解液、安全阀气塞、容器等部分组成。

1. 正负极板

正负极板均采用涂浆式极板，由板栅和活性物质组成。板栅是活性物质的载体，并传导电流，板栅由铅钙合金铸成。正极板上活性物质是二氧化铅，负极板上的活性物质为海绵状铅。这种极板耐酸性强，导电性好，使用寿命长。

2. 隔　板

隔板的作用是保证正、负极板之间绝缘，并让电解液顺利通过，它采用超细玻璃纤维制成。

3. 电解液

铅蓄电池的电解液由纯水和纯净的浓硫酸配制而成。电解液除了与极板上的活性物质起化学反应外，还起离子导电作用。15 °C 时，电解液的密度在 1.2 ~ 1.22。

4. 安全阀和气塞

铅蓄电池顶部装有安全阀，当铅蓄电池内部气压达到一定数值时，安全阀自动开启，排出气体。而当铅蓄电池内部气压低于一定数值时，安全阀自动关闭。顶盖上还有内装陶瓷过滤器的气塞，可防止酸雾从蓄电池逸出。

5. 容　器

容器是铅蓄电池的外壳，它必须耐酸、绝缘，有足够的机械强度，一般用硬橡胶、塑料、有机玻璃、无机玻璃等材料制作。

正、负极板接线端子用铅合金制成，采用全密封结构，且用沥青封口。在阀控铅蓄电池内，电解液全部注入极板和隔板中，铅蓄电池内没有流动的电解液，即使外壳破裂，蓄电池也能正常工作。

（二）铅蓄电池的应用

阀控铅蓄电池应用不当，尤其是充放电控制不合理，将损坏蓄电池，或缩短其使用寿命。为延长铅蓄电池的使用寿命，必须严格按要求充电和放电。

1. 初充电

新铅蓄电池启用前的活化充电，称为初充电。新铅蓄电池通常不带电解液，启用时才灌入。经过静置、浸泡、充电和放电，使活性物质充分活化后，才能投入使用。初充电的好坏，直接影响铅蓄电池的容量。

在完成充电前的检查，配灌电解液，静置浸泡 5 ~ 10 h 后，可以对铅蓄电池充电，初充电第一阶段用 10 小时率电流连续充电 25 h；当单体蓄电池端电压达 2.5 V 时，改用 20 小时率电流继续充电 30 ~ 50 h；待端电压升至 2.7 ~ 2.8 V 且在 3 h 内稳定不变，即可停止充电。

初充电完成后，再以 10 h 率电流放电，只要铅蓄电池组中有一只放电终了，即停止放电。铅蓄电池的端电压降至 1.8 V，即可认为是放电终了。

放完电后，应立即进行正常充电，才可投入使用。要经过 8 ~ 10 次充放电循环，铅蓄电池的容量才会达到最大值。

2. 正常充电

铅蓄电池放完电后，24 h 内必须充电，这种充电称为正常充电。蓄电池部分放电，输出容量不足额定容量的一半，但时间已持续一周者，或一个月内蓄电池未放电，为防止极板硫酸化，也应进行正常充电。

正常充电通常采用两阶段分级恒流法。第一阶段，用 10 h 率电流充电 5 ~ 6 h，直到单体蓄电池电压达 2.4 V。第二阶段用 20 h 率电流充电，直到宽电终了。

3. 放　电

铅蓄电池组过放电后，各单体蓄电池的电压和容量将不平衡，出现落后电池。过放电越严重，下次充电时落后电池越不易恢复，将严重影响蓄电池组的寿命。为避免过放电，必须精确设定铅蓄电池的放电终止电压。

五、UPS 的应用

（一）UPS 的选用

选用 UPS 时主要考虑是滤峰因数、蓄电池后备时间以及集中供电还是分散供电。

1. 波峰因数的选择

选用 UPS 时，要根据负载的总容量和负载的功率因数来确定 UPS 的额定容量。UPS 额定容量一般是在负载的功率因数为 0.8 的情况下制定的，而 UPS 的负载绝大部分是计算机，计算机大都采用开关电源，开关电源的功率因数通常只能达到 0.6 ~ 0.65。因此选用 UPS 容量时，一定要考虑功率因数。由于负载的功率因数很难算出，因此 UPS 技术规范中都给出了波峰因数这个极重要的指标。波峰因数越高，UPS 承受非线性电流的能力越强，一般波峰因数应大于 3：1。

2. 蓄电池后备时间的选择

一般情况下，选择后备时间时，选取满载工作时间为 10 min、15 min 或 30 min 即可。由于大容量蓄电池价格昂贵，在停电时间较长的场合，最好选择有外接蓄电池功能的 UPS，以确保长时间供电。

3. 集中供电、分散供电方案的选择

多个负载需要 UPS 供电时，如负载较集中，为便于管理，一般用一台大功率 UPS 集中供电。若要提高可靠性，可用两台大功率 UPS 供电。

（二）UPS 的安装

1. UPS 的安放位置

为延长蓄电池的寿命，蓄电池应安装在环境温度为 15 °C ~ 25 °C 的室内，湿度也不能太大。UPS 应加保护罩。其左右侧要留有 50 mm 空间，后面留有 100 mm 空间，以保证通风良好。其前面应留有足够的操作空间。

外置蓄电池柜应与 UPS 放在一起。

2. UPS 的连接

UPS 与市电、负载的连接应做到：

① UPS 的输入参数与市电的电压、频率一致；

② 接入 UPS 的 K 线与零线和规定的相一致；

③ 负载功率应小于 UPS 的输出功率。

3. 电缆截面的选择

安装 UPS 的导线一般采用铜芯橡皮绝缘电缆，选择电缆截面时应考虑：
① 符合电缆使用的安全标准；
② 符合电缆的温升要求；
③ 满足导体电压降要求。

第三节　通信电源系统设备

为提高供电的可靠性，交流电源必须从电网引入两路独立的交流电源，实现两路电源的相互切换，为各通信系统供电。直流电源供出 – 48 V 电源，为直流通信设备供电。

一、交流切换控制方式

交流配电屏控制系统中的重要组成部分是双电源切换控制。交流配电屏实现交流切换控制主要采用继电器 + 接触器方式，实现两路交流相互切换、互为备用，以保证切换安全可靠，提高供电的可靠性。

双电源切换继电器 + 接触器控制方式如图 8.7 所示。

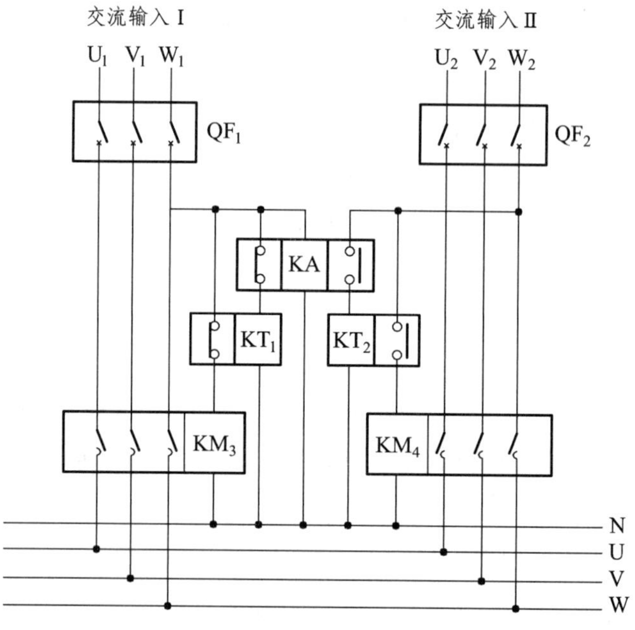

图 8.7　继电器 + 接触器方式的双电源切换控制电路

两路交流电源分别通过断路器 QF_1、QF_2 引入。KA 为控制继电器，通过其动合、动断接

点分别控制 KT_1、KT_2。KT_1、KT_2 为延时继电器，延时吸合时间为 3 ~ 5 ms。KT_1、KT_2 分别控制交流接触器 KM_3、KM_4，变现两路交流电源的自动切换。

交流电源Ⅰ供电时，KA 动合接点接通 KT_1 线圈电源，延时 3 ~ 5 ms 后吸合，使 KM_3 吸合，将交流电源Ⅰ接入系统。此时 KA 动断接点断开 KT_2 电路，KM_4 无电，交流电源Ⅱ不供电。

交流电源Ⅰ停电时，KA、KT_1、KM_3 无电，KA 动断接点接通 KT_2 线圈电源，延时 3 ~ 5 ms 后吸合，使 KM_4 吸合，将交流电源Ⅱ接入系统。

二、交流电源系统设备

1. 电流互感器

互感器是测量用的变压器，又称仪用变压器，用来扩大仪表的测量范围。

电流互感器是工作于低磁感应强度的铁芯变压器。由硅钢片制成的环形或矩形铁芯及绕在同一铁芯上的原、副绕组构成，如图 8.8 所示。

原、副绕组的匝数分别为 W_1 和 W_2，电流分别为 I_1 和 I_2 时，则有 $I_1W_1 = I_2W_2$，以 K_1 为变流比，则 $K_1 = I_1/I_2 = W_2/W_1$，当与副绕组联接的电流表测得的电流为 I_x 时，原绕组中流过的被测电流为 $K_1 \cdot I_x$，就将电流表的量限扩大了 K_1 倍。

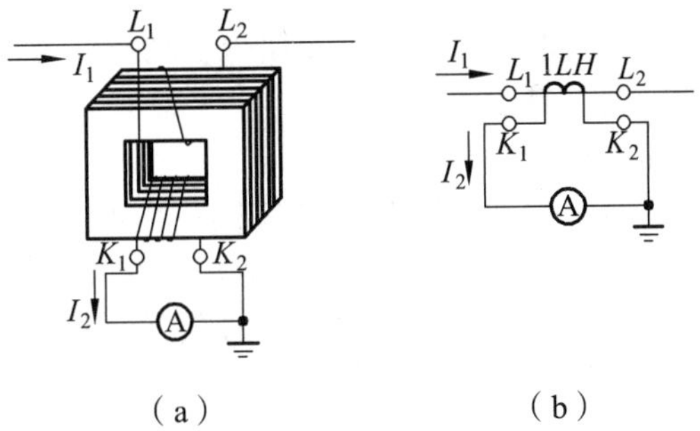

图 8.8　电流互感器

（1）铁芯、副绕组的一端要接地。因为当线圈绝缘破损时，可防止联在副绕组上的仪表对地出现高电位而危及人身安全。

（2）在原边接通电源时，副边电路不得开路。如需取下电流表，要先将副边短路，这和普通变压器不一样。因为它的原绕组和负载串联，其中的电流不是决定于副边电流而是决定于负载的大小。副边开路时，副绕组中的电流立即消失，但原绕组中的电流不变，这时铁芯内的磁通全由原边产生，磁通较大（因此时由副边产生的磁通为零，不能与原边产生的磁通抵消），将使铁耗大大增加，铁芯将迅速发热甚至烧毁绝缘。此外，还使副绕组的感应电势高到危险的程度，在副边断开处出现千伏以上的高电压，对人身安全威胁极大。

（3）原绕组所接入的被测电路的电网电压不得超过其额定电压等级。

2. 交流接触器

接触器在供电系统中，用以频繁接通和分断电路，实现远距离控制。绝大多数接触器都是电磁式的。根据所控负载不同，可分为直流接触器和交流接触器。信号电源设备中只用空气自冷的交流接触器。

交流接触器如图 8.9 所示由静铁芯（轭铁）、动铁芯（衔铁）、线圈、触头、释放弹簧、灭弧罩、支架与底座等部分组成。

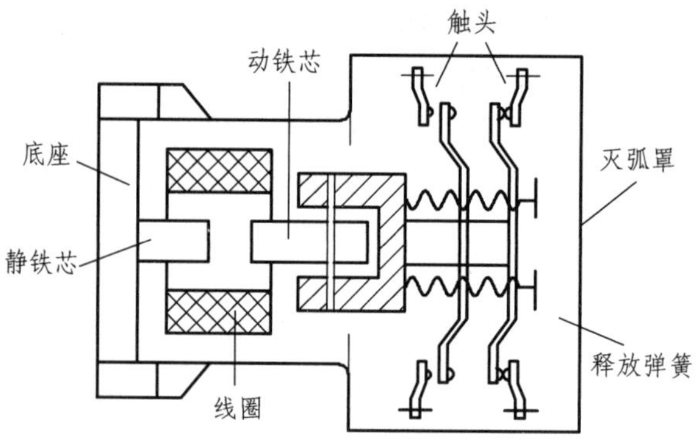

图 8.9　交流接触器

交流接触器相当于加强接点带灭弧装置的交流电磁继电器。线圈通电，静铁头支架带动动触头移动，动、静触头接触，主电路接通。线圈断电，电磁吸引力消失，弹簧的反向作用力使衔铁恢复原位，主电路断开。

3. 断路器

断路器具有过载、短路保护功能。液压式断路器的结构和工作原理与通用的空气开关完全不同。其工作稳定可靠、不受环境温度变化的影响、寿命长及维修量小等特点。用于取代熔断器和闸刀开关。

断路器串接在被保护电路中。电流不大于其额定电流时，衔铁不动，移动触头和固定触头接通。过载时，吸引铁芯朝极靴方向移动，铁芯移动时，液压油阻尼作用可调节速度，产生延迟。

负载短路时，流过线圈的电流很大，其产生的吸引力足以使衔铁不等铁芯移动就立即被吸引到极靴而脱扣，分断电流。

断路器的脱扣点不受环境温度影响，脱扣后可立即再闭合，无需冷却时间。但脱扣后其不能自动恢复使用，此时须人工扳动手柄使之复位。

三、电源模块

1. 交流电源模块

该模块是信号电源用交流供电模块，采用交流逆变技术实现高功率因数、宽电压输入，低失真、高稳定输出；该模块耐受冲击能力强，能适应各种负载，模块可热拔插，当故障发生时能自动退出，因此不影响正常输出，实现了高可靠性和易维护性；该模块还具有故障告警功能，能有效地抑制三次谐波和减少干扰信号；该模块能防止非线性负载的电流畸变影响到交流电源的正常工作及对电网产生污染，起到净化电网的作用。如图 8.10 所示。

2. 高频开关电源直流模块

该模块采用针对轨道交通电源特点设计高频开关电源模块；采用高频开关电源技术实现高功率因数、宽电压输入，低失真、高精度、高效率输出；该模块耐受冲击能力强，能适应各种负载，模块可热拔插，有故障时能自动退出，不影响正常输出，因此实现了高可靠性和易维护性；该模块还具有故障告警功能。其电源输入范围宽、抗干扰能力强、稳压精度高、效率高，波形失真度小、纹波系数小，能在恶劣的环境下确保输出不间断。如图 8.11 所示。

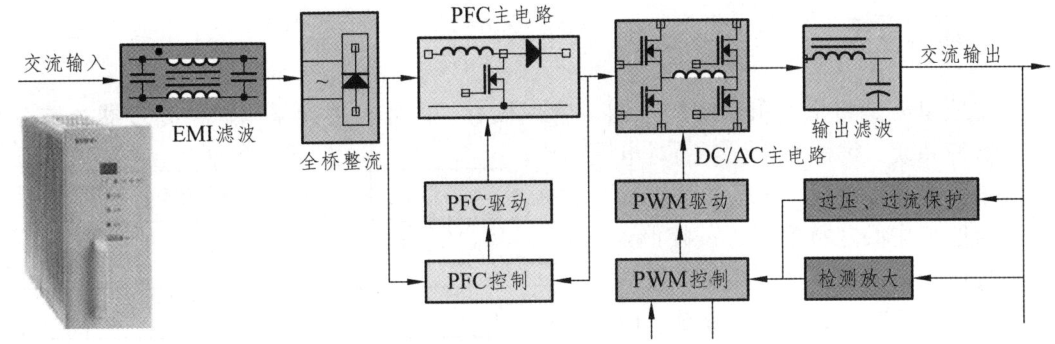

图 8.10　交流电源模块

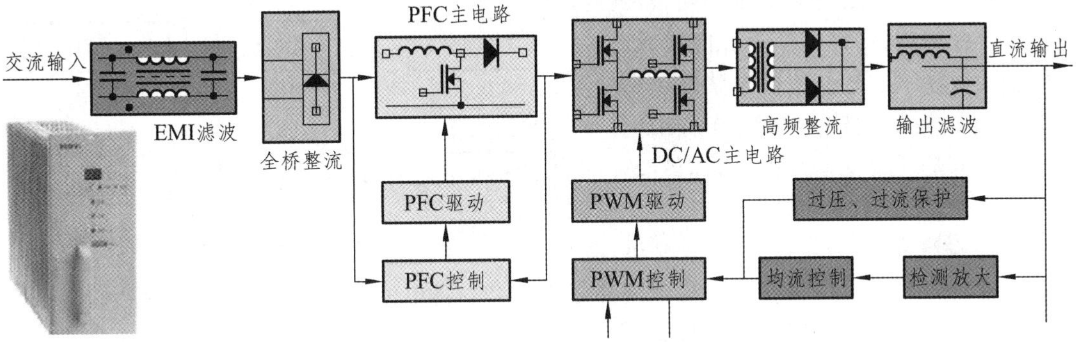

图 8.11　高频开关电源直流模块

3. 高频电源模块

为了适应铁路大发展以及铁路技术更新换代的要求，实现信号电源系统高频化、模块化、智能化、网络化，研发了 25Hz 高频电源模块。它采用高频开关电源技术实现高功率因数、宽电压输入，低失真、高精度、高效率输出；该模块耐受冲击能力强，能适应各种负载，模块可热拔插，有故障时能自动退出，不影响正常输出，因此实现了高可靠性和易维护性；该模块还具有故障告警功能。在一个模块内提供轨道电源和局部电源，局部电源超前轨道电源 90°。

4. 电源模块特点

（1）“N+1”工作方式。

多台模块工作，共用一台备用模块，主备工作，在线热备；模块具有检测控制功能。

输入断电时，电源模块发出告警信号，输入恢复正常后自动恢复工作。

电源模块任一路输出断电，将发出告警信号。

两台或多台模块主备工作，当主模块故障时自动转为备用模块输出，并发出告警信号。

（2）“1+1”工作方式。

两台模块并联工作，互为主备，在线热备；模块具有检测控制功能。

输入断电时，电源模块发出告警信号，将并发出“发送”信号，输入恢复正常后自动恢复工作。

电源模块任一路输出断电，将发出告警信号，并发出“发送”信号。

两台模块并联工作（互为主备），当主模块故障发出告警信号，并发出“发送”信号，备用模块“接受”端收到信号后，立即输出。

四、监控系统

主监控单元是整个电源系统的控制、管理核心。主监控单元采用以微处理器为核心的集散式监控系统，呈模块化设计，对电源系统进行检测、控制。它还可通过远程连接与监控中心连接实现远程控制。监控系统由交流检测单元、直流检测单元、转接单元和控制器组成，如图 8.12 所示。

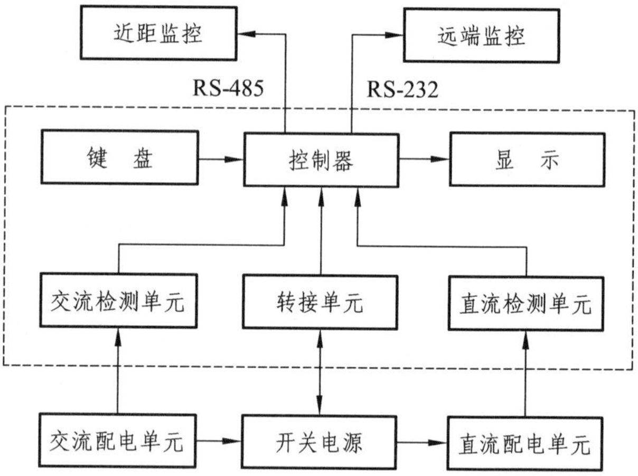

图 8.12　监控系统

交流检测单元由交流电压检测板和三相显示板组成,安装在交流配电单元。三相显示板显示三相交流供电状况。交流电压检测板检测输入交流电的相电压、三相电是否缺相，并将有关信号送控制器。

直流检测单元安装在直流配电单元。直流检测单元检测负载分路的断路器是否断开、蓄电池分路的熔断器是否断开，以及检测蓄电池电流，将有关信号送控制器。

转换单元将控制器发出的控制开关电源输出电压高低的频率信号送各开关电源，将检测到的各开关电源的信号，包括控制开关电源输出电压高低的频率信号、均流总线的电压信号、开关电源的输出电流信号、开关电源的告警信号，送控制器。

控制器的主要功能是状态查询、系统控制、参数设置。可查询系统交流供电、蓄电池状态、蓄电池电流、开关电源状态、主分路电流及故障内容。可进行系统开机/关机、均充开/关、开关电源开/关、蓄电池试验开/关。可设置系统参数：开关电源的个数；设置蓄电池参数：均充电压、浮充电压、过压值、欠压值、充电限流值、转换电流等；设置监控参数：设备编号、通信接口、拨号方式、电话号码及故障回报开/关等。

控制器通过 RS-232 或 RS-485 与监控中心连接实现对系统的实时状态检测和故障报警。并通过 RS-485/RS-232 和远端监控中心连接，组成远程智能电源网管系统。

操作键盘可方便调整电源系统运行参数、各种工作状态、故障类型和故障部位指示；系统故障可准确定位，使系统维护变得简单有效。

主监控单元的软件、硬件采用开放式设计，根据用户不同需要可随时增加、修改主监控单元的测量及控制参量。

第四节　通信电源系统维护与故障处理

城市轨道交通通信电源系统是通信设备正常工作的重要保障，因此，做好该电源系统维护，对于保障人身安全、通信设备安全和正常工作是十分重要的。

一、系统运行管理

通信电源系统主要为控制中心、车站和车辆段通信设备提供高质量、高可靠的电源供应，保证在主电源中断或发生超限波动的情况下，通信设备在规定的时间内仍能正常工作，等待主电源恢复正常。

（一）运行管理的任务

电源系统运行管理的任务是通过对设备的操作和定期的巡视与维护，快速准确地处理系统故障，从而满足系统正常运行的需求。

（二）运行管理的内容

根据 UPS 系统运行特点，一般采用计划性维修与故障处理相结合的维护模式，以保证设备良好状态。设备维护与故障处理过程中要严格遵守安全生产制度和技术安全规定。

1. 日常巡视检查

为确保电源系统正常运行，根据设备的重要性，维护人员应该每周或每日一次对设备进行检查。并将设备运行状态与标准状态进行比较，积累基础数据，通过数据之间变化和差异，及早发现设备存在的问题，减少故障的发生。

2. 计划性维修

维护人员根据设备检修周期与工作内容，制订系统年度检修计划，包含日常保养、二级保养、小修等，对设备进行周期性检查维护工作，目的是通过对设备参数、性能的测试和机械特性的检查，分析设备存在的问题，查找设备隐患，及时采取有效措施，减少设备常见的故障发生。

3. 故障处理

故障处理须坚持“先开通，后修复”的原则。当设备发生故障时，应尽快采取相应的处理措施，排除故障，恢复设备使用。故障处理完成后，应检查确保设备状态完全恢复正常，故障部件的修复工作不应影响设备的正常使用。

4. 运行数据管理

及时记录设备维修和故障的处理，建立设备运行履历簿，记录设备运行历史记录。对设备故障情况进行分析，找出设备缺陷并加以克服。

5. 备品备件和工器具管理

根据设备使用实际情况，及时申购备品备件，保证足够备件数量，对维修工器具进行科学管理，仪器仪表及时送检，建立管理台账。

备件数量可考虑按照实际使用设备数量的 5%～10%考虑，如果是系统重要设备，还应考虑 1 备 1 的方式。对于一些故障多发部件，如保险，应考虑多备一些备件。实际备件数量应考虑定一个最低库存量，实际备件数量应不小于最低库存量。工具和仪表应满足现场工作班组满负荷使用需求，应做到工具人手一套，仪表班组应有 2 ~ 3 部。

二、系统维护

（一）操作维护规程

在满足电源系统工作正常、系统外部电稳定条件下才可进行维护。

（二）维护注意事项

① 电源系统的日常检修和二级保养的维护工作可由初级工以上人员操作。

② 小修和中修的维护工作可由高级工以上人员操作。初级工和中级工需在技术人员或工班长指导下进行操作。

③ 电源的放电测试、手动旁路维修模式需两人以上方可作业，一人作业，一人防护。

④ 项目的维护，在正常情况下，按操作程序开关设备；在停机状态下，应及时切换到手动旁路状态，经检查完毕后，由手动旁路状态切换回正常工作状态；在紧急掉电状态下，且停电超过 4 h，应先检查各单元工作状态是否正常后，再重新启动 UPS。

（三）系统检修周期与内容

电源系统的检修周期分为日常保养、二级保养、小修和中修。对应不同的检修周期，有不同的工作内容，电源系统检修周期与工作内容如表 8.1 所示。

表 8.1　电源系统检修周期与工作内容

序号	设备	修程	检修内容	周期
1	电池柜	日常保养	测量电池浮充电压电流； 测量每组电池电压； 检查电池表面颜色是否正常，电池有无过热； 检查电池极耳保护罩有无松动并进行固定	每周
		二级保养	同日常保养内容； 清洁电池柜； 逐个清洁电池表面； 检查电池间的连线有无松动； 检查电池柜的接地线有无松动	每月
		小修	同二级保养内容； 进行电池放电测试； 坏电池的更换	必要时
		中修	同小修内容； 清洁机柜内部及电池； 检查电池极耳，涂抹黄油； 检查机柜内部连线，需要时进行整改； 机柜的地线的功能测试及整治； 对所有的地线紧固件进行打磨、更新、重新上油； 单体电池的测试及部分更换	每五年

续表 8.1

序号	设备	修程	检 修 内 容	周期
2	动力配电箱 UPS 机柜	日常保养	检查配电箱显示灯的状态； 检查 UPS 机柜面板的显示灯的状态； 检查 UPS 机柜内部模块的状态显示灯； 测量输入的三相电的相间电压； 清洁配电箱和机柜的表面	每周
		二级保养	同日常保养的内容； 机柜内部的清扫检查（包括装换开关和指示灯）	每月
		小修	同二级保养内容； 结合电池放电测试检查机柜内的转换开关及报警功能； 结合电池放电测试检查配电箱的两路供电是否正常，两路供电的转换开关功能是否正常； 机柜内的地线检查	每年
		中修	同小修内容； 清洁机柜内部部件； 检查机柜内部连线，需要时进行整改； 替换模块进行清洁和检测； 机柜的地线的功能测试及整治； 对所有的地线紧固件进行打磨、更新、重新上油	每三年
3	DB 柜 （电源分配柜）	日常保养	检查各个开关状态； 测量 UPS 的输出电压； 清洁 DB 柜（电源分配柜）的表面	每周
		二级保养	同日常保养内容； 清洁 DB 柜内部； 检查机柜内部配线； 检查地线	每月
		小修	同二级保养内容； 结合放电测试检查定时器功能； 结合放电测试检查报警功能	每年
		中修	同小修内容； 清洁机柜内部部件； 检查机柜内部连线，需要时进行整改； 更换电气特性不良部件； 机柜的地线功能测试及整治； 对所有地线紧固件进行打磨、更新、重新上油	每三年

（四）维护规章

城市轨道交通通信电源系统在制定检修周期与工作内容的基础上，还应规定设备检修技术标准的基本规章，即系统维护表格，以作为日常检修及质量评定的依据。

1. UPS 系统电池柜检修

UPS 系统电池柜检修表见表 8.2。

表 8.2　UPS 系统电池柜检修表

维护	周期	人员等级	工时	记录表格	材　料
日常保养	每天（控制中心） 每周（车站）	初级工	2 人×22 h	UPS 系统周（日）检表	白布、清洁剂、黄油
二级保养	每月	初级工	66 h	UPS 系统月检表	白布、清洁剂、黄油
小修	每年	中级工	440 h	UPS 系统年检表	白布、清洁剂、黄油
中修	每五年	高级工	704 h	UPS 系统中修记录表	白布、清洁剂、黄油
修程	周期	工　具			
日常保养	每周（天）	万用表、钳流表、绝缘手套、螺丝刀、吸尘器			
二级保养	每月	万用表、钳流表、绝缘手套、螺丝刀、吸尘器			
小修	每年	万用表、钳流表、绝缘手套、螺丝刀、吸尘器、电池内阻测试仪			
中修	每五年	万用表、钳流表、绝缘手套、螺丝刀、吸尘器、电池内阻测试仪			

2. 电源系统检修表

电源系统检修表见表 8.3。

表 8.3　电源系统检修表

序号	检修工作内容	周期	检修步骤	检修标准
1	检查电池组的浮充电压和电流	日常保养	使用万用表，测量电压时应用直流挡，选择相应的测试量程，直流 500 V 或以上； 测试端子按极性插入测试孔，进行测试并记录测试数据； 使用具有直流电流测试功能的钳流表，测试电池的充电电流，并记录测试数据	电池浮充电压为（243±5）V 直流，电流很小（0～0.1 A）
2	测量单个电池电压	日常保养	使用万用表，测量电压时应用直流挡，选择相应的测试量程； 将万用表测试端子插入电池极耳保护罩测试孔中，注意电池极性，测量并记录测试数据	单个电池电压为（13±1）V 直流
3	检查电池外观、电池有无过热	日常保养	用手触摸电池外壳，注意不要触摸电池极耳	电池表面无过热，表面颜色正常，无缺损
			目测电池外壳的颜色是否变色、电池外壳的完整性	电池表面无过热，表面颜色正常，无缺损
4	检查电池极耳保护罩	日常保养	检查极耳保护罩是否松动、脱落、丢失，特别注意不要触及极耳（戴绝缘手套）	电池极耳保护罩完整，无松动、脱落、丢失
5	清洁电池	二级保养	用白布加清洁剂清洁机柜外表面	电池表面无积尘、无污点、无水迹、无杂物
			戴绝缘手套，检查电池极耳保护罩是否罩好	电池表面无积尘、无污点、无水迹、无杂物
			用吸尘器清洁表面灰尘，用棉布和纯酒精擦去电池表面的污垢（电池极耳处，切勿接触）	
6	进行单体电池内阻测试	小修	用电池及内阻测试仪测试电池内阻	各电池内阻均在标准范围

续表 8.3

序号	检修工作内容	周期	检修步骤	检修标准
7	坏电池的更换	小修	对内阻超出标准范围的进行更换	各电池内阻均在标准范围
8	进行电池放电维护	小修	关闭整流器输入开关，进行放电测试	后备时间满足要求
9	检修电池极耳涂抹黄油	中修	戴绝缘手套，打开电池极耳保护罩，给电池极耳涂抹黄油，盖好保护罩（逐个进行）	极耳黄油涂抹均匀，极耳润滑，无锈蚀
10	检查电池柜的各类连线	二级保养	戴绝缘手套，检查电池间的连线有否松动	电池间连线无松动
			戴绝缘手套，检查电池柜接地线有无松动	接地线紧固，无松动，无锈蚀
		中修	戴绝缘手套检查机柜内部连线	机柜内部连线紧固、无松动、无锈蚀
			必要时进行整改	
			用接地电阻表测试地线电阻	接地电阻小于等于 4 Ω
			对不合格的地线进行整治	
11	对所有紧固件进行打磨、更新、重新上油	中修	对地线紧固件进行打磨、更新、重新上油	地线紧固件牢固，油润
12	检查配电箱和 UPS 机柜面板显示灯的状态	日常保养	检查配电箱上各显示灯的状态	两路受电灯亮、一路供电指示灯亮
			检查 UPS 机柜面板上显示灯的状态	负载受保护指示灯（绿色）亮
13	清洁配电箱和机柜表面	日常保养	用白布、清洁剂清洁配电箱和机柜表面	配电箱和机柜表面无积尘、无污迹
14	测量输入的三相交流电压	二级保养	正确使用万用表，测量电压时应用交流挡，选择相应的测试量程	输入的线间电压为 AC 380 + 10V
				输入的相电压为 AC 220 + 5 V
15	机柜内部的清扫检查	小修	确认外部动力供电正常	
			关闭逆变器，将手动维修旁路开关由正常位置切换到手动旁路位置	
			关闭整流器输入开关和静态旁路输入开关	
			用吸尘器对机柜内部进行清扫检查（严禁接触主电源输入部分的部件，带电危险）	
			按开机程序进行检查，合上整流器输入开关和静态旁路输入开关	各模块清洁无积尘
			将手动维修旁路开关由手动旁路位置切换到正常位置，启动逆变器	
		中修	用抹布和毛刷清洁机柜内部部件	机柜内部部件清洁，无积尘
			拆下机柜内的模块	各模块清洁，无积尘且工作正常
			对拆下的模块进行清洁和检测	

续表 8.3

序号	检修工作内容	周期	检修步骤	检修标准
16	结合电池放电维护检查配电箱的两路供电是否正常，两路供电的转换开关功能是否正常	小修	切换两路供电的转换开关	任一路均可正常供电
17	机柜内连线检查	小修	检查机柜内部地线	地线稳固，无松动。无锈蚀，无缺损
		中修	用接地电阻表测试地线电阻	接地电阻小于等于 4 Ω
			对不合格的地线进行整治	
18	对所有紧固件进行打磨更新、重新上油	小修	对所有紧固件进行打磨、更新、重新上油	地线紧固件牢固，油润
19	检查各个开关状态	日常保养	对照柜内的开关状态一览表，检查开关与表内的开关开合状态一致	开关完好，工作状态正常
20	检查定时器的设置	日常保养	检查定时器的时间（60 min）	以分钟为单位，定时器设定在 60 min
21	测量 UPS 的输出电压	日常保养	正确使用万用表，测量电压时应用交流挡，选择相应的测试量程，测量服务输出电压值	UPS 的输出电压为交流 220 V + 2 V
22	清洁 DB 柜	日常保养	用白布加清洁剂清洁柜外表面	设备表面无积尘、无污点、无水迹、无杂物
		二级保养	用白布清洁 DB 柜的开关面板表面（注意不要触及开关和服务电压的输出部分）	DB 柜内的开关面板表面无积尘、无污点
			用螺丝刀打开面板，检查内部配线（注意不要触及开关和服务电压的输出部分）	配线整齐、标签清楚。无松动、无脱落
		中修	用抹布和毛刷清洁机柜内部部件	DB 柜内部部件清洁，无积尘
			拆下定时器和继电器	
			对拆下的定时器和继电器进行清洁和检测	定时器和继电器清洁，无积尘且工作正常
23	检查地线	二级保养	用螺丝刀打开面板，检查地线（注意不要触及开关和服务电压的输出部分）	地线连接稳固、无松动、无脱落
24	结合放电测试检查定时器功能	小修		定时器功能正常
25	结合放电测试检查报警功能	小修		报警功能正常
26	检查 DB 柜内部连线	中修	对机柜内部连线进行检查	DB 柜内部连线连接牢固，无破损，线缆标志清晰
			需要时进行整改	
27	机柜的地线功能整治	中修	用接地电阻表测试地线电阻	接地电阻小于等于 4 Ω
			对不合格的地线进行整治	
28	对所有紧固件进行打磨、更新、重新上油	中修	对紧固件进行打磨、更新、重新上油	各地线紧固件牢固，油润

3. 电源系统设备周检

电源系统设备周检表见表 8.4。

表 8.4 电源系统设备周检表

检查地点			车站	车站	车站	车站
项　目			检查结果			
主配电箱	1 路电源	红灯	亮□灭□	亮□灭□	亮□灭□	亮□灭□
		绿（黄）灯	亮□灭□	亮□灭□	亮□灭□	亮□灭□
	2 路电源	红灯	亮□灭□	亮□灭□	亮□灭□	亮□灭□
		绿（黄）灯	亮□灭□	亮□灭□	亮□灭□	亮□灭□
机柜状态灯	Bypass operation（黄）		亮□灭□	亮□灭□	亮□灭□	亮□灭□
	Normal operation（绿）		亮□灭□	亮□灭□	亮□灭□	亮□灭□
	Fault（红）		亮□灭□	亮□灭□	亮□灭□	亮□灭□
电池柜	浮充电压：436 V					
	电池电压：108 V±1%	1～8				
		9～16				
		17～24				
		25～32				
DB 柜（电源分配柜）	开关 F1 至开关 F17	开关 F1 至开关 F17 都打开				
	总开关 Q	开				
	定时器 K2 状态	定时器设置为每分钟跳一次共跳 60 次				
DB 柜所有开关是否闭合			是□否□	是□否□	是□否□	是□否□
是否清洁 UPS 机柜、电池柜和 DB 柜的表面			是□否□	是□否□	是□否□	是□否□
检查日期						
检查人签名						
工班长检查签名						
备　注						

4. UPS 蓄电池组放电维护

UPS 蓄电池组放电维护表见表 8.5。

表 8.5　UPS 蓄电池组放电维护表

电池型号________浮充电压（V）________浮充电流（A）________

负载量（W）________日期________

检修人员________地点________

时间 电压值 单体电池						电池容量正常与否
1						
2						
3						
4						
5						
6						
7						
8						
9						
10						
11						
12						
13						
14						
15						
16						
17						
18						
19						
20						
21						
22						
23						
24						
25						
26						
27						
28						
29						
30						
31						
32						
放电电压（V）						
放电电流（A）						
备　注						

5. UPS 系统设备年检修

UPS 系统设备年检表见表 8.6。

表 8.6　UPS 系统设备年检表

检查地点________________检查时间________________作业令号________________

检查人员____

设备房温度____________________设备房湿度____________________

一、通信 UPS 系统月检内容所规定的检修
1. 是否完成月间的内容：是（　）否（　）
2. 是否填写月检表：是（　）否（　）
二、电池柜年检记录
进行电池放电测试。（以实际负荷做核对性放电，放出额定容量 30%～40%，十小时率）是否填写电池放电记录表：是（　）否（　）
三、UPS 机柜年检记录
1. 结合电池放电测试检查机柜内的转换开关及报警功能。正常（　）不正常（　）
2. 结合电池放电测试检查配电箱的两路供电是否正常，两路供电的转换开关功能是否正常。正常（　）不正常（　）
3. 机柜内的地线的检查。（连接无松动，线路无破损）正常（　）不正常（　）
4. 是否切换到手动旁路，清洁机柜内部灰尘。是（　）否（　）
四、DB 柜年检记录
1. 结合放电测试检查定时器功能。（放电至 1h 定时器动作，关断 1h 供电线路）正常（　）不正常（　）
2. 结合放电测试检查报警功能。正常（　）不正常（　）
备注：
作业负责人：
工班长：

日期：　　年　　月　　日　　日期　　年　　月　　日

6. UPS 系统设备中修

UPS 系统设备中修表见表 8.7。

表 8.7 UPS 系统设备中修表

检查地点____________ 检查时间____________ 作业令号____________

检查人员________________________________

设备房温度______________ 设备房湿度______________

一、UPS 系统年检内容所规定的检修

1. 是否完成年检的内容：是（ ）否（ ）

2. 是否填写 UPS 系统年检表：是（ ）否（ ）

二、电池柜中修记录

1. 是否清洁机柜内部及电池：是（ ）否（ ）

2. 是否检修电池极耳，涂抹黄油：是（ ）否（ ）

3. 检查机柜内部连线（无松脱、破损、氧化和锈蚀），需要时进行整改

检查及整改记录：________________________

4. 机柜的地线功能测试（接地电阻<0.5 Ω）及整治。接地电阻测量值：____________

整治记录：________________________

5. 是否对所有地线紧固件进行打磨、更新、重新上油。是（ ）否（ ）

6. 单体电池的测试及部分更换

测试及更换记录：________________________

三、UPS 机柜中修记录

1. 是否清洁机柜内部部件。是（ ）否（ ）

2. 检查机柜内部连线（无松脱、破损、氧化和锈蚀），需要时进行整改

检查及整改记录：________________________

3. 机柜的地线功能测试（接地电阻<0.5 Ω）及整治。接地电阻测量值：____________

整治记录：________________________

4. 是否对所有地线紧固件进行打磨、更新、重新上油。是（ ）否（ ）

5. 替换模块，进行清洁和检测

替换记录：________________________

四、DB 柜中修记录

1. 是否清洁机柜内部部件。是（ ）否（ ）

2. 检查机柜内部连线（无松脱、破损、氧化和锈蚀），需要时进行整改

检查及整改记录：________________________

3. 更换电气特性不良部件

更换记录：________________________

4. 机柜的地线功能测试（接地电阻<0.5 Ω）及整治。接地电阻测量值：____________

整治记录：________________________

5. 是否对所有地线紧固件进行打磨、更新、重新上油。是（ ）否（ ）

备注：

作业负责人：______________ 工班长：______________

日期： 年 月 日

三、常见故障分析与处理

UPS 系统的故障，多数情况为其中某些元件的性能在逐渐恶化过程中，遇到某种突发性的干扰冲击从而诱发产生的。因此，根据维护过程中的定期检查与记录，从系统的有关运行参数，可较容易分析与了解 UPS 系统的性能如何随时间变化及这种变化与故障发生的相互关系。UPS 系统经常因所连接的某一负载发生故障而受到影响，用户所加负载的变动情况，特别是用户在突然关闭某些特殊负载时发生的情况，对分析故障产生的原因非常有用。

正确理解和有效利用系统机柜与模块的控制面板上提供的信息能帮助维修人员准确鉴别故障的性质与原因。

常见故障与处理方法见表 8.8。

表 8.8　常见故障与处理方法

故障现象	原因分析	处理方法
整流器在测试期间无法启动	无主电源 1 输入，操作面板背面的开关没有闭合	检查主电源保安器。合上操作面板背面的开关
整流器工作电源中断	主电源 1 故障，整流器输入开关断开	检查主电源保安器（因主电源故障应及时通知相关专业尽快恢复供电），合上整流器开关
UPS 单元自动关闭	电池桥接时间已期满，整流器电源中断，过热监视设备已被触发	检查主电源保安器是否完整，合上整流器开关，给电池充电检查负载是否过载，必要时，减少负载，检查室温
在主电源工作的情况下，电池也工作（DB 柜内定时器工作灯亮）	主电源输入，保安器丢失或已触发。供主电源 1 和 2 切换用继电器，故障主电源电压无效或不足； 整流器开关未合上	安装一个主电源保安器，检查主电源输入保安器是否完整。用另一继电器，合上整流器保险开关
电池消耗	整流器工作电源已中断，由于内部功率消耗（风扇等）电池已放电	合上整流器保险开关 Q10，给电池充电
电池输出电压过低（系统充电正常）	逐个电池进行测量，个别电池电压明显低于参考值，表明电池损坏	系统须切换到服务旁路工作状态。断开电池保险开关，更换损坏电池后。恢复正常供电
电池无法进行充放电	保险丝老化，或保险损坏（烧断）	系统须切换到服务旁路工作状态。断开电池保险开关，更换保险后，恢复正常供电

第五节　接地系统

为了提高通信质量，确保通信设备与人身安全，通信电源与通信设备都必须有良好的接地装置。

一、接地的作用

① 通信设备的电路零电位参考点、金属外壳和电缆金属护套及隔离线的接地，能减少电磁感应和杂音干扰。

② 在交流电源系统中，三相四线制的中性点接地，以便在发生接地故障时迅速将设备的电源切断。

③ 将电源设备和通信设备的金属外壳接地，可防止设备故障时发生维护人员触电事故，保证人身安全。

④ 设置电源线和通信线的防雷保护接地，可防止因雷击产生的过电压危及人身安全和击毁设备。

二、接地系统构成

接地系统由地线系统和接地装置构成。

地线系统是指地上连接的各种接地线，包括接地母线、垂直主干地线和互相“搭接”的接地导线；接地装置（地网）包括接地引入线和地下接地电极。

三、接地方式

城市轨道交通车站接地方式有合设与分设两种方式。分设即在一个车站/车辆段设置多组不同用途的地线，分别与所需要接地的设备相连，各类接地装置及引线互不相混。合设即一个车站/车辆段共用一个地网。

1. 分设方式

当分设多个接地系统时，必须满足以下要求：

① 各组接地装置要与各自地线系统的电特性相适应，并满足相应的接地电阻标准的要求。

② 各组接地装置之间应相距 20 m 以上。

③ 地上的接地系统要真正分开。

但是，由于施工、维护以及通信设备自身的接地方式，不可避免地要随机连接，地下接地装置所设的地线组数较多，有的车站/车辆段受场地的面积限制，各接地装置相互间距离难以保证。当建筑物的避雷针（网），采用建筑物内的钢筋作接地系统时，如通信设备的接地装置或安装机架金属件或地线防护钢管与这些钢筋的距离小于 1.5 ~ 1.8 m（一般很难大于 1.5 ~ 1.8 m），雷击时就会产生反击闪络，两者之间形成很高的瞬时冲击电位差，对人身和通信设备安全造成危险。

2. 综合方式

采用综合接地方式，对人身和设备的安全保障比分设接地方式更为有利。因为综合接地，整个建筑物的钢筋和楼内其他金属，以及建筑物避雷装置和基础地网相互焊成一个整体，构成一个大型金属网笼，对于雷电可以起到均压和屏蔽两种作用。当遭受雷击时，室内电位分布近似等电位状态，而且由于利用建筑基础内钢筋作为接地装置，其地网的覆盖面积相当可观。所以在相同的地质条件下，可取得比其他接地方式低得多的接地电阻，而且，由于整个建筑柱桩内主筋和副筋较多，分流效果十分显著。这对降低雷击和高压故障所引起的地电位升高、抑制干扰都是很有利的措施。

四、电源接地系统

交流接地系统包括工作接地、保护接地和防雷接地。

1. 工作接地

在通信电源的交流供电系统里，一般采用三相四线制，其中性点接地，如配电变压器次级线圈接地，称为交流工作接地。

交流工作接地的作用是：当电网的某部分发生故障而接地时，能使保护用的断路器迅速切断电源，从而保护设备的安全。另外，当电网三相负荷不平衡时，中性线上会有荷载电流，产生压降，有可能影响电气设备的正常工作，当中性线接地时就可以得到改善。

2. 保护接地

在通信电源设备中，将设备在正常情况下与带电部分绝缘的金属外壳与接地体之间作良好的金属连接，可防止设备因绝缘损坏而遭受触电的危险，这种保护工作人员安全的接地措施，称为保护接地。

保护接地的作用是：在电源设备运行、维护和检修时，保障人身安全。因为当这些电源设备的不带电金属外壳、机架和操作机构妥善接地后，使之与大地同电位，若设备的金属外壳一旦绝缘损坏而带电，则电流可以通过接地引线和接地装置而流入大地中去，不致使接地的设备上产生危险电压，从而保障了人身安全。

3. 防雷接地

防雷接地有两种：一种是为保护建筑物不受雷击而专设的防雷接地装置。当采用建筑物的钢筋作避雷系统时，如通信接地为分设方式，楼内通信设备接地装置或安装机架金属件或地线防护钢管与这钢筋导体的距离应不小于 1.5 ~ 1.8 m。另一种为了防止雷电过电压对电源设备的破坏而埋设的防雷接地装置，即为了预防来自市电高压相线遭雷击时，经配电变压器感应到低压相线上的过电压，或因低压线路较长，在低压线上的直接雷电感应过电压沿低压线进入负荷设备的危害。在市电高低压侧加装的高低压避雷器，下端连接地装置，该接地装置一般为单一设置，距离一般交流工作接地及保护接地装置应大于 10 m。

五、电源室综合接地设计

在室内为形成均压等电位的结构，以减少由雷电流引起的电位差。所有引入和引出的被保护空间的电源线和通信线路或其他导体都与雷电防护等电位搭接，使雷电流导入大地。防雷区域的划分如图 8.13 所示，通常将抗干扰能力较弱的电子设备放置于 LPZ2 区和 LPZ3 区（LPZ：

Lightning Protection Zone，雷电防护区），其“内部防护”可采用屏蔽、均压和防闪络措施。

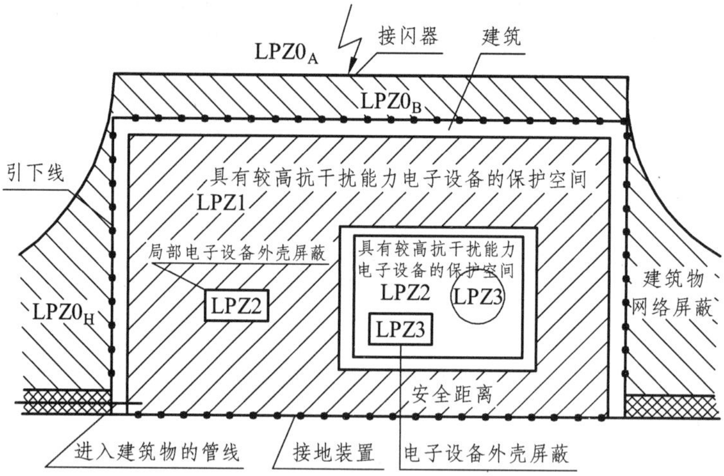

图 8.13　防雷区域的划分

对电源室来说，屏蔽除了建筑物结构的钢筋构成的屏蔽网外，指的是还要与内部的其他金属结构（如防静电地板、电缆屏蔽层、金属构架等）搭接并可靠地接地。这样可以防护雷电电磁脉冲的影响，若再增加屏蔽层的厚度和屏蔽网孔的密度还可以做到防高频电磁波的干扰。

等电位连接的目的是防止雷击。当发生雷击时，均衡建筑物内参与等电位连接部件间的点位使室内所有金属物间不会出现电位差，也就完成了室内所有金属物的均压。

1. 设备摆放位置和电缆屏蔽与布线

（1）设备摆放位置。

计算机控制系统、通信信号设备的摆放位置应安置在不易受到感应雷电干扰的地方[4]。因此机械室不能设在建筑物的顶层，因为该处太靠近楼顶防雷系统的金属网和避雷针。设备的摆放也不能太靠近外墙，尤其是拐角处，因为雷电流具有优先流经最外层接地导入地下的特性，雷电流还将优先流经外墙的拐角处。设备应摆放到机械室的中央，以便减少感应瞬态过压威胁的地方。

（2）电缆的屏蔽与布线。

电力电缆、数据通信、信号和电话电缆在机械室内同样可能受到雷电感应过压的威胁。机械室内部的设备布线应尽可能避开建筑物的顶部或墙内可能泄放雷电流的导体。当电源线和数据线缆之间形成的环形面积越大时，从电磁耦合感应的效果来说，它将会获得更多的雷电能量，因此应该尽量避免环形布线。电源、数据通信、信号和电话线缆应彼此隔离地并排铺设。不同的电缆可由不同的电缆槽防护（如电力电缆可由钢质电缆槽防护，数据电缆可采用外层有金属编织带屏蔽层的电缆），其效果取决于材料、结构和电磁波的频率。

2. 接地与等电位防护

在综合防雷系统中，接地是非常重要的一项措施。建筑物的外部防雷装置（避雷针、避雷带、避雷网）通过引下线向接地装置泄放雷电流；内部防雷装置必须与接地装置搭接才能有屏蔽的效果；电子设备安装的浪涌保护器必须与接地连接才有作用。接地终端系统的任务就是使雷电迅速泄放到大地，而搭接网络的任务就是最大限度地减小电位差和电磁场。

（1）接地终端系统。

国家标准 GB 21714.3—2008 建议两种基本类型的接地排列类型。A 类排列：此种排列由水平或者垂直接地体连接至每一引下线，接地体的数目不少于两个；B 种排列：此种排列由建筑物外部环形导体（至少其总长度的 80%）与土壤或基础接地体接触而成，此类为网络状。

若建筑物内如果只有耐雷能力极强的电气集中设备时，可采用 A 类接地布置，但最好采用 B 类。若建筑物内拥有大量电子系统和数据交换系统，应当使用 B 类接地布置排列。

（2）搭接网络。

为避免建筑物内各种设备出现点位差的危险，必须建立低阻抗等电位连接网络[5]。低阻抗等电位连接网络还可以减小电磁场的强度。一个典型的网状搭接网要求建筑物上和建筑物内的金属部件多重相互连接（如混凝钢筋、吊架、金属管道、电缆槽、地板框架等）。同时还应做一个搭接母线与屏蔽连接到一起。每一个金属或导电的部件直接接地或者通过合适的 SPD（浪涌防护装置）接地。

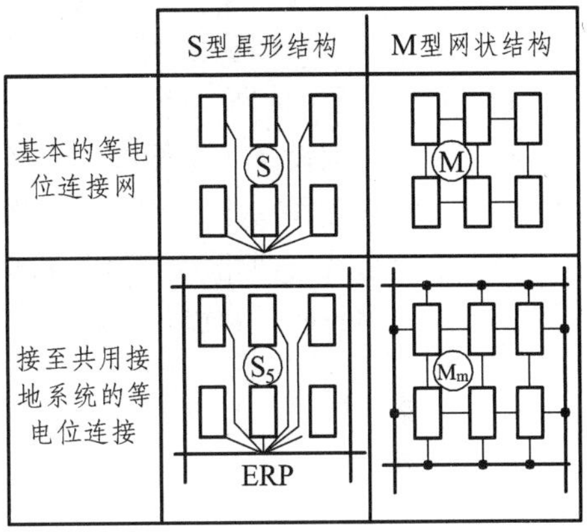

图 8.14　搭接网络

电子设备的保护地线可以用星形结构或网状结构与搭接网络连接，如图 8.14 所示。采用星形接法时，电子系统的所有金属部件应当与接地系统完全隔离，通过接地母线与接地系统连接。采用网状接法时，电子系统所有金属部件不必与接地系统隔离，但应当通过多个搭接点将电子系统与接地系统连接[6]。

3. 地线安装

电源系统的接地已经在出厂前将防雷接地、保护接地分开连接。安装地线时，需用接地电缆将电源系统的接地引入端只连接到接地排上，防雷接地线的连接方式与之相同。

小　结

本章在了解了地铁通信电源系统的组成和要求之后，具体了解电源系统的结构和工作原理，并通过电源系统的应用实例让大家了解电源系统的日常工作过程。通信电源系统的日常维护和典型故障处理，能帮助大家了解电源系统的日常维护过程和典型故障处理方式。

思考题

1. 通信设备对供电有哪些基本的要求？
2. UPS 的组成和工作原理。
3. UPS 的工作模式。

4. 蓄电池的结构和作用。
5. UPS 的选用原则。
6. 电流互感器的主要作用。
7. 转换模块 + 接触器控制方式由哪几部分组成?
8. 简述直流供电电源的结构和原理。
9. 主监控单元的监控方式。
10. 电源系统运行管理的内容。
11. 电源系统维护操作的原则。
12. 简述接地作用和方式。
13. 简述电源的接地系统。
14. 结合实训设备，做好电源设备的定期巡检。
15. UPS 停机后，进行故障分析及处理。
16. 电源系统，两路引入点无法及时转化的故障分析。
17. 接地设备的日常测量。

第九章　通信光电缆

第一节　光纤和光缆

一、光　纤

（一）光纤的结构

光纤裸纤是轴对称结构，一般分为三层：中心高折射率玻璃芯（芯径一般为 50 或 62.5 μm），中间为低折射率硅玻璃包层（直径一般为 125 μm），最外是加强用的树脂涂覆层。光纤的结构如图 9.1 所示。

纤芯用来导光，包层为光的传输提供反射面和光隔离（同时起到一定的机械保护作用），涂覆层进一步确保光纤的机械和传输性能。

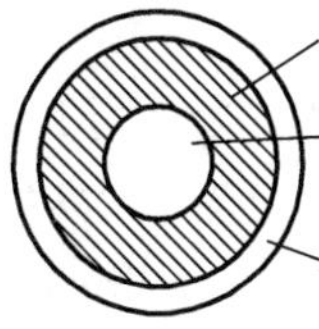

图 9.1　光纤的结构

（二）光纤的分类

光纤种类很多，常用的分类方法有：

1. 按光纤剖面折射率分布分类

按照光纤剖面折射率分布的不同，光纤可分为突变型光纤和渐变型光纤。

突变型光纤的纤芯和包层的折射率为均匀分布，纤芯和包层的折射率呈现阶跃形状如图 9.2（a）所示。由于这种光纤的脉冲发生展宽，目前，多模光纤一般不采用这种折射率分布形式。由于单模光纤中只有一种传输模式，不存在这种由于入射角度的不同带来的脉冲展宽。因此单模光纤采用这种折射率分布形式。

渐变型光纤的纤芯折射率分布如图 9.2（b）所示。由于渐变型光纤具有如同透镜那样的“自聚焦”作用，对光脉冲的展宽比突变型光纤小得多，因此光信号传输距离较长。目前使用的多模光纤均采用这种折射率分布形式。

2. 按光纤传输模式分类

按光纤传输的模式数量，可分为单模光纤和多模光纤。在一定的工作波长上，当有多个模式在光纤中传输时，则称为多模光纤。按照多模光纤折射率的分布可分为突变性多模光纤和渐变型多模光纤。

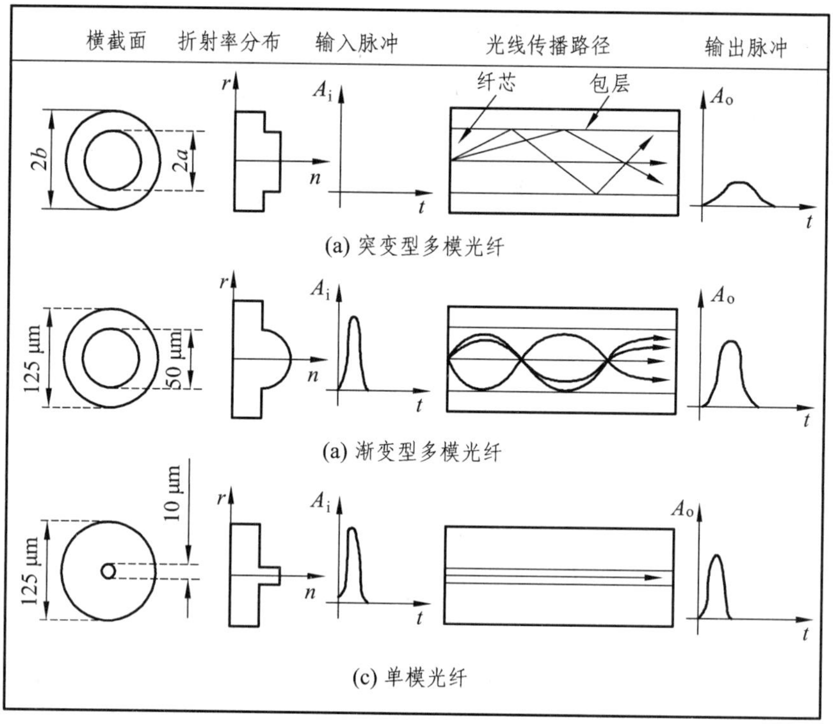

图 9.2　三种基本类型的光纤

单模光纤是只传输一种模式的光纤，单模光纤只能传输基模，不存在模间时延差，具有比多模光纤大得多的传输带宽，这对于高码速传输极其重要。单模光纤纤芯的直径仅几微米（μm），其带宽一般比渐变型多模光纤的带宽高很多。因此，它适用于大容量、长距离通信。

3. 按 ITU-T 建议分类

按国际电信联盟—电信标准化机构[ITU-T]建议，可将光纤分为 G.651 光纤（渐变型多模光纤）、G.65 光纤（常规单模光纤）、G.653 光纤（色散位移光纤）、G.654 光纤（1.55 μm 性能最佳单模光纤）、G.655 光纤（非零色散位移光纤）。

（三）光纤传输特性

光纤的传输特性包括损耗、色散、衰减、偏振和非线性效应等，损耗和色散是光纤最重要的传输特性。损耗限制系统的传输距离，色散则限制系统的传输容量。这里只介绍光纤两种主要特性：损耗和色散。

1. 光纤的损耗特性

在光发射机和接收机之间由光缆吸收、反射、散射和辐射的信号功率被认为是损耗。通常用 dB 表示。光纤损耗是光纤传输系统中限制中继距离的主要因素之一。表 9.1 示出了三种基本光纤的典型损耗值。从石英光纤的损耗谱可知，光纤有三个传输窗口，分别是短波长 0.85 μm，长波长 1.3 μm 和 1.55 μm 波段。

表 9.1　三种石英光纤的典型损耗值（dB/km）

波长（μm）	多模		单模
	阶跃型	渐变型	阶跃型
0.85	3	3	2.5
1.3	0.5 ~ 1	0.5 ~ 1	0.4
1.55	0.5	0.3	0.2 ~ 0.3

2. 光纤的色散特性

色散是光纤的一个重要参数，它会引起传输信号的畸变，使通信质量变差，限制通信容量与距离，特别是对高速和长距离光纤通信系统的影响将显得更为突出。

光纤色散的产生涉及多方面的原因，这里只介绍模式色散、材料色散和波导色散。

（1）模式色散。

所谓模式色散，是指光在多模光纤中传输时会存在着许多传播模式，因为每种传播模式在传输过程中都具有不同的轴向传输速度，因此虽然在输入端同时发送光脉冲信号，但到达接收端的时间却不同，于是产生了时延，使光脉冲发生展宽与畸变。

模式色散对多模光纤有效，而单模光纤则不存在模式色散。模式色散在光纤的色散中占有极大比重，比材料色散和波导色散之和还要高出几十倍。由于渐变型光纤模式色散引起的脉冲展宽要比阶跃型光纤小得多，这就是为什么多模光纤的绝大部分采用渐变折射率分布的原因所在。

（2）材料色散。

材料色散是由于构成纤芯的材料对不同波长所呈现的不同折射率所造成的，波长短则折射率大，波长长则折射率小。就目前的技术水平而言，光源尚不能达到严格单频率发射，因此无论谱线宽度多么狭窄的光源器件，它所发出的光也会包含有多根谱线（多种频率成分），只不过光波长的数量以及各光波长的功率所占的比例不同而已。每根谱线都会各自受光纤色散作用，而接收端不可能对每根谱线受光纤色散作用所造成的畸变皆进行理想均衡，故会产生脉冲展宽现象。这就是所谓的材料色散。理论与实践都已证明，波长在 1.28 μm 左右，纯石英光纤的材料色散趋于零。同时，不同的“零材料色散波长”可通过使用不同材料而获得。

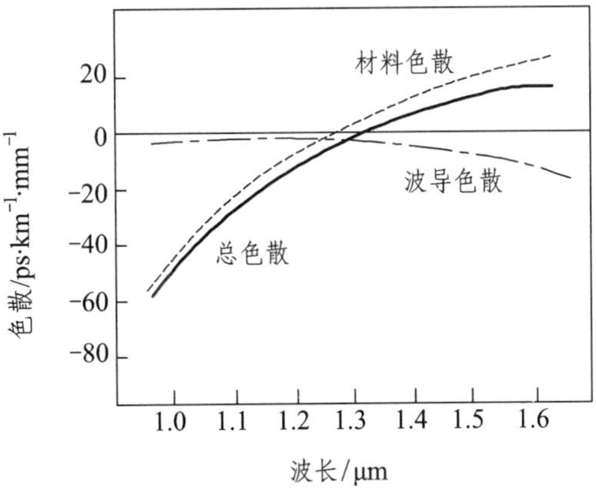

图 9.3　单模光纤的色散

（3）波导色散。

所谓波导色散，是指因光纤的波导结构对不同波长的光产生的色散作用。波导结构包括光纤的纤芯与包层直径的大小、光纤的横截面折射率分布规律等。这种色散通常很小，可以忽略不计。单模光纤的色散如图 9.3 所示。在单模光纤中，只存在材料色散和波导色散，并在 1.3 μm 附近出现零色散点。这就是单模光纤能进行大容量传输的原因。

二、光　缆

在实际工程应用中，需要把若干根光纤绞合成光缆，在外面再加上各种保护套，以防止外界各种机械压力和施工过程中可能发生的损耗。光缆的结构取决于用途，在一些简单的情况下，只需在光纤外加一层塑料外套就行了，在另外一些应用中，必须使用钢质加强芯之类的增强材料以保证光缆具有足够的机械强度。

（一）光缆的结构

光缆的基本结构一般由缆芯、加强构件、填充物和护层等几部分构成，除了这些基本结构之外，根据实际需要，还要有防水层、缓冲层、绝缘金属导线等构件。

1. 缆　芯

为了进一步保护光纤，增加光纤的强度，一般将带有涂覆层的光纤再套上一层塑料层，通常称为套塑，套塑后的光纤称为光纤芯线。将套塑后且满足机械强度要求的单根或者多根光纤芯线以不同的形式组合起来，就组成了缆芯。多芯光缆一般由紧结构或者松结构为单位组成单元式结构，或者在松结构的套管中放入多芯光纤组成。紧结构光缆的主要形式是绞合型光缆，将光纤以一定的节距绞合成光缆，并被包围在塑料之中，以中心的强度元件来承受张力。松结构光缆中光纤具有较大的活动空间。光缆缆芯的基本结构大体上有层绞式、骨架式、束管式和带状式四种，如图 9.4 所示。

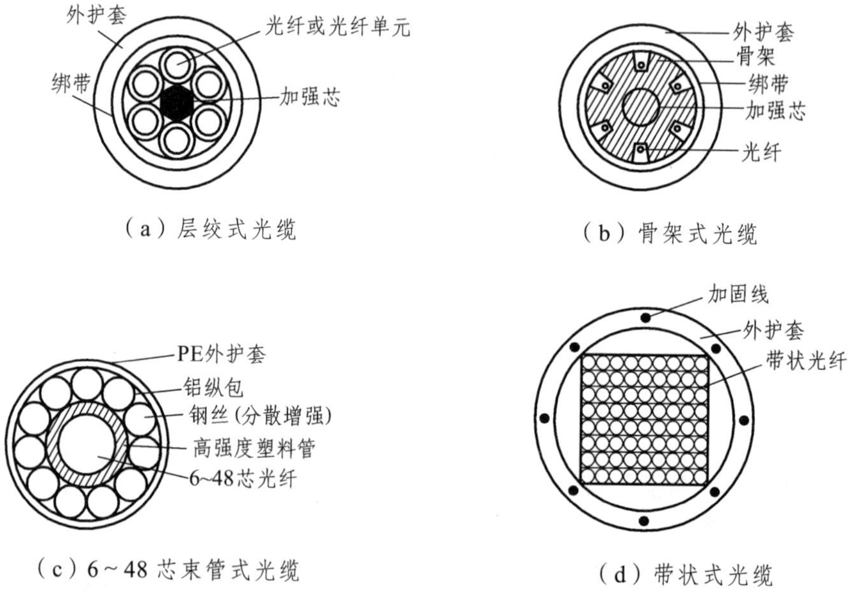

图 9.4　光缆缆芯的基本结构

（1）层绞式结构。

层绞式结构光缆，中央部位是加强构件，外部是光缆外护套。松套结构的光纤围绕在加强芯周围。层绞式结构的优点是可以很好地保护光纤，在施工敷设的过程中引起的损耗较小。但由于结构限制，只适合制作芯数比较小的光缆，从几芯到几十芯。

（2）骨架式结构。

骨架式结构光缆，是先按照一定结构制作出光纤骨架槽，将一次涂覆的光纤放置于骨架槽中形成的。这种结构的光缆，芯数组合灵活，对光缆中纤芯的保护较好，可以很好地抵抗各种外力的影响。

（3）束管式结构。

束管式结构光缆，加强结构在光缆中央，将几根或者几十根光纤制作成缆芯，然后将几个缆芯绞合成光缆。

（4）带状式结构。

带状式结构光缆，多芯构成带状的光纤带，然后由光纤带构成光缆，适合制作高密度的光缆，如 100 芯以上。

2. 加强构件

加强构件的作用是增加光缆的抗拉强度以提高光缆的机械性能。

一般光缆的加强构件采用镀锌钢丝、钢丝绳、不锈钢丝或者高强度塑料加强构件等。

加强构件一般位于光缆的中心，也有位于护层的，称为护层加强构件。表面经常要包有一层塑料，保证加强构件与光纤接触的表面光滑并具有一定的弹性。

3. 护层结构

护层的主要作用是保护缆芯，提高机械性能和防护性能。不同的护层结构适合不同的敷设条件件。光缆的护层分为外护层和护套两部分。护套用来防止钢带、加强构件等金属构件损伤光纤；外护层进一步增强光缆的保护作用。

4. 填充结构

填充结构用来提高光缆的防潮性能，在光缆缆间空隙中注入填充物，以防止水汽进入光缆。

（二）光缆的类型

常用的光缆类型如图 9.5 所示。

（a）6 芯紧套层绞式光缆

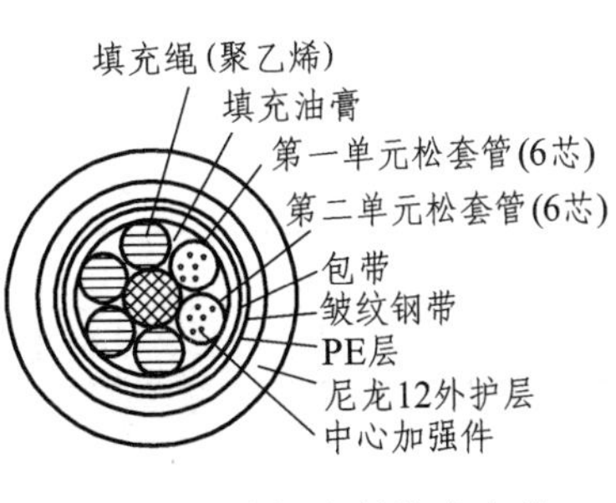

（b）12 芯松套层绞式光缆

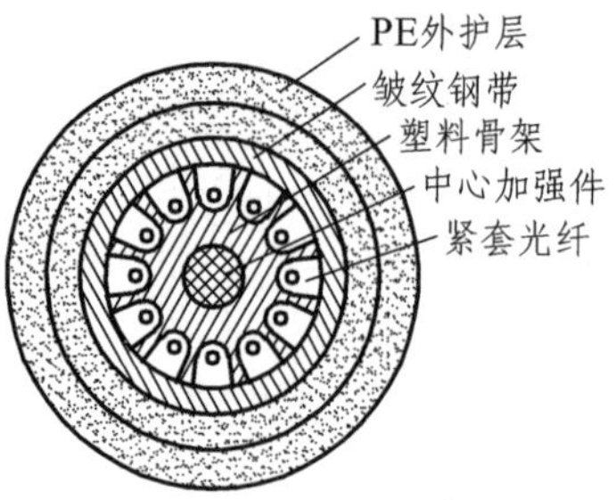

（c）12 芯骨架式光缆

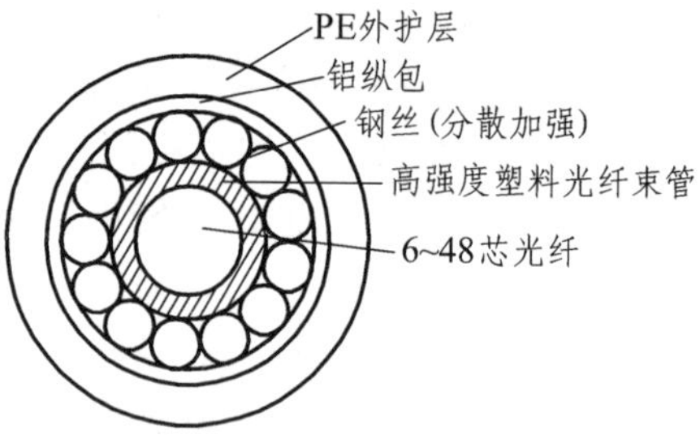

（d）6～48 芯束管式光缆

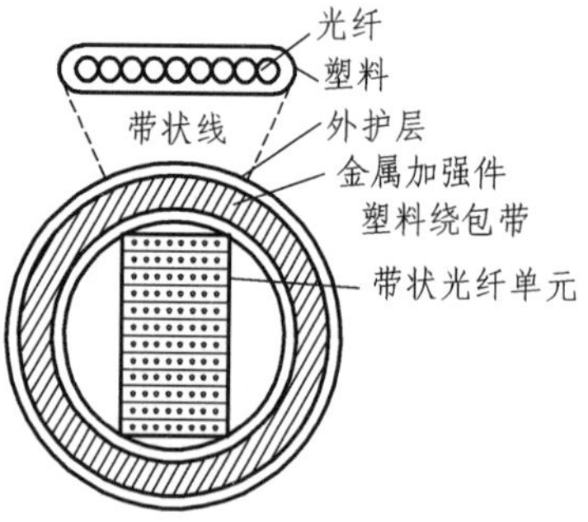

（e）108 带状光缆

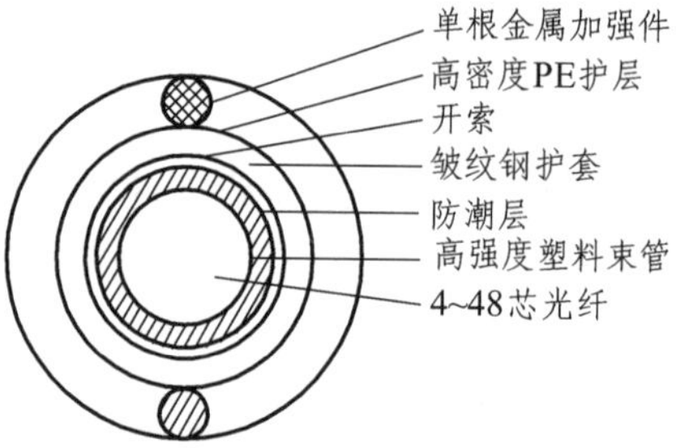

（f）LEX 束管式光缆

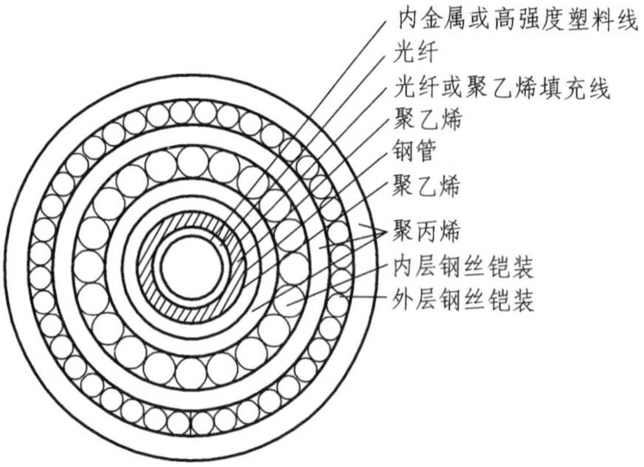

（g）浅海光缆

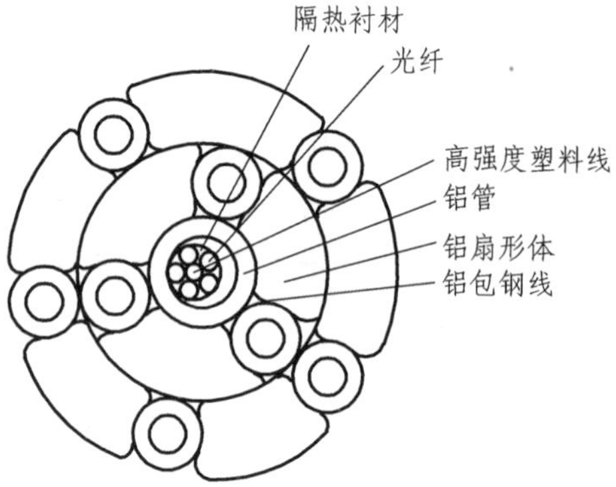

（h）架空地线复合光缆（OPGW）

图 9.5　光缆类型的典型实例

1. 光缆型式代号（由五个部分组成，见表 9.2）

表 9.2　光缆型式代号

Ⅰ	Ⅱ	Ⅲ	Ⅳ	Ⅴ
分类代号	加强构件	派生（形状、特征等）	护层	外护层

表中：

① 分类代号及其意义。

GY——通信用室（野）外光缆
GR——通信用软光缆
GJ——通信用室（局）内光缆
GS——通信用设备内光缆
GH——通信用海底光缆
GT——通信用特种光缆
② 加强构件代号及其意义。
无符号——金属加强构件
F——非金属加强构件
G——金属重型加强构件
H——非金属重型加强构件
③ 派生特征代号及其意义。
D——光纤带状结构
G——骨架槽结构
B——扁平式结构
Z——自承式结构
T——填充式结构
④ 护层代号及其意义。
Y——聚乙烯护层
V——聚氯乙烯护层
U——聚氢酯护层
A——铝-聚乙烯粘接护层
L——铝护套
G——钢护套
Q——铅护套
S——钢-铝聚乙烯综合护套
⑤ 外护层代号及其意义。
外护层是指铠装层及其铠装层外边的外被层，光缆外护层的代号及其意义见表 9.3。

表 9.3 光缆外护层的代号及其意义

代　号	铠装层（方式）	代　号	外波层（材料）
0	无	0	无
1	无	1	纤维层
2	双钢带	2	聚氯乙烯套
3	细圆钢丝	3	聚乙烯套
4	粗圆钢丝	—	—
5	单钢带皱纹纵包	—	—

2. 光纤规格代号

光纤的规格由光纤数和光纤类别构成。如果同一根光缆含有两种或两种以上的规格，中间应该用“+”号连接。

① 光纤数目代号。

光纤的数目用光缆中同类别光纤的实际有效数目来表示。

② 光纤类别代号。

依据 ITU-T 标准，用大写字母 A 代表多模光纤，见表 9.4。大写字母 B 代表单模光纤，见表 9.5。接着以数字和小写字母表示不同种类和类别的光纤。

表 9.4　多模光纤

分类代号	特性	纤芯直径（μm）	包层直径（μm）	材料
A1a	渐变折射变	50	125	二氧化硅
A1b	渐变折射变	62.5	125	二氧化硅
A1c	渐变折射变	85	125	二氧化硅
A1d	渐变折射变	100	140	二氧化硅
A2a	突变折射变	100	140	二氧化硅

表 9.5　单模光纤

分类代号	名　称	材　料
B1.1	非色散位移型	二氧化硅
B1.2	截止波长位移型	二氧化硅
B2	色散位移型	二氧化硅
B4	非零色散位移型	二氧化硅

3. 光缆型号示例

例 9.1　光缆型号为　GYTA53-12A1

其含义为：松套层绞结构、金属加强件、铝-塑粘接护层、单钢带皱纹纵包式铠装、聚乙烯外护套，通信用室外光缆，内装 12 根石英系渐变多模光纤。

例 9.2　光缆型号为　GYDXTW-216Bl

其含义为：中心束管式结构、带状光纤、金属加强件、石油膏填充式、夹带增强聚乙烯护套，通信用室外光缆，内装 216 根石英系常规单模光纤。

（三）光缆种类

光缆的种类很多，其分类的方法就更多，它的很多分类，不如电缆分类那样明确。下面介绍一些习惯的分类：

（1）根据传输性能、距离和用途，光缆可分为市话光缆、长途光缆、海底光缆和用户光缆。

（2）按光纤的种类可分为多模光缆、单模光缆；按光纤套塑方法可分为紧套光缆、松套光缆、束管式光缆和带状多芯单元光缆。

（3）按光纤芯数多少可分为单芯光缆、双芯光缆、四芯光缆、六芯光缆、八芯光缆、十二芯光缆、二十四芯光缆等。

（4）按加强构件配置方法可分为中心加强构件光缆（如层绞式光缆、骨架式光缆等）、分散构件光缆（如束管两侧加强光缆和扁平光缆）、护层加强构件光缆（如束管钢丝轻铠光缆和PPE 细钢丝综合外护层光缆）。

（5）按敷设方式可分为管道光缆、直埋光缆、架空光缆和水底光缆。

（6）按护层材料性质可分为聚乙烯护层普通光缆、聚氯乙烯护层足燃光缆和尼龙防蚁防鼠光缆。

（7）按传输导体、介质状况可分为无金属光缆、普通光缆和综合光缆（指用于长距离通信的光缆和用于区间通信的对称四芯组综合光缆，它主要用于铁路专用网通信线路）。

（8）按结构方式可分为扁平结构光缆、层绞式结构光缆、骨架式结构光缆、铠装结构光缆和高密度用户光缆等。

（9）日前通信用光缆可分为：

① 室、野外光缆——用于室外直埋、管道、槽道、隧道、架空及水下敷设的光缆。

② 软光缆——具有优良的曲挠性能的可移动光缆。

③ 室（局）内光缆——用于设备内布放的光缆。

④ 设备内光缆——用于设备内布放的光缆。

⑤ 海底光缆——用于跨海洋敷设的光缆。

⑥ 特种光缆——除上述几类之外，作特殊用途的光缆。

三、光缆施工与维护

（一）光缆的施工

1. 光缆路由的选择

光缆路由的选择，在满足总体技术要求的前提下，首先应考虑到线路施工、维护方便，环境应选择外界振动小，机械外力冲击机会少，无积水（地下敷设），无强风口（明线架设时）的地方，同时还应回避超强电磁场和易受人为侵害的地方。一般的光缆不允许长时间浸泡在水里。因此，线路上应避开水中路线。

2. 敷设方式

（1）明线挂杆架设与电缆架设一样，条件允许最好自立杆架设，这样给使用和维修带来许多方便，如果能与邮电、供电等单位共杆架设，可节省些资金。架设要求与电缆架设基本相同。

（2）穿地下管道沿市政（或邮电）地下管道敷设，是一种较为理想的方式，这种方式施工容易，光缆的安全有保证，不受外界条件的影响。如果没有现成管道使用，若自行埋设，投资要增加一些。

（3）地下埋设光缆有专供地下直埋的金属铠装光缆，一般直埋深度不小于 0.4 m，这种方式施工简单，涉及其他问题小，不受外界环境条件的影响。但埋设路由要取得市政规划部门同意，这样可以保护线路，免受其他地面施工的损害。这里要注意的光缆型号分架空、管道和直埋式三种，在光缆敷设时要注意采用相应型号的光缆。

光缆施工与电缆施工程序基本相同，但也有不同之处，光缆施工时应特别注意如下几点：

① 由于光缆本身机械抗拉力不如电缆，施工放线时尽量避免用力过猛，以免拉断伤损光缆。

② 光缆续接时，应保持周围空气洁净，避免灰尘，光纤断面要处理干净，接续时应特别注意光纤的保护。

③ 施工中应在接头处和每隔 100 ~ 200 m 处留有一定长度的光缆盘留，以备维修时用。

④ 水平架设时，应每隔 1 ~ 2 m 挂托或固定一次，垂直架设时应每隔 1 ~ 1.5 m 固定一次，架设时要自然放线，不要用力紧拉。

（二）光缆的接续

光缆的接续一般是指光缆护套的接续。光缆护套的接续方法是以传统的金属电缆接续方法为基础，结合光纤的特殊性选择和设计的。

1. 光缆护套的类型及特性

根据不同的使用要求，光缆护套有不同的结构和类型，常用的有低密度乙烯（LDPE）护套、高密度聚乙烯（HDPE）护套、铝一聚乙烯分层粘接（PAP）护套、聚氯乙烯（PVC）护套、聚胺基甲酸乙酯（PUR）护套、聚酰胺（PA）护套、铅（LEAD）护套、铝（AL）护套和钢（STEEL）护套等。用得最多的是带有纵包涂塑铝箔粘接的 PAP 护套，铅或铝护套用于要求防潮或具有屏蔽性能的光缆，钢护套可防止啮齿动物损伤并能增加光缆的机械强度；金属护套可以轧纹或不轧纹，粘接护套的铝箔有单面或两面涂塑之分。可根据要求确定光缆接续护套的类型。采用不同的护套接续方法时，应与相应的护套性能相配合。

2. 对光缆接头盒性能的要求

光缆接头盒的功能是防止光纤和光纤接头受振动、张力、冲压力、弯曲等机械外力影响，避免水、潮气、有害气体的侵袭。因此，光缆接头盒应具有适应性、气闭性与防水性、一定的机械性能、耐腐蚀耐老化性、操作的优越性等性能。

（1）适应性。

光缆有直埋、架空、管道、水底等各种敷设方式，因此，光缆接头盒对自然环境要有很强的适应性，施工或维护中，应根据不同的光缆程式，选择与之相适合的接头盒。

（2）气闭性与防水性。

由于光纤的传输衰减与湿度有密切关系，因此，光缆接头盒要有良好的气闭性与防水性。要求光缆接头盒要保持 20 年密封性能，对地绝缘电阻也应符合设计要求。

（3）机械性能。

光缆接头盒必须具备一定的机械强度，以保证在一定的外力作用下光纤接续处不受影响。

（4）耐腐蚀、耐老化性。

目前大部分光缆接头盒外护层都采用塑料制品。通常光缆寿命按 20 年计算，因此设计中必须对光缆接头盒的耐腐蚀、耐老化、绝缘性能等提出严格要求。

（5）操作的优越性。

在接续操作及器材优化方面，对光缆接头盒也有一定的要求，具体如下：

- 要求接头盒尽量简化，容易拆装，以便尽可能缩短安装与操作时间。
- 要求光缆接头盒尽可能规格化、标准化，以适应不同光缆的接续要求。
- 要求接头盒容易拆卸，能够长期重复使用，并且尽可能减少装拆工具。

3. 光缆的接续步骤

通常情况下光缆接续应按以下步骤进行：

① 开剥光缆，除去光缆护套。

② 清洗、去除光缆内的填充油膏。

③ 捆扎光纤，采用套管保护时，可预先套上热缩套管。

④ 检查光纤芯数，进行光纤对号，核对光纤色标。

⑤ 加强芯接续。

⑥ 各种辅助线对（包括公务线对、控制线对）、屏蔽地线等接续。

⑦ 光纤接续。

⑧ 光纤接头的保护。

⑨ 光纤余纤的盘留。

⑩ 光缆护套的接续。

⑪ 光缆接头的保护。

（三）光缆线路维护

光缆线路是整个光纤通信网的重要组成部分，加强光缆线路的维护和管理是保障通信不中断的主要措施。维护中要贯彻以预防为主的原则，严格遵守各项规章制度，熟练掌握操作维护方法，熟悉线路及设备情况，及时发现和正确处理各方面的问题，确保线路畅通。

1. 光缆线路维护的基本任务

光缆线路维护工作的基本任务是保持设备和传输质量良好，预防并尽快排除障碍。应贯彻“预防为主、防抢结合”的维护方针。维护工作要做到精心细致、科学管理。一方面，应对光缆线路进行正常的维护，不断地消除外界环境影响带来的事故隐患，同时不断地改进设计和施工不足的地方，避免或减少不可预防的事故（如山洪，地震）带来的影响。另一方面，当出现意外事故时，应能及时处理，尽快排除故障，修复线路，以提供稳定、优质的传输线路。

2 维护方法与周期

（1）维护方法。

长途光缆线路的维护工作主要包括路面维修、充气维护、防雷、防蚀、防强电等，一般可分为日常维护和技术维修两大类。

日常维护工作主要内容包括：定期巡回，特殊巡回，护线宣传和对外配合，消除光缆路由上堆放的易燃、易爆物品和腐蚀性物质，制止妨碍光缆安全的建筑施工、栽树、种竹和取土、修渠等，对受冲刷挖掘地段的路由培土加固及沟坎护坡（挡土墙）的修理；标石、标志牌的描字涂漆、扶正培固；光缆托架、光缆标志及地线的检查与修理；架空杆路的检修加固及吊线、挂钩的检修更换，结合徒步巡回，进行光缆路由探测，建立健全光缆路由资料。

技术维修工作主要内容包括：光缆线路的光电特性测试和金属护套对地绝缘测试以及光缆障碍的测试判断；光缆线路的防蚀、防雷、防强电设施的维护和测试以及防止白蚁、鼠类危害措施的制定和实施；预防洪水危害技术措施的制定、实施；光缆升高、下落和局部迁改技术方案的制定和实施；光缆线路的故障处理。

光缆线路维护工作必须严格按操作程序进行。一些复杂的工作应事先制订周密的工作计划，并报上级主管部门批准后方可执行。实施中应与相关的机务部门联系，主管人员应亲临现场指挥。执行维护工作时，务必注意各项安全操作规定，防止发生人身伤害和设备仪表损坏事故。

（2）维护项目和周期。

要使光缆线路经常处于良好状态，维护工作就必须根据质量标准，按周期、有计划地进行。光缆线路日常维修工作的主要项目和周期见表 9.6，线路维护技术指标和测试周期见表 9.7。

表 9.6　光缆线路日常维护项目和周期

序号	敷设方式	项　目	周期	备　注
1	直埋光缆	线路巡查、路由探测、砍青培土、标石加固和涂漆描字	周	根据季节和路由环境变化增加巡查次数
2	管道光缆	线路巡查、人井清洁、检查		
3	架空光缆	线路巡查、杂物、树枝清理，吊线、挂钩及挂钩托板检修		
4	水线光缆	线路巡查、水线标志和保护设施检查	半月	

表 9.7　光缆线路维护技术指标和测试周期

序号	项　目		技术指标	周期	备　注
1	中继段光纤通道后向散射信号曲线测试		≤竣工值 + 0.1 dB/km（最大变动量≤5 dB）		主用光纤：按需 备用光纤：半年
2	防护接地装置地线电阻	$\rho\leq 100\ \Omega\cdot m$	≤5 Ω	半年	雷雨季节前后各一次
		$100<\leq\rho\leq 500\ \Omega\cdot m$	≤10 Ω		
		$\rho>500\ \Omega\cdot m$	≤20 Ω		
3	铜芯直流电阻（20 °C）	ϕ0.9 mm	≤28.5 Ω/km	年	光/电综合光缆
		ϕ0.5 mm	≤95.0 Ω/km		
4	铜线绝缘电阻		≥5 000 MΩ/km		
5	对地绝缘电阻	金属护套	一般不少于 2 MΩ/盘		在监测标石上测试
		金属加强芯	≥500 MΩ/km		
		接头盒	≥5 MΩ		

3. 光缆线路维护要求

（1）认真做好技术资料的整理。

光缆线路竣工技术资料是施工单位提供的重要原始资料，它包括光缆路由、接头位置、各通道光纤的衰减及总衰减、两个方向的 OTDR 曲线等。

（2）严格制定光缆线路维护计划。

根据光缆线路的具体情况，并结合线路的薄弱环节、接头部位、气候异常、环境变迁等特殊情况，制定切实可行的维护计划并严格实施。

（3）做好线路巡视记录。

对光缆线路进行定期巡视。架空光缆应检查沿线挂钩，拐弯处光缆弯曲半径以及光缆垂度、光缆外形等。管道光缆应检查人孔，查看光缆的安放位置、接头点余留光缆的直径及外形等。检查时，若发现可疑或异常情况，应做记录，并继续观察。

（4）定期测量。

为了掌握光缆线路质量的变化，应按规定用 OTDR 仪对各光纤通道的衰减定期测量并做好记录，并与竣工记录和以前的测量值进行比较；测试各通道的全程后向散射曲线，观察各段光纤和各光纤接头衰减的变化情况，并注意有无菲涅尔反射点与异常情况。

（5）及时检修与紧急修复。

光缆传输容量很大，因此保证光缆线路长期稳定可靠十分重要。日常维护中，发现任何异常情况或隐患，都应立即采取相应的措施排除。发生重大故障时，应迅速抢通和修复光缆线路。

4. 光缆线路维护的主要内容

光缆线路按敷设的方式，可分为架空、直埋、管道和水底等几种类型，每种类型都有不同的特点，其维护工作也各不相同。

（1）架空光缆的维护。

① 杆路维护。

架空光缆的杆路有光缆的独立杆路和与其他共杆架设杆路等。对架空光缆应明确产权归属，落实维护责任。对光缆杆路的逐杆检修应每年进行一次，要求杆身牢固、杆基稳固、杆身正直、杆号清晰、拉线及地锚强度可靠。

② 吊线检修。

吊线检修包括检查吊线终结、吊线保护装置及吊线的锈蚀情况，发现锈蚀应予更换。应每隔 4 ~ 5 年检查一次吊线垂度，若发现明显下落时，应调整垂度；及时更换损毁的挂钩，并经常整理。

③ 检查光缆的下垂情况。

观察外护层有无异常现象，光缆明显下垂或外护层发生异常时，应及时处理。另外，检查杆上预留光缆及保护套安装是否牢靠，接头盒和预留箱安装是否牢固，有无钩蚀、损伤等，发现问题应及时处理。

④ 排除外力影响。

应经常剪除影响光缆的树枝，清除光缆及吊线上的杂物。检查光缆吊线与电力线、广播线交越处的防护装置是否齐全、有效、符合规定，检查光缆与其他建筑平行接近和交越时是否符合规定。

（2）直埋光缆的维护。

① 光缆埋深要求。

光缆埋深应符合要求，最浅不得小于标准的 2/3，否则光缆应下落或采取必要的保护措施。对于光缆路由上新填永久性土方的厚度超过原光缆标准埋深 1 m 以上时，一般应将光缆向上提升并对光缆采取安全可靠的保护措施。掌握光缆路由的情况，按规定周期使用探测器探测路由（探测器探测时应注意不影响金属护套对地绝缘）或挖点检查，及时准确地掌握光缆路由及埋深。

② 地面维护。

地面维护应使光缆路由上下无杂草丛生，无严重坑洼，无挖掘、冲刷、光缆裸露等现象，无腐蚀性物质及易燃、易爆品，无影响光缆的建筑施工；规定隔距内不能栽树、种竹，否则应及时处理。

③ 管道光缆的维护。

管道光缆的维护工作包括以下内容：布放在管道人孔内的光缆必须有醒目标志，当人孔内敷有多条干线光缆时，应标明光缆的具体名称，标志牌可用防水防蚀材料制成，印刷字样应清晰耐久，定期清除人孔内光缆上的污垢；定期检查人孔内光缆托架、托板是否完好，光缆标志是否醒目，光缆外护层和接头盒有无腐蚀、损坏、变形等异常现象，发现问题要及时处理；检查人孔内光缆走线是否合理，排列是否整齐，管孔口塑料管是否封闭，人孔内蛇形塑料保护管安装是否妥当，预留光缆安装是否牢固，发现问题要妥善处理；发现管道或人孔沉陷、破损以及井盖丢失等情况后，应及时采取措施进行修复。

（3）充气光缆的维护。

目前，仍有一部分用于中继段的光缆采用充气维护。因为光缆中大多含有金属材料，为了提高光缆的长期可靠性，对含有金属材料的光缆就有必要进行充气维护。除了参照长途电缆充气维护之外，光缆线路的充气维护工作还应注意以下几个方面：

① 充入光缆的气体可以是空气或氮气，但必须达到一定的干燥度（含水量小于 1.5 g/m^3），且不得含有灰尘或其他杂质。

② 充气端的气压一般不超过 150 kPa，平稳后气压值必须保持在 50 ~ 70 kPa。

③ 水底光缆的充气气压和保护气压应符合工程设计规定。

④ 光缆线路气闭段按工程设计的要求划分，长途光缆气闭段的气压每 10 天下降值不得超过 4 kPa，否则即可判定为漏气，要按计划查找。气闭段气压每天下降值超过 10 kPa 时，属于大漏气，必须立即查找，并不断充气，直至修复为止。

5. 光缆线路故障测量与判断

光缆线路故障点的寻找可分两步进行。首先通过 OTDR 测量故障光纤，由 OTDR 显示屏上菲涅尔反射峰的位置，测出障碍点到测试点的大致距离。

用 OTDR 测出故障点的大致位置后（一般范围可缩短至 500 m 以内），然后查找具体位置。自然灾害或外界施工等外力造成的光缆阻断，一般可直观看出。故障点不明显时，如光缆内部分光纤断纤，管道管孔错位造成断纤等，需同原始测试资料进行核对，查出障碍点处于哪两个接头之间，然后分段缩小范围，通过换算后，精确丈量，直到找到故障点。

实践证明，光缆故障多数出现在光缆接头处，因为无论用哪种接续方法，光纤接头原来的涂覆层已去掉，虽经保护，但自身的强度、可挠性都较原来差，可靠性也受其他外因影响，因此发生故障的可能性较大。一般来说，通信不稳定就是发生这种故障的先兆。而外界人为的外伤或鼠咬等，大多造成几个光纤通道在同一位置，同时或相继在短时间内发生中断故障，此种故障一般发生在光缆中间。表 9.8 列出了光缆线路常见故障现象和原因。

表 9.8　光缆线路常见故障现象和原因

障碍现象	造成障碍的可能原因
一根或几根光纤原接续点损耗增大	光纤接续点保护管安装问题或接头盒漏水
一根或几根光纤衰减曲线出现台阶	光缆受机械力扭伤，部分光纤断裂但尚未断开
一根光纤出现衰减台阶或断纤，其他完好	光缆受机械力影响或由于光缆制造原因造成
原接续点衰减台阶水平拉长	在原接续点附近出现断纤
通信全部阻断	光缆被挖断或因炸断、塌方而拉断或供电系统中断

6. 光缆线路故障处理

由于光缆线路的通信容量大，一旦发生障碍，就会严重影响正常通信，因此故障的修复必须分秒必争。因为光纤接续比较复杂，很难在短时间内修复，所以抢修时一般先在短时间内临时调通电路或布放应急光缆抢通电路，然后再尽快组织力量进行正式修复。

7. 光缆线路维护常用仪器、仪表

下面以 AV3662A 型 OTDR 和 AV6491 型光纤熔接机为例，介绍光缆线路维护中常用仪器、仪表的操作与使用。

（1）AV3662A 型光时域反射计（OTDR）。

OTDR 的工作原理如图 9.6 所示。与雷达相似，是光缆光纤测试的重要仪器。OTDR 向光纤中发射探测光，由于光在光纤中传输时，光纤折射率的微小起伏可引起瑞利散射，光纤端面或故障点折射率突变会引起菲涅尔反射，OTDR 利用观察瑞利后向散射光强度变化和菲涅尔反射，即可从光纤的一端非破坏性地迅速探测光纤的特性，显示光纤沿线损耗分布特性曲线，测试光纤的长度、断点位置、接头位置、光纤衰减系数和链路损耗、接头损耗、弯曲损耗、反射损耗等。

显示器上所显示的波形即为通常所称的“OTDR 后向散射曲线及菲涅尔反射”，由该曲线图便可确定出被测光纤的长度、衰减、接头损耗以及判断光纤的故障点，分析出光纤沿长度的分布情况等。

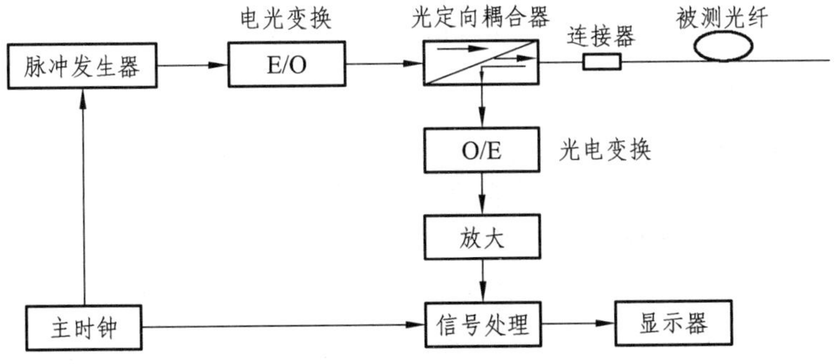

图 9.6　OTDR 原理框图

① 主要特点。

AV3662A 型 OTDR 由主机和插件单元组成，配有多模 1 300 nm、单模 1 310 nm、单模 1 550 am、1 310 nm/1 550 nm 双波长等插件单元。内带微型打印机和 3.5 英寸软盘驱动器，带有 GP-IB 接口、RS232 接口、外接监视器接口、计算机键盘接口、打印接口，具有波形比较功能、反射损耗测试功能、自动测试功能、汉字显示、菜单操作等功能。

② 基本操作方法。

• 接通电源开关。

确认电源为交流 220 V 或专用电源后，接通电源开关。仪器自测试通过后，键盘各按键进入工作状态，屏幕将显示出图像。

• 波长、折射率及光缆修正系数设定。

当仪器具有双波长功能时，按面板上的“λ”键可选择所需的光波长，再根据光纤光缆参数设定光纤折射率及光缆修正系数。

• 测试光纤光缆的连接。

用无水酒精棉球清洗待测光连接器的端面后，与光插件的光输出适配器相连。

• 预测试。

在预测试状态下，波形不断刷新，此时可以对量程、脉宽及衰减进行适当的调整，快速刷新下的测试波形如图 9.7 所示。

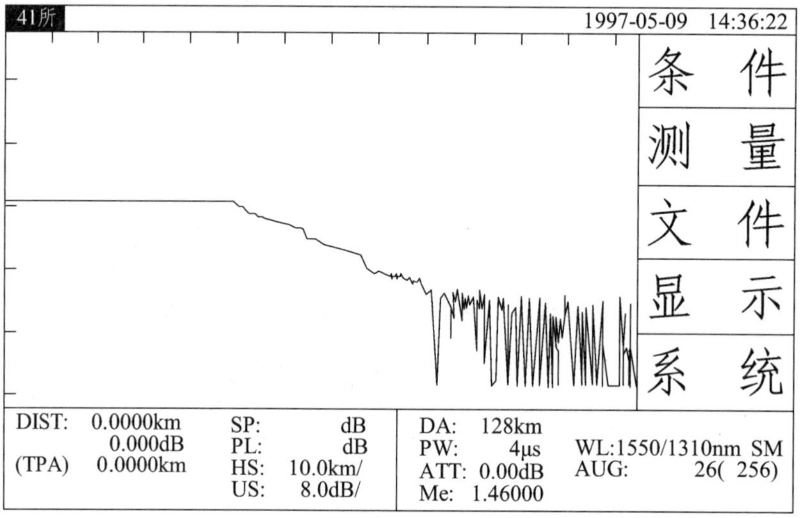

图 9.7　快速刷新下的测试波形

• 量程、脉宽及衰减的设定。

根据所测光纤的长度及测试要求，预置量程、脉宽及衰减值。为避免二次反射光的影响，测试距离量程一般应大于被测光纤的两倍。脉宽选择原则是宽脉冲发射光功率大，测试距离远，信噪比好，但测距空间分辨率低，而窄脉冲信噪比差，测距空间分辨率高。仪器放大器的衰减值可根据信号强弱适当调整。

• 平均处理。

为了改善信噪比，可进行大量测试后取平均值，再对取得的信号进行各种运算处理以获得更精确的测试结果。

• 结果分析。

结果分析包括光纤测长及连接点定位、立杆两点间平均损耗测量和熔接损耗测量。

• 光纤测长及连接点定位。

移动光标，屏幕上即显示出光纤对应位置点与输入端之间的距离（如设置参考点，则显示与参考点之间的距离）。如光纤末端有菲涅尔反射，将光标移至菲涅尔反射刚上升的前一点（波形可以扩展和压缩显示）；如果光纤末端无反射，则取曲线平坦部分延长线下降 1.5 dB 的点，向前推移 1/2 测试脉宽。无反射性连接点的位置为连接损耗区中点前推 1/2 测试脉宽。光纤测长及连接点结果显示如图 9.8 所示。

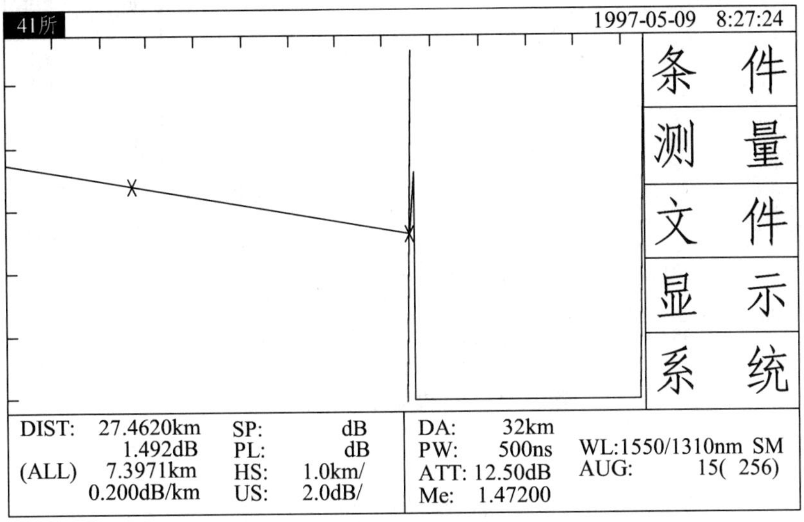

图 9.8 光纤测长及连接点结果显示

• 光纤两点间平均损耗测量。

测试平均损耗状态时，将两标志点移至所要测的两点上，屏幕上即显示光纤两点间距离、损耗及平均损耗，如图 9.9 所示。

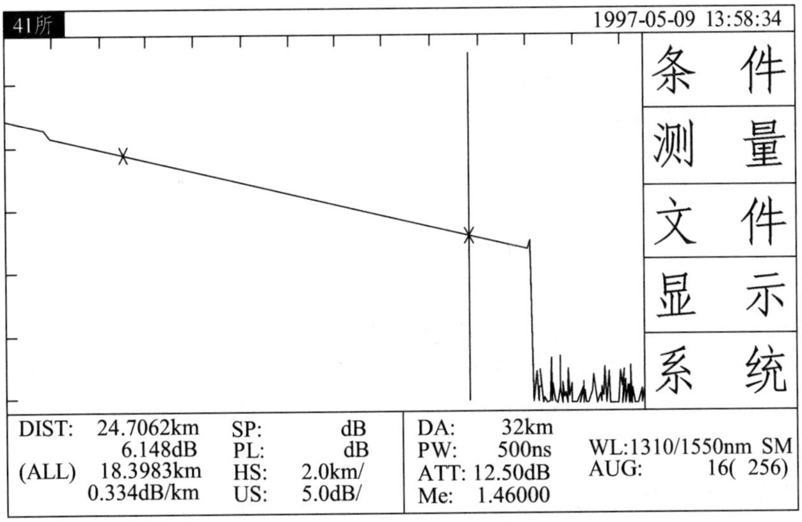

图 9.9 测两点平均损耗的结果显示

• 熔接损耗测量。

在连接损耗状态下，可设置 4 个标志点。把前两标志点置于第一段光纤测试波形的线性部分，第二个标志点置于连接点处，后两标志点置于第二段光纤测试波形的线性部分，屏幕上即显示出两段光纤的平均损耗及熔接损耗，如图 9.10 所示。

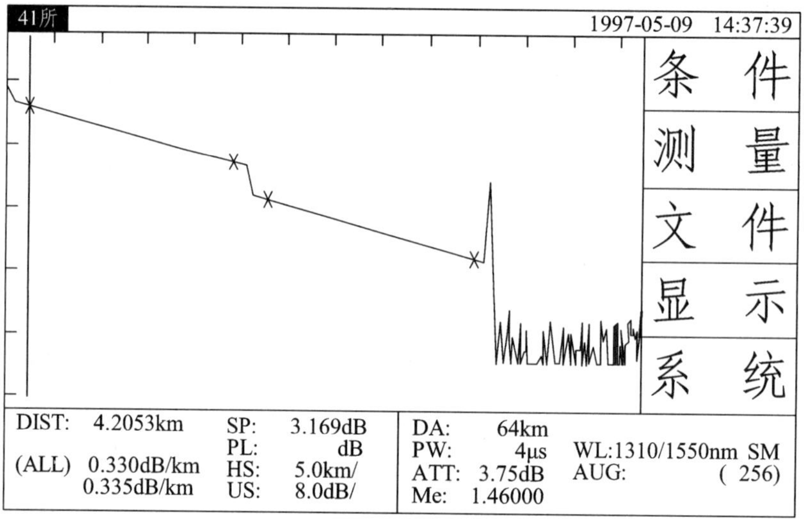

图 9.10 测熔接损耗结果显示

• 波形存贮。

把测得的波形信息保存起来，用于波形回显和波形比较。

• 打印输出。

可选择内部或外接打印机将结果打印输出。

③ 故障点测定误差的原因和纠正措施。

引起故障点测定误差的主要原因有：仪表的固有偏差；折射率的随机性和光速近似取值产生的偏差；光纤在光缆中的富余度和扭绞超长造成纤长大于皮长；光缆竣工长度与地面丈量长度之间的偏差；测试操作误差。

纠正故障点测定误差有以下措施：

• 选择适当的测试范围挡。不同型号的 OTDR 的测试范围不同，距离分辨率不同。

测试光纤断点时，应选择大于被测距离而又最接近的测试范围挡，这样才能充分利用仪表本身的精度。

• 正确利用仪表的放大功能，选择适当的测试挡，通过距离坐标偏移，在 OTDR 屏幕上找出光纤故障点，并将游标准确地置定在障碍点上，然后使用放大功能将图形放大到 25 m 每格，再移动游标到障碍点末端，便可读出分辨率小于 1 m 的比较准确的测量结果。

• 建立原始资料，掌握正确的换算方法。由于障碍点的光纤长度、光缆皮长、地面的丈量长度不一致，甚至相差很大，OTDR 测出的障碍点距离不能表达为光缆皮长尺码，也无法直接在地面上准确地断定障碍点。

④ 仪器使用注意事项。

使用光纤软线（或光纤）时，不要用力拉伸且弯曲半径不能太小（$r > 50$ mm）。将活动

FC 型连接器接至光输出的 FC 型插座时，应在“STOP”状态，且确认活动 FC 型连接器光纤端面清洁、无灰尘及其他凝聚物。加上匹配油，对好定位键后，上紧转动金属紧固环时，不得扭转光缆和光纤本身。输出盒滑板应慢慢返回，不得撞击活动 FC 型连接器。

一般情况下，选择测试量程应大于被测光纤的两倍，以避免第一次和第二次测得的菲涅尔反射信号叠加到后向反射信号上，造成测试误差。

测试光纤长度时，调节脉宽和 ATT，使光纤末端有一定的信噪比，且可扩展 x、r 轴标度，以提高测长准确度。

测光纤连接损耗时，应调节脉宽和 ATT，使连接点两边一定长度（最好每边>500 m）内有足够的信噪比，且标记点应设置在光纤损耗曲线的线性区，第二个标记点置于连接点上，以提高测光纤连接损耗的准确度。

测光纤衰减常数时，应调节脉宽和 ATT，使被测光纤段有足够的信噪比，且标记点应设置在光纤损耗曲线的线性区。

当 3.5 英寸软盘正在存储信息（软驱灯亮）时，不要取出软盘，以防损坏软驱及软盘。

（2）AV6491A 型光纤熔接机。

光纤熔接机主要用于光纤的永久性接续，其工作原理如图 9.11 所示。由图可知，用平行光照射光纤，经过光学系统成像在摄像头上，图像处理单元对图像进行数值化处理后送 CPU，CPU 对图像进行分析判断后，发出指令进行位移调整和高压放电，完成光纤的对准和接续过程。

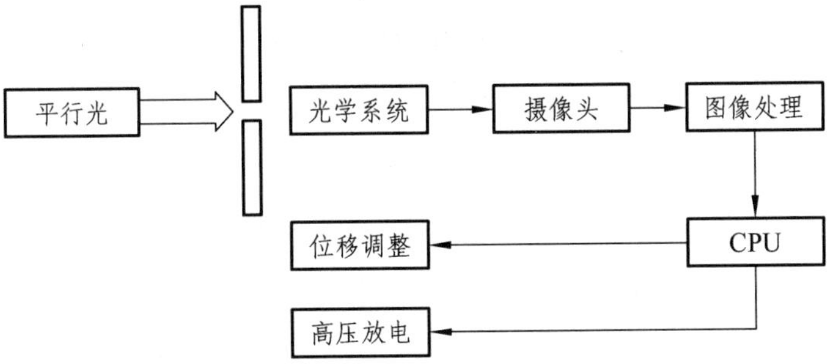

图 9.11　光纤熔接机工作原理框图

① 主要特点。

AV6491A 型熔接机为便携式结构，特别设计的提把更便于野外施工时携带；外置式大屏幕，高清晰液晶显示器，可灵活改变放置角度，极大地方便了操作者观察判断；本机为方便用户使用，采用交直流两种供电方式。当用发电机或其他交流电时，通过外置交直流变换器，提供 12 V 直流电给主机。若是蓄电池供电，则直接用配套的直流电源线与主机连接。

② 操作使用。

AV6491A 型熔接机在安装调整完毕后，即可进行光纤接续。有三种操作方式供选择：手动熔接方式、全自动熔接方式、半自动熔接方式。建议在光纤工程施工时，用全自动熔接方式；只有在特种光纤接续或现场不能自动操作时才选用其他方式。

• 小心打开防尘罩，把处理好的裸光纤（切段长为 15 ~ 17 mm）按图 9.12 所示装入两待接光纤，使光纤在显示屏上可见但不重叠，然后轻轻放下防尘罩。关闭防尘罩时，注意防尘罩不要压住光纤。

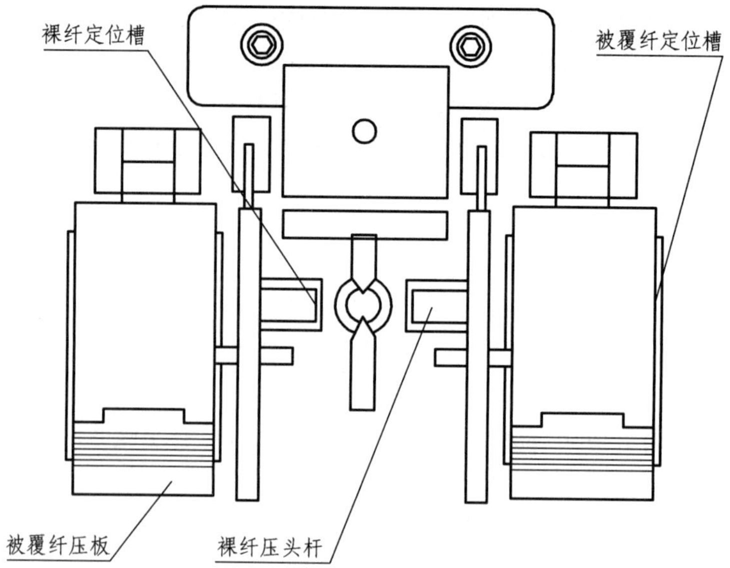

图 9.12　光纤装配

• 判断一下端面是否可用。若端面有毛刺、太脏或端面角太大则不能接续，需重新制备端面。若光纤图像模糊或明显偏离显示屏中心位置，则重装光纤并清洁裸光纤和 V 形槽。

• 按自动置键，熔接机自动完成光纤清洁、间隙调整、对芯、熔接、估计损耗等操作。

装光纤时要小心，裸光纤端部不要擦、触任何物体。图 9.13 所示的即为错误的光纤安装方法。光纤被覆层的端部应压在夹持台座边沿，如图 9.14 所示。应确保被覆光纤压板压紧被覆光纤。

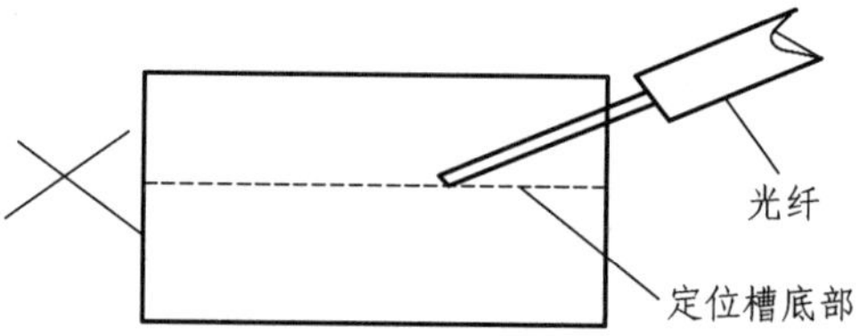

图 9.13　光纤安装错误

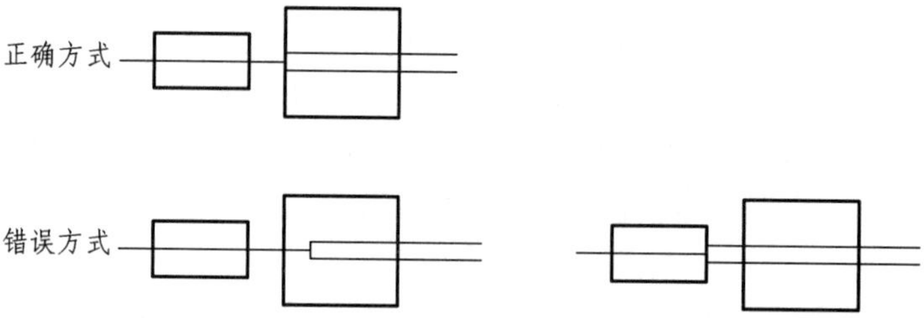

图 9.14　光纤被覆层端部安装

③ 接续质量分析。

熔接状况的良好与否可通过对熔接过程和熔接后所显示的图像进行分析来判断。对于单模光纤，如果出现下列情况之一，一般可认为接续状况不良：

• 接头处沿径向有一条细白线或十分模糊的细线。
• 纤芯无明显错位而两端包层直径不等。
• 光纤包层表面有污点。
• 接头处有气泡。

由以往经验可知，在同一点，若连续进行三次接续，实际损耗值仍偏大，而操作和熔接过程又无异常时，要考虑到光纤参数对损耗的影响，即两接续光纤不匹配。

第二节　通信电缆

在通信传输中以多根铜导体作为信息传导材料的线缆，即称为电缆。虽然目前轨道交通有线通信的主流传输媒介是光纤光缆，但通信电缆也还在使用，尤其是在靠近用户终端的最后 500 ~ 1 000 m 内。

一、通信电缆的型号与结构

（一）电缆型号命名方法

根据国家规定，电缆型号采用汉语拼音字母和阿拉伯数字共由 7 个部分组成，其排列次序意义见表 9.9，扩套代号见表 9.10。

表 9.9　电缆型号说明

1 分类代号	2 导体	3 绝缘方式	4 内护套	5 派生特性	6 外护套	7 传输频率
H（市话）	T（铜）	Z（纸）	Q（铅套）	P（屏蔽芯线）	（见下表）	252 千赫
HE（长途对称）	L（铝）	M（纱包）	H（橡胶）	Z（综合）	（见下表）	156 千赫
HD（电气化专用）	G（铁）	U（聚氯乙烯）	B（编织涂蜡）	C（自承式）	（见下表）	108 千赫
HJ（局用）		X（橡皮）	U（聚氯乙烯）	L（防雷）	（见下表）	
HP（配线）		YF（泡沫聚乙烯）	L（铝套）	J（和强）	（见下表）	
HD（干线同轴）		B（聚苯乙烯）	Y（聚乙烯）		（见下表）	
HU（矿用电缆）		S（丝包）	A（聚乙烯铝综合套）		（见下表）	
P（信号电缆）		F（复合物）	W（皱纹）		（见下表）	
HZ（高频通信馈电线）			LW（皱纹铝套）		（见下表）	
HH（海底电缆）			YU（双层聚氯乙烯）		（见下表）	
K（控制电缆）					（见下表）	

表 9.10　护套代号

护套代号	名　称	护套代号	名　称
1	麻被护层	60	裸双层粗圆钢丝铠装护层
2	钢带铠装麻被护层	31	镀锌钢丝编织护层
20	裸钢带铠装护层	32	镀锡钢丝编织护层
3	单层细圆钢丝铠装麻被护层	11	裸金属护套被防腐套层
30	裸单层细圆钢丝铠装护层	12	钢带铠装一级防腐套层
4	双层细圆钢丝铠装麻被护层	22	钢带铠装二级防腐套层
40	裸双层细圆钢丝铠装护层	13	单层细圆钢丝铠装麻被一级防腐护层
5	单层粗圆钢丝铠装护层	23	单层细圆钢丝铠装麻被二级防腐护层
50	裸单层粗圆钢丝铠装护层	14	双层细圆钢丝铠装麻被一级防腐护层
6	双层粗圆钢丝铠装麻被护层	24	双层细圆钢丝铠装麻被二级防腐护层

（二）通信电缆结构

1. 电缆芯线线径

电缆芯线由纯电解铜制成，一般为软铜线，目前我国小同轴综合电缆对称组线径的标称线径采用 0.9 毫米，信号线对采用 0.6 毫米铜线芯径。

2. 电缆绝缘方式

过去采用的是纸绳绝缘，现在大部分采用泡沫聚乙烯绝缘。

3. 电缆内护套

可采用铝、铅材料。但由于铝的比重比铅小，可大大减轻电缆的重量，而且铝的导电率比铅大 7 ~ 8 倍，对外界电磁场干扰的防护性能好，特别是铝具有较好的密封性能，因此一般以铝代铅制造电缆内护套。

但是铝的可塑性较差，因此弯曲半径不允许太小，焊接也比较困难，故对施工要求严格。在非电气化区段不需要钢带铠装时，一般在铝护套外面增加半密封塑料护层为防腐层，可大大减小腐蚀，增加电缆的防震性能。

4. 电缆外护层

可分为一级外护层和二级外护层。一级外护层是指它所起到有效保护的仅仅是里面的金属护套，通常以 11、12、13 等表示。编号 22、23 等代表二级外护层，它不仅保护里面的金属护套，而且保护外面的铠装层，免受酸、碱、盐等腐蚀。

电缆铠装一级外护层结构见表 9.11。电缆铠装二级外护层结构见表 9.12。

表 9.11 电缆铠装一级外护层结构

层次	铝护套时	铅护套时	层次	铝护套时	铅护套时
1	铝护套	铅护套	7	浸渍皱纹纸带不小于 2 层	同左
2	沥青复合物	沥青复合物	9	钢带或钢丝	同左
3	聚氯乙烯第二层带厚不小于 0.2 mm	聚氯乙烯第二层带厚不小于 0.2 mm	10	沥青复合物	同左
4	浸渍皱纹纸带不小于 2 层	同左	11	浸渍黄麻或玻璃纱毛	同左
5	沥青复合物	同左	12	沥青复合物	同左
6	聚氯乙烯第二层带厚不小于 0.2 mm	聚氯乙烯第一层带厚不小于 0.2 mm	13	防止粘合的涂料	同左

表 9.12 电缆铠装二级外护层结构

1	钢带或细钢的铠装	粗钢层聚氯乙烯护套丝铠装，每根钢丝包复
2	沥青复合物	浸渍皱纹纸不少于二层
3	纸带或其他绕随一层至二层	
4	聚氯乙烯塑料护套	浸渍黄麻或玻璃毛纱
5		沥青复合物
6		防止粘合的涂料

二、常用通信电缆结构

（1）HYATZ 53 10×2×0.5 隧道电缆，其截面如图 9.15 所示，其尺寸表见表 9.13。

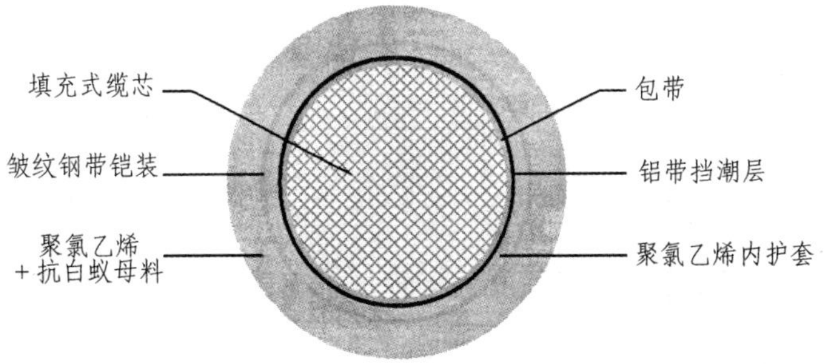

图 9.15 HYATZ53 10×2×0.5 型隧道电缆截面示意图

表 9.13　HYATZ53 10×2×0.5 隧道电缆结构尺寸表

名　称	标称值
线对数	10
铜导体直径（mm）	0.5
绝缘外径（mm）	1.07
缆芯外径（mm）	6.6
包带外径（mm）	7.3
包带厚度（mm）	0.2
复合铝带外径（mm）	9.0
复合铝带厚度（mm）	0.3
内护套外径（mm）	12.2
内护套厚度（mm）	1.6
复合钢带外径（mm）	14.0
复合钢带厚度（mm）	0.25
护套厚度（mm）	2.0
电缆外径（mm）	18.0
电缆质量（kg/km）	401.0

（2）HYATZ 10×2×0.5 管道电缆，其截面如图 9.16 所示，其尺寸表见表 9.14。

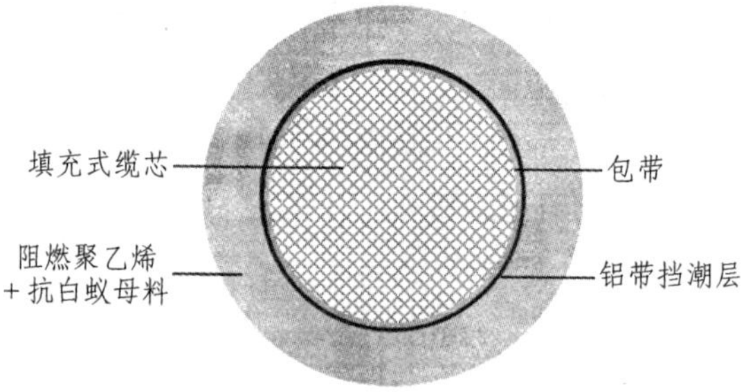

图 9.16　HYATZ 10×2×0.5 型管道电缆截面示意图

表 9.14　HYATZ 10×2×0.5 管道电缆结构尺寸表

名　称	标称值
线对数	10
铜导体直径（mm）	0.5
绝缘外径（mm）	1.07
缆芯外径（mm）	6.6
包带外径（mm）	7.3
包带厚度（mm）	0.2
复合铝带外径（mm）	9.0
复合铝带厚度（mm）	0.3
护套厚度（mm）	2.0
电缆外径（mm）	13.0
电缆质量（kg/km）	203.0

（3）HYATZ 10×2×0.5 车站电缆，其截面如图 9.17 所示，其尺寸表见表 9.15。

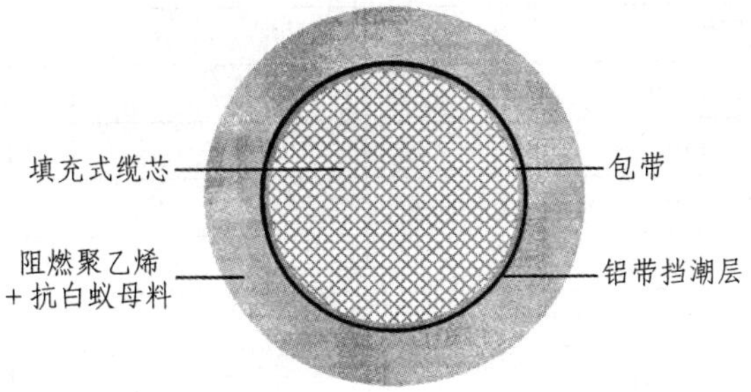

图 9.17　HYATZ 10×2×0.5 型车站电缆截面示意图

表 9.15　HYATZ 10×2×0.5 车站电缆结构尺寸表

名　称	标称值
线对数	10
铜导体直径（mm）	0.5
绝缘外径（mm）	1.07
缆芯外径（mm）	6.6
包带外径（mm）	7.3
包带厚度（mm）	0.2
复合铝带外径（mm）	9.0
复合铝带厚度（mm）	0.3
护套厚度（mm）	1.6
电缆外径（mm）	12.2
电缆质量（kg/km）	179.0

（4）HYATZ 20×2×0.5 车站电缆，其截面如图 9.18 所示，其尺寸表见表 9.16。

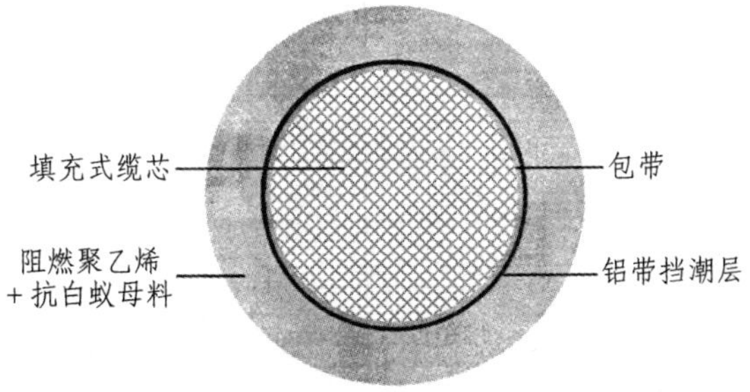

图 9.18　HYATZ 20×2×0.5 型车站电缆截面示意图

表 9.16　HYATZ 20×2×0.5 车站电缆结构尺寸表

名　称	标称值
线对数	20
铜导体直径（mm）	0.5
绝缘外径（mm）	1.07
缆芯外径（mm）	9.3
包带外径（mm）	10.0
包带厚度（mm）	0.2
复合铝带外径（mm）	12.0
复合铝带厚度（mm）	0.3
护套厚度（mm）	1.6
电缆外径（mm）	15.2
电缆质量（kg/km）	268.5

（5）HYATZ 30×2×0.5 车站电缆，其截面如图 9.19 所示，其尺寸表见表 9.17。

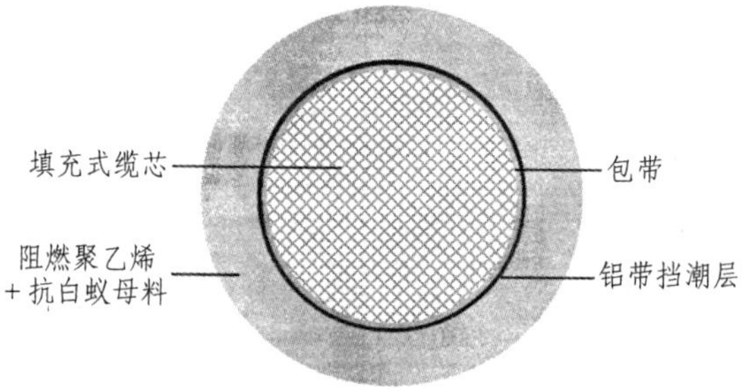

图 9.19　HYATZ 30×2×0.5 型车站电缆截面示意图

表 9.17　HYATZ 30×2×0.5 车站电缆结构尺寸表

名　称	标称值
线对数	30
铜导体直径（mm）	0.5
绝缘外径（mm）	1.07
缆芯外径（mm）	11.4
包带外径（mm）	12.1
包带厚度（mm）	0.2
复合铝带外径（mm）	14.0
复合铝带厚度（mm）	0.3
护套厚度（mm）	1.6
电缆外径（mm）	17.2
电缆质量（kg/km）	355.5

（6）HYATZ 50 × 2 × 0.5 车站电缆，其截面如图 9.20 所示，其尺寸表见表 9.18。

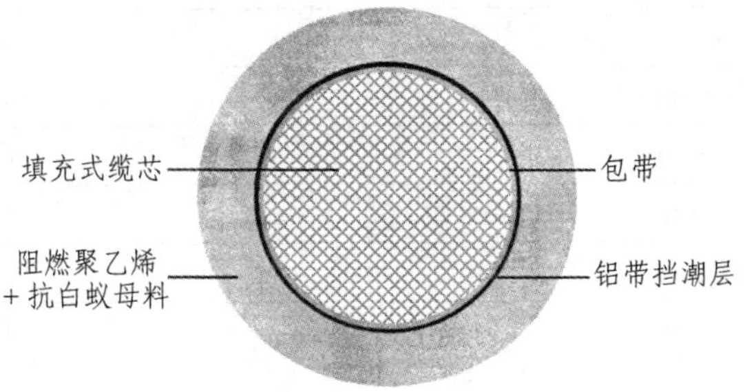

图 9.20　HYATZ 50 × 2 × 0.5 型车站电缆截面示意图

表 9.18　HYATZ 50 × 2 × 0.5 车站电缆结构尺寸表

名　称	标称值
线对数	50
铜导体直径（mm）	0.5
绝缘外径（mm）	1.07
缆芯外径（mm）	14.8
包带外径（mm）	15.5
包带厚度（mm）	0.2
复合铝带外径（mm）	17.5
复合铝带厚度（mm）	0.3
护套厚度（mm）	1.6
电缆外径（mm）	20.7
电缆质量（kg/km）	518.6

（7）HYATZ 100 × 2 × 0.5 车站电缆，其截面如图 9.21 所示，其尺寸表见表 9.19。

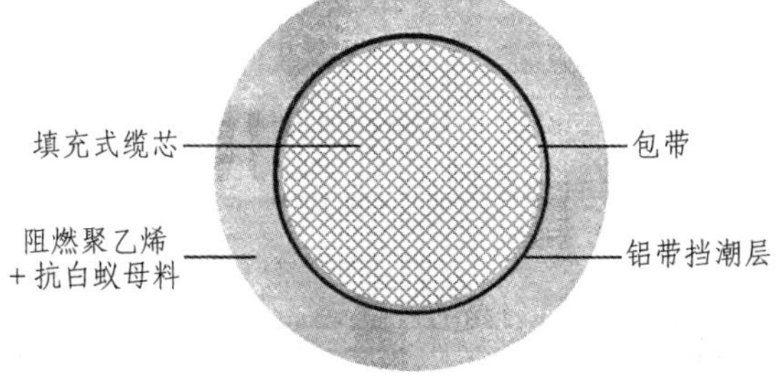

图 9.21　HYATZ 100 × 2 × 0.5 型车站电缆截面示意图

表 9.19　HYATZ 100×2×0.5 车站电缆结构尺寸表

名　称	标称值
线对数	101
铜导体直径（mm）	0.5
绝缘外径（mm）	1.07
缆芯外径（mm）	21.0
包带外径（mm）	21.7
包带厚度（mm）	0.2
复合铝带外径（mm）	23.5
复合铝带厚度（mm）	0.3
护套厚度（mm）	1.8
电缆外径（mm）	27.1
电缆质量（kg/km）	925.0

（8）HYATZ 200×2×0.5 车站电缆，其截面如图 9.22 所示，其尺寸表见表 9.20。

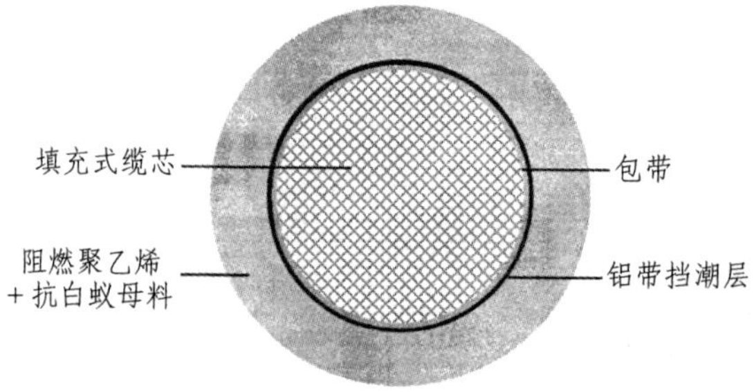

图 9.22　HYATZ 200×2×0.5 型车站电缆截面示意图

表 9.20　HYATZ 200×2×0.5 车站电缆结构尺寸表

名　称	标称值
线对数	202
铜导体直径（mm）	0.5
绝缘外径（mm）	1.07
缆芯外径（mm）	29.6
包带外径（mm）	30.3
包带厚度（mm）	0.2
复合铝带外径（mm）	32.5
复合铝带厚度（mm）	0.3
护套厚度（mm）	2.0
电缆外径（mm）	36.5
电缆质量（kg/km）	1 697.0

三、漏泄同轴电缆

（一）漏泄同轴电缆结构

漏泄同轴电缆是一种传输线，外导体用皱纹铝管，内导体可用铝管或软铜轴线单线，并且在同轴电缆的外导体上，沿纵向周期性地设置具有电波漏泄作用的一定形式的槽孔，最常见的槽孔形状为八字形,使得在电缆内部传输的电磁能的一部分作为电波均匀地向外部辐射，从而成为一种传播媒体。当漏泄同轴电缆沿隧道壁敷设时，其漏泄形成的电磁场很容易与机车台垂直振子天线相耦合，机车台可以接收到漏泄的电磁波，反之机车天线辐射的电磁波也容易被漏泄同轴电缆耦合接收，这样就可以在隧道内构成场强连续覆盖的通信系统。

（二）漏泄同轴电缆的分类

按结构的不同，漏泄同轴电缆可以分为以下几种类型：

1. 分段漏泄型

即电缆每隔一定距离在外导体预先开口，分段的距离使电缆在某一频带内的线路损耗最小，并可随着电缆线路损耗的增加而增加开口数量，即不断增加漏泄量，从而增加传输距离。

2. 放射型

电缆外导体预先等间隔开口，开口的间隔约等于 1/2 个工作频率波长，而且信号辐射的方向与电缆轴心垂直，使得耦合损耗在某一频段内保持稳定，适用于 800 ~ 2 200 MHz 频段。

3. 耦合型

在低损耗电缆的介质与外导体上进行连串相同的开口或开槽，在 GSM 和 DCS 频段性能良好，专门用于室内覆盖系统。

（三）漏泄同轴电缆的漏泄原理

当在漏泄同轴电缆内、外导体之间加上信号电压，则在内、外导体上将有电流流动。然而在外导体上由于开有槽孔，电流的分布将发生变化，伴随着这种变化，电磁场将从槽孔漏泄出来。漏泄同轴电缆的漏泄工作原理如图 9.23 所示。

在未开槽孔的时候，电流在外导体的内表面沿电缆轴向流动，电缆内部的磁场与轴向垂直。在开有槽孔的时候，图 9.23（a）的电流分解为槽孔的长度方向和与其垂直的方向两部分，磁场也同样分解为两部分，如图 9.23（b）、（c）所示。在图 9.23（b）中，由于槽孔的宽度很窄，电流不因槽孔而发生变化，并且在外导体下的磁场几乎不漏泄出来，也就是说，这种电流分布几乎不产生漏泄。在图 9.23（c）中，电流分布大乱，并且磁场由于是沿槽孔的长度方向而大量漏泄到导体外面。当电流是交流的时候，漏泄到外面的磁场将产生与槽长度方向垂直的电场，如图 9.23（d）所示。这样，与槽孔垂直的电流成分在槽面上产生磁场和电场，成为向电缆附近空间辐射电磁场的波源。

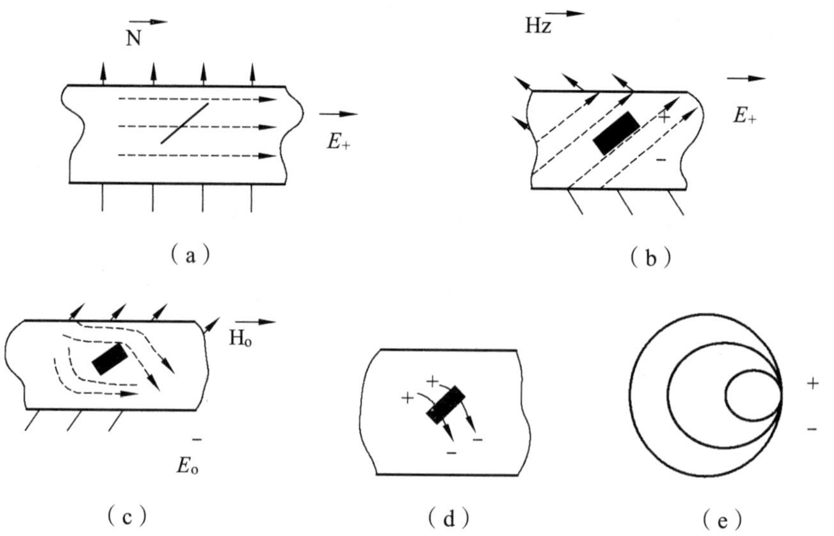

图 9.23 漏泄同轴电缆的漏泄工作原理

（四）漏泄同轴电缆的日常维护

1. 原始资料的收集

首先应建立漏泄同轴电缆线路原始资料记录，它包括施工各区段漏泄电缆长度、漏泄电缆接头位置，漏泄电缆的耦合损耗等，便于与以后测试记录进行对比，分析漏泄电缆传输性能的变化情况。

2. 漏泄电缆的巡视

漏泄电缆一般用漏泄电缆夹固定于隧道的顶部或侧壁位置，一般情况下每隔 1 m 就要安装一个吊夹。在地铁运营过程中列车的振动、列车运行过程中的活塞风以及漏泄电缆的自重等原因导致漏缆吊夹松脱或破裂而使电缆下垂，或因隧道内施工、鼠噬、腐蚀等原因造成电缆外皮破损等，将会对行车安全或设备使用造成隐患，因此对漏泄电缆进行巡视是非常必要的。漏泄电缆的巡视周期一般定为每季度或半年 1 次，主要是对隧道内漏缆吊夹的紧固情况进行检查，如果发现吊夹松脱或破损，则必须及时重新紧固或更换。由于漏泄电缆安装位置较高，必须使用接触网工程车或类似具有高架作业平台的工程车配合作业。

3. 巡视中的注意事项

进入隧道作业人员，必须遵守各项安全管理规程，做好安全防护，特别是注意乘坐工程车、操作升降台及在升降台上作业过程中的安全。必须确认该区间接触网已经停电并挂好地线后才能进行作业。

隧道顶部经常会有漏水情况，在检查漏泄电缆时，也要注意是否会有水滴到漏泄电缆上，因为隧道内的水具有强碱性，会腐蚀漏泄电缆，特别应注意漏泄电缆接头及漏泄电缆与终端连接处是否存在这种情况，如果发现有类似情况，应立即上报，并通知有关部门进行妥善处理。

4. 漏泄电缆的主要指标

耦合损耗 *Lc* 是漏泄电缆的一个重要特性指标，表示电缆的漏泄能力。耦合损耗 *Lc* 小，漏泄能力强，电缆周围场强高，通信可靠性高，但由于漏泄能力强，使传输损耗大，造成传输距离近。相反耦合损耗 *Lc* 大，漏泄能力弱，电缆周围场强低，通信可靠性差，但传输损耗小，传输距离远。

为补偿由于传输衰减引起的场强不均匀分布，需采用多种耦合损耗的漏泄同轴电缆。根据槽孔倾斜度不同漏泄同轴电缆可分为三种类型，其对应的耦合损耗和传输损耗见表 9.21。

表 9.21　漏泄同轴电缆横孔倾斜度与耦合损耗和传输损耗的关系

电缆槽孔倾斜度	耦合损耗 *Lc*（dB）	传输损耗（dB/km）
5°	85±5	≤25
15°	75±5	≤27
25°	65±5	≤36

5. 漏泄电缆电技术参数测试

（1）耦合损耗测试。

采用振荡器通过馈线给漏泄电缆馈电，并且通过接入超高频毫伏表使其输出保持不变。被测电缆直线敷设在空地上，终端接 50 Ω 匹配负载。电缆的漏泄电平用场强仪测试并记录。场强仪的测试天线是标准的对称偶极天线，天线装在小车上可以沿着电缆移动，天线和电缆之间的距离保持为 1.5 m。天线应对准电缆的槽孔方向，并和电缆的轴线方向相垂直，如图 9.24 所示。

以场强仪测试天线接收到的漏泄电平记录曲线中值（50%累积值）表示。从测得的值可以看出，一般情况下，测试时的频率越高，耦合损耗就越大。

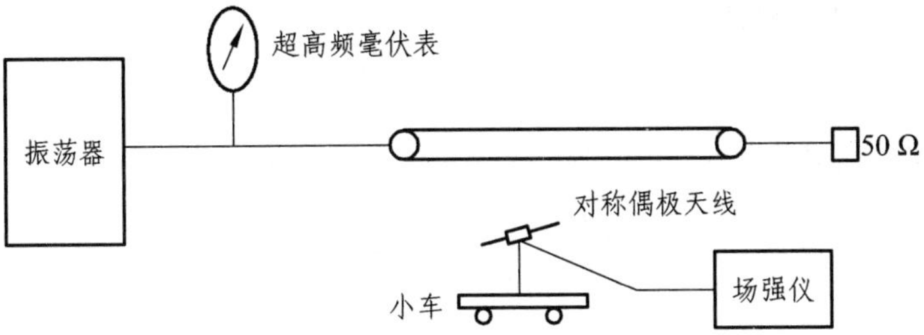

图 9.24　耦合损耗测试原理图

（2）电压驻波比（VSWR）测试。

测试采用扫频法。测试仪表与电缆连接原理如图 9.25 所示。在测试时，被测电缆的始端与频率特性测试仪相连接。当漏泄电缆终端开路时，电缆处于全反射状态，在测试仪表示波屏上会出现谐振的波形，将波形高度调节为一定值 X，然后将电缆终端接 50 Ω 匹配负载，测出其波形高度 Y，则可用以下公式求出电缆的电压驻波比：

$$S=\frac{X+Y}{X-Y}$$

测得的结果应为 $S\leqslant 1.5$。

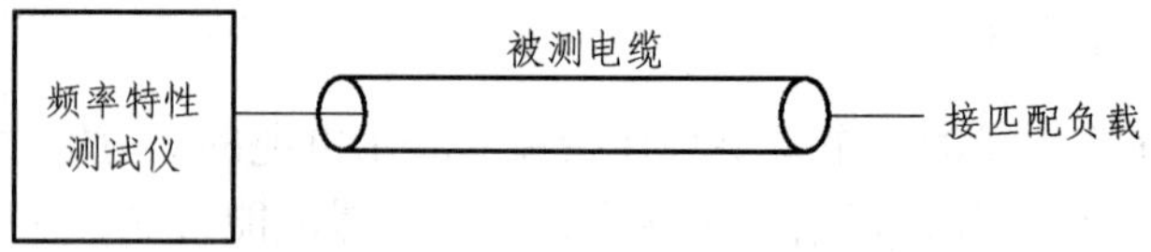

图 9.25　电压驻波比测试原理图

四、电缆维护

（一）电缆线路维护方式

电缆线路维护一般可分为：日常维护、计划维修和大修。

1. 日常维护

日常维护包括定期测试和经常性巡查两大项。

定期测试：芯线电阻、不平衡电阻和绝缘电阻等测试，同轴电缆还须测试线路衰耗及波阻抗不均匀性等。

经常性巡查：检查线路设备是否正常，经常性气压测量，查漏，芯线排潮，电缆线路补漏，人井管道维修，标石修补加固，以及检查防腐、防洪、防雷设施等。必须做好电缆线路的定期巡查工作，这是因为定期巡查是预防线路故障的关键环节，按时巡查可避免一般性通信阻断故障。

2. 计划维修

计划维修也称年度维修。维修项目包括：调整电缆在人井中的位置，不可靠的接头应重焊，将临时修理的暂时性套管改为永久性套管，修理或油漆地面上的电缆附属设备，加固不稳固的地段，配合有人站或测量台对线路及无人站进行检修和测试，更换某段不合要求的电缆，防雷设施的接地电阻测试等。

3. 大　修

对电缆线路进行大修，一般几年才进行一次，有的十几年过去了，也未必进行大修。大修是对线路设备的全面维修或更换，以及对电缆线路的更改等。

（二）电缆线路的气压维护

电缆的气压维护就是在电缆内部充入干燥气体，使其经常保持一定的气压，同时再装置气压表、气门、信号器等一系列设备，测量和显示电缆内部的气压情况。通过气压维护，不断保持气压，来达到以下目的：

① 一旦气压下降，能及时发现护层破损，以便迅速采取措施，防止发生芯线故障。

② 由于电缆内保持一定的气压，微小的破损，气体压力能阻挡水分浸入电缆，不致降低电缆绝缘和中断通信。

③ 采用气压维护查找故障，可提高工作效率，增强维护工作的主动性和可靠性。

④ 由于充入了干燥空气，使绝缘电阻不高的电缆能提高绝缘性能和通信质量。充入和测量电缆内的气体、气压都有一定的要求，不可随意充入。

充入气体的要求：气体应干燥、无腐蚀性、不降低芯线绝缘。

充入气压的要求：地下电缆、管道电缆气压一般为 0.05 ~ 0.07 MPa。施工中的单盘气压在 24 h 内不应下降。

上述气压均为相对气压，即以大气压为零压强时，测出的气压值。

（三）电缆漏气点的查找方法

查找电缆漏气点的方法要根据实际情况选择,这里介绍在实践中常用的充气检查分析法。

充气检查分析法，即在电缆内充入不小于 0.05 MPa 的气压，然后用毛刷子沾浓度合适的肥皂水，在重点部位的铅皮上缓慢平移涂刷，可疑处应重复涂刷 2 ~ 3 次，进行检查。在充气检查过程中，根据充气点及邻近气门气压的变化速度，来进行分析漏气程度的大小及大致部分，分析方法见表 9.22。

表 9.22　充气检查分析法

序号	现象	原因分析	检查方法	处理方法
1	充气点不上气，或气压下降快； 打气时不费劲	充气设备或充气点附近的电缆上有大漏气； 打气筒不良； 电缆的气阻特别小	检查充气设备及胶皮管的连接部分是否有大漏气； 检查充气点气门上是否进气； 10 ~ 15 min 后检查临近气门上是否有气	修好充气设备漏气处； 如果充气设备没有漏气，邻近气门又不上气时，应分析电缆大漏气方向并进行查找
2	充气点上气快，气压又不下降； 打气时费力； 邻近气门不见气	充气设备的胶皮管堵塞； 邻近充气点电缆内有蜡堵塞； 气厂尾巴电缆的气阻大	到充气点气门上检查是否进气； 检查靠近气门不进气的电缆是否有蜡芯线或浸蜡接口	如果电缆内确已进气，应在充气点附近重点部位作充气检查； 改换充气点位置
3	充气点两侧主干电缆上气快，但跑气也快	主干电缆上没有大漏气，支线上有大漏气； 有较大片的自然龟裂； 主干电缆上的气阻小	测量全部支线气门上的气压，分析哪个支线上有大漏气； 寻找电缆有无自然龟裂	在漏气的支线上或可能发生的自然龟裂处作细致的充气检查
4	充气点两侧主干电缆，上气不一样，一侧上气快，一侧上气慢	在上气慢的一侧有漏气情况； 充气点两侧的电缆程式不同； 两个气门距充气点的距离相差大	等一定时间后，如上气慢的气门气压仍能升起，说明漏气不大，如不能升起说明一定有较大漏气	先检查上气快的一侧，反回来再检查上气慢的一侧气压是否升起； 如气压仍不能升起，要仔细检查这两气门间的电缆
5	充气点一侧两个以上的气门上气速度不均匀； 某个气门以后的全部气门气压不能升起	上气速度较低的气门前有漏气可疑（充气点跑气快时）； 电缆内有浸蜡芯线（充气点跑气慢时）	要根据充气点及邻近气门气压升起或下降速度，来分析有无漏气可疑	先在能上气的电缆上进行充气检查； 把充气点安在不上气的气门上充气，再充气检查并分析漏气点的位置

（四）电缆线路的故障测试

在电缆线路维护中，当线对发生了电气故障，应及时用电桥进行故障点测试，进而查找和排除线对故障。电缆线路故障测量，可用电桥定臂法，也可用电桥变臂法。

（五）电缆线路故障处理

以常用的直埋电缆为例。

1. 故障现象

① 线路有地气、碰线、混线，而且故障发展迅速，先后使电路发生中断。

② 线路突然中断通信，用兆欧表测试时，电缆内有断线，也可能有碰线、混线，这些故障现象同时存在。

③ 个别线对有碰线、混线、地气或断线。

2. 故障原因

① 人为造成的故障。

电缆接续时，因粗心造成破坏芯线绝缘或芯线扭伤，至使包扎时断线；电缆封焊时，因焊接不严密，造成砂眼、裂痕，或者放置接头、覆土等造成焊头根部折裂而渗水；在其他施工中，因违章操作，用机械掘土，打桩造成线路故障。

② 自然故障。

电缆遭土壤和电解腐蚀；遭雷击而使铅护套烧损，芯线烧断，绝缘击穿等；河水冲刷，河床不稳，造成塌方损伤电缆；因鼠啃咬以及地震和各种车辆振动造成电缆故障。

③ 其他。

终端配架、分线设备等维护操作不细心，造成地气、碰、混线以及断线等。

3. 故障处理

排除直埋电缆故障，既要迅速，又要确保质量。要贯彻先主后次，先通后整原则，用最佳方案处理故障。

（1）凡浸水少、影响小的电缆故障，可按下列步骤进行修复：

① 开挖清理作业坑，低洼水位高的地段还要做好排水准备工作。

② 开剥电缆外护套，将故障处的电缆护层剥开，使受潮芯线暴露出来，做好排潮修复工作。

③ 做好测试检查工作。当故障排除无误后，用剖式铅管封焊。然后用细土填入 20 cm 左右，盖上红砖，再复上土，立标桩。

（2）凡浸水多，影响大的电缆故障，根据浸水长度，采用换一段电缆的方法处理，具体方法如下：

① 确定改接点。

从查到的故障点开始，往浸水两端电缆延伸开挖，同时开剥护层检查电缆受潮情况。如浸水严重，也可隔段开挖，开剥寻找电缆干燥处。电缆受潮部分，绝缘性能被破坏应改接掉。改接点选择确定后，应开挖并清理接头坑、电缆沟，尽力确保修复工作的方便、安全和可靠。

② 做好改接前的准备工作。

根据故障电缆长度，割取所需型号和长度的电缆，并进行电器性能和气压的测试工作，确保新放电缆的质量。符合要求的新电缆，可迅速敷设或者临时布放。

③ 改接电缆。

一旦渗水严重，旧电缆无法区别线对时，可切断故障电缆，两接续点分别与两终端对号和编对，然后改接电缆。个别线对不易区别时，也可采用三用表电阻挡配合区别线对。

④ 测试检查工作。

改接工作完毕后，通过测量台对用户试线工作，并作绝缘鉴定工作，无误后，填细土，盖红砖和复土工作，无标记处，还应在接头处立标桩（也称标石）。此外，应进行全面电气测试、记录、存档，以备日后维修检查对照。气压维护的电缆，应充气，做好保气工作。

小　结

通信光缆按缆芯结构的特点不同，可分为层绞式光缆、中心管式光缆和骨架式光缆；按使用环境与场合的不同主要分为室外光缆、室内光缆及特种光缆三大类。

各种类型的通信光缆的基本组成是纤芯、纤芯保护管、加强芯、填充物、填允油膏及护层等六部分。

光缆的型号由型式代号和规格代号两部分组成。

正确完成光缆、光纤的接续、测试及维护的前提是准确排定缆中的纤序和判断光缆的 A、B 端。

各种不同的光缆有不同的性能参数，设计、施工时必须熟悉和掌握这些参数。

电缆线路常见障碍有地气、混线、断线、错接（产生串音）及绝缘不良等，一般使用仪表直接测量（先须判断障碍性质）。

把具有一定压力的干燥空气充入线缆内，通过监测线缆内部各点的气压值来及时了解电缆、光缆外护套的密闭情况，从而采取相应措施的维护方法叫充气检查分析法。

思考题

1. 试说明光纤损耗的产生原因及其危害。
2. 光纤色散产生的原因及其危害是什么？
3. 如何合理选择通信光纤？
4. GYDXTW-144B1 的含义是什么？
5. 解释下列光缆型号意义，并说明它们各自的使用场合。

（1）GJFBZY-12B1；　（2）GYTA53-30A1d；

（3）GYXTW53-36B1.2；　（4）GYXTY-24B2；

（5）GYFTCZY-12B1；　（6）GYDTY53-720A1c；

（7）OPGW-272A1；　　　　（8）GYTY54-30A2a；

（9）GYTA03-96B1；　　　　（10）GYTAW-8B1。

6. 目前我国地铁通信中用量最大的光缆类型为（　）。

① G.652　② G.3　③ G.654　④ G.655

7. 光纤的主要成分是（　）。

① 电导体　② 石英　③ 介质　④ 塑料

8. 单模光纤以（　）色散为主。

① 模式　② 材料　③ 波导　④ 偏振膜

9. GYTS 表示（　）。

① 通信用移动油膏钢——聚乙烯光缆

② 通信用室（野）外油膏钢——聚乙烯光缆

③ 通信用室（局）内油膏钢——聚乙烯光缆

④ 通信用设备内光缆

10. 光时域反射仪的英语缩写是（　）。

① TDOR　② DTOR　③ ODTR　④ OTDR

11. 目前在地铁通信网光缆线路中使用最多的光纤是（　）。

① 单模光纤　② 多模光纤　③ 塑料光纤　④ 混合光纤

12. 断线、地气和自混三种障碍对电话通信的影响分别是（　）、（　）和（　）。

13. 所谓充气维护，是指（　），主要作用是（　）和（　）。

14. 下列仪表中，能对光缆障碍进行定点的是（　）。

① 地阻仪　② OTDR　③ 万用表　④ 兆欧表

15. 画出 OTDR 原理图，说明其工作原理。

16. 说明 OTDR 能测试的参数及其用途。

参考文献

[1] 孙章，何宗华，徐金祥. 城市轨道交通概论[M]. 北京：中国铁道出版社，2008.

[2] 李伟章，徐幼名，等. 城市轨道交通通信[M]. 北京：中国铁道出版社，2008.

[3] 蒋笑冰，卢燕飞，吴昊. 现代铁路通信新技术[M]. 北京：中国铁道出版社，2006.

[4] [美]John G Proakis. 数字通信[M]. 4 版. 张力军，等，译. 北京：电子工业出版社，2004.

[5] 南利平. 通信原理简明教程[M]. 北京：清华大学出版社，2000.

[6] 刘世安，彭小娟，闫瑞瑞，等. 光纤通信[M]. 北京：电子工业出版社，2009.

[7] 郑祖辉，陆锦华，等. 数字集群移动通信系统[M]. 3 版. 北京：电子工业出版社，2008.

[8] 啜钢，王文博，常永宇. 移动通信原理与应用[M]. 北京 :北京邮电大学出版社，2002.

[9] 崔雁松. 移动通信技术[M]. 西安：西安电子科技大学出版社，2005.

[10] 樊昌信，曹丽娜. 通信原理[M]. 6 版. 北京：国防工业出版社，2006.

[11] 陈耀民. 城市轨道智能交通体系下的旅客向导系统构想[J]. 铁道通信信号工程技术，2007（5）.

[12] 张春海，黄爱华. 乘客信息导乘系统的组成与发展前景[J]. 机电工程技术，2006（9）.

[13] 谭明勇，隋志国，方薇. 用 GPS 同步地铁时钟系统[J]. 铁道通信信号，2002（2）.

[14] GB 50157—2003 地铁设计规范.

[15] 陈昌海. 通信电线缆路[M]. 北京：人民邮电出版社，2005.

[16] 刘世春. 通信线路维护实用手册[M]. 北京：人民邮电出版社，2007.

[17] 叶柏林，马列. 通信线路实训教程[M]. 北京：人民邮电出版社，2006.